Solveig Lieder
Grenzüberschreitende
Unternehmenssanierung
im Lichte der EuInsVO

Schriften zum deutschen,
europäischen und internationalen
Insolvenzrecht

S-INSO Band 10

Schriften zum deutschen, europäischen und internationalen Insolvenzrecht

Herausgegeben von

Professor Dr. Stefan Smid, Kiel
Rechtsanwalt Dr. Mark Zeuner, Hamburg
Rechtsanwalt Michael Schmidt, Berlin

S-INSO Band 10

De Gruyter Recht · Berlin

Solveig Lieder

Grenzüberschreitende Unternehmenssanierung im Lichte der EuInsVO

Unter Berücksichtigung
der Entwicklungen im deutschen, österreichischen,
englischen und spanischen Insolvenzrecht

W DE G RECHT

De Gruyter Recht · Berlin

Dr. iur. *Solveig Lieder*, Rechtsanwältin, Hamburg

⊗ Gedruckt auf säurefreiem Papier,
das die US-ANSI-Norm über Haltbarkeit erfüllt.

ISBN 978-3-89949-429-7

Bibliografische Information der Deutschen Nationalbibliothek

Die Deutsche Nationalbibliothek verzeichnet diese Publikation in der Deutschen Nationalbibliografie; detaillierte bibliografische Daten sind im Internet über http://dnb.d-nb.de abrufbar.

Printed in Germany
Umschlaggestaltung: Christopher Schneider, Berlin
Datenkonvertierung/Satz: WERKSATZ Schmidt & Schulz GmbH, Gräfenhainichen
Druck und Bindung: Hubert & Co., Göttingen

Vorwort

Die vorliegende Arbeit lag im Sommer 2006 der Rechtswissenschaftlichen Fakultät der Christian-Albrechts-Universität zu Kiel als Dissertation vor. Literatur und Rechtsprechung wurden bis Ende 2006 berücksichtigt.

Ich danke meinem Doktorvater, Herrn Prof. Dr. Stefan Smid, für seinen maßgeblichen Beitrag am Zustandekommen dieser Arbeit. Er hat nicht nur die entscheidende Anregung zu diesem ebenso facettenreichen wie aktuellen Thema gegeben, sondern ermöglichte mir durch die Aufnahme als wissenschaftliche Mitarbeiterin an seinem Lehrstuhl, meine Arbeit in einem wissenschaftlichen Umfeld anzufertigen, in dem diese besonders gut gedeihen konnte. Dies nicht nur aufgrund des erleichterten Zugriffs auf themenbezogene Literatur, sondern vor allem aufgrund der fruchtbaren Gespräche mit den Kollegen und nicht zuletzt Herrn Prof. Dr. Stefan Smid selbst. Weiter danke ich Prof. Dr. Werner Schubert für die zügige Zweitbegutachtung sowie den Herausgebern für die Aufnahme in diese Schriftenreihe. Von ganzem Herzen danke ich schließlich meinen Eltern, meiner Familie und meinen Freunden, die mir auf meinem gesamten Weg stets großen Rückhalt gegeben haben.

Hamburg, im März 2007 Solveig Lieder

Inhaltsverzeichnis

Literaturverzeichnis

Albach, Horst, Betriebswirtschaftliche Überlegungen zur rechtlichen Neugestaltung bei Insolvenz von Konzernen, ZfB 1984, 773

Alonso Puig, José María/Martínez de Salas Rubio, Isabel, Normas de Derecho Internacional Privado, in: de la Gándara/Sanchz Álvarez (Hrsg.), Comentarios a la Ley Concursal, Madrid/Barcelona 2004, 831

Antunes, José Engrácia, The liability of corporate groups, autonomy and control, Deventer 1994

Aparicio, Mará Luisa, De la quiebra al concurso, ICADE, núm 61 (2004), 13

Arnold, Hans, Der deutsch-österreichische Konkurs- und Vergleichs-(Ausgleichs-)vertrag vom 25. Mai 1979, KTS 1985, S. 385

Balz, Manfred, Das neue europäische Insolvenzübereinkommen, ZIP 1996, S. 948

Bartsch, Robert/Pollack, Rudolf/Buchegger, Walter, Österreichisches Insolvenzrecht, Kommentar, Band III, §§ 80 bis 95 KO, 4. Aufl., Wien 2000

Bayer, Walter, Der grenzüberschreitende Beherrschungsvertrag, Mannheim 1988

Becker, Christoph, Insolvenz in der europäischen Union, ZeuP 2002, 287

Bernstorff, Christoph Graf v., Einführung in das englische Recht, 3. Aufl., München 2006

Boll, Valentin, Die Anerkennung des Auslandskonkurses in Österreich, Diss. Innsbruck 1988, Wien 1990

Braun, Eberhard, Der neue Sport in Europa: Forumshopping im Insolvenzverfahren oder: die moderne Form von "Britannia rules the waves", NZI 2004, V

Calvo Caravaca, Alfonso-Luis/Carrascosa Gonzalez, Javier, Derecho concursal internacional, Madrid 2004

Carstens, Nis, Die internationale Zuständigkeit im europäischen Insolvenzrecht, Diss. Kiel 2004, Köln 2005

Corella, Arantxa, El Senado aprueba una ley concursal que primará la continuidad de las empresas, in: Cinco Días vom 12.3.2003

Cork, Kneth/Graham, David, Insolvenzrechtsreform in England – Erläuterungen zum Cork-Report, ZIP 1982, 1275

Cruz Bértolo, José María de la, La administración concursal, ICADE núm 61 (2004), 85

Dammann, Reinhard/Undritz, Sven-Holger, Die Reform des französischen Insolvenzrechts im Vergleich zur InsO, NZI 2005, 198

Davies, Stephen, Insolvency and the Enterprise Act 2002, Bristol 2003

De La Cuesta Rute, José María, El Convenio Concursal – Comentarios a los artículos 98 a 141 de la Ley Concursal, Navarra 2004

De Martín Muñoz, Alberto J., Aproximación al contenido del convenio en la Ley Concursal, ICADE, núm 61 (2004), 179

Dennis, Vernon/Fox, Alexander, The New Law of Insolvency, London 2003

Doralt, Peter, Zur Entwicklung eines österreichischen Konzernrechts, Lutter (Hrsg.), Konzernrecht im Ausland, Berlin 1994, 192

Duursma, Dieter/Duursma-Kepplinger, Henriette Christine, Gegensteuerungsmaßnahmen bei ungerechtfertigter Inanspruchnahme der internationalen Zuständigkeit gemäß Art. 3 Abs. 1 EuInsVO, DZWIR 2003, 447

Duursma-Kepplinger, Henriette Christine/Duursma, Dieter/Chapulsky, Ernst, Europäische Insolvenzverordnung, Kommentar, Wien, 2002

Duursma-Kepplinger, Henriette Christine/Chapulsky, Ernst, Grenzüberschreitende Sanierung unter besonderer Berücksichtigung der Konzerninsolvenz, in: Feldbauer-Durstmüller/Schlager (Hrsg.), Krisenmanagement – Sanierung – Insolvenz: Handbuch, 2. Aufl., Wien 2002, 977

Duursma-Kepplinger, Henriette-Christine, "British Courts are satisfied, Continental Europe is not amused", ZIK 2003, 182

Ehricke, Ulrich, Das abhängige Konzernunternehmen in der Insolvenz, Tübingen 1998

Ehricke, Ulrich, Die neue Europäische Insolvenzordnung und grenzüberschreitende Konzerninsolvenzen, EWS 2002, S. 101

Ehricke, Ulrich, Die Zusammenarbeit der Insolvenzverwalter bei grenzüberschreitenden Insolvenzen nach der EuInsVO, WM 2005, 397

Ehricke, Ulrich, Die Zusammenfassung von Insolvenzverfahren mehrerer Unternehmen desselben Konzerns, DZWIR 1999, S. 353

Ehricke, Ulrich, Verfahrenskoordination bei grenzüberschreitenden Unternehmensinsolvenzen, in: Basedow (Hrsg.), Aufbruch nach Europa, 75 Jahre Max-Planck-Institut für Privatrecht, 2001, 337, (zitiert: *Ehricke,* FS-MPI, ...)

Ehricke, Ulrich, Zur gemeinschaftlichen Sanierung insolventer Unternehmen eines Konzerns, ZInsO 2002, 393

Ehricke, Ulrich/Köster, Malte/Müller-Seils, Carsten Oliver, Neuerungen im englischen Unternehmensinsolvenzrecht durch den Enterprise Act 2002, NZI 2003, 409

Eidenmüller, Horst, Der Markt für internationale Konzerninsolvenzen: Zuständigkeitskonflikte unter der EuInsVO, NJW 2004, 3455

Eidenmüller, Horst, Der nationale und der internationale Insolvenzverwaltungsvertrag, ZZP 114 (2001), 3

Eidenmüller, Horst, Europäische Verordnung über Insolvenzverfahren und zukünftiges deutsches Internationales Insolvenzrecht, IPRax 2001, 2

Eidenmüller, Horst, Free Choice in International Company Insolvency Law, EBOR 6/2005, 423

Eidenmüller, Horst, Unternehmenssanierung zwischen Markt und Gesetz, Köln 1999

Eidenmüller, Horst, Verfahrenskoordination bei Konzerninsolvenzen, ZHR 169 (2005), 528

Embid Irujo, José Miguel, Die Rechtslage der Konzerne im spanischen Recht, ZGR 1991, 289

Esplugues Mota, Carlos, Die Neuregelung des internationalen Konkursrechts in Spanien, ZZPInt 6 (2001), 65

Esplugues, Carlos, Das System der internationalen Zuständigkeit im Insolvenzrecht in Spanien und die Reformperspektiven angesichts des Brüsseler Abkommens vom 23. November 1995 über Insolvenzverfahren, ZZPInt 2 (1997), 69

Fernández Rodríguez, Antonio, El Convenio, in: de la Gándara/Sanchz Álvarez (Hrsg.), Comentarios a la Ley Concursal, Madrid/Barcelona 2004, 565

Flessner, Axel, Das rechtspolitische Für und Wider eines Sanierungsverfahrens, ZIP 1981, 1283

Flessner, Axel, Entwicklungen im internationalen Konkursrecht, besonders im Verhältnis Deutschland-Frankreich, ZIP 1989, 749

Flessner, Axel, Grundfragen des künftigen Sanierungsrechts, ZIP 1981, 113

Flessner, Axel, Grundsätze des europäischen Insolvenzrechts, ZeuP 2004, 887

Fletcher, Ian F., Insolvency in International Private Law: national and international approaches, Oxford, 1999

Fletcher, Ian F., International Insolvency in Transformation: United Kindom Perspectives on Implementation of the European Union Regulation on Insolvency Proceedings, in Gottwald/Rechberger (Hrsg.), Aktuelle Entwicklungen des europäischen und internationalen Zivilverfahrensrechts, Bielefeld 2002

Fletcher, Ian F., The Law of Insolvency, 3. Aufl.; London 2002

Fletcher, Ian F., UK Corporate Rescue: Recent Developments – Changes to Administrative Receivership, Administration and Company Voluntary Arrangements – The Insolvency Act 2000, The White Paper 2001 and the Enterprise Act 2002, EBOR 5 (2004), 119

Florian, Matthias, Das englische internationale Insolvenzrecht, Diss. Münster 1988, Heidelberg, 1989
Flöther, Lucas/Smid, Stefan/Wehdeking, Silke, Die Eigenverwaltung in der Insolvenz, München 2005
Foerste, Ulrich, Insolvenzrecht, 2. Aufl., München 2004
Forum Europaeum Konzernrecht, Konzernrecht für Europa, ZGR 1998, 672
Fritz, Daniel Friedemann/Bähr, Rainer M., Die Europäische Verordnung über Insolvenzverfahren – Herausforderung an Gerichte und Insolvenzverwalter, DZWIR 2001, 221
Fröhlingsdorf, Josef/Lincke, Karl H., Das neue spanische Zivilprozessgesetz, RIW 2001, 357
Frowein, Jochen/Peukert, Wofgang, Europäische Menschenrechtskonvention, EMRK-Kommentar, 2. Auf., Straßburg 1996

Galen, Robert van, The European Insolvency Regulation and Groups of Companies, INSOL Europe Annual Congress Paper 2003
García Villaverde, D. Rafael, El Anteproyecto de Ley Concursal español del 2000: las bases de una reforma esperada, AJA 2001, núm. 491, 1
García-Álaman de la Calle, Borja, Los Juzgados de lo Mercantíl, in: De la Gándara/Sanchez Álvarez (Hrsg.), Comentarios a la Ley Concursal, Madrid/Barcelona 2004
Garrido, José María, La reforma del derecho concursal español, RDC 1996, núm 169–174, 73
Göpfert, Burkhard, In Re Maxwell Communications – ein Beispiel einer „koordinierten" Insolvenzverwaltung in parallelen Verfahren, ZZPInt 1 (1996), 269
Gottwald, Peter, Aspekte der Unternehmensinsolvenz im englischen Recht, KTS 1981, 17
Gottwald, Peter, Grenzüberschreitende Insolvenzen: europäische und weltweite Tendenzen und Lösungen; (Vortrag gehalten vor der Juristischen Studiengesellschaft Regensburg am 19. November 1996), München 1997
Gottwald, Peter, Insolvenzrechts-Handbuch, 2. Aufl., München 2001
Gutsche, Lason, Organkompetenzen im Insolvenzverfahren, Köln 2003

Hanisch, Hans, Deutsches Internationales Insolvenzrecht in Bewegung, ZIP 1983, 1289
Hanisch, Hans, Die Wende im deutschen internationalen Insolvenzrecht, ZIP 1985, 1233
Hanisch, Hans, Einheit oder Pluralität oder ein kombiniertes Modell bei grenzüberschreitenden Insolvenzverfahren?, ZIP 1994, 1
Hanisch, Hans, Stellungnahme zu der Frage, ob und in gegebenenfalls welcher Weise ein in seiner Wirkung territorial beschränktes Sonderinsolvenzverfahren über das Inlandsvermögen eines Schuldners vorzusehen ist, wenn dieser den Mittelpunkt seiner hauptsächlichen Interessen im Ausland hat, in: Stoll (Hrsg.), Vorschläge und Gutachten zur Umsetzung des EU-Übereinkommens über „Insolvenzverfahren im deutschen Recht", 1997, 215
Häsemeyer, Ludwig, Insolvenzrecht, 3. Aufl., Köln 2003
Herchen, Axel, Aktuelle Entwicklungen im Recht der internationalen Zuständigkeit zur Eröffnung von Insolvenzverfahren: Der Mittelpunkt der (hauptsächlichen) Interessen im Mittelpunkt der Interessen, ZInsO 2004, 825
Herchen, Axel, Das Übereinkommen über Insolvenzverfahren der Mitgliedstaaten der Europäischen Union vom 23.11.1995 – Eine Analyse zentraler Fragen des Internationalen Insolvenzrechts unter besonderer Berücksichtigung dinglicher Sicherungsrechte, Würzburg 2000
Herchen, Axel, International-insolvenzrechtliche Kompetenzkonflikte in der Europäischen Gemeinschaft, ZInsO 2004, 61
Herchen, Axel, Wer zuerst kommt, mahlt zuerst!, NZI 2006, 435
Hochegger, Herbert, Vorschläge zur Reform des Ausgleichsverfahrens, ZIK 2005, 49 (Artikel-Nr. 33)
Hommelhoff, Peter, Konzernrecht für den Europäischen Binnenmarkt, ZGR 1992, 121
Huber, Peter, Der deutsch-englische Justizkonflikt – Kompetenzkonflikte im Internationalen Insolvenzrecht, in: Lorenz (Hrsg.), Festschrift für Andreas Heldrich zum 70. Geburtstag, München 2005, 679
Huber, Peter, Internationales Insolvenzrecht in Europa, ZZP 114 (2001), 133
Huhn, Christoph, Die Eigenverwaltung im Insolvenzverfahren, Diss. Köln 2001, Köln 2003

Isola, Alexander, Insolvenzstrategien aus rechtlicher Sicht, in: Bertl/Mandl/Mandl/Ruppe (Hrsg.), Insolvenz Sanierung Liquidation, Wien 1998

Jaeger, Ernst/Weber, Friedrich, Konkursordnung, Kommentar, Bd. 2, HlbBd. 2, §§ 208–244, 8. Aufl., Berlin, 1973

Jelinek, Wolfgang, Das neue österreichische Vorverfahren, ZIP 1984, 495

Kammel, Volker, Die Bestimmung der zuständigen Gerichte bei grenzüberschreitenden Konzerninsolvenzen, NZI 2006, 334

Kegel, Gerhard/Thieme, Jürgen, Vorschläge und Gutachten zum Entwurf eines EG-Konkursübereinkommens, Tübingen 1988

Kemper, Jutta, Die Verordnung (EG) Nr. 1346/2000 über Insolvenzverfahren, ZIP 2001, 1609

Keppelmüller, Rudolf, Österreichisches Internationales Konkursrecht, Diss. Linz 1996, Wien 1997

Kilger, Joachim, Der Konkurs des Konkurses, KTS 1975, 142

Kilian, Wolfgang, Europäisches Wirtschaftsrecht, 2. Aufl., München 2003

Klikovits, Alexander, Der Zwangsausgleich – eine österreichische Erfolgsstory, ZIK 2004, 12

Klopp, Onno, Aus deutscher Sicht interessierende Schwerpunkte der französischen Insolvenzrechtsreform, KTS 1988, 267

Kluth, Thomas, Die „wertlosen Gesellschaftsanteile“ – der Stein des Anstoßes im Sanierungsinsolvenzplan, ZInsO 2002, 258

Koch, Harald/Magnus, Ulrich/Winkler von Mohrenfels, Peter, IPR und Rechtsvergleichung – auf dem Gebiete des Privatrechts, 3. Auflage, München 2004

Kohler, Josef, Lehrbuch des Konkursrechts, Stuttgart 1891

Kolmann, Stephan, Kooperationsmodelle im internationalen Insolvenzrecht: empfiehlt sich für das deutsche internationale Insolvenzrecht eine Neuorientierung?, Diss. Regensburg, 1999–2000, Bielefeld 2001

Kölner Kommentar zum AktG, Kölner Kommentar zum Aktiengesetz, Bd. 6, §§ 291–328 AktG, 3. Aufl., Köln 2004

Konecny, Andreas, Insolvenz und Sanierung in Österreich, DZWIR1994, 227

Konecny, Andreas, Probleme grenzüberschreitender Insolvenzen, in: Smid (Hrsg.), Neue Fragen des deutschen und internationalen Insolvenzrechts, Berlin 2006, 106

Kübler, Bruno M., Der Mittelpunkt der hauptsächlichen Interessen nach Art. 3 Abs. 1 EuInsVO, in: Schilken (Hrsg.), Festschrift für Walter Gerhardt, Köln 2004, 527

Kübler, Bruno M., Konzern und Insolvenz – Zur Durchsetzung konzernmäßiger Sanierungsziele an den Beispielsfällen AEG und Korf, ZGR 1984, 587

Kübler, Bruno M./Prütting, Hanns, InsO – Kommentar zur Insolvenzordnung (Losebl. Stand: 2005), Köln

Kuczewski, Bernd/Zuleger, Reinhard, Österreich, in: Jahn/Sahm (Hrsg.), Insolvenzen in Europa, 4. Aufl., Heidelberg 2004, 351

Lange, Paul, Kreditsicherheiten in der Unternehmenssanierung nach englischem Recht, WM 1990, 701

Laut, Thomas, Universalität und Sanierung im internationalen Insolvenzrecht, Diss. Freiburg 1995, Berlin 1997

Lázaro, Julio M., „Cominidad de Sacrificios“, La Ley Concursal pretende agilizar el cobro de deudas y hacer viables empresas y trabajos, El País vom 12.5.2003, 72

Lehr, Wolfgang, Die neue EU-Verordnung über Insolvenzverfahren und deren Auswirkungen für die Unternehmenspraxis, KTS 2000, 575

Leible, Stefan/Staudinger, Ansgar, Die europäische Verordnung über Insolvenzverfahren, KTS 2000, 533

Leipold, Dieter, Internationale Zuständigkeit, inländische Einzelrechtsverfolgung trotz eines Auslandskonkurses, Auswirkungen eines ausländischen Konkurses auf im Inland anhängige Zivilprozesse, in: Stoll (Hrsg.), Stellungnahmen und Gutachten zur Reform des deutschen Internationalen Insolvenzrechts, Tübingen 1992, 72

Leipold, Dieter, Wege zu einem funktionsfähigen internationalen Konkursrecht, in: Law in East and

West, Festschrift zum 30-jährigen Jubiläum des Instituts für Rechtsvergleichung der Waseda-Universität, Tokyo 1988, 787

Leitner, Robert, Der grenzüberschreitende Konkurs: Lösungsmöglichkeiten und -modelle aus österreichischer Sicht, Diss. Wien 1993, Wien 1995

Lemontey, Jaques, Bericht über das Übereinkommen über den Konkurs, Vergleiche und ähnliche Verfahren, in: Kegel/Thieme (Hrsg.), Vorschläge und Gutachten zum Entwurf eines EG-Konkursübereinkommens, Tübingen 1988, S. 93

Liersch, Oliver, Deutsches Internationales Insolvenzrecht, NZI 2003, 302

Liersch, Oliver, Sicherungsrechte im internationalen Insolvenzrecht: unter besonderer Berücksichtigung der Vereinbarkeit von Art. 5 und 7 der EG-Verordnung über Insolvenzverfahren (EuInsVO) mit dem deutschen Insolvenzrecht, Frankfurt a. M. 2001

Lincke, Karl H., Das neue Konkursrecht für Spanien, NZI 2004, 69

López-Medel Bascones, De Dante a Cervantes, El País, 4.5.2003

Lübking, Johannes, Ein einheitliches Konzernrecht für Europa, Diss. Göttingen 1999, Baden-Baden 2000

Lüer, Hans-Jochem, Art. 3 Abs. 1 EuInsVO – Grundlage für ein europäisches Konzerninsolvenzrecht oder Instrumentarium eines „Insolvenz-Imperialismus"?, in Piepenburg (Hrsg.), Festschrift für Günter Greiner zum 70. Geburtstag am 19. März 2005, Köln 2005, 201

Lüer, Hans-Jochem, Einzelzwangsvollstreckung im Ausland bei inländischen Insolvenzverfahren, KTS 1978, 200, Fortsetzung KTS 1979, 12

Lüke, Wolfgang, Das europäische internationale Insolvenzrecht, ZZP 111 (1998), 275

Lundy, Simon, The Administration Angle, Accountancy 1988, 118

Lutter, Marcus, Der Konzern in der Insolvenz, ZfB 1984, 781

Lutter, Marcus, Europäisches Unternehmensrecht: Grundlagen, Stand und Entwicklung nebst Texten und Materialien zur Rechtsangleichung, 4. Aufl., Berlin 1996

Mankowski, Peter, Klärung von Grundfragen des europäischen Internationalen Insolvenzrechts durch die Eurofood-Entscheidung?, BB 2006, 1753

Martini, Ulf, Die Europäische Insolvenzverordnung über Insolvenzverfahren v. 29.5.2000 und die Rechtsfolgen für die Praxis, ZInsO 2002, 905

Matscher, Franz, Zur Abgrenzung der inländischen Gerichtsbarkeit, vornehmlich in Vermögenssachen, JBl. 1983, 505

McBryde, William W./Flessner, Axel/Kortmann, Sebastian C. J. J., Principles of European Insolvency Law, Deventer (NL) 2003

Mentzel, Franz/Kuhn, Georg, Konkursordnung: Kommentar, 8. Aufl. München 1976

Meyer-Ladewig, Jens, Konvention zum Schutz der Menschenrechte und Grundfreiheiten, Handkommentar, Baden-Baden 2003

Meyer-Löwy, Bernd/Poertzgen, Christoph, Entbehrlichkeit des Sekundärinsolvenzverfahrens bei flexibler Verteilung der Insolvenzmasse im Hauptinsolvenzverfahren?, NZI 2006, 622

Meyer-Löwy, Bernd/Poertzgen, Christoph, Eigenverwaltung (§§ 270 ff. InsO) löst Kompetenzkonflikt nach der EuInsVO, ZInsO 2004, 195

Meyer-Löwy, Bernd/Portzgen, Christoph/De Vries, Tillmann, Einführung in das englische Insolvenzrecht, ZInsO 2005, 293

Miguens, Héctor José, Critica y soluciones a los sistemas de extensión de la quiebra en los grupos de sociedades en el derecho comparado, RDS núm 7 (1996), 132

Miguens, Héctor José, La ocupación de las sociedades de la quiebra de la sociedad Barcelona Traction. Lecciones nuevas de un viejo caso concursal de grupos de sociedades en crisis en el derecho español, RDM 1997, núm 223, 319

Mohr, Franz, Insolvenzrecht 2002, Insolvenzrechts-Novelle 2002 – Europäische Insolvenzverordnung, Wien 2002

Mönning, Rolf-Dieter, Betriebsfortführung in der Insolvenz, Köln 1992

Moss, Gabriel/Fletcher, Ian F./Isaacs, Stuart, The EC-regulation on Insolvency Proceedings, A Commentary and Annotated Guide, Oxford 2002

Müller-Freienfels, Wolfram, Auslandskonkurs und Inlandsfolgen, in: Vom deutschen zum europäischen Recht, Festschrift für Hans Dölle, Bd. 2, Tübingen, 1963, S. 359
Münchener Kommentar zum AktG, Münchener Kommentar zum Aktiengesetz, Bd. 8, §§ 278–328, (Hrsg. Kropff), 2. Aufl. München 2000
Münchener Kommentar zur InsO, Bd. 3, §§ 270–335: Internationales Insolvenzrecht, 2. Aufl. 2003

Neilson-Clark, Simon/Lewin, Jeremy, England and Wales, in: Dempsey (Hrsg.), The European Restructuring and Insolvency Guide 2005/2006, London 2005
Neye, Hans-Werner, Gemeinschaftsrecht und Recht der verbundenen Unternehmen – Entwicklungen außerhalb des Gesellschaftsrechts und Auswirkungen auf das deutsche Recht, ZGR 1995, 191
Niggemann, Friedrich/Schmidt, Dominique, Die Stellung des Gläubigers im französischen Unternehmenssanierungsgesetz, RIW 1986, 246

Obermüller, Manfred, Insolvenzrecht in der Bankpraxis, 6. Aufl. 2002
Olcina, Juan B., Manuel Olivencia Ruiz: „La reforma de la legislación concursal nos beneficia a todos", Diario de Sevilla, 23.7.2003
Olivencia Ruiz, Manuel, La reforma de la legislación concursal nos beneficia a todos, Diario de Sevilla v. 23.7.2003
Omar, Paul J., European Insolvency Law, Cornwall 2004

Pannen, Klaus/Riedemann, Susanne, Der Begriff des „centre of main interests" i.S. des Art. 3 I 1 EuInsVO im Spiegel aktueller Fälle aus der Rechtsprechung, NZI 2004, 646
Paulus, Christoph, „Protokolle" – ein anderer Zugang zur Abwicklung grenzüberschreitender Insolvenzen, ZIP 1998, 977
Paulus, Christoph, Das inländische Parallelverfahren nach der Europäischen Insolvenzverordnung, EWS 2002, 497
Paulus, Christoph, Das neue internationale Insolvenzrecht der USA, NZI 2005, 439
Paulus, Christoph, in: Verschulden, Haftung, Vollstreckung, Insolvenz: Festschrift für Gerhart Kreft zum 65. Geburtstag, Haarmeyer/Hirtel/Kirchhoff/Graf v. Westphalen (Hrsg.), Recklinghausen 2004, 469
Paulus, Christoph, Rechtsvergleichung im nationalen wie internationalen Insolvenzrecht: Eine Erfolgsgeschichte, in: Festschrift für Reinhold Geimer zum 65. Geburtstag, Schütze (Hrsg.), München 2002, 795
Paulus, Christoph, Überlegungen zu einem modernen Konzerninsolvenzrecht, ZIP 2005, 1948
Paulus, Christoph, Zuständigkeitsfragen nach der Europäischen Insolvenzverordnung, ZIP 2003, 1725
Pecourt García, Estudios de derecho internacional público y provado: homenaje al profesor Luis Sela Sampil, Oviedo 1970
Perker, Susanne, Das Reorganisationsverfahren im englischen Insolvenzrecht im Vergleich zur geplanten deutschen Insolvenzordnung, Diss. Münster (Westfalen) 1991, München 1994
Poertzgen, Christoph/Adam, Dietmar, Die Bestimmung des „centre of main interests" gem. Art. 3 Abs. 1 EuInsVO, ZInsO 2006, 505
Prentice, Dan D., Das Recht der Gesellschaftsgruppe in Großbritannien, in: Lutter (Hrsg.), Konzernrecht im Ausland, Berlin 1994, 93
Puente Egido, José (Hrsg.), Derecho Internacional Privado Español: doctrina legal del tribunal Supremo 1, Barcelona 1981 (Entscheidungssammlung)
Puschner, Kaja, Konkurs und Europäische Menschenrechtskonvention, Diss. Wien 1999, Wien 2000

Rechberger, Walter, Bemerkungen zur österreichischen Insolvenzrechtsreform, ZZP 98 (1985), 257
Rechberger, Walter /Thurner, Mario, Insolvenzrecht (für Österreich), 2. Aufl., Wien 2004
Reckenzaun, Axel/Hadl, Peter, Erste (positive) Erfahrungen mit dem Unternehmensreorganisationsverfahren, ZIK 2001, 90

Reinhart, Stefan, Sanierungsverfahren im internationalen Insolvenzrecht – rechtsvergleichende Untersuchung über die besonderen internationalrechtlichen Probleme liquidationsabwendender Insolvenzverfahren, Diss. Frankfurt a. M. 1994, Berlin 1995

Reisch, Ulla/Winkler, Margit, Die Tücken der Eröffnung eines Parallelverfahrens nach der EuInsVO: Eröffnungsverfahren, ZIK 2004, 80

Riel, Frank, Das Zwangsausgleichsverfahren, Diss. Wien 2003, Wien 2005

Sabel, Oliver, Hauptsitz als Niederlassung im Sinne der EuInsVO?, NZI 2004, 126

Sánchez Álvarez, Manuel María, Grupos de Empresas y el Concurso de Acreedores, in: Gándara/ Sanchz Álvarez (Hrsg.), Comentarios a la Ley Concursal, Madrid/Barcelona 2004, 737

Sanz de Madrid, Carlos Romero, Derecho Concursal, Cuzur Menor (Navarra) 2005

Sardá, Joan I., La nueva Ley Concursal, Togas XVI, 2002, 2

Scheel, Hansjörg, Konzerninsolvenzrecht – eine Rechtsvergleichende Darstellung des US-amerikanischen und deutschen Rechts, Köln 1995

Schilling, Simon/Schmidt, Jessica, COMI und vorläufiger Insolvenzverwalter – Problem gelöst?, ZInsO 2006, 113

Schmidt, Karsten, Insolvenzrisiko und gesellschaftsrechtliche Haftung, JZ 1985, 301

Schmidt, Karsten, Möglichkeit der Sanierung von Unternehmen durch Maßnahmen im Unternehmens-, Sozial- und Insolvenzrecht, Gutachten für den 54. Deutschen Juristentag, München 1982

Schmidt, Karsten, Wege zum Insolvenzrecht der Unternehmen, Köln 1990

Schmiedeknecht, Roman, Der Anwendungsbereich der Europäischen Insolvenzverordnung und die Auswirkungen auf das deutsche Insolvenzrecht, Diss. Münster 2004, Frankfurt a. M. 2004

Schröder, Amrei, Das neue spanische Konkursgesetz im Überblick, RIW 2004, 610

Schulz-Trieglaff, Kai, Grundschuld und Floating Charge zur Absicherung von Unternehmenskrediten: eine rechtsvergleichende Untersuchung aus dem deutschen und englischen Kreditsicherungsrecht unter Berücksichtigung der neuen Insolvenzordnung, Frankfurt a. M. 1997

Schumacher, Hubertus, Die Entwicklung österreichisch-deutscher Insolvenzrechtsbeziehungen, ZZP 103 (1990), 418

Schumacher, Hubertus, Die Europäische Insolvenzverordnung aus österreichischer Sicht, ZIK 2002, 182

Schumacher, Hubertus, Neues Internationales Insolvenzrecht in Österreich, in: DACH (Hrsg.), Grenzüberschreitendes Insolvenzrecht: 29. Tagung der DACH in Bad Ragaz/Vaduz im September 2003, Köln 2004

Schwimann, Michael, Zur Abgrenzung der inländischen Gerichtsbarkeit bei Fehlen ausdrücklicher Vorschriften, JBl. 1984, 9

Sealy, Len/Milman, David, Annotated Guide to the Insolvency Legislation, 1. Aufl., London 1987 und Annotated Guide to the Insolvency Legislation: insolvency act 1986 and 2000, EC-Regulation on Insolvency Proceedings 2000, Insolvency Rules 1986, 7. Aufl., London 2004

Sebastián, Rafael, La insolvencia de los grupos de sociedades en la Ley Concursal, ICADE núm 61 (2004), 293

Shearmann, Jennifer, Reformvorschläge zum englischen Insolvenzrecht, ZIP 1995, 1129

Smid, Stefan, Auswirkungen des europäischen internationalen Insolvenzrechts auf die Praxis der deutschen Insolvenzgerichte, InVo 2005, 437

Smid, Stefan, Deutsches und Europäisches Internationales Insolvenzrecht – Kommentar; Verordnung (EG) Nr. 1346/2000 des Rates vom 29. Mai 2000 über Insolvenzverfahren (Europäische Insolvenzverordnung – EuInsVO), Stuttgart 2004

Smid, Stefan, Die Haftung des Insolvenzverwalters in der Insolvenzordnung – Kontinuität und Diskontinuität des Rechts der Haftung des Insolvenzverwalters, in: Kölner Schrift zum Insolvenzrecht, 2. Aufl., Berlin 2000, 453

Smid, Stefan, EuGH zu „Eurofood“, BGH zur internationalen Zuständigkeit: Neueste Judikatur zur EuInsVO, DZWIR 2006, 325

Smid, Stefan, Europäisches internationales Insolvenzrecht, Wien 2002

Smid, Stefan, Grenzüberschreitende Insolvenzverwaltung in Europa, in, Schütze (Hrsg.), Einheit und Vielfalt des Rechts, Festschrift für Reinhold Geimer zum 65. Geburtstag, München 2002, 1215
Smid, Stefan, Grundzüge des Insolvenzrechts, 4. Aufl., München 2002
Smid, Stefan, Internationales Insolvenzrecht im Spiegel ausgewählter Entscheidungen, DZWIR 2006, 1
Smid, Stefan, Judikatur zum internationalen Insolvenzrecht, DZWIR 2004, 397
Smid, Stefan, Kommentar zur Insolvenzordnung, 2. Auflage, Stuttgart 2001
Smid, Stefan, Vier Entscheidungen englischer und deutscher Gerichte zur europäischen internationalen Zuständigkeit zur Eröffnung von Hauptinsolvenzverfahren, DZWIR 2003, 397
Smid, Stefan, Zu einigen Fragen der Eigenverwaltung, DZWIR 2002, 493
Smid, Stefan/Rattunde, Rolf, Der Insolvenzplan, 2. Aufl., Stuttgart 2005
Smid, Stefan/Rühle, Thomas, Europäisches Sanierungsrecht, in: Knops (Hrsg.), Recht der Sanierungsfinanzierung, Berlin 2005, § 17
Spahlinger, Andreas, Sekundäre Insolvenzverfahren bei grenzüberschreitenden Insolvenzen: eine vergleichende Untersuchung zum deutschen, US-amerikanischen, schweizerischen und europäischen Recht, Diss. Tübingen 1996/97, Tübingen 1998
Staak, Kai S., Mögliche Probleme im Rahmen der Koordination von Haupt- und Sekundärinsolvenzverfahren nach der Europäischen Insolvenzverordnung (EuInsVO), NZI 2004, 480
Staudenmayer, Ein optionelles Instrument im Europäischen Vertragsrecht?, ZEuP 2003, 828
Staudinger, Julius v./Großfeld, Bernhard, Internationales Gesellschaftsrecht, aus J. v. Staudingers Kommentar zum Bürgerlichen Gesetzbuch Band 7, Berlin 1998
Steffan, Bernhard, Sanierung in der Insolvenz, WPg-Sonderheft 2003, 148
Stummel, Dieter, Konkurs und Integration: konventionsrechtliche Wege zur Bewältigung grenzüberschreitender Insolvenzverfahren, Diss. Heidelberg 1990, Frankfurt a.M. 1991

Taupitz, Jochen, Das (zukünftige) europäische Internationale Insolvenzrecht – insbesondere aus international-privatrechtlicher Sicht, ZZP 111 (1998), 315
Thieme, Jürgen Dieter, Inlandsvollstreckung und Auslandskonkurs, RabelsZ 1973, 682
Tribe, John, The DTI's White Paper, "Insolvency – A Second Chance": the end of administrative receivership?, The Company Lawyer Vol. 23 No. 2 (2002), 60
Trunk, Alexander, Internationales Insolvenzrecht: systematische Darstellung des deutschen Rechts mit rechtsvergleichenden Bezügen, Habil. München 1996/97, Tübingen 1998
Trunk, Alexander, Regelungsschwerpunkte eines Ausführungsgesetzes zum Europäischen Insolvenzübereinkommen, in: Vorschläge und Gutachten zur Umsetzung des EU-Übereinkommens über Insolvenzverfahren im deutschen Recht; vorgelegt von Hans Stoll im Auftrag der Sonderkommission „Internationales Insolvenzrecht" des Deutschen Rates für Internationales Privatrecht, Tübingen 1997
Tschernig, Klaus, Haftungsrechtliche Probleme der Konzerninsolvenz – Eine Untersuchung nach deutschem und US-amerikanischem Recht unter besonderer Berücksichtigung grenzüberschreitender Konzerninsolvenzen, Diss. Regensburg 1995, Frankfurt a. M. 1995
Turck, Iris-Claude, Das internationale Insolvenzrecht in Spanien in rechtsvergleichender Betrachtung, Diss. Freiburg (Breisgau), 1994–95, Frankfurt a. M. 1995

Uhlenbruck, Wilhelm, Insolvenzordnung: Kommentar, 12. Aufl., München 2003
Uhlenbruck, Wilhelm, Konzerninsolvenzrecht als Problem der Insolvenzrechtsreform, KTS 1986, 419
Uhlenbruck, Wilhelm, Konzerninsolvenzrecht über einen Insolvenzplan?, NZI 1999, 41
Uhlenbruck, Wilhelm, Wirtschaftliche, rechtliche und verfahrensmäßige Grenzen einer Bewältigung von Unternehmenskrisen durch ein Insolvenzrechts-Reformgesetz, BB 1983, 1485, 1487

Vallender, Heinz, Aufgaben und Befugnisse des deutschen Insolvenzrichters in Verfahren nach der EuInsVO, KTS 2005, 283

Vallender, Heinz, Die Voraussetzungen für die Einleitung eines Sekundärinsolvenzverfahrens nach der EuInsVO, InVo 2005, 41

Vallender, Heinz/Fuchs, Karlhans, Die Antragspflicht organschaftlicher Vertreter einer GmbH vor dem Hintergrund der Europäischen Insolvenzverordnung, ZIP 2004, 829

Vallender, Heinz/Heukamp, Anna, Die Reform des französischen Unternehmensinsolvenzrechts oder: Rette sich, wer kann!, InVO 2006, 1

Vanetti, Carlo Bruno, Die Diskussion über die Konzerne und ihre Regelung in Italien, ZGR 1989, 396

Virgós, Miguel/Garcimartín Francisco, The European Insolvency Regulation: law and practice, Den Haag 2004

Virgos, Miguel/Schmit, Etienne, Erläuternder Bericht zu dem EU-Übereinkommen über Insolvenzverfahren, in Stoll: Vorschläge und Gutachten zur Umsetzung des EU-Übereinkommens über Insolvenzverfahren im deutschen Recht, 1997, 32

Vogler, Daniela, Die internationale Zuständigkeit für Insolvenzverfahren, ZIK 2001, 189

Vormstein, Frank, Zuständigkeit bei Konzerninsolvenzen – Verfahrensablauf bei grenzüberschreitenden Konzerninsolvenzen unter besonderer Berücksichtigung der Europäischen Insolvenzverordnung (EuInsVO), München 2005

Wehdeking, Silke, Reform des Internationalen Insolvenzrechts in Deutschland und Österreich, DZWIR, 2003, 133

Weiss, Gerry A., Die Erhaltung insolvenzgefährdeter Unternehmen in Großbritannien, ZIP 1982, 1038

Wellensiek, Jobst, Probleme der Betriebsfortführung in der Insolvenz, in: Prütting (Hrsg.), Insolvenzrecht in Wissenschaft und Praxis: Festschrift für Wilhelm Uhlenbruck zum 70. Geburtstag, 199

Wellensiek, Jobst, Risiken von Beteiligungen in (durch) Insolvenzverfahren der Muttergesellschaften, ZIP 1984, 541

Wellensiek, Jobst, Übertragende Sanierung, NZI 2002, 233

Weller, Marc-Philippe, Inländische Gläubigerinteressen bei internationalen Konzerninsolvenzen, ZHR 169 (2005), 570

Wiesbauer, Bruno, Der österreichisch-deutsche Konkursvertrag aus österreichischer Sicht, ZIP 1982, 1285

Willcock, John, Parmalat exposes lack of co-operation on insolvencies, INSOL World, 2nd quarter 2004, 6

Wimmer, Klaus, Anmerkung zum Vorlagebeschluss des irischen Supreme Court in Sachen Parmalat, ZInsO 2005, 119

Wimmer, Klaus, Die Besonderheiten von Sekundärinsolvenzverfahren unter besonderer Berücksichtigung des Europäischen Insolvenzübereinkommens, ZIP 1998, 982

Wimmer, Klaus, Die Verordnung (EG) Nr. 1346/2000 über Insolvenzverfahren, ZInsO 2001, S. 97

Windbichler, Christine, "Corporate Group Law for Europe": Comments on the Forum Europaeum's Principles and Proposals for a European Corporate Group Law, EBOR 1 (2000), 265

Wittinghofer, Mathias A., Der nationale und internationale Insolvenzverwaltungsvertrag – Koordination paralleler Insolvenzverfahren durch ad hoc-Vereinbarungen, Diss. Münster 2003, Bielefeld 2004

Wurmnest, Wolfgang, Common Core, Grundregeln, Kodifikationsentwürfe, Acquis-Grundsätze – Ansätze internationaler Wissenschaftlergruppen zur Privatrechtsvereinheitlichung in Europa, ZEuP 2003, 714

Zimmermann, Klaus, Die Haftung von Geschäftsführern und Gesellschaftern bei der Insolvenz der GmbH in Frankreich, Diss. Freiburg im Breisgau 1971

Zweigert, Konrad/Kötz, Hein, Einführung in die Rechtsvergleichung auf dem Gebiete des Privatrechts, 3. Auflage, Tübingen 1996

Abkürzungsverzeichnis

a.A.	anderer Ansicht
Abs.	Absatz
AG	Amtsgericht
AJA	Actualidad Jurídica Aranzadi ~ spanische Fachzeitschrift
AktG	Aktiengesetz
Allg.	Allgemein
Amtl. Begr.	Amtliche Begründung
Anm.	Anmerkung
AO	Ausgleichsordnung (Österreich)
Art.	Artikel
Aufl.	Auflage
B. v.	Beschluss vom
BB	Der Betriebs-Berater
Bd.	Band
BGBl.	Bundesgesetzblatt (Deutschland)
BGH	Bundesgerichtshof
BGHZ	Entscheidungen des Bundesgerichtshofs in Zivilsachen
BlgNr.	Beilage zu den stenographischen Protokollen des Nationalrates (Österreich)
BOE	Boletín Oficial de Estado ~ Bundesgesetzblatt in Spanien
BT-Drucks.	Bundestags-Drucksache
bzw.	beziehungsweise
CA	Companies Act 1985 ~ Unternehmensgesetzbuch (England)
ca.	circa
CC	Código Civil ~ Zivilgesetzbuch in Spanien
CdC	Código de Comercio ~ Handelsgesetzbuch in Spanien
CGPJ	Consejo General de Poder Judicial ~ Generalrat der Justiz, spanisches Regierungsorgan
COMI	Centre of Main Interest (Mittelpunkt der hauptsächlichen Interessen)
CVA	Company Voluntary Arrangement ~ Sanierungsinstrument im englischen Recht
ders.	derselbe
Diss.	Dissertation

DÖKV	Deutsch-österreichischer Vertrag auf dem Gebiet des Konkurs- und Vergleichs-(Ausgleichs-)rechts vom 25. Mai 1979
DZWIR	Deutsche Zeitschrift für Wirtschafts- und Insolvenzrecht
EA	Enterprise Act
EBOR	European Business Organization Law Review ~ englische Fachzeitschrift
EC	European Community
EG	Europäische Gemeinschaft(en)
EGBGB	Einführungsgesetz zum Bürgerlichen Gesetzbuch
EGInsO	Einführungsgesetz zur Insolvenzordnung
EGV	Vertrag zur Gründung der Europäischen Gemeinschaft
EKMR	Europäische Kommission für Menschenrechte
EMRK	Europäische Menschenrechtskonvention
EO	Exekutionsordnung (Österreich)
EU	Europäische Union
EuGH	Europäischer Gerichtshof
EuGVÜ	Europäisches Übereinkommen über die gerichtliche Zuständigkeit und die Vollstreckung gerichtlicher Entscheidungen in Zivil- und Handelssachen
EuInsÜ	Europäisches Übereinkommen über Insolvenzverfahren vom 23. November 1995 (nie in Kraft getreten)
EuInsVO	Verordnung (EG) Nr. 1346/2000 des Rates über Insolvenzverfahren vom 29. Mai 2000
EVÜ	Europäisches Schuldvertragsübereinkommen
EWiR	Entscheidungen zum Wirtschaftsrecht
EWS	Europäisches Wirtschafts- und Steuerrecht
f.	und die folgende (Seite/Randnummer)
ff.	und die folgenden (Seiten/Randnummern)
Fn.	Fußnote
FS	Festschrift
gem.	gemäß
GmbH	Gesellschaft mit beschränkter Haftung
GmbHG	Gesetz betreffend die Gesellschaften mit beschränkter Haftung
Habil.	Habilitationsschrift
HK	Handkommentar
HlbBd.	Halbband
Hrsg.	Herausgeber
Hs.	Halbsatz
i.S.d.	im Sinne des
i.S.v.	im Sinne von

i.V.m.	in Verbindung mit
IA	Insolvency Act
ICADE	Spanische Fachzeitschrift
idF	in der Fassung
IIRG	Bundesgesetz über das internationale Insolvenzrecht (Österreich)
InsO	Insolvenzordnung
IntGesR	Internationales Gesellschaftsrecht
InVO	Insolvenz und Vollstreckung
IPR	Internationales Privatrecht
IPRax	Praxis des Internationalen Privat- und Verfahrensrechts
IRÄG	Insolvenzrechtsänderungsgesetz 1997 (Österreich)
JAB	Bericht des Justizausschusses (Österreich)
JBl.	Juristische Blätter ~ österreichische Fachzeitschrift
JZ	Juristenzeitung
KO	Konkursordnung (Österreich)
KSV	Kreditorenschutzverband von 1870 (Österreich)
KTS	Zeitschrift für Insolvenzrecht – Konkurs, Treuhand, Sanierung
LC	Ley 22/2003, de 9 de Julio Concursal ~ neues spanisches Konkursgesetz
LEC	Ley de Enjuiciamento Civil ~ Zivilprozessgesetz in Spanien
LG	Landgericht (Deutschland); Landesgericht (Österreich)
lit.	litera (Buchstabe)
LOPJ	Ley de Organización del Poder Judicial ~ Gerichtsverfassungsgesetz in Spanien
LSP	Ley de Suspensión de Pagos ~ Vergleichsordnung nach überkommenem spanischen Recht
m.w.N.	mit weiteren Nachweisen
MPI	Max-Planck-Institut
MünchKomm	Münchener Kommentar
n.F.	neue Fassung
NJW	Neue Juristische Wochenschrift
NL	Niederlande
No.	number
Nr.	Nummer
núm.	Número – Nummer, bei Zeitschriften ~ Heft, Ausgabe
NZG	Neue Zeitschrift für Gesellschaftsrecht
NZI	Neue Zeitschrift für Insolvenzrecht
ÖBGBl.	Bundesgesetzblatt (Österreich)
OGH	Oberster Gerichtshof (Österreich)

OGHE	Entscheidungen des Obersten Gerichtshofes (Österreich)
OLG	Oberlandesgericht
ÖZPO	Zivilprozessordnung (Österreich)
para.	Paragraf in englischen Gesetzen
RabelsZ	Zeitschrift für ausländisches und internationales Privatrecht
RDC	Revista de Derecho comercial de las obligaciones ~ spanische Fachzeitschrift zum Handelsrecht
RDM	Revista de derecho Mercantíl ~ spanische Fachzeitschrift zum Handelsrecht
RdNr.	Randnummer
RDS	Revista del derecho de Sociedades ~ spanische Fachzeitschrift zum Gesellschaftsrecht
RegE InsO	Regierungsentwurf zur Insolvenzordnung, BT-Drucks. 12/2443
RG	Reichsgericht
RGBl.	Reichsgesetzblatt
RGZ	Entscheidungen des Reichsgerichts in Zivilsachen
RIW	Recht der internationalen Wirtschaft
S.	Satz; Seite
S. L.	Sociedad Limitada ~ spanische Gesellschaft mit beschränkter Haftung
sec.	section ~ Abschnitt in englischen Gesetzen
Slg.	Sammlung
SoA	Scheme of Arrangement ~ Sanierungsinstrument im englischen Recht
TS	Tribunal Supremo ~ Oberster Gerichtshof in Spanien
UK	United Kingdom
Urt. v.	Urteil vom
US	United States – Vereinigte Staaten von Amerika
VerglO	Vergleichsordnung
vgl.	vergleiche
VO	Verordnung
Vol.	Volume; Band
WM	Wertpapier-Mitteilungen
WPg	Die Wirtschaftsprüfung
z. B.	zum Beispiel
ZEuP	Zeitschrift des Europäischen Privatrechts
ZfB	Zeitschrift für Betriebswirtschaft

ZGR	Zeitschrift für Unternehmens- und Gesellschaftsrecht
ZHR	Zeitschrift für das gesamte Handelsrecht und Wirtschaftsrecht
ZIK	Zeitschrift für Insolvenzrecht und Kreditschutz (Österreich)
ZInsO	Zeitschrift für das gesamte Insolvenzrecht
ZIP	Zeitschrift für Wirtschaftsrecht
ZZP	Zeitschrift für Zivilprozess
ZZPInt	Zeitschrift für Zivilprozess international

A. Einleitung

I. Einführung in das Thema

Mit dem Inkrafttreten der Verordnung (EG) Nr. 1346/2000 über Insolvenzverfahren vom 29. Mai 2000 (EuInsVO) am 31.5.2002 haben die europäischen Mitgliedstaaten erstmals eine verbindliche Vorgabe für die Koordination und Gestaltung grenzüberschreitender Insolvenzverfahren erhalten. Damit ist viel gewonnen. Es besteht nunmehr eine gemeinsame Basis zur Beantwortung der drei klassischen Fragen[1] des Internationalen Insolvenzrechts: die Bestimmung der internationalen Zuständigkeit, die Abgrenzung der räumlichen Wirkungserstreckung eines im Inland eröffneten Insolvenzverfahrens und die Voraussetzungen für die Anerkennung der Wirkungen eines im Ausland eröffneten Insolvenzverfahrens im Inland.

Diese klare Linie gilt jedoch nur im Rahmen des sachlichen und persönlichen Anwendungsbereichs der EuInsVO gemäß Art. 1 Abs. 1, der gemäß dem in Europa verbreiteten Grundsatz „eine Person, ein Vermögen, ein Verfahren“[2] auf Insolvenzverfahren über das Vermögen *einzelner* Rechtssubjekte beschränkt ist. Verfahren über das Vermögen von Unternehmenszusammenschlüssen als Rechtssubjektsbündel – Konzerninsolvenzsachverhalte – sind damit vom Anwendungsbereich der EuInsVO nicht erfasst[3].

> Hier ist die mitunter missverständliche Formulierung, die EuInsVO schließe Konzerninsolvenzen und damit die Hauptanwendungsfälle grenzüberschreitender Sachverhalte aus ihrem Anwendungsbereich aus, zu präzisieren. Denn sehr wohl findet die EuInsVO im grenzüberschreitenden Bereich zwischen den Mitgliedstaaten auf Insolvenzverfahren über Konzernunternehmen in dem Sinne Anwendung, dass über das Vermögen jedes einzelnen Konzernunternehmens gemäß Art. 3 EuInsVO ein individuelles Hauptinsolvenzverfahren am Mittelpunkt *seiner* hauptsächlichen Interessen durchzuführen ist, sofern ein Insolvenzgrund bei diesem Unternehmen vorliegt[4].

Kritikpunkt an der EuInsVO im Hinblick auf Konzerninsolvenzsachverhalte ist die Nichtberücksichtigung von Konzernstrukturen in der grenzüberschreitenden Insolvenz. Diese Ausklammerung einer möglicherweise besonderen Problematik bei

---

1 *Esplugues*, ZZPInt 2 (1997), 69, 73.

2 MünchKomm-*Ehricke*, EGInsO, Art. 102, RdNr. 403; *ders.* DZWIR 1999, 353 ff.; *Uhlenbruck*, KTS 1986, 419, 425.

3 *Virgós/Schmit*, Erläuternder Bericht, RdNr. 76; *Ehricke*, EWS 2002, 101 f.; *Gottwald*, Grenzüberschreitende Insolvenzen, 1997, 21; *ders.*, Insolvenzrechts-Handbuch, 2. Aufl., 2001, § 131, RdNr. 9; *Duursma-Kepplinger/Duursma/Chalupsky-Duursma-Kepplinger*, Art. 1 RdNr. 48 ff.

4 *Carstens*, Die internationale Zuständigkeit im Europäischen Insolvenzrecht, 2005, 115.

der Insolvenz von Unternehmen, die in einen Konzern eingebunden sind, erscheint deshalb unglücklich, da Konzerninsolvenzen mittlerweile den „Prototyp" grenzüberschreitender Insolvenzsachverhalte darstellen[5]. Problematisch ist der Unterlass einer Berücksichtigung der Besonderheiten von Konzernstrukturen jedoch nur dann, wenn diese sich in der Insolvenz derart auswirken, dass die isolierte Abwicklung der Insolvenzen einzelner Konzernunternehmen nicht mehr sachgerecht ist.

Schon eine isolierte *Liquidation* der einzelnen insolventen Konzernunternehmen in separaten Insolvenzverfahren kann eine Minderung des Liquidationserlöses im Vergleich zu einer Gesamtverwertung zur Folge haben, weshalb – auch und besonders im Sinne der Gläubiger – eine Koordination der Verwertung oftmals erstrebenswert ist[6]. Besondere Schwierigkeiten kann die Liquidation eines Konzernunternehmens dann bereiten, wenn im Insolvenzverfahren über ein anderes Konzernmitglied oder die Konzernmutter eine Sanierung angestrebt wird. Denn in der Regel kommt jedem Unternehmen eine bestimmte Funktion im Konzerngefüge zu, die zu einer faktischen Abhängigkeit unter den Konzernmitgliedern führt, in Folge derer der Untergang eines Gliedes den Zusammenbruch des gesamten Konzerns zur Folge haben kann. Bei der Größe europa- oder weltweit operierender Konzerne und ihrer entsprechenden Bedeutung im wirtschaftlichen Gesamtgefüge ist es selten wünschenswert, einen Konzern durch Liquidation all seiner Mitglieder vollständig zu eliminieren. Der Sanierungsgedanke spielt daher im Konzerninsolvenzrecht regelmäßig eine große Rolle. Da der Erfolg der Sanierung eines Konzernunternehmens stark von der Gestaltung der Insolvenzverfahren über die anderen Konzernunternehmen abhängt, stellt die vom Verordnungsgeber verordnete Unabhängigkeit der Konzernunternehmen in ihrem insolvenzrechtlichen Schicksal durchaus ein Problem von großer praktischer Bedeutung dar.

Lässt die EuInsVO die Besonderheiten, die die Einbindung in eine Konzernstruktur bei Unternehmensinsolvenzen mit sich bringt, vollständig außer Betracht, so sieht es mit Sanierungsverfahren, die wie gesehen als Alternative zur Liquidation gerade – aber nicht nur – bei Konzerninsolvenzen eine große Rolle spielen, nicht wesentlich besser aus. Zwar werden Sanierungsverfahren vom Anwendungsbereich der EuInsVO als Möglichkeit zur Bewältigung grenzüberschreitender Insolvenzen erfasst, jedoch finden sie keine ausdrückliche Unterstützung oder besondere Regelung, vielmehr zeigt sich in der Praxis zunehmend, dass die Beschränkung der sogenannten Sekundärverfahren auf eine Liquidation gemäß Art. 3 Abs. 3 S. 2 EuInsVO Sanierungen im Anwendungsbereich der EuInsVO mitunter sogar erschwert.

---

5 *Ehricke*, EWS 2002, 101 f.; *Mankowski*, NZI 2004, 450, 452; *Pannen/Riedemann*, NZI 2004, 646, 647 f., *Paulus*, EWiR 2004, 493; *Smid*, FS-Geimer, 1215, 1219; *ders.*, DZWIR 2004, 397.

6 Probleme treten hier besonders in Fällen auf, bei denen das Vermögen aus auf mehrere Mitgliedstaaten aufgeteilten Rechtebündeln (Lizenzen und Patente) oder Vermögensgegenständen, die faktisch eine Einheit bilden (grenzüberschreitende Kabelnetze), besteht, da diese sich als Gesamtheiten meistens lukrativer veräußern lassen als einzeln in separaten Insolvenzverfahren, zu einem Beispiel unten B. III. 5.

Somit scheint aktuell eine unglückliche Diskrepanz zwischen den Anforderungen der europäischen Insolvenzrealität, in der es vorwiegend gilt, die Sanierung von Konzernunternehmen zu bewältigen, und der EuInsVO als einziger verbindlicher Regelung auf dem Gebiet des „europäischen Insolvenzrechts“, die die Konzernrealität ausklammert und die Sanierung lediglich duldet, zu bestehen.

II. Ziele dieser Arbeit

Die aufgezeigte Diskrepanz zwischen der Insolvenzrealität und dem Regelungsgehalt der EuInsVO soll im Rahmen dieser Arbeit analysiert werden, um festzustellen, wie „unglücklich“ diese tatsächlich ist und durch welche Mechanismen sie gegebenenfalls beseitigt werden kann oder bereits aufgefangen wird. Um sich letzteren Fragen nähern zu können, ist zunächst herauszuarbeiten, welche Probleme konkret die Sanierung europaweit operierender Unternehmen und Konzerne in der Insolvenz in der Praxis bereitet, wobei insbesondere die Definition der Begriffe der Sanierung und des Konzerns von Bedeutung sein werden. Daraufhin wird unter Berücksichtigung des Hintergrundes, der Funktion und der Struktur der EuInsVO zu untersuchen sein, inwieweit diese zur Lösung der festgestellten Probleme beiträgt oder eine solche im Gegenteil sogar erschwert. Dabei ist als nicht unerheblicher Indikator zu berücksichtigen und zu bewerten, wie die Praxis bisher mit der Problematik umgegangen ist. Hier bieten die zahlreichen zur Thematik ergangenen Entscheidungen verschiedener europäischer Gerichte ein breites Untersuchungsfeld. Wichtig ist es hier, klar herauszuarbeiten, ob die dort eingeschlagenen Wege sachgerecht und legitim oder korrekturbedürftig sind. Daran anknüpfend ist festzustellen, ob die Lücken, die die europäische Regelung zur fokussierten Problematik aufweisen mag, wenn nicht allein durch die Praxis, so durch die nationalen Gesetzgeber im Sinne einer Fortbildung der durch die EuInsVO angestoßenen Entwicklung eines „europäischen Insolvenzrechts“ durch Konvergenz geschlossen werden können. Die Existenz oder Möglichkeit derartiger Konvergenzbewegungen lässt sich nur durch Vergleich mehrerer unterschiedlicher europäischer Rechtsordnungen im Hinblick auf ihre Entwicklung und ihre Haltung zu Konzerninsolvenzen und der Sanierung in der Insolvenz feststellen, wobei hier die gewählten Insolvenzrechtssysteme Deutschlands, Österreichs, Englands und Spaniens mit ihren vollständig unterschiedlichen Hintergründen und Ansätzen für eine derartige Untersuchung sehr repräsentativ erscheinen. Schließlich wird unter Einbeziehung der hierzu ergangenen Vorschläge in der Literatur zu resümieren sein, ob die EuInsVO und die nationalen Rechte den Insolvenzpraktikern ausreichende Instrumente und Mechanismen für die Bewältigung grenzüberschreitender Unternehmensinsolvenzen durch Sanierung an die Hand geben, oder ob, in welcher Form und auf welcher Ebene hier eine Nachregulierung[7] erforderlich ist.

---

7 Hierfür plädieren *Eidenmüller*, NJW 2004, 3455, 3458; *Lüer*, FS-Greiner, 201, 211; *Mankowski*, NZI 2004, 450, 452.

III. Das „europäische Insolvenzrecht“

Die im Folgenden zu analysierenden Probleme der Gestaltung grenzüberschreitender Sanierungen im Rahmen von Unternehmens- und Konzerninsolvenzen können nur nachvollzogen werden, wenn sie vor dem Hintergrund der allgemeinen Entwicklung des „europäischen Insolvenzrechts“ betrachtet werden. Die Apostrophierung dieses Begriffs erfolgt bis hierher, weil es derzeit ein europäisches Insolvenzrecht im Wortsinne eines vereinheitlichten materiellen Rechts auf dem Gebiet der Insolvenzen mit europaweiter Geltung nicht gibt. Wird angesichts der aktuellen Lage von „europäischem Insolvenzrecht“ gesprochen, so ist in der Regel – und so auch hier – die Gesamtheit der bestehenden Regelungen und sich entwickelnden Mechanismen zur Unterstützung der Bewältigung grenzüberschreitender Insolvenzfälle innerhalb Europas, also das Internationale Insolvenzrecht auf europäischer Ebene, gemeint[8].

1. Der wirtschaftliche Kontext

Ausgangspunkt für die hier behandelten Probleme des europäischen Insolvenzrechts ist die Einbettung der Thematik der Unternehmensinsolvenzen als Teil und Folge ökonomischer Entwicklungen in einen wirtschaftlichen Kontext[9], der seinerseits auf europäischer wie internationaler Ebene bereits eine erhebliche Komplexität aufweist.

Der internationale und insbesondere der europäische Handel blicken auf eine jahrhundertelange Geschichte zurück und haben sich mit der ständigen Beschleunigung der Transport- und Kommunikationswege zu einem komplizierten Geflecht verdichtet. Längst reichen für die Abwicklung dieser grenzüberschreitenden Geschäftsbeziehungen Einzelregelungen in den nationalen Rechten und bilaterale Verträge zwischen den beteiligten Staaten nicht mehr aus. Der zunehmende Facettenreichtum der autonomen Wirtschaftsgesetzgebungen wie der involvierten Subjekte und Interessen macht für den europäischen wie für den internationalen Handel eine immer weitergehende Regulierung durch einen übergeordneten Gesetzgeber erforderlich, um Ungleichbehandlungen und unlösbare Konflikte zu beseitigen[10]. Dementsprechend verdichtet sich die europäische Gesetzgebung im Bereich des Wirtschafts- und Handelsrechts zusehends.[11] Besonders relevant wer-

---

8 Die Differenzierung erfolgt hier, da die angeblich unpräzise Verwendung des Begriffs des „europäischen Insolvenzrechts“ im genannten Sinne anlässlich einer Veranstaltung zu diesem Thema von einem deutschen Rechtswissenschaftler beanstandet wurde.

9 *Ehricke*, FS-MPI, 337, 338; *K. Schmidt*, Wege zum Insolvenzrecht der Unternehmen, 7 ff.

10 Erwägungsgründe 2 und 3 zur Verordnung (EG) Nr. 1346/2000 des Rates vom 29. Mai 2000 über Insolvenzverfahren (EuInsVO); *Fritz/Bähr*, DZWIR 2001, 221; *Gottwald*, Grenzüberschreitende Insolvenzen, 8 ff.; *Herchen*, Das Übereinkommen über Insolvenzverfahren der Mitgliedstaaten der Europäischen Union vom 23.11.1995 (2000), 17; *Lüke*, ZZP 111 (1998), 275, 276; *Smid*, Europäisches Internationales Insolvenzrecht, Kapitel 2, RdNr. 12.

11 So schon in einer Note vom 22.10.1959 der Kommission der europäischen Wirtschaftsgemeinschaft, geschildert bei *Lemontey*, Bericht über das Übereinkommen über den Konkurs, Verden solche Regelungen, wo die Privatautonomie ihre Grenzen findet. Ein Beispiel hierfür ist die Insolvenz eines Unternehmens als Gesamtvollstreckungsverfahren [12], deren Bewältigung wegen der Vielzahl betroffener Interessen nach keiner europäischen Rechtsordnung den betroffenen Parteien allein überlassen bleibt [13]. Vielmehr sehen alle nationalen Rechtsordnungen hier ein System der zumeist externen Verwaltung und hoheitlichen Kontrolle der Insolvenzabwicklung vor, wobei die Einflussrechte von Gericht, Gläubigern und Schuldner unterschiedlich ausgestaltet sind.

Als lediglich letzte und notwendige Folge ökonomischer Entwicklungen [14] und erforderliches Instrument zur Abwicklung bzw. Sanierung eines Unternehmens, wenn dieses nach den allgemeinen wirtschafts- und gesellschaftsrechtlichen Regeln nicht weiter funktioniert, hängt das Insolvenzrecht in seiner Zielsetzung und Ausgestaltung erheblich von der allgemeinen Wirtschaftspolitik der jeweiligen Rechtsordnung ab, die wiederum von den faktischen Entwicklungen auf nationaler, europäischer und zunehmend globaler Ebene beeinflusst wird. Um die Unterschiede in den nationalen Insolvenzrechten zu verstehen, ist es demnach notwendig, sich in einem gewissen Maß auch mit den wirtschaftlichen Entwicklungen und Zusammenhängen sowohl auf europäischer als auch auf nationaler Ebene auseinanderzusetzen. Die europäische Dimension gewinnt im Wirtschaftsrecht zunehmend an Bedeutung und überschattet hier den national-wirtschaftsrechtlichen Kontext.

2. Das nationale Insolvenzrecht im zivilrechtlichen Kontext

In einem starken Kontrast zu der durch europäische Entwicklungen angestoßenen zumeist jungen Wirtschaftsgesetzgebung stehen die seit Jahrhunderten unabhängig voneinander gewachsenen Zivilrechtssysteme der einzelnen europäischen Rechtsordnungen. Sehen sich nationale Insolvenzrechtssysteme auch dem unvermeidlichen Einfluss der Entwicklung des europäischen Wirtschaftsrechts ausgesetzt, so wurzeln sie doch regelmäßig tief im nationalen Zivilrechtssystem und stehen in einem untrennbaren Zusammenhang mit diesem. Denn das Insolvenzrecht ist Vermögensverwertungsrecht, es geht demnach um nichts anderes als um

---

gleiche und ähnliche Verfahren, EG-Dok. – III/D/222/80-DE –, abgedruckt in Kegel/Thieme (Hrsg.), Vorschläge und Gutachten zum Entwurf eines EG-Konkursübereinkommens (1988), 93, 96; ausdrücklich auch Erwägungsgrund 2 der Verordnung (EG) Nr. 1346/2000 des Rates vom 29. Mai 2000 über Insolvenzverfahren (EuInsVO); zum Ganzen auch das Vorwort zu *Duursma-Kepplinger/Duursma/Chalupsky*, Europäische Insolvenzordnung, 2002.

12 *Gottwald*, Grenzüberschreitende Insolvenzen, 18; *Virgós/Schmit*, Erläuternder Bericht, Nr. 7; *Smid*, Europäisches Internationales Insolvenzrecht, Kapitel 2, RdNr. 16 ff.

13 *Flessner*, ZEuP 2004, 887; *Fritz/Bähr*, DZWIR 2001, 221. Zu den Grenzen der Privatautonomie bei Insolvenzen im Gegensatz zu Verträgen *Virgós/Schmit*, Erläuternder Bericht, Nr. 7. Extrem hier das spanische Recht, das den Konkurs lange als absolut öffentliche und nicht private Angelegenheit einordnete: *Kohler*, Lehrbuch des Konkursrechts, 1891, 24 ff.; *Turck*, Das Internationale Insolvenzrecht in Spanien, 20 m.w.N., hierzu auch im Kapitel über Spanien unten V. 2. a).

14 Womit nicht gesagt werden soll, dass dem Insolvenzrecht im Wirtschaftrecht nur Annexbedeutung zukommt, vgl. auch *Paulus*, FS-Geimer 2002, 795, 797, demnach „das Insolvenzrecht eine für das allgemeine Wirtschaftsrecht absolut zentrale Rechtsmaterie darstellt“.

die Verwertung von Rechten an beweglichem und unbeweglichem Vermögen, grundsätzlich die Materie des bürgerlichen Rechts und des Zivilverfahrensrechts inklusive des Zwangsvollstreckungsrechts. Das Schicksal beispielsweise einzelner Sicherungsrechte in der Insolvenz hängt entscheidend von der Bedeutung und dem Stellenwert ab, der diesem Sicherungsrecht nach dem jeweiligen bürgerlichen Recht zukommt[15].

Die in sich geschlossenen und aus einem bestimmten Rechtssystem gewachsenen und mit diesem verwachsenen Strukturen der verschiedenen Insolvenzrechtssysteme stellen im Idealfall die sinnvollste Lösung von Insolvenzfällen im Kontext der jeweiligen Rechtsordnung dar und sind daher selbstverständlich nicht ohne Weiteres auf andere Rechtsordnungen übertragbar. Demnach stoßen diese in sich geschlossenen Insolvenzrechtssysteme an ihre Grenzen, sobald die territorialen Grenzen des Rechtssystems, in das sie eingebettet und auf das sie abgestimmt sind, überschritten werden. Auf internationaler Ebene und schon in Europa, das eine Vielzahl unterschiedlichster Zivilrechtssysteme „vereint", bedarf es daher, sobald ein Insolvenzfall mehrere Rechtsordnungen berührt, weitergehender übergeordneter Regelungen.

3. Wege zur Lösung grenzüberschreitender Insolvenzfälle – die EuInsVO: Weg oder Ziel?

Für die Bewältigung grenzüberschreitender Rechtsfälle bieten sich im Allgemeinen mehrere Wege an. Die Frage ist, welcher davon im Besonderen in Bezug auf Insolvenzverfahren geeignet ist.

Die „kleinste" Lösung – abgesehen von *ad hoc*-Lösungen im Einzelfall – stellt der Abschluss bilateraler Verträge dar, wie dies auf dem Gebiet des Insolvenzrechts zwischen Deutschland und Österreich geschehen ist[16]. Der Abschluss einzelner Vereinbarungen mit jedem anderen Staat, zu dem ein Staat in engerer wirtschaftlicher Beziehung steht, erscheint bei der zunehmenden Dichte der wirtschaftlichen Verflechtungen, in die die meisten europäischen Staaten eingebunden sind, sehr mühsam. Zudem führt die Zweiseitigkeit dieser Vereinbarungen dann zu Problemen, wenn, wie dies immer häufiger der Fall ist, mehr als zwei Mitgliedstaaten involviert sind und hier nur teilweise oder verschiedene Vertragswerke zu berücksichtigen und wiederum in der Anwendung aufeinander abzustimmen sind. Letzteres gilt in besonderem Maße für die im Zentrum dieser Arbeit stehenden Fälle europaweiter Konzernverflechtungen.

Die „ganz große" Lösung stellt eine sowohl hinsichtlich der Rechtsmaterie als auch räumlich möglichst weitgehende Vereinheitlichung der Rechtsordnungen dar. Die Existenz einer einheitlichen Rechtsordnung für ganz Europa im Sinne der Ausräu-

---

15 *Virgós/Garcimartín*, The European Insolvency Legislation, Nr. 135.
16 Dazu unten im rechtsvergleichenden Teil D. III. 3. a) bb).

mung sämtlicher nationaler Unterschiede zugunsten einer absoluten Gleichschaltung auf materieller wie verfahrensrechtlicher Ebene, würde den Umgang mit europäischen grenzüberschreitenden Fällen zweifellos nicht nur für den Juristen erheblich erleichtern und damit im Endeffekt der Rechtssicherheit fruchtbaren Boden bereiten. Allein erscheint die Schaffung einer einheitlichen Gesamtrechtsordnung für ganz Europa bzw. die Mitgliedstaaten der EU angesichts der historisch gewachsenen Vielfalt und Komplexität der Rechtsordnungen derzeit utopisch [17] und ist bisher auch nicht angestrebt, so dass hinsichtlich der zu vereinheitlichenden Rechtsmaterie zunächst in kleineren Einheiten zu denken ist.

Das Insolvenzrecht als dem Zivil- und Zivilverfahrensrecht zuzuordnendes Teilrechtsgebiet [18] stellt eine solche Einheit dar, an deren Vereinheitlichung auf europäischer Ebene gedacht werden kann und gedacht wurde [19]. Allerdings ist auch in dieser Dimension die „ganz große“ Lösung im oben erläuterten Sinne eines einzigen europäischen Insolvenzrechts, das in allen Mitgliedstaaten gleichermaßen auch auf nationaler Ebene Anwendung finden soll, derzeit nicht realisierbar. Dies aufgrund der im vorangegangenen Abschnitt geschilderten tiefen Verwurzelung des Insolvenzrechts im jeweiligen nationalen Zivilrechtssystem, aus dem es nicht herausgerissen werden kann, so dass im Endeffekt eine vollständige Vereinheitlichung in der kleineren Dimension des Insolvenzrechts nur bei einer gleichzeitigen Vereinheitlichung des gesamten Zivilrechts [20] möglich wäre. Zu denken war insofern zunächst an die Schaffung eines einheitlichen Insolvenzverfahrens für grenzüberschreitende Insolvenzfälle ohne tiefe Eingriffe in die nationale Insolvenzgesetzgebung, durch Geltung der *lex fori concursus* des Eröffnungsstaates im Sinne eines uneingeschränkten Universalitätsprinzips, das keine Partikularverfahren zulässt [21]. Indes scheiterten in der Vergangenheit Versuche, ein derartiges Einheitsverfahren zu kreieren [22], ebenfalls an den scheinbar unüberbrückbaren Unterschieden der autonomen Insolvenzgesetze und Regelungen angrenzender Rechtsgebiete, die es den einzelnen Mitgliedstaaten unzumutbar gemacht hätten, sich den Sachrechtsregelungen eines Staates, dessen Recht ausschließlich Anwendung fände, unterzu-

---

17 Man betrachte in diesem Zusammenhang nur das Scheitern der „Europäischen Verfassung“ im Jahre 2005.

18 *Häsemeyer*, Insolvenzrecht, 3. Aufl. 2003, RdNr. 1.05.

19 So etwa der erste Entwurf des Gemeinschaftsgesetzgebers 1970, veröffentlicht 1980, Kommission der Europäischen Gemeinschaften, Entwurf eines Übereinkommens über den Konkurs, Vergleiche und ähnliche Verfahren, EG-Dok-III/D/72/80-DE, abgedruckt in: Kegel/Thieme, Vorschläge und Gutachten, 45 ff.

20 Zu den entsprechenden Überlegungen und Ansätzen *Wurmnest*, ZEuP 2003, 714 ff.

21 So wurde und wird ein solches einheitliches Verfahren als „idealtypisch“ für grenzüberschreitende Insolvenzen bezeichnet: *Carstens*, Die internationale Zuständigkeit im Insolvenzrecht, 2004, 10; *Ehricke*, FS-MPI, 337, 341; *Spahlinger*, Sekundärinsolvenzverfahren, 272 ff.; *Wimmer*, ZIP 1998, 982, 983; auch *Paulus* beim Jahrestreffen der Freunde des Max-Planck-Instituts am 18. Juni 2005 zum Thema „Europäisches und Internationales Insolvenzrecht“.

22 So der Entwurf eines Übereinkommens über den Konkurs, Vergleiche und ähnliche Verfahren, EG-Dok-III/D/72/80-DE, abgedruckt in Kegel/Thieme Vorschläge und Gutachten, 45 ff.; *Martini*, ZInsO 2002, 905, 906.

ordnen[23]. Tatsächlich brächte ein solches Einheitsverfahren zum heutigen Zeitpunkt ein erhebliches Maß an Rechtsunsicherheit mit sich und würde die nationale Rechtsetzung entwerten und damit in ihrer Effizienz gefährden[24].

Diese Aspekte wurden bei dem langen Tauziehen um eine adäquate Lösung berücksichtigt, so dass statt einer „großen" oder gar „ganz großen" Lösung nunmehr nur eine leitende Verordnung die nationale Gesetzgebung durch Kollisionsnormen koordiniert und, wo nötig, auch durch Sachnormen ergänzt[25]. Dieser die nationalen Insolvenzrechte nur unterstützende und ergänzende Umfang der Verordnung stellt angesichts der aktuellen Diversität der europäischen Insolvenzrechtssysteme einen Mittelweg und die einzig sinnvolle und praktikable Lösung zur Bewältigung grenzüberschreitender europäischer Insolvenzfälle dar[26].

Es stellt sich die Frage, ob diese nach dem derzeitigen Stand der Dinge gelungene und adäquate Verordnung das Endergebnis zur Frage der Lösung grenzüberschreitender Insolvenzverfahren auf europäischer Ebene darstellt, mit dessen Umsetzung nun dieses Kapitel abgeschlossen ist und nur noch an Feinheiten gearbeitet werden muss. Oder stellt die Verordnung als erstes europaweit geltendes Regelwerk auf dem Gebiet grenzüberschreitender Insolvenzen eventuell nur eine Basis oder Zwischenstation auf dem Weg zu etwas anderem, etwa zu einer „großen" oder „ganz großen" Lösung im oben genannten Sinne dar? Während der Großteil der europäischen insolvenzrechtlichen Literatur bei Inkrafttreten der EuInsVO erleichtert konstatierte, dass nun das Tauziehen um eine Lösung für grenzüberschreitende Insolvenzfälle endlich ein glückliches Ende gefunden habe und bangend wartete, wie sich die Verordnung in der Praxis bewähren werde, sehen andere in der Verordnung von vornherein eine den Umständen angemessene und gelungene Zwischenlösung, die nunmehr einen Prozess der Harmonisierung der nationalen Insolvenzrechte eingeleitet habe und im Idealfall den Weg für eine schrittweise Vereinheitlichung nicht nur des Insolvenzverfahrensrechts, sondern auch des materiellen Insolvenzrechts bereiten könnte[27].

Die Haltung zu dieser Frage ist für die Analyse der zum Gegenstand dieser Arbeit genommenen Problematik äußerst relevant, denn betrachtet man – wie dies im Rahmen der vorliegenden Arbeit geschehen wird – die EuInsVO lediglich als derzeit kleinsten gemeinsamen Nenner der Bedürfnisse und Möglichkeiten einer europa-

---

23 Erwägungsgrund 11 der EuInsVO; *Hanisch*, ZIP 1994, 1, 6; *Leible/Staudinger*, KTS 2000, 533 ff.; *Omar*, European Insolvency Law, 96; *Spahlinger*, Sekundäre Insolvenzverfahren, 54 ff. und 270 ff.; *Uhlenbruck*, Vorb 4 zu VO (EG) Nr. 1346/2000.

24 Ähnlich *Virgós/Garcimartín*, The European Insolvency Legislation, Nr. 135.

25 *Becker*, ZEuP 2002, 287, 289; *Ehricke*, EWS 2002, 101; *Kolmann*, Kooperationsmodelle, 265; *Leible/Staudinger*, KTS 2000, 533, 535 ff.; *Smid*, Europäisches Internationales Insolvenzrecht, Kapitel 1 RdNr. 15; *Taupitz*, ZZP 111 (1998), 315, 323 f.; *Uhlenbruck*, InsO, Vorb. 4 zu VO (EG) Nr. 1346/2000.

26 *Carstens*, Die internationale Zuständigkeit im europäischen Insolvenzrecht, 2004, 10 ff.

27 *Becker*, ZEuP 2002, 287, 294 ff., insb. 297; *McBryde/Flessner/Kortmann*, Principles of European Insolvency Law, 1 ff.; *Smid*, FS-Geimer, 1215, 1216; ähnlich, aber nicht ganz so deutlich *Omar*, European Insolvency Law, 117 und 128.

weiten Regelung auf dem Gebiet des Insolvenzrechts und damit als ersten Anstoß der Entwicklung eines wörtlichen europäischen Insolvenzrechts und nicht als eine starre Regelung, die beansprucht, sämtliche Probleme des europäischen Internationalen Insolvenzrechts bereits umfassend zu lösen, so setzt dies auch die Versuche der Praxis, die Grundsätze, die die EuInsVO aufstellt, durch kreative Interpretationen und unvorhergesehene Kombinationen zur Lösung neuer Probleme fortzuentwickeln, in ein anderes, positiveres Licht[28].

4. Die Bedeutung der nationalen Insolvenzrechte für die Lösung grenzüberschreitender Insolvenzfälle und für die Entwicklung eines vereinheitlichten europäischen Insolvenzrechts

Solange kein supranationales Insolvenzrecht für Europa geschaffen wird, sondern die aktuelle EuInsVO die Gestaltung grenzüberschreitender Insolvenzverfahren koordiniert und unterstützt, spielen die nationalen Insolvenzgesetze der an einem grenzüberschreitenden Verfahren beteiligten Staaten für dessen Gestaltung eine wesentliche Rolle. Für die beteiligten Insolvenzpraktiker und Gerichte bedeutet dies, dass für die Bearbeitung von Insolvenzfällen mit Auslandsbezug ein Blick in die EuInsVO allein nicht ausreicht[29]; vielmehr bedarf es einer intensiven Auseinandersetzung mit dem jeweiligen nationalen und dem autonomen internationalen Insolvenzrecht aller Staaten, die in das Verfahren involviert sind[30]. Schon unter diesem praktischen Gesichtspunkt lohnt sich die nähere Betrachtung verschiedener europäischer Rechtsordnungen auf ihr Insolvenzrecht hin, um einen Überblick darüber zu erhalten, welch unterschiedliche Auffassungen und Hürden im Rahmen eines grenzüberschreitenden Insolvenzverfahrens auftreten können[31].

Im Rahmen dieser Arbeit bekommt die Darstellung der nationalen und autonomen internationalen Insolvenzrechte aber eine weit hierüber hinaus gehende Funktion. Denn erst an der Entwicklung in den nationalen Insolvenzrechtssystemen lässt sich ablesen, inwieweit sich hier die EuInsVO überhaupt auswirkt und ob diese tatsächlich eine stete inhaltliche Annäherung der europäischen Insolvenzrechte aneinander in Gang gesetzt hat und zu fördern geeignet ist, im Sinne einer weitgehenden Harmonisierung, die eines Tages zur Grundlage für ein vollständig vereinheitlichtes europäisches Insolvenzrecht werden könnte. Freilich muss sich die vorliegende

---

28 Hier wird bereits auf die viel diskutierte und im Folgenden (unten C. III. 3. a)) noch eingehend zu beleuchtende Problematik der Interpretation des Mittelpunktes der hauptsächlichen Interessen bei Konzerntöchtern angespielt.

29 *Meyer-Löwy/Poertzgen/de Vries*, ZInsO 2005, 293; *Smid*, Europäisches Internationales Insolvenzrecht, Kapitel 1 RdNr. 1.

30 Vgl. *Schumacher*, ZIK 2002, 182, 187.

31 Vgl. *Flessner*, ZEuP 2004, 887ff. in Anknüpfung an *Staudenmayer*, ZEuP 2003, 828ff., der (allerdings nicht zum Europäischen Insolvenzrecht, sondern zum Europäischen Vertragsrecht) vorschlägt, auf Basis wissenschaftlicher Herausarbeitung der Gemeinsamkeiten und Unterschiede in den nationalen Insolvenzrechten einen „Referenzrahmen“ im Sinne einer europäischen Verständigungsebene zu schaffen. Einen entsprechenden Versuch auf dem Gebiet des Insolvenzrechts stellt das Werk „Principles of European Insolvency Law“ von *McBryde*, *Flessner* und *Kortmann* dar.

Bearbeitung ihrer Zielsetzung entsprechend bei der Untersuchung der herangezogenen Rechtsordnungen auf die Aspekte der Unternehmenssanierung und der Konzerninsolvenz beschränken.

IV. Rechtsvergleichung im Allgemeinen und im Besonderen

Die geschilderte Absicht der Integration eines rechtsvergleichenden Teils zur adäquaten Analyse der Frage, welche Behandlung Konzernsanierungen im Lichte der EuInsVO erfahren und zu erfahren haben und welche Mechanismen gesetzlicher oder praktischer Art eine befriedigende Entwicklung auf diesem Gebiet unterstützen könnten, lässt es angemessen erscheinen, hier – wenn auch in gebotener Kürze – auf die allgemeine Funktion, aber auch Schwierigkeiten der Rechtsvergleichung und besondere Aspekte der Rechtsvergleichung im Rahmen dieser Arbeit einzugehen.

1. Allgemeine Probleme der Rechtsvergleichung aus deutscher Sicht

Wer sich aus deutscher Sicht mit einer Rechtsvergleichung befasst, dem fallen zwei Dinge auf: die Rechtsvergleichung in allen erdenklichen Rechtsfragen unter Einbeziehung Deutschlands als Vergleichsland wird nicht nur in Deutschland viel praktiziert. Der Vorteil der intensiven Auseinandersetzung auf deutscher Seite ist, dass gleich, welchem Thema sich ein Rechtswissenschaftler widmet, bereits Pionierarbeit geleistet wurde, auf die aufgebaut werden kann. Erheblicher Vorteil und Gewinn der rechtsvergleichenden Auseinandersetzung ausländischer Rechtswissenschaftler ist die Erkenntnis darüber, wie das deutsche Rechtssystem bzw. die Behandlung einzelner Rechtsfragen durch dieses im Ausland aufgefasst und beurteilt wird.

Was dem deutschen rechtsvergleichenden Rechtswissenschaftler weiter auffällt, ist die große Diskrepanz zwischen der in Deutschland geradezu überbordenden Meinungs- und Veröffentlichungsvielfalt zu jeder erdenklichen Rechtsfrage und der vergleichsweisen Trägheit der Rechtswissenschaftler anderer Staaten[32], wo die Veröffentlichungen mitunter frustrierend wenig Aufschluss über den Stand der gefragten Dinge geben. Dies macht den Vergleich dort schwer, wo in Deutschland eine breite, ausdifferenzierte Diskussion stattfindet, während im Vergleichsland dieselbe Problematik in der Literatur kaum thematisiert wird. Hier ist der Mangel an Auseinandersetzung im Vergleichsland als Tatsache und Ausdruck der speziellen Wahrnehmung und des Umgangs dieser Rechtsordnung bzw. der in ihr Agierenden mit dem untersuchten Problem gerade in die Rechtsvergleichung mit einzubeziehen und zu bewerten[33].

---

32 Dies fällt zum Thema des Internationalen Insolvenzrechts aus österreichischer Sicht auch *Keppelmüller* auf, Vorwort zu „Österreichisches Internationales Konkursrecht", Wien 1997.

33 Freilich bleiben hier die Angst und Gefahr, etwas Entscheidendes übersehen oder schlicht nicht gefunden zu haben; zu dieser Gefahr bei der Rechtsvergleichung und der Schwierigkeit, die

2. Ziel und Methode der Rechtsvergleichung

Traditionell wird die Kernfunktion der Rechtsvergleichung darin gesehen, durch Vergleich mit anderen Rechtsordnungen und deren Bewährung in der Praxis Erkenntnisse für die Fortentwicklung (Verbesserung[34]) der Gesetzgebung und Normanwendung in der eigenen Rechtsordnung zu gewinnen[35]. Die jeweiligen nationalen Regelungen werden als in sich geschlossene Einheiten nebeneinander gestellt. Dementsprechend wird durch Rechtsvergleich im Ausland nach erfolgreichen und nachahmenswerten Modellen zur Bewältigung bestimmter Rechtsprobleme gesucht, bzw. werden eigene Wertungen durch die Heranziehung von Positiv- wie Negativbeispielen aus dem Ausland untermauert.

Motivation und Ziel des im Rahmen dieser Arbeit erfolgenden Rechtsvergleichs liegen jedoch woanders. Hier geht es über den Erkenntnisgewinn hinsichtlich der Unterschiede und Gemeinsamkeiten der untersuchten Rechtsordnungen auf dem Gebiet des nationalen und internationalen Insolvenzrechts – fokussiert auf die Behandlung von Unternehmens- und Konzernsanierungsvorhaben in der Insolvenz – darum, herauszuarbeiten, welche Konsequenzen diese für die Bewältigung grenzüberschreitender Insolvenzverfahren haben. Es soll festgestellt werden, wo die unterschiedlichen Rechtsauffassungen miteinander kollidieren, wie praktische Lösungen für die daraus folgenden Probleme gefunden werden können und ob hier Eingriffe der nationalen oder des europäischen Gesetzgebers gefragt sind, um das Funktionieren des gemeinsamen europäischen Binnenmarktes zu sichern. Der Unterschied zu Rechtsvergleichen, die Rechtsordnungen nebeneinander gestellt im Hinblick auf ihre Behandlung konkreter Probleme auf jeweils nationaler Ebene betrachten, besteht hier darin, dass die verglichenen Rechtsordnungen auf dem hier in Augenschein genommenen Gebiet in Kontakt zu einander treten, weshalb nicht nur nationale Regelungen sondern auch internationale Wertungen der Vergleichsländer betrachtet werden, die nicht unerhebliche Wechselwirkungen bei der praktischen Bewältigung grenzüberschreitender Insolvenzen zur Folge haben. Ausgangspunkt der Betrachtung ist damit nicht das deutsche Recht, für das Schlüsse aus dem Vergleich gezogen werden sollen, sondern das „europäische" Recht. Die Rechtsvergleichung in einem Rechtsgebiet, das zunehmend erhebliche Auslandsbezüge aufweist, wie dies beim Insolvenzrecht der Fall ist, kann sich nicht darauf beschränken, andere Rechtsordnungen daraufhin zu untersuchen und zu beurteilen, ob sie nachahmenswerte Rechtsmodelle für das fragliche Gebiet vorstellen und somit der Entwicklung des eigenen Rechts von Nutzen sind. Vielmehr gilt es, das eigene Rechtssystem kritisch darauf hin zu betrachten, ob es den europäischen Entwicklungen entspricht, einer gemeinsamen Fortentwicklung des Rechts auf europäischer Ebene offen gegenüber steht und gegebenenfalls gemäß Art. 3 h und 94, 95 EGV Anpas-

---

fremde Rechtswirklichkeit zutreffend festzustellen vgl. *Koch/Magnus/Winkler von Mohrenfels*, IPR und Rechtsvergleichung, 3. Aufl. 2004, 315 f.

34 *Paulus*, FS-Geimer 2002, 795, 796 f.

35 *Koch/Magnus/Winkler von Mohrenfels*, IPR und Rechtsvergleichung, 3. Aufl. 2004, 311 f.; *Zweigert/Kötz*, Einführung in die Rechtsvergleichung, 3. Aufl. 1996, 14.

sungs- und Angleichungsmaßnahmen zu treffen hat[36]. Aufgabe der Rechtsvergleichung auf dem Gebiet des Insolvenzrechts ist damit die Schaffung einer Grundlage für eine europäische oder gar weltweite Konvergenz[37].

Dementsprechend ist auch die Herangehensweise hier eine andere als sie üblicherweise für Rechtsvergleichungen empfohlen wird, wonach zunächst ein rechtliches bzw. soziales Problem herausgearbeitet und formuliert werden soll, um dann die verschiedenen rechtlichen Lösungen der Vergleichsländer darzustellen und zu vergleichen[38]. Vorliegend wird mit der Bewältigung grenzüberschreitender Konzerninsolvenzen durch Sanierung ebenfalls ein Problem formuliert, jedoch wird anschließend die Verordnung (EG) Nr. 1346/2000 des Rates vom 29.5.2000 über Insolvenzverfahren (EuInsVO) als einzige Regelung dieser Materie auf europäischer Ebene vorgestellt und auf ihren Einfluss für die Lösung des Problems untersucht, dann werden die Auswirkungen selbiger im Allgemeinen erläutert. Erst dann werden die zu vergleichenden Rechtsordnungen dargestellt und im Hinblick auf ihre Haltung zu Konzerninsolvenzen und Sanierungen in der Insolvenz im genannten Sinne einer Rechtsvergleichung betrachtet. An diese Rechtsvergleichung knüpft sich als im Rahmen der vorliegenden Arbeit wesentlicherer Teil eine Analyse darüber an, welche Tendenzen sich aus den Gemeinsamkeiten und welche Probleme sich aus den Unterschieden in den verglichenen Rechtsordnungen im Hinblick auf grenzüberschreitende Konzernsanierungsvorhaben unter Beteiligung der Vergleichsländer ergeben. Es wird demnach nicht in erster Linie untersucht, welche der verglichenen Rechtsordnungen für die Bewältigung von Konzerninsolvenzen das beste Konzept bereit hält, sondern es wird untersucht, inwieweit die verschiedenen Konzepte miteinander kompatibel sind, inwieweit Konvergenzentwicklungen zu beobachten sind und welche Gründe und Auswirkungen die Unterschiede der jeweiligen Konzepte für die Bewältigung grenzüberschreitender Insolvenzfälle haben.

3. Weitere Besonderheiten des hier vorgenommenen Rechtsvergleichs

Der hier angestrebte Rechtsvergleich ist mit der Heranziehung dreier Vergleichsländer, die dem deutschen Recht gegenüber gestellt werden, sehr breit angelegt und erfordert eine tiefe Auseinandersetzung mit vier verschiedenen Rechtsordnungen in drei verschiedenen Sprachen. Hinzu kommen Querverweise auf die Rechtsordnungen Frankreichs, Italiens und der USA, welche die Entwicklung des europäischen und internationalen Insolvenzrechts wesentlich mitbestimmen, wobei hier, teilweise schon aufgrund mangelnder Sprachkompetenz, im Wesentlichen auf die Zusammenfassung zu diesen erschienener deutschsprachiger Literatur zurückgegriffen werden muss, ohne dass eine eigene Analyse der jeweiligen Gesetzgebung und Rechtsprechung erfolgen kann. Trotz des erheblichen Arbeitsaufwandes erweist es

---

36 *Paulus*, FS-Geimer 2002, 795, 797; *ders.*, FS-Kreft 2004, 469, 481.
37 *Paulus*, FS-Geimer 2002, 795, 797, der dieses Ziel schon damals für erreicht hielt.
38 *Koch/Magnus/Winkler von Mohrenfels*, IPR und Rechtsvergleichung, 3. Aufl. 2004, 315; *Zweigert/Kötz*, Einführung in die Rechtsvergleichung, 3. Aufl. 1996, 31 ff.

sich als nicht ratsam, die Darstellung um ein Vergleichsland zu reduzieren, da erst durch die Darstellung der Rechtsordnungen mindestens dreier Länder die Vielfalt der in der europäischen grenzüberschreitenden Insolvenzpraxis möglichen Probleme und Wege angemessen veranschaulicht werden kann und erst hierdurch deutlich wird, wie weit der Weg zu einem vereinheitlichten europäischen Insolvenzrecht ist.

Weiter verstehen sich das Insolvenzrecht, insbesondere das jeweilige nationale Unternehmensinsolvenzrecht und mehr noch das Konzerninsolvenzrecht wie das Sanierungsrecht, als spezielle Rechtsmaterien, die sich teilweise nur aus dem Kontext des nationalen wie internationalen Privat-, Gesellschafts- und Zivilprozessrechts, in den diese eingebettet sind, erklären, so dass hier in der Darstellung teilweise recht weit ausgeholt werden muss bzw. müsste[39]. Letzteres soll aber zu Gunsten der Übersichtlichkeit so weit wie möglich durch schlichte weiterführende Literaturverweise vermieden werden, in der Hoffnung, der Komplexität der rechtlichen Verflechtungen hier dennoch gerecht zu werden und den nicht zu unterschätzenden Wechselwirkungen innerhalb der nationalen Rechtsordnungen ausreichend Ausdruck zu verleihen.

---

39 Vgl. *Koch/Magnus/Winkler von Mohrenfels*, IPR und Rechtsvergleichung, 3. Aufl. 2004, 314, zu den Tücken des Mikrovergleichs.

B. Probleme grenzüberschreitender Konzernsanierung

I. Einleitung

Die Fokussierung der Untersuchung auf Insolvenzverfahren, die die Sanierung oder Reorganisation von Unternehmen und als spezielle Problematik von Konzernunternehmen zum Ziel haben, entspricht den aktuellen Entwicklungen und Bedürfnissen auf dem Gebiet des europäischen Insolvenzrechts. Dies zeigt sich vor allem an der Vielzahl der Verfahren, die seit Inkrafttreten der EuInsVO die europäischen Insolvenzrechtler beschäftigen. Dabei sind die Verfahren *Daisytek*[40], *Parmalat/Eurofood*[41], *Babcock-Borsig*[42], *EMBIC*[43] und *Hettlage*[44] nur die spektakulärsten Fälle, in deren Schatten sich eine Reihe weiterer (Problem-)Fälle grenzüberschreitender Konzerninsolvenzen bewegen. Aber auch die wissenschaftlichen Auseinandersetzungen mit Fragen der Unternehmens- und Konzernsanierung[45], die schon vor Inkrafttreten der EuInsVO auf Grundlage einer ökonomischen Analyse des Insolvenzrechts[46] stattfanden, zeigen, dass Sanierung und Konzern zwei wesentliche Themenkomplexe in der grenzüberschreitenden Insolvenz darstellen, wobei das Konzerninsolvenzrecht in unmittelbarem Zusammenhang mit dem Sanierungsgedanken steht, da einerseits gerade grenzüberschreitend operierende Großkonzerne im Zweifel wenigstens in Teilen saniert werden sollen und sich andererseits gerade im Hinblick auf die Sanierung einzelner Konzernunternehmen erst die Probleme der Eingebundenheit desselben in einen Konzern zeigen.

---

40 Hier relevant vor allem die Entscheidungen des High Court of Justice Leeds, B. v. 16.5.2003 – No. 861 – 876/03, ZIP 2003, 1362 und des AG Düsseldorf, B. v. 6.6.2003 – 502 IN 126/03, ZIP 2003, 1363, aber auch des französischen cour d' appel Versailles, Urt. v. 4.9.2003 – 05038/03, dazu *Mankowski*, EWiR 2003, 1239. Zum Verfahren unten C. III. 2. a) aa).

41 Supreme Court of Ireland, B. v. 27.7.2004, NZI 2004, 505 und EuGH, Urt. v. 2.5.2006, Rs. C-341/04, ZInsO 2006, 484 ff. Dazu unten C. III. 2. b).

42 AG Duisburg, B. v. 1.9.2002 – 62 IN 167/02, DZWIR 2002, 522, wobei hier die konzernrechtliche Problematik sich zunächst allein auf das deutsche Gebiet beschränkte.

43 AG Mönchengladbach, B.v. 27.4.2004, NZI 2004, 383, dazu unten C. III. 2. a) cc).

44 AG München, B. v. 4.5.2004 – 1501 IE 1276/04, ZIP 2004, 962 und LG Innsbruck, B. v. 11.5. 2004 – 9 S 15/04 m, ZIP 2004, 1721, dazu unten C. III. 2. a) dd).

45 Vgl. *Eidenmüller*, Unternehmenssanierung zwischen Markt und Gesetz, 1999; *Kautzsch*, Unternehmenssanierung im Insolvenzverfahren, 2001; *Scheel*, Konzerninsolvenzrecht, 1995.

46 Insbesondere durch *Eidenmüller*, Unternehmenssanierung zwischen Markt und Gesetz, 1999.

II. Der Sanierungsgedanke im europäischen Insolvenzrecht

Die Sanierung spielt auch außerhalb des Konzerninsolvenzrechts eine große Rolle in den nationalen wie im europäischen Unternehmensrecht und zunehmend auch im Unternehmensinsolvenzrecht[47]. Zumindest sehen viele Mitgliedstaaten Maßnahmen zur Sanierung in der Insolvenz vor. Dies ist ein Fortschritt im Vergleich zur früher europaweit verbreiteten Vorstellung, dass im Stadium der Insolvenz eines Schuldners nur noch die Zerschlagung dessen Vermögens in Betracht komme[48].

1. Der Sanierungsbegriff

Um auf Regelungen und Besonderheiten im Hinblick auf Sanierungsverfahren bzw. -maßnahmen eingehen zu können, muss zunächst umgrenzt werden, was insolvenzrechtlich unter einer Sanierung und dem folgend als Sanierungsverfahren zu verstehen ist. Die EuInsVO hält keinerlei Definition bereit[49], dennoch hat sich bei der Definition der Sanierung mittlerweile europaweit ein Konsens herauskristallisiert. Auf weitgehende Übereinstimmung stößt die Aussage: „Sanierung bedeutet, dass die eingetretene Zahlungsunfähigkeit oder Überschuldung beseitigt ist"[50]. Es muss jedoch näher präzisiert werden, wie dieser so beschriebene Sanierungserfolg zu erreichen ist. Wichtig ist hierbei die Frage nach dem Objekt der Sanierung. Während nach der klassischen Vorstellung der Schuldner, bei dem es sich früher in der Regel noch um eine natürliche Person gehandelt hat, seine Krise durch die Sanierung überwinden und nachher schuldenfrei aus dieser hervorgehen sollte, hat sich das Bild mit der Zunahme von Personenhandels- und Kapitalgesellschaften gewandelt; nicht die Rettung des wirtschaftlichen Überlebens des Schuldners steht mehr im Vordergrund, sondern die Rettung des Unternehmens oder von Unternehmensteilen als wirtschaftliche Einheit, an der Arbeitsplätze hängen[51]. Zum Ausdruck kommt die Etablierung dieser auf die Rettung des Unternehmens und nicht des Unternehmensträgers fokussierten Sanierungspolitik durch die Geläufigkeit[52] und vielfach gesetzliche Verankerung von Mechanismen der in Deutschland so genannten „übertragenden Sanierung". Bei einer solchen werden das Unternehmen oder Unternehmensteile im Wege eines *„asset deals"* veräußert und auf einen anderen Rechtsträger übertragen, weshalb es sich im klassischen Wortsinne eher um eine Spielart der Liquidation handelt[53]. Auch im englischen Recht ist die Übertragung

---

47 Vgl. *Hochegger*, ZIK 2005, 49; zu den intensiven Bemühungen zur Integration von Sanierungsmöglichkeiten in das Insolvenzverfahren in ganz Europa beispielhaft die im rechtsvergleichenden Teil dieser Arbeit näher beleuchteten Rechtsordnungen unten D.

48 So bis vor kurzem noch die Auffassung im spanischen Recht, dazu *Garrido*, RDC 1996, núm 169–174, 73, 123; *De La Cuesta Rute*, El convenio concursal, Art. 100, RdNr. 3.

49 Zur stiefmütterlichen Behandlung von Sanierungsverfahren in der Insolvenz durch die EuInsVO unten C. II.

50 *Konecny*, DZWIR 1994, 227.

51 *Konecny*, DZWIR 1994, 227f.

52 *Smid/Rattunde*, Insolvenzplan, 2. Aufl. 2005, RdNr. 0.19 und 1.6.; *Steffan*, WPg-Sonderheft 2003, 148, 155; *Wellensiek*, NZI 2002, 233 ff.

53 *Mönning*, Betriebsfortführung in der Insolvenz, RdNr. 201.

des Geschäftsbetriebes auf eine Auffanggesellschaft (*hiving down company*) die klassische Sanierungsmaßnahme im *Administrative Receivership*-Verfahren[54] und war es bis zur Reform von 2002, mit der die Reorganisation des Unternehmensträgers weiter in den Vordergrund gerückt wurde, auch im *Administration*-Verfahren[55]. Auch im neuen spanischen Konkursrecht ist gemäß Art. 100 Abs. 2, 2. Unterabsatz des Ley Concursal die Veräußerung der Gesamtheit der Güter und Rechte des schuldnerischen Unternehmens an einen anderen Rechtsträger zum Zwecke der Erhaltung des Unternehmens im Rahmen des Vergleichs (*convenio*) zulässig[56]. Es vereinsamt die Stimme in der Literatur, die den Begriff Sanierung nur als Synonym der Reorganisation des Schuldners begreifen will[57]. Wenn im Rahmen dieser Arbeit von Sanierungen gesprochen wird, wird dabei dieser weite – auch die Sanierung im Wege eines *„asset deals“*, also durch Übertragung der Vermögenswerte auf einen anderen, sich vom Schuldner unterscheidenden Rechtsträger umfassende – Sanierungsbegriff zugrunde gelegt, wenngleich die übertragende Sanierung in der Tat ein Zwitterwesen zwischen Liquidation (der sie im Hinblick auf das Ergebnis für den Unternehmensträger ähnelt) und Reorganisation (der sie im Hinblick auf das Ziel des Erhalts von Unternehmen oder Unternehmensteilen nahe kommt) darstellt.

2. Insolvenzgründe und Sanierungschancen

Zunehmend wird erkannt, dass der Gedanke von der Marktbereinigung durch unvermeidbare Insolvenz nicht überlebensfähiger Unternehmen und ihre – nach dieser Ansicht notwendige folgende Liquidation[58] – so heute nicht mehr haltbar ist[59]. Denn die insolvenzverursachenden Faktoren liegen heute längst nicht mehr ausschließlich im schuldnerischen Unternehmen selber begründet, sondern sind Folge eines immer dichteren Kausalitätsgeflechts in der globalisierten Wirtschaft, in der ein Ereignis blitzschnell an verschiedensten zum Teil weit entfernten Stellen Folgen zeitigt, bevor die Betroffenen hiervon überhaupt Kenntnis nehmen, geschweige denn reagieren können. Diese zunehmende Abhängigkeit von empfindlichen Marktbewegungen nimmt zwar einerseits dem Schuldner die Bürde der alleinigen (moralischen) Verantwortung[60] für seine Misere, ist aber umso beunruhigender, da hierdurch die Verantwortlichen eines Unternehmens und in der folgenden Insol-

---

54 *Fletcher*, EBOR 5 (2004), 119, 123; *Lange*, WM 1990, 701, 708.

55 *Dennis/Fox*, The New Law of Insolvency, RdNr. 7.2.7.; *Neilson-Clark/Lewin*, in: The European Restructuring and Insolvency Guide 2005/2006, 130 f.; *Lundy*, Accountancy 1988, 118, 119; hierzu noch ausführlich im rechtsvergleichenden Teil unten D. IV. 2.

56 *Fernández Rodríguez*, Comentarios a la Ley Concursal, 565, 566 ff.; *De La Cuesta Rute*, El Convenio Concursal, Art. 100, RdNr. 51; ausführlich zu den Voraussetzungen der übertragenden Sanierung im spanischen Insolvenzvergleich im rechtsvergleichenden Teil unten D. V. 2. c) bb).

57 So eigentlich nur noch *Kluth*, ZInsO 2002, 258, 260.

58 Aufgrund derer in Deutschland der Konkurs die Bezeichnung als „größter Wertvernichter“ erhalten hat, *Jaeger*, Lehrbuch des deutschen Konkursrechts, 8. Aufl., 1932, 216.

59 *Smid/Rattunde*, Insolvenzplan, 2. Aufl. 2005, RdNr. 0.2 f.

60 So galt besonders extrem im überkommenen spanischen Insolvenzrecht der unternehmerische Schuldner regelmäßig als schuldig im Sinne einer Strafverfolgungswürdigkeit, dazu unten im rechtsvergleichenden Teil D. V. 2. a) bb).

venz der Insolvenzverwalter zu Marionetten sich verselbständigender Entwicklungen werden, und damit nicht nur die Folgen ihres eigenen Handelns, sondern auch die Folgen nicht zu kontrollierender Geschehnisse zu tragen haben. Es wurde zutreffend festgestellt, dass das kaum erfüllbare Anpassungserfordernis in einem sich dynamisch verändernden globalisierten Marktumfeld zum drastischen Sinken der „Halbwertzeiten" eines Unternehmens führt[61].

Die Insolvenzgründe sind von besonderer Bedeutung für die Prognose der Sanierungschancen. Sowohl bei der Betrachtung der Insolvenzgründe als auch bei der Frage nach den Sanierungschancen ist nach der Größe der Unternehmen zu differenzieren. Während Großinsolvenzen oftmals durch ein schlechtes Management verursacht werden[62], das auf Veränderungen nicht flexibel genug reagiert hat, obwohl dies oft möglich gewesen wäre, kann Kleingewerbetreibende ein Konjunkturumschwung in ihrer Branche in die Insolvenz treiben, da selbst kurzfristige Einbrüche mangels Eigenkapitalausstattung nicht ausgeglichen werden können – ein Problem, das sich in Deutschland mit der zunehmenden Beliebtheit der ohne Mindestkapitaleinlage schnell und unbürokratisch gründbaren *„private limited company"* nach englischem Recht noch verstärkt.

Bei Großinsolvenzen sind in der Regel die Sanierungschancen wesentlich höher, da große, insbesondere konzernverbundene, Unternehmen zum einen auf dem Markt eine feste Größe darstellen, von der wiederum andere Unternehmen abhängig sind, und in der Regel in mehreren Feldern einer Branche tätig sind, so dass hier Teilschließungen oder Umstrukturierungen als Sanierungsmaßnahmen zur Debatte stehen.

Es ist damit im Ausgangspunkt festzuhalten, dass mit zunehmender Größe und Verzweigung eines Unternehmens es wahrscheinlicher wird, dass jedenfalls auch Managementfehler wesentlich zum Eintritt der Insolvenz beigetragen haben und andererseits die Sanierungschancen exponentiell zunehmen. Für eine zuverlässige Beurteilung der Sanierungschancen ist allerdings genau zu analysieren, welches die tragenden Ursachen der Insolvenz sind. Basiert die Insolvenz tatsächlich hauptsächlich auf einem Missmanagement, das lediglich durch eine harmlose Konjunkturschwankung zum Tragen gekommen ist, so ist es eher möglich, das Unternehmen nach einem Managementwechsel erfolgreich auf dem Markt, auf dem der Bedarf sich im Vergleich zuvor nicht wesentlich verändert hat, fortzuführen. Liegt der Grund allerdings in einem allgemeinen Marktzusammenbruch der Branche, der das insolvente Unternehmen angehört, und wären die daraus folgende Krise und Insolvenz auch bei einem optimalen Management kaum zu bewältigen gewesen, so sind selbstverständlich auch die Sanierungschancen nicht sehr hoch. Angesichts dieser These könnten die statistischen Erhebungen über Insolvenzgründe in Deutschland, denen zufolge die meisten Krisenursachen „hausgemacht" sind[63], den Schluss zulassen, dass die Sanierungschancen in der Regel relativ hoch sein dürften.

61 *Steffan*, WPg-Sonderheft 2003, 148.
62 So die Feststellung für Österreich durch *Klikovits*, ZIK 2004, 12, 16.
63 *Steffan*, WPg-Sonderheft 2003, 148, 149 f.

Bei einer derartigen Schlussfolgerung blieben jedoch relevante Faktoren außer Betracht. Ein Faktor ist der Mangel an Zeit, die für eine nachhaltige Sanierung in der Insolvenz in der Regel zu knapp ist, ein anderer Faktor sind die so genannten strategischen Erfolgspotenziale[64]. Eine Insolvenz tritt nicht von einem Tag auf den anderen ein, sondern bahnt sich in einer längeren Periode an, in der das Unternehmen regelrecht heruntergewirtschaftet wird. Dies führt bereits im Vorfeld der Insolvenz zu einer Abnahme des Kundenimages und der Innovationskraft. Derartige strategische Probleme wirken sich besonders sanierungshemmend aus, wenn es sich um eine Branche handelt, bei der der Kunde aufgrund der Austauschbarkeit der Produkte schnell auf andere Wettbewerber zurückgreifen kann, wie zum Beispiel im Baugewerbe, im Handel und auf dem Dienstleistungssektor.

3. Schwierigkeiten und Chancen einer Sanierung in der Insolvenz

Schon auf nationaler Ebene gilt die Sanierung in der Insolvenz als heikle und besondere Herausforderung für den Insolvenzverwalter[65]. Dies ergibt sich daraus, dass der Ausgang eines Sanierungsvorhabens regelmäßig schwieriger kalkulierbar ist als eine Liquidation, bei der relativ schnell überschlagen werden kann, mit welcher Befriedigungsquote zu rechnen ist. Diese Unsicherheit macht es schwer, Lieferanten, Kunden und Belegschaft die Motivation und Kompromissbereitschaft für die zur Sanierung notwendige Betriebsfortführung zu vermitteln.

a) *Die Reize außergerichtlicher Sanierungsversuche*

Hinzu kommt das immer noch negative Image, das der Insolvenz anhaftet, die klassisch in vielen Rechtsordnungen auf eine Zerschlagung gerichtet war. Der Insolvenzeröffnungsbeschluss galt lange als „Todesurteil" für den Schuldner, der deshalb bestrebt war und es aufgrund der Fortwirkung dieses Images auch heute noch oft genug ist, die Insolvenzantragstellung so weit wie möglich hinauszuzögern und im Vorfeld zu versuchen, das Unternehmen in Absprache mit Kreditgebern zu sanieren. Diese so genannten außergerichtlichen Sanierungen wurden und werden oftmals nicht nur vom Schuldner, sondern auch von den Gläubigern einem Insolvenzverfahren vorgezogen.

Die Reize einer außergerichtlichen Sanierung werden in erster Linie in Kostenvorteilen und einer größeren Flexibilität durch privatautonome Gestaltung gesehen[66]. Hinsichtlich des Kostenarguments fallen dabei weniger die direkten Insolvenzverfahrenskosten ins Gewicht als der Wertverlust durch die Störung der „normalen Geschäftstätigkeit" und der Imageschaden, den eine Insolvenzantragstellung nach wie vor bedeutet[67]. Demnach ist der Kostenvorteil eine Folge der Möglichkeit der

---

64 *Steffan*, WPg-Sonderheft 2003, 148, 151.
65 Vgl. *Wellensiek*, FS-Uhlenbruck 2000, 199 ff.
66 *Eidenmüller*, Unternehmenssanierung zwischen Markt und Gesetz, 331 ff.; *Gottwald-Drukarczyk/Brüchner*, Insolvenzrechts-Handbuch, 2. Aufl. 2001, § 3 RdNr. 1.
67 *Eidenmüller*, Unternehmenssanierung zwischen Markt und Gesetz, 331 ff.

Geheimhaltung der Krise nicht nur vor potentiellen Kunden, sondern vor einigen Gläubigergruppen, beispielsweise Lieferanten, die von einem Insolvenzverfahren in Kenntnis gesetzt und in einen Insolvenzplan mit einbezogen werden müssten. Je weniger Beteiligte in ein Reorganisationsverfahren eingebunden sind und hier Ansprüche geltend machen, desto schneller und kostengünstiger ist das Verfahren durchführbar[68]. Die außergerichtliche Sanierung profitiert demnach in erster Linie von der „Diskretion" und der Freiheit von gesetzlichen Vorgaben hinsichtlich des Verfahrensablaufs und der Informationspflicht gegenüber den Betroffenen, weshalb diese Sanierungsversuche außerhalb der insolvenzrechtlichen Regelungen auch als „freie Sanierung" bezeichnet werden[69].

Im grenzüberschreitenden Bereich gewinnen außergerichtliche Sanierungen aus anderen Gründen wieder an Attraktivität, nämlich aufgrund der Koordinationsprobleme bei Konzerninsolvenzen[70], die in der EuInsVO keine gesonderte Regelung erfahren[71].

b) *Vorteile der Sanierung im Rahmen eines Insolvenzverfahrens*

Derartige außergerichtliche Sanierungsversuche haben für den Schuldner sowie die involvierten Gläubiger zwar den Vorteil der Diskretion bezüglich seiner Krisenlage und damit der Wahrung des guten Images des Unternehmens am Markt, da in der Regel nur wenige, eben kreditgebende Gläubiger in das Konzept einbezogen sind, die ihrerseits ein Interesse daran haben, dass die Krise des Schuldners nicht publik wird, damit sie unbehelligt von Ansprüchen weiterer Gläubiger zunächst ihre eigenen Vorteile sichern können. Nachteil dieser „heimlichen Aktionen" ist jedoch, dass die involvierten Kreditgeber ein für sie vorteilhaftes Sanierungskonzept quasi erpressen können, welches insbesondere bei werthaltiger Sicherung der eigenen Ansprüche nicht auf einen langfristigen gesunden Erhalt des schuldnerischen Unternehmens, sondern vielmehr auf die kurzfristige Sicherung der eigenen Ansprüche gerichtet ist[72]. Bei derartigen außergerichtlichen Sanierungen steht somit das Interesse einzelner einflussreicher Großgläubiger im Vordergrund, wodurch der nur im Rahmen eines Insolvenzverfahrens als ein die individuelle Rechtsverfolgung ausschließendes Gesamtvollstreckungsverfahren durchsetzbare Grundsatz der *par condicio creditorum* zu Lasten der Kleingläubiger vollständig ausgehebelt wird.

Diesen Zustand hat jedenfalls der deutsche Gesetzgeber durch eine mit der Aufwertung der Sanierung in der Insolvenz einhergehende empfindliche Steigerung des Verlust- und Haftungsrisikos aller an einem gescheiterten außergerichtlichen Sanierungversuch Beteiligten zu korrigieren versucht[73]. Dies zum einen durch die Vorver-

---

68 Sehr aufschlussreich hierzu die Zusammenfassung der Ergebnisse einer Untersuchung für den US-amerikanischen Rechtsraum, die den außergerichtlichen Reorganisationsverfahren erheblich geringere Dauer und Kosten als dem Chapter 11-Verfahren bescheinigt bei *Eidenmüller*, Unternehmenssanierung zwischen Markt und Gesetz, 332 ff.

69 *Gottwald-Drukarczyk/Brüchner*, Insolvenzrechts-Handbuch, 2. Aufl. 2001, § 3 RdNr. 1.

70 *Eidenmüller*, ZHR 169 (2005), 528, 530.

71 Hierzu noch ausführlich unten C. III.

72 Vgl. *Eidenmüller*, Unternehmenssanierung zwischen Markt und Gesetz, 354.

73 *Smid/Rattunde*, Insolvenzplan, 2. Aufl. 2005, RdNr. 0.13 ff.

lagerung des Eintritts der Insolvenzgründe und damit der Insolvenzantragspflicht[74], die eine Erhöhung des Risikos der Haftung wegen Insolvenzverschleppung nach sich zieht. Weiter wurden Insolvenzanfechtungsregeln und die strafrechtliche Haftung erheblich verschärft[75] und Restriktionen hinsichtlich der Kreditgewährung eingeführt[76].

Die entscheidenden Vorteile einer Sanierung unter dem Schutze der insolvenzrechtlichen Regelungen sind zum einen die Gewährleistung der Gläubigergleichbehandlung und zum anderen der Schutz der für die Unternehmensfortführung benötigten Masse vor dem Zugriff gesicherter Gläubiger[77].

Gleichzeitig ist jedoch zu betonen, dass außergerichtlichen Sanierungsversuchen deshalb nicht generell eine Absage zu erteilen ist. Insbesondere, wenn ein Unternehmen nur leicht angeschlagen ist und die Krisenursachen überschaubar, leicht auszumachen und zielsicher zu beheben sind, ist das Unternehmen selbstverständlich nicht erst in die Insolvenz zu treiben, damit es saniert werden kann. In diesem Bereich bleibt eine außergerichtliche Sanierung weiterhin notwendig und zweckmäßig[78]. Die vorangegangenen Ausführungen beziehen sich auf Fälle, bei denen sich das zu sanierende Unternehmen bereits an der Grenze zur Zahlungsunfähigkeit bzw. Überschuldung bewegt und die Abwendung der Insolvenz allein vom „Glück" abhängt.

4. Ein sanierungsfreundliches Insolvenzklima

Haben viele europäische Gesetzgeber mittlerweile auch Bemühungen angestellt, der Insolvenzeröffnung die morbide Aura wenn nicht zu nehmen, so doch zu mindern, so behält die Tatsache der Insolvenz nach wie vor etwas Makelhaftes, das zur Verunsicherung der Gläubiger führt. Damit eine Sanierung nach Eintritt der Insolvenz in Angriff genommen werden kann, bedarf es eines hohen Maßes an Vertrauen unter allen Beteiligten, und damit die Sanierung schließlich gelingen kann, bedarf es einer einwandfreien Kooperation und Kompromissbereitschaft unter diesen Beteiligten. Ist ein dementsprechend sanierungsfreundliches Insolvenzklima[79] schon auf nationaler Ebene schwer herzustellen, so wird dies in einer größeren europäischen Dimension noch schwieriger.

Grundvoraussetzung für ein sanierungsfreundliches Insolvenzklima auf europäischer Ebene ist eine positive Einstellung der beteiligten Rechtsordnungen zu

---

74 *Smid*, InsO, 2. Aufl. 2001, § 1 RdNr. 2; *Smid/Rattunde*, Insolvenzplan, 2. Aufl. 2005, RdNr. 0.13.
75 *Smid/Rattunde*, Insolvenzplan, 2. Aufl. 2005, RdNr. 1.4 f.
76 Hierzu *Rattunde*, ZIP 2003, 2103; vgl. auch die Mindestanforderungen der Kreditinstitute an das Kreditgeschäft, Rundschreiben 34/2002 (BA) der Bundesanstalt für Finanzdienstleistungsaufsicht vom 20.10.2002, in: *Cronsbruch/Möller*, KWG, Textsammlung.
77 Die hier erfolgten Ausführungen über die Vor- und Nachteile einer außergerichtlichen Sanierung gelten nicht nur im deutschen Insolvenzrecht, sondern werden gleichermaßen in anderen Rechtsordnungen in die Abwägung einbezogen, so z.B. für England *Neilson-Clark/Lewin*, in: The European Restructuring and Insolvency Guide 2005/2006, 130, 136 f.
78 *Rattunde*, ZIP 2003, 2103.
79 Zu diesem Begriff *Rattunde*, ZIP 2003, 2103, 2108.

Sanierungen in der Insolvenz. Dass sich ein entsprechender Wandel in der Einstellung gegenüber Sanierungen in der Insolvenz als Folge der Verlagerung der Insolvenzgründe aus dem unmittelbaren Verantwortungsbereich des Schuldners europaweit zeigt, wurde bereits angedeutet, dennoch ist der Kraftakt der für den Imagewechsel des Insolvenzrechts vom „Wertvernichter" zum Sanierungsinstrument erforderlich ist, nicht zu unterschätzen. Denn vollzogen ist dieser Imagewechsel erst dann, wenn er sich in der Akzeptanz, dem Vertrauen und der Kooperationsbereitschaft der für die erfolgreiche Durchführung einer Sanierung Verantwortlichen niederschlägt. Hier sind gemeint: der Schuldner, der im Vertrauen darauf, dass er nicht aufgrund der Insolvenz als verloren abgeschrieben wird, früh Insolvenzantrag stellen und schon im Vorfeld – wenn sich die Unabwendbarkeit der Insolvenz bereits abzeichnet – Vorbereitungsmaßnahmen im Hinblick auf einen Sanierungsplan treffen muss – wobei in der Regel vorfühlende Gespräche mit den Gläubigern und eine offene Kommunikation und Information (zur Vertrauensbildung) erforderlich werden[80]. Weiter von großer Bedeutung sind das Verhalten und die Einstellung der Gläubiger, die – sobald sie von der bevorstehenden Insolvenz und dem Vorhaben einer Sanierung Kenntnis erlangen – nicht kurzsichtig versuchen sollten, vor dem Insolvenzeröffnungsverfahren im Wege der Einzelzwangsvollstreckung für sich persönlich die ideale Befriedigung zu erreichen, wodurch regelmäßig letzte Sanierungschancen zerstört werden, sondern durch Besonnenheit und eine gemeinschaftliche Erarbeitung eines Sanierungskonzepts den geplanten Weg unterstützen müssen. Schließlich steht und fällt eine erfolgreiche Sanierung in der Insolvenz mit der Sanierungseignung und -bereitschaft des eingesetzten Insolvenzverwalters[81], der in der Lage sein muss, eine realistische Prognose über die Sanierungschancen abzugeben (wobei er wieder auf zuverlässige Unterstützung des Schuldners bzw. der Verantwortlichen im schuldnerischen Unternehmen angewiesen ist) und das Vertrauen notwendiger Kreditgeber und der Gläubiger zu gewinnen. Schließlich erlangt auch das Insolvenzgericht im Hinblick auf eine fruchtbare Vertrauensbildung je nach dem Ausmaß der Aufgaben, die ihm das jeweilige nationale Insolvenzrecht überträgt, Einfluss auf die Durchführbarkeit einer Sanierung. Sicherlich ist die Beteiligung der genannten Personen und Institutionen in den verschiedenen europäischen Rechtsordnungen unterschiedlich gewichtet, doch allen gemein ist, dass für das Gelingen einer Sanierung in der Insolvenz all diese Personen einander vertrauen und an einem Strang ziehen müssen. Ein entsprechendes Vertrauen kann nur durch eine offene Kommunikation unter den Beteiligten aufgebaut werden, an der es in der Praxis anscheinend leider noch oft genug fehlt[82].

---

80 *Rattunde*, ZIP 2003, 2103, 2108.
81 *Rattunde*, ZIP 2003, 2103, 2107 f.
82 *Rattunde*, ZIP 2003, 2103, insb. 2108 ff.

5. Besondere Anforderungen grenzüberschreitender Sanierungsverfahren

Die beschriebenen Schwierigkeiten einer Sanierung in der Insolvenz verstärken sich, wenn verschiedene Rechtskulturen in das Verfahren involviert sind.

a) *Schwierigkeiten auf kommunikativer Ebene*

Wie geschildert sollen, damit eine Sanierung Erfolg verspricht, sich fremde und doch voneinander abhängige Menschen in einer Situation, aufgrund derer jedem Verluste drohen (dem Schuldner droht seine Existenz verloren zu gehen, dem Gläubiger die Durchsetzbarkeit seiner Forderung – was ebenfalls existenzgefährdend wirken kann, dem Insolvenzverwalter droht die Haftung und dem Insolvenzrichter der Verlust seiner Autorität), einander vertrauen und kompromissbereit sein. Dies ist sehr viel verlangt. Die Anforderungen an den Insolvenzverwalter, der das ihm bis dahin unbekannte Unternehmen, mit dessen Strukturen er nicht vertraut ist, vor der endgültigen Schließung bewahren soll, dabei auf die Hilfe gerade derjenigen angewiesen ist, die die schlechte Situation verursacht haben, und aus dieser Position heraus nebenbei um das Vertrauen der Gläubiger und Kreditgeber werben muss, sind geradezu außerordentlich.

Soll die Kommunikation der Schlüssel zum positiven Insolvenzklima sein, so wird klar, wie sehr sich die Schwierigkeiten in einem grenzüberschreitenden Verfahren noch potenzieren. Ein grenzüberschreitend agierender Schuldner müsste zur optimalen Vorbereitung einer Sanierung mit möglicherweise in verschiedenen Staaten ansässigen Gläubigern über seine bevorstehende Insolvenz konferieren, diese müssten gelassen den Eintritt eines Insolvenzsanierungsverfahrens abwarten, mit dessen rechtlichen Grundlagen sie nicht vertraut sind. Der Insolvenzverwalter müsste seine vertrauensbildenden Kommunikationsfähigkeiten möglichst in der jeweils geforderten Fremdsprache ausüben können und der Insolvenzrichter bräuchte eventuell ein Diensttelefon, mit dem er auch ins Ausland telefonieren kann[83].

Wie das hier erforderliche Ausmaß an gegenseitigem Vertrauen und grenzüberschreitender Solidarität geschaffen und die technischen und sprachlichen Barrieren grenzüberschreitender Kommunikation in absehbarer Zeit beseitigt werden sollen, ist fraglich. Durch Rechtsetzung allein können diese kulturellen Barrieren nicht überwunden werden.

Trotz dieser außerhalb des Rechtlichen liegenden Probleme, die mit den Mitteln des Rechts schwer zu bewältigen sind, ist der Insolvenzrechtler hier nicht vollkommen machtlos. Es soll im Laufe dieser Arbeit untersucht werden, inwieweit die europäischen Rechtsordnungen durch eine sanierungsfreundlichere Gesetzgebung den Imagewechsel der Insolvenz in die Köpfe der Beteiligten zu transportieren in der

---

83 Dass die grenzüberschreitende Kommunikation deutscher Amtsrichter teilweise schon hieran scheitern muss, kam beim Jahrestreffen der Freunde des Hamburger Max-Planck-Instituts am 18. Juni 2005 zum Thema „Europäisches und Internationales Insolvenzrecht" zur Sprache.

Lage sind, sich dabei eventuell sogar gegenseitig befruchten[84], und ob die EuInsVO geeignet ist, die grenzüberschreitende Vertrauensbildung und Kommunikation zu fördern[85].

b) *Schwierigkeiten auf rechtlicher Ebene*

Neben die kulturellen und kommunikativen Schwierigkeiten treten schließlich spezifisch materiellrechtliche Hürden grenzüberschreitender Sanierungsvorhaben.

Große Probleme bei der Gesamtsanierung grenzüberschreitender Unternehmen bereiten die unterschiedlichen Insolvenzrechte der beteiligten Rechtsordnungen, die aufgrund des eingeschränkten Universalitätsprinzips, das neben der Eröffnung eines Hauptinsolvenzverfahrens die Eröffnung von sogenannten Sekundärinsolvenzverfahren über im Ausland belegene Vermögensteile des Schuldners zulässt[86], parallel zur Anwendung kommen können, sowie die verschiedenen nationalen Sachrechte, die gemäß Art. 5 ff. EuInsVO zu berücksichtigen sind. Bei einer grenzüberschreitenden Unternehmensinsolvenz im Sinne der EuInsVO kommt es häufig zur Eröffnung mehrerer Insolvenzverfahren, nämlich dem Hauptinsolvenzverfahren und einem oder mehreren Sekundärverfahren jeweils dort, wo das Unternehmen seine Niederlassungen hat. Hierdurch wird die Insolvenzmasse in verschiedene Teilmassen aufgespalten, auf die die jeweilige *lex fori concursus* des Belegenheitsstaates Anwendung findet. Die Gläubiger können ihre Forderungen in sämtlichen Verfahren anmelden. Würde nun für jedes dieser Verfahren ein eigener Sanierungsplan (etwa ein Insolvenzplan) erstellt werden, so wäre die Anwendung klassischer Sanierungsmaßnahmen eingeschränkt. Beispielsweise wäre es nicht zulässig, Forderungen der Gläubiger zu kürzen, da nur über einen Teil des Schuldnervermögens verfügt werden kann, weiter würde die Ermittlung des Fortführungswertes zur Berechnung der jeweiligen Verteilungsquote quasi unmöglich[87]. Um die Interessen der Gläubiger im Hauptverfahren zu schützen, wurde daher das Sekundärverfahren auf Liquidationsverfahren beschränkt, weiter ist das Sekundärverfahren in Kooperation mit dem Insolvenzverwalter des Hauptverfahrens auf dieses abzustimmen. Unabhängig von den praktischen Problemen, die sich aus dieser sogenannten Kooperationspflicht ergeben[88], stehen einem einheitlichen oder wenigstens abgestimmten Plänen die verschiedenen bei der Erstellung zu berücksichtigenden Sachrechte entgegen. Denn selbst, wenn im Ausland belegenes Schuldnervermögen nicht durch Eröffnung eines Sekundärinsolvenzverfahrens aus der Hauptinsolvenzmasse quasi herausgelöst wird, sondern Bestandteil der Insolvenzmasse des Hauptinsolvenzverfahrens bleibt, so gilt hier nicht uneingeschränkt die *lex fori concursus*, sondern es sind gemäß Art. 5 bis 15 EuInsVO insbesondere dingliche Rechte Dritter,

---

84 Hierzu im rechtsvergleichenden Teil dieser Arbeit unten D.

85 Hierzu im Kapitel über die Rolle der EuInsVO unten C.

86 Zu den Gründen, die den Verordnungsgeber bewogen haben, diesem das Prinzip einer eingeschränkten Universalität zugrunde zu legen, sowie zu den Begriffen des Haupt- und des Sekundärverfahrens ausführlich unten C I. 4. b).

87 *Reinhart*, Sanierungsverfahren im internationalen Insolvenzrecht, 300 ff.

88 Dazu ausführlich unten C II. 3. b).

Eigentumsvorbehalte und Arbeitsverträge nach dem Recht des Belegenheitsstaates zu berücksichtigen und zu erhalten[89]. Damit sind dem Hauptinsolvenzverwalter allgemein im Hinblick auf eine Verwertung, aber auch gerade auf die Sanierung empfindlich die Hände gebunden, denn er muss beispielsweise gemäß Art. 5 EuInsVO den Inhaber eines nach der *lex rei sitae* entstandenen dinglichen Rechts befriedigen, um den Wert des Gegenstandes zur Masse ziehen zu können. Dies kann insbesondere bei in der ausländischen Niederlassung eingesetzten Produktionsgeräten, die sicherungsübereignet sind, zu Schwierigkeiten führen, da beispielsweise ein deutscher Hauptinsolvenzverwalter dem Herausgabeverlangen des Sicherungsnehmers trotz Geltung des deutschen Insolvenzrechts als *lex fori concursus* nicht die §§ 166 ff. InsO entgegen halten könnte, wonach der Herausgabeanspruch des Sicherungsnehmers mit der Verfahrenseröffnung durch einen Anspruch auf Erlösherausgabe ersetzt wird[90]. Eine solche Sachlage kann sich sanierungshemmend auswirken, wenn die im Ausland sicherungsübereigneten Gegenstände für die Sanierung durch Fortführung des Unternehmens benötigt werden.

Weitere Schwierigkeiten für die Erstellung eines Sanierungsplans selbst dann, wenn kein Sekundärinsolvenzverfahren eröffnet wird, stellt Art. 10 EuInsVO dar, wonach auf Arbeitsverhältnisse bezüglich der Wirkungen des Insolvenzverfahrens das Recht des Mitgliedstaates gilt, das auf den Arbeitsvertrag anzuwenden ist. So kann ein deutscher Hauptinsolvenzverwalter die Kündigungsmöglichkeiten der §§ 108 ff. InsO nicht auf Arbeitsverträge anwenden, die dem Recht des Niederlassungsstaates unterliegen, sondern muss schauen, ob auch die dortige Rechtsordnung entsprechende Kündigungsregeln bereithält.

Diese Probleme, die im Rahmen der Vorstellung des Regelwerkes der EuInsVO noch vertieft werden, stellen eine Folge des scheinbar nicht vollständig lösbaren Konfliktes zwischen den unterschiedlichen Rechtsordnungen dar. Gerade die starken Divergenzen auf den vielen in einem Insolvenzverfahren berührten Rechtsgebieten machten ein europäisches Regelwerk zur Bewältigung grenzüberschreitender Insolvenzverfahren erforderlich, doch bleiben gerade diese Unterschiede, die der europäischen Rechtssetzung jede Menge Kompromisse (so der Einschränkung des Universalitätsprinzips) abverlangen, der Hemmschuh grenzüberschreitender Rechtspraxis. In diesem Sinne ist es erforderlich, dass Europa (auch) auf rechtlicher Ebene zusammenwächst. Dies wird ein sehr langer Prozess sein, dennoch ist mit dem Versuch einer Regelung, wie er mit der EuInsVO erfolgte, ein Anfang gemacht. Denn der Prozess der Erarbeitung dieses Regelwerks sowie die hier dargestellten Anwendungsschwierigkeiten schärften und schärfen den Blick aller Mitgliedstaaten für die Problematik und bringen die Unterschiede und Kollisionspunkte der Rechtsordnungen erst konzentriert zum Vorschein, womit die Basis, auf der sich Konvergenzbewegungen entwickeln können, geschaffen ist.

---

89 *Smid*, Deutsches und Europäisches Internationales Insolvenzrecht, Art. 5 RdNr. 4.
90 *Smid*, Deutsches und Europäisches Internationales Insolvenzrecht, Art. 5 RdNr. 19.

Schließlich ist aber gerade im Hinblick auf die Förderung der Sanierungsmöglichkeiten im Rahmen auch grenzüberschreitender Insolvenzverfahren zu bedenken, dass diese dringend erforderlich ist, um in Zukunft große transnational tätige Unternehmen in adäquater, das heißt der Gläubigergesamtheit gerecht werdender, Weise zu sanieren. Denn je komplexer die Unternehmen strukturiert sind und je mehr Beteiligte mit unterschiedlichen Interessen von einer Krise tangiert sind, desto schwieriger wird es, hier ohne den Schutz eines Moratoriums und eine gesetzlich verankerte Verbindlichkeit außergerichtliche Einigung zu erzielen[91].

6. Die europäische Entwicklung

Mit der durch die Öffnung von Grenzen und damit neuer Märkte zunehmenden internationalen Wirtschaftsverflechtung wurde nicht nur das Bedürfnis nach einer europäischen Regelung grenzüberschreitender Insolvenzverfahren immer dringender, sondern bereits auf nationaler Ebene machten sich die Verschiebungen und globalen Beeinflussungen auf Unternehmensgefüge bemerkbar. Die hierdurch entstandenen neuen Insolvenzgründe haben viele nationale Gesetzgeber veranlasst, besonders die Frage der Insolvenzziele und der Möglichkeit eines unternehmenserhaltenden Insolvenzverfahrens neu zu überdenken und zu korrigieren.[92] In Ansätzen kann hier sogar von einem – freilich eher zufälligen, da dies kaum das ausdrückliche Bestreben der Reformbewegungen war – Harmonisierungsprozess im Sinne eines Aufeinanderzugehens gesprochen werden, was allerdings in der Gesamtschau nicht bereits zu einer zunehmenden Ähnlichkeit der Insolvenzrechte geführt hat. Nach wie vor weisen diese in ihrer Zielsetzung und der Wahl der Wege, auf denen diese Ziele erreicht werden sollen, eine große Vielfalt auf.

Zumindest sehen die meisten Insolvenzrechte inzwischen Instrumente oder gar gesonderte Verfahren für eine Sanierung in der Insolvenz vor. Ob sie damit allerdings bereits als sanierungsfreundlich oder gar sanierungsfördernd bezeichnet werden können, ist zweifelhaft. Oftmals stellt die Aufnahme des Insolvenzziels der Sanierung neben dem noch immer vorrangigen Insolvenzziel der Liquidation nicht viel mehr als eine rein theoretische Deklamation der Duldung der Sanierung dar, wobei der Einsatz dieser theoretischen Möglichkeit in der Praxis einer erheblichen Rechtfertigung bedarf, bei welcher der Gesetzgeber keinerlei Unterstützung gewährleistet. Eine solche Gesetzeslage bildet nicht den optimalen Nährboden für ein positives Insolvenzklima im oben dargestellten Sinne.

---

91 Vgl. *Dennis/Fox*, The New Law of Insolvency, RdNr. 4.6.12.

92 Dies bemerkte auch schon der BGH in seiner Entscheidung vom 14.11.1996, BGH ZIP 1997, 39, 42; nicht zuletzt in Deutschland durch die neue InsO vom 5.10.1994; in Frankreich, wo der Erhalt von Unternehmen und Arbeitsplätzen durch die Reform vom 25.1.1985 sogar zum Primärzweck des Insolvenzrechts erhoben wurde, dazu *Klopp*, KTS 1988, 267, 268 ff.; *Niggemann/Schmidt*, RIW 1986, 246 ff., wobei allerdings bei einer weiteren Reform vom 9.3.2005 wieder Abstriche gemacht wurden, dazu *Dammann/Undritz*, NZI 2005, 198 ff.; *Vallender/Heukamp*, InVo 2006, 1ff.

Dennoch bleibt es als positive Entwicklung festzuhalten, dass die Idee der Sanierung in der Insolvenz kaum einer europäischen Rechtsordnung mehr fremd ist, was, wenn nicht ausreichend, wohl erleichternd im Hinblick auf die Durchführung grenzüberschreitender Sanierungsvorhaben wirken kann.

Diese Tendenz, die auf frühe europäische Beispiele für sanierungsfreundliches Insolvenzrecht, wie etwa Italien[93] und Frankreich[94], zurückgeht, wurde sicherlich auch durch das Beispiel des amerikanischen Insolvenzrechts mit seinem Chapter 11-Verfahren angestoßen.[95] Obwohl ein entscheidender Impuls für diese Entwicklung sicherlich auch ein entsprechendes Bedürfnis in der Praxis war, fanden die ersten durch die Gesetzgeber entwickelten und angebotenen Modelle von Insolvenzsanierungsverfahren in der Praxis wenig Anklang[96].

III. Europäische Konzerninsolvenzen

Die ersten unter Geltung der EuInsVO diskutierten Fälle[97] von grenzüberschreitenden Unternehmenssanierungen in der Insolvenz haben deutlich gemacht, dass die Problematik grenzüberschreitender Unternehmensinsolvenzen in der Praxis beinahe synonym mit der Frage der Bewältigung europäischer Konzerninsolvenzen ist. Der Konzern als Verbindung mehrerer selbständiger Unternehmen stellt in Folge der europäischen Ausgangssituation mit der Niederlassungsfreiheit auf der einen und dem Fortbestand der Nationalität der Gesellschaften auf der anderen Seite[98] den Prototyp grenzüberschreitender Unternehmensverbindungen dar[99] und tritt weit häufiger auf als die Kombination aus Hauptunternehmen und unselbständiger Niederlassung, wie sie der Verordnungsgeber bei seiner Regelung vor Augen hatte.

---

93 Mit seiner 1979 eingeführten Möglichkeit der außerordentlichen Verwaltung von Großunternehmen (*amministrazione straordinaria delle grandi impresi in crisi*), dazu *Mönning*, Betriebsfortführung in der Insolvenz, RdNr. 512 ff.

94 Mit seiner Reform Mitte der achtziger Jahre und der Einführung des *redressement judiciaire*, dazu *Niggemann/Schmidt*, RIW 1986, 246.

95 *Smid/Rattunde*, Insolvenzplan, 2. Aufl. 2005, 2.37.

96 So etwa in Österreich das vollkommen gescheiterte so genannte Vorverfahren, dazu unten D. III. 2. a) aa) und in England die *Administration order* in ihrer ursprünglichen Fassung nach dem Insolvency Act 1986, dazu unten D. IV. 2. a) aa).

97 *Daisytek, Automold, Babcock Borsig, Hettlage, EMBIC I, Parmalat,* die weiter unten unter näherer Angabe der entscheidenden Gerichte noch eingehend erörtert werden und sogar als Grundlage für die im Rahmen dieser Arbeit darzustellenden Probleme dienen werden …

98 *Forum Europaeum Konzernrecht*, ZGR 1998, 672, 675.

99 *Ehricke*, EWS 2002, 101 f.; *Lutter*, Europäisches Unternehmensrecht, 4. Aufl. 1996, 826; *Mankowski*, NZI 2004, 450, 452; *Pannen/Riedemann*, NZI 2004, 646, 647 f., *Paulus*, EWiR 2004, 493; *Smid*, FS-Geimer, 1215, 1219; *ders.*, DZWIR 2004, 397.

1. Problematik der begrifflichen Eingrenzung: Konzern – Gruppe – Verbund

In der deutschsprachigen juristischen Literatur wird im Zusammenhang mit der in diesem Kapitel zu erörternden Problematik in der Regel von Konzerninsolvenzen/Konzernproblematik gesprochen[100]. Dieser Begriff soll hier nicht unkommentiert übernommen werden, da er gerade im Hinblick auf grenzüberschreitende Fälle nicht unproblematisch ist.

Im deutschen Recht der Aktiengesellschaften ist der Konzern gemäß § 15 i.V.m. § 18 AktG eine Unterart der so genannten Verbundenen Unternehmen und zeichnet sich gegenüber anderen Verbindungen selbständiger Unternehmen dadurch aus, dass es ein herrschendes Unternehmen gibt, unter dessen einheitlicher Leitung ein oder mehrere abhängige Unternehmen zusammengefasst werden (§ 18 Abs. 1 Satz 1 AktG). Anderen Rechtsordnungen ist der Begriff des Konzerns kaum geläufig[101]. Inhaltlich weiter und vor allem weiter verbreitet ist der Begriff der Gruppe, im englischen Recht *„group"*, im spanischen *„grupo"*, im französischen *„groupe"* und im italienischen *„gruppo"*. Dieser Begriff erfasst allerdings in der Regel nicht nur eine Unternehmensverbindung durch einheitliche Leitungsmacht eines herrschenden Unternehmens im Sinne des § 18 AktG, sondern auch die Verbindung aufgrund der Mehrheit von Stimmen oder Anteilen einer Gesellschaft an einer anderen[102]. In den folgenden Ausführungen wird dieser weite Begriff sowohl der im Deutschen – wenn auch entgegen der Definition nach dem AktG – geläufigen Bezeichnung Konzern als auch der wahlweise verwendeten Bezeichnung der Unternehmensgruppe zugrunde gelegt, wobei sich die Ausführungen im Wesentlichen auf Unternehmensgruppen im Subordinationsverhältnis beschränken sollen, also auf Konstellationen, bei denen ein Unternehmen aufgrund faktischer Machtverhältnisse als dominierend zu identifizieren ist.

2. Konzernrecht als Teil des Gesellschaftsrechts

Mit der soeben vorgenommenen Erläuterung des Gruppenbegriffs ist noch nicht viel gewonnen. Das Grundproblem der Behandlung von Konzernen in der grenzüberschreitenden Insolvenz und die Gründe für die Nichtregelung dieser Materie durch die EuInsVO[103] bleiben weiterhin in der mangelnden begrifflichen wie rechtlichen Fassbarkeit des Phänomens der Unternehmensgruppe begründet. Das Recht

---

100 So schon *Kübler*, ZGR 1984, 560 ff.; *Mertens*, ZGR 1984, 542 ff.; *Uhlenbruck*, KTS 1986, 419 ff.; *ders.*, NZI 1999, 41 ff.; heute auch für den grenzüberschreitenden Bereich *Eidenmüller*, NJW 2004, 3455 ff.; *Ehricke*, ZInsO 2002, 393; *Duursma-Kepplinger/Chalupsky*, in: Krisenmanagement – Sanierung – Insolvenz, 2. Aufl. 2002, 977 ff.

101 *Forum Europaeum Konzernrecht*, ZGR 1998, 672, 691, wo sogar auf eine starke Besetzung dieses Begriffs mit einem (strengen) deutschen „Konzernrecht" hingewiesen wird.

102 *Forum Europaeum Konzernrecht*, ZGR 1998, 672, 692; zu den Gruppenbegriffen im englischen, österreichischen und spanischen Recht im Einzelnen im rechtsvergleichenden Teil unten D.

103 Dazu noch unten C. III. 1.

der Unternehmensgruppen ist Teil des Gesellschaftsrechts und damit grundsätzlich einzelstaatlich-nationales Recht. Die Behandlung von Unternehmensgruppen wird in den Mitgliedstaaten äußerst unterschiedlich gehandhabt, vollständige systematische Regelungen gibt es so gut wie gar nicht[104]. Bestenfalls finden sich Regelungen in unterschiedlichen Teilbereichen des Konzernrechts, wie etwa des Konzernarbeitsrechts und in Italien schon früh auch des Konzerninsolvenzrechts[105]. Die Entwicklung einer nationalen Haltung zu den Rechtsproblemen der Unternehmensgruppen wurde meistenorts der Rechtsprechung überlassen.

Weitgehende Einigkeit besteht in den Rechtsordnungen der Mitgliedstaaten darüber, dass es sich bei den Unternehmensgruppen um wirtschaftliche Einheiten handelt, auf deren rechtliche Vielheit, also die rechtliche Unabhängigkeit und Selbständigkeit der einzelnen Gruppenmitglieder, großer Wert gelegt wird, da diese beispielsweise ermöglicht, Gruppentöchter jederzeit zu verkaufen, unabhängig an den Markt zu entlassen oder als unabhängige Gesellschaft an die Börse zu bringen[106]. Weiter besteht grenzüberschreitende Einigkeit darüber, dass neben der rechtlichen Unabhängigkeit und Selbständigkeit der Unternehmen dennoch ein geschäftspolitisches Beherrschungs- und Abhängigkeitsverhältnis zum Zwecke fremdbestimmter Leitung gewollt ist[107], wobei, wie bereits im vorangegangenen Abschnitt erläutert, dieses Subordinationsverhältnis nicht zwangsläufig auf einer einheitlichen Leitungsmacht basieren muss, sondern auch in der faktischen Einflussmöglichkeit aufgrund von Stimm- oder Anteilsmehrheiten eines Unternehmens an einem anderen begründet sein kann. Dafür, wie dieser Balanceakt zwischen einer engen Gruppenkontrolle auf der einen Seite unter Erhalt der rechtlichen Vielheit auf der anderen Seite zu vollführen ist, haben die verschiedenen Rechtsordnungen verschiedene – mehr oder weniger überzeugende – Modelle entwickelt.

Zunehmend wurde in den Mitgliedstaaten die Gefahr der Benachteiligung für Minderheitsgesellschafter und Gläubiger der Konzerntöchter erkannt, jedoch wurde auf spezifische Regelungen – außer in Deutschland für den Bereich der Aktiengesellschaften in §§ 18 i.V.m. 291 ff. AktG – verzichtet und eine Korrektur im Wege der Anpassung des allgemeinen Zivil-, Gesellschafts- und Insolvenzrechts an die Besonderheiten bei Unternehmensgruppen für ausreichend gehalten, wobei diese Anpassung durch Rechtsfortbildung in der Rechtsprechung vorgenommen wird[108]. Die auf diesem Wege in den verschiedenen Rechtsordnungen herausgebildeten Modelle von Unternehmensgruppen sind demnach nicht zwangsläufig miteinander

---

104 *Forum Europaeum Konzernrecht*, ZGR 1998, 672, 676. Deutschland ist hier mit seinen gesetzlichen Regelungen zum Aktienkonzernrecht, einzig gefolgt von Portugal, quasi ein Exot.

105 In deutscher Übersetzung *Vanetti*, ZGR 1989, 396 ff.

106 *Forum Europaeum Konzernrecht*, ZGR 1998, 672, 740 ff.

107 *Schmiedeknecht*, Der Anwendungsbereich der EuInsVO, 178 f.; *Duursma-Kepplinger/Chalupsky*, in: Krisenmanagement – Sanierung – Insolvenz, 2. Aufl. 2002, 977, 992; im deutschen Recht der Aktiengesellschaften ergibt sich das Merkmal der einheitlichen Leitungsmacht des herrschenden Unternehmens unmittelbar aus der Legaldefinition des Konzerns in § 18 AktG.

108 *Forum Europaeum Konzernrecht*, ZGR 1998, 672, 680.

vergleichbar. Einzelne Gruppentypen und die spezifischen nationalen Regelungen sollen im Rahmen des rechtsvergleichenden Teils dargestellt werden.

Als wesentliche Gemeinsamkeit ist festzustellen, dass die Bildung von Unternehmensgruppen europaweit als Instrument zur Organisation von Haftungsmassen, Konzentration von Aktivitäten sowie als Möglichkeit zur Erzielung verschiedener Finanzierungseffekte breite Akzeptanz und Üblichkeit gewonnen hat[109].

3. Europäisches Konzernrecht als Grundlage für ein europäisches Konzerninsolvenzrecht?

Das Problem der unterschiedlichen Behandlung von Unternehmensgruppen in den Mitgliedstaaten und dessen schwere Zusammenfassbarkeit wegen des Mangels an gesetzlicher Fixierung hat der europäische Gesetzgeber in den achtziger und neunziger Jahren des vergangenen Jahrhunderts angesichts der Bedeutung, die der Bildung von Unternehmensgruppen für den grenzüberschreitenden europäischen Wirtschaftsverkehr zukommt, zum Anlass genommen, über eine Regelung des Konzerngesellschaftsrechts auf europäischer Ebene nachzudenken.

Orientiert am deutschen Aktienkonzernrecht als einziger systematischer Regelung in Europa konzentrierte sich der europäische Gesetzgeber beim Versuch, eine entsprechende Konzernrichtlinie zu verfassen, ebenfalls auf die Frage des Minderheiten- und Gläubigerschutzes[110]. Die Idee der Übernahme der Einteilung der Gruppenbilder in faktische Konzerne und Vertragskonzerne sowie das Modell einer „organischen Verfassung", bei der mit dem Erwerb der Mehrheit die gleichen Regeln zur Abfindung der außenstehenden Aktionäre und zur Mithaftung der Muttergesellschaft für die Schulden der Tochter gelten sollten wie im deutschen Vertragskonzernrecht, scheiterten an der Eingebundenheit des Konzernrechts in die nationalen Gesellschaftsrechte, die teilweise eigene nicht konzernspezifische Schutzmechanismen bereithielten, wie beispielsweise die strengen *takeover*-Regelungen in England, Frankreich und Italien[111], welche dem empfindlichen Eingriff durch den europäischen Gesetzgeber die Notwendigkeit nahmen.

> Auch wenn diese nicht gesetzlich festgeschrieben sind, haben die einzelnen Rechtsordnungen unterschiedlich ausgestaltete Haftungs-, Risiko-, Finanzierungs- und Erfolgsgemeinschaften unter der Bezeichnung Konzern oder Unternehmensgruppe hervorgebracht und etabliert[112], die schwer in einer europaweiten Regelung zusammengefasst werden können, erst recht kann nicht die Regelung einer Rechtsordnung – etwa der deutschen – auf die anderen übertragen werden. Bei der Regelung von Konzernsachverhalten sind viele Aspekte, wie der Begriff des Konzerns, Gruppenpublizität, Fragen der Konzerngeschäftsführung, des Konzernaustritts und nicht

109 *Forum Europaeum Konzernrecht*, ZGR 1998, 672, 681.
110 Vorentwurf einer 9. Richtlinie von 1984, Nachweis bei *Lutter*, Europäisches Unternehmensrecht, 4. Aufl. 1996, 239 ff.
111 *Forum Europaeum Konzernrecht*, ZGR 1998, 672, 677.
112 *Forum Europaeum Konzernrecht*, ZGR 1998, 672, 698 f.

zuletzt der Geschäftsleiterpflichten in der Krise zu berücksichtigen, die allesamt in den Mitgliedstaaten sehr unterschiedlich gehandhabt werden[113].

Schließlich hat sich der europäische Gesetzgeber auf konzernspezifische Regelungen in Einzelbereichen beschränkt[114]. Neuere Auseinandersetzungen mit der Frage nach Sinn und Zweck eines europäischen Konzernrechts betonen von vornherein, dass es sich lediglich um eine „Kernbereichsharmonisierung" zur Vermeidung von Marktzutrittsschranken auf dem europäischen Binnenmarkt handeln könne und dürfe[115].

4. Das Spannungsverhältnis von rechtlicher Selbständigkeit und „wirtschaftlicher" Verbundenheit

Vielfach wird darauf hingewiesen, dass die Konzernbildung ein Spannungsverhältnis zwischen der rechtlichen Selbständigkeit und damit Unabhängigkeit der Konzernunternehmen auf der einen und der wirtschaftlichen Einheit auf der anderen Seite produziert[116]. Bezeichnend ist, dass das, was die wirtschaftliche Einheit ausmacht, in der Regel nicht näher definiert wird. In der 7. EU-Richtlinie über den konsolidierten Konzernabschluss[117], der bisher bedeutendsten Regelung auf dem Gebiet der europäischen grenzüberschreitenden Konzernsachverhalte, wird als wesentliches Merkmal der Gruppenverbindung der in den Mitgliedstaaten verbreitete Begriff der „Kontrolle" übernommen, nach dessen Definition eine Gruppe bereits vorliegt, wenn eine Gesellschaft die Mehrheit der Stimmrechte an einer anderen hält oder die Mehrheit der Mitglieder des Leitungs- oder Überwachungsorgans zu bestellen oder abzuberufen berechtigt ist[118].

Auch nach deutschem Recht fällt eine derartige Mehrheitsbeteiligung eines Unternehmens an einem anderen gemäß § 16 AktG unter den Obergriff der Verbundenen Unternehmen gemäß § 15 AktG, jedoch handelt es sich nicht zwangsläufig um einen Konzern i.S.d. § 18 AktG, der eine zusammengefasste einheitliche Leitungsmacht des herrschenden Unternehmens voraussetzt.

Der erwähnte europäische Nenner entspricht jedoch nicht mehr der Praxis in den meisten Mitgliedstaaten und vor allem bei der Bildung grenzüberschreitender Konzerne, wo die Einheit regelmäßig auf einer gruppeninternen Entscheidungskoordination basiert, die ein zumindest faktisches Abhängigkeitsverhältnis unter den Gruppenmitgliedern erzeugt[119]. Gerade die Abstimmung der Entscheidungen der einzelnen Gruppenmitglieder auf ein gemeinsames Gruppeninteresse macht

---

113 Zum Ganzen *Forum Europaeum Konzernrecht*, ZGR 1998, 672 ff.

114 So vor allem in der 7. EU-Richtlinie über den konsolidierten Jahresabschluss, Richtlinie 83/349/EWG vom 13. Juni 1983.

115 *Forum Europaeum Konzernrecht*, ZGR 1998, 672, 687 ff.

116 *Forum Europaeum Konzernrecht*, ZGR 1998, 672, 740; *Prentice*, in: Lutter, Konzernrecht im Ausland, 93, 114; *Miguens*, RDS núm 7 (1996), 132 ff.

117 Richtlinie 83/349/EWG vom 13. Juni 1983.

118 *Forum Europaeum Konzernrecht*, ZGR 1998, 672, 696.

119 Vgl. *Schmiedeknecht*, Der Anwendungsbereich der EuInsVO, 178 ff.

die Gruppe schließlich aus[120]. So kommt es vor, dass im Gruppeninteresse Vermögenswerte innerhalb der Gruppe unter Marktwert übertragen werden, zinslose Darlehen gewährt werden, Dividenden an die Mutter ohne Rücksicht auf den Liquiditätsbedarf der Tochter ausgeschüttet werden und dass die Gruppenmitglieder für den einer Gesellschaft gewährten Kredit bürgen[121], was bei isolierter Betrachtung nicht im Interesse der einzelnen Gesellschaften (und vor allem ihrer Gläubiger) stehen dürfte.

Im Grunde ist Sinn und Zweck der Gruppenbildung in allen Rechts- und Wirtschaftsordnungen die Organisation, die Aufteilung des Risikos und der Haftung sowie die Erschließung von Finanzierungsmitteln bei komplexen Geschäftsvorhaben. So verfolgt die Gruppe regelmäßig ein gemeinsames wirtschaftliches Ziel (z.B. die Entwicklung, Produktion und weltweite Vermarktung einer Serie aufwändiger technischer Produkte – letztendlich die Erzeugung und Erhaltung einer konkurrenzfähigen Brandmark). Zwangsläufig kommt hierbei jedem Unternehmen eine bestimmte Funktion im Konzerngefüge zu. Oft erfolgt eine Spezialisierung der einzelnen Unternehmen unter Zuschnitt auf das Konzerninteresse, so dass diese isoliert nicht konkurrenzfähig sind[122]. Somit sind die einzelnen Gruppenmitglieder in ihrem Bestand weitgehend voneinander abhängig.

Es ist demnach zu konstatieren, dass die Einheit der Gruppe regelmäßig in der Entscheidungs- und Handlungsabstimmung innerhalb der Gruppe, orientiert an einem Gruppeninteresse[123] besteht. Dass der Schwerpunkt der Entscheidungsmacht bei dieser Abstimmung im Sinne einer Planungshoheit[124] meist bei der Mutter liegt, ist die logische Konsequenz hieraus.

a) Der Ansatz von Miguens

Eine sehr interessante Beurteilung des genannten Spannungsverhältnisses stammt aus dem spanischen Rechtsraum, der im Rahmen dieser Arbeit in Bezug auf sein Insolvenzrecht noch ausführlich vorzustellen sein wird[125]. Der spanische Rechtswissenschaftler *Miguens*[126] betrachtet, gestützt auf das Werk von *Antunes*[127], den Konzern als ein Produkt der kreativen Spannung und des interaktiven Spiels zwischen dem Prinzip der Gesellschaftsautonomie und dem hierzu kontradiktorischen Prin-

---

120 Vgl. *Prentice*, in: Lutter, Konzernrecht im Ausland, 93, 114; *Vormstein*, Zuständigkeit bei Konzerninsolvenzen, 190 ff.

121 So mit Beispielen für den englischen Rechtsraum *Prentice*, in: Lutter, Konzernrecht im Ausland, 93, 98, was aber ebenso für grenzüberschreitende und Konzernverbindungen in den anderen Mitgliedstaaten gelten dürfte.

122 *Vormstein*, Zuständigkeit bei Konzerninsolvenzen, 20 f.

123 Für eine Berücksichtigung dieser wirtschaftlichen Realität auch schon *Doralt*, in: Lutter, Konzernrecht im Ausland, 192, 200.

124 *Ehricke*, EWS 2002, 101, 102.

125 Der unten im rechtsvergleichenden Teil D. V., dort besonders zum spanischen Konzerninsolvenzrecht D. V. 2. d).

126 *Miguens*, RDS núm 7 (1996), 132 ff.

127 *Antunes*, The liability of corporate groups, 1994.

zip der Gesellschaftskontrolle. Demnach handele es sich beim Konzern um eine neue hybride und flexible[128] Form der Unternehmensorganisation, die sich gerade auf dem Boden des modernen Gesellschaftsrechts entwickelt habe, wo das Spektrum der Möglichkeiten von Beherrschung und Integration zwischen diesen beiden Polen der Gesellschaftsautonomie und der Gesellschaftskontrolle sehr groß sei[129]. *Miguens* versteht und zitiert *Antunes* dahingehend, dass das Misslingen des Auffindens adäquater Lösungen für Konzerninsolvenzen darauf beruhe, dass die herrschende Ansicht missachte, dass das eigentlich spezifische Wesen des Konzerns sich aus diesem Spannungsverhältnis zwischen Autonomie und Kontrolle erklärt, und stattdessen diese beiden Prinzipien immer strikt voneinander trenne und die Vielheit hervorhebe, während die Einheit vollkommen übersehen werde[130].

> In diesem Zusammenhang beurteilt *Miguens* die deutsche Unterscheidung nach faktischen und vertraglichen Konzernen als künstliche Aufspaltung der Vorstellung von Einheit durch Kontrolle, auf der der Vertragskonzern basiere, und Vielheit durch Unabhängigkeit, die den faktischen Konzern ausmache. Dieses dualistische System ignoriere ebenfalls das hybride Wesen des Konzerns, welches sich gerade erst aus dem Spannungsverhältnis zwischen den beiden genannten Elementen erkläre. Dieses System sei mit der Konzernrealität nicht kompatibel, was sich insbesondere in Extremfällen dezentral geführter Vertragskonzerne und zentralistisch geführter faktischer Konzerne zeige, die sich nicht in das gesetzliche Schema hineinpressen ließen[131].

Es mangele den bestehenden Systemen an einer genauen Differenzierung danach, welche Entscheidungen das dominierende Unternehmen tatsächlich für das dominierte getroffen hat und einer entsprechenden Differenzierung bei der Haftungszuweisung[132].

b) *Stellungnahme*

Richtig und zustimmungswürdig ist der Ansatz, wonach das Spannungsverhältnis zwischen der rechtlichen Selbständigkeit von Gruppenunternehmen und der regelmäßig in einem bestimmten Kontrollverhältnis bestehenden Verbindung nicht auflösbar ist, da es gerade das Wesen des Konzerns ausmacht. Nicht uneingeschränkt nachvollziehbar ist in diesem Zusammenhang die Kritik *Miguens* an der deutschen Differenzierung nach Vertragskonzern und faktischem Konzern, stellt diese doch gerade den von *Miguens* gewünschten Versuch dar, die Haftungszuweisung am Grad der Kontrolle des Mutterunternehmens festzumachen. Grundsätzlich bleibt auch innerhalb der Kategorien Vertragskonzern und faktischer Konzern die Kombination von wirtschaftlicher Einheit und rechtlicher Vielheit erhalten, was durch die weitere Differenzierung nach einfachem faktischem und qualifiziert faktischem Konzern noch betont wird. Keineswegs werden vertraglich verbundene Unterneh-

---

128 *Miguens*, RDS núm 7 (1996), 132, 168.
129 *Miguens*, RDS núm 7 (1996), 132, 166.
130 *Miguens*, RDS núm 7 (1996), 132, 166.
131 *Miguens*, RDS núm 7 (1996), 132, 167.
132 Was *Miguens* an anderer Stelle, RDS núm 7 (1996), 132, 181 im Widerspruch zu seiner Kritik auch so zu beurteilen scheint.

men stärker als Einheit und weniger als Vielheit betrachtet als faktisch verbundene Unternehmen. Im Gegensatz zu den meisten anderen Rechtsordnungen der Mitgliedstaaten geht das deutsche Konzernrecht mit dieser Unterscheidung wesentlich differenzierter auf die Konzernrealität des Abhängigkeitsverhältnisses ein. Dass auch dieser Weg bei den von *Miguens* herangezogenen Extremfällen an seine Grenzen stoßen muss, liegt im Wesen der Rechtssetzung, die nicht jede Eventualität berücksichtigen kann.

Gegenstand ist hier jedoch nicht das deutsche Konzernrecht, sondern mit dem zitierten Ansatz soll aufgezeigt werden, dass auch bei der rechtlichen Betrachtung von Konzernsachverhalten die Einheit, selbst wenn sie trügerisch nur als wirtschaftliche bezeichnet wird, gleichermaßen zu berücksichtigen ist wie die stets hervorgehobene rechtliche Vielheit[133]. Dies gilt insbesondere in der Insolvenz mehrerer Gruppenunternehmen.

5. Konzernrecht und Insolvenzrecht

Neben den allgemeinen gesellschaftsrechtlichen Problemen, die im Rahmen von Konzernstrukturen auftreten, bestehen spezifische Probleme im Fall der Insolvenz eines oder mehrerer Konzernunternehmen, welche häufig an die allgemeinen gesellschaftsrechtlichen Fragen anknüpfen und aus diesem Grunde nicht unabhängig vom Konzerngesellschaftsrecht geregelt werden können. Im Rahmen der vorliegenden Arbeit, in der aus dem weiten Feld des europäischen Insolvenzrechts vorrangig die Probleme einer Sanierung in der grenzüberschreitenden Insolvenz beleuchtet werden sollen, wird konsequent die Problematik grenzüberschreitender Konzerninsolvenzen primär unter diesem Aspekt untersucht.

a) Insolvenzspezifische Probleme von Unternehmensgruppen

Die konzernspezifischen Probleme der grenzüberschreitenden Unternehmenssanierung in der Insolvenz knüpfen unmittelbar an das Spannungsverhältnis von rechtlicher Selbständigkeit und „wirtschaftlicher“ Einheit an[134]. Es wurde bereits beschrieben, dass die rechtliche Selbständigkeit der einzelnen Gesellschaften mit der damit verbundenen Trennung der Haftungsmassen ein wesentliches Merkmal des Konzerns bzw. der Unternehmensgruppen in sämtlichen Mitgliedstaaten darstellt. Dies hat in allen Rechtsordnungen zur Folge, dass der Konzern oder die Unternehmensgruppe als solche weder Rechtssubjekt noch juristische Person und daher auch kein insolvenzfähiges Gebilde ist[135]. Demzufolge ist über jede Gruppen-

---

133 So konstatierte auch *Paulus* beim Jahrestreffen der Freunde des Max-Planck-Instituts am 18. Juni 2005 zum Thema „Europäisches und Internationales Insolvenzrecht“, dass die wirtschaftlichen Realitäten in gewissem Maße auch zu einer juristischen Einheit führen müssten.
134 Hierzu oben B. III. 4.
135 *Schmiedeknecht*, Der Anwendungsbereich der EuInsVO, 181; *Duursma-Kepplinger/Chalupsky*, in: Krisenmanagement – Sanierung – Insolvenz, 2. Aufl. 2002, 977, 992; *K. Schmidt*, Wege zum Insolvenzrecht der Unternehmen, 221.

gesellschaft ein eigenes Insolvenzverfahren zu eröffnen, sofern bei dieser ein Insolvenzgrund vorliegt. Hinsichtlich der Insolvenz ist das selbständige Unternehmen, selbst wenn es konzernmäßig mit anderen verbunden ist, grundsätzlich als Einzelunternehmen zu behandeln.

aa) Maximierung der Haftungsmasse

Diese Isolation ist dann, wenn mehrere Unternehmen eines Konzerns insolvent sind, insbesondere wenn durch einen „Domino-Effekt“[136] die Insolvenz des Mutterunternehmens die Insolvenzen weiterer Konzernunternehmen nach sich zieht[137], im Hinblick auf die Abwicklung und die Optimierung bzw. Maximierung der im gesamten Konzern zur Verfügung stehenden Haftungsmasse[138] nicht immer wünschenswert. Nicht selten ergeben sich aufgrund einer besonderen Verbindung der Vermögensteile, die von den einzelnen Konzerngesellschaften gehalten werden, Verluste bei der getrennten Abwicklung der Insolvenzverfahren.

Betroffen ist hier vor allem der Bereich der Forschung und Entwicklung, wo sich die Masse überwiegend aus immateriellen Vermögensgegenständen wie Urheberrechten, Lizenzen und Patenten zusammensetzt. Oftmals ist hier ein Patent oder die in einem Land gehaltene Lizenz für sich genommen von geringem Wert und erst das Bündel aus Patenten für aufeinander abgestimmte Produktteile, die in verschiedenen Staaten von verschiedenen Konzerntöchtern gehalten werden, oder ein Bündel von Nutzungslizenzen für verschiedene Staaten erlangt als Gesamtheit einen spezifischen Wert. Damit hier bei Eröffnung einer Vielzahl separater Insolvenzverfahren über Konzerntöchter in verschiedenen Staaten unter Einsetzung ebenso vieler Insolvenzverwalter gegebenenfalls eine gemeinschaftliche und damit für alle einträglichere Veräußerung dieser Rechte an *einen* Interessenten erfolgen kann, bedarf es einer außerordentlich guten Koordination der Verfahren. Dieses Problem hat sich unmittelbar nach Inkrafttreten der EuInsVO in der Insolvenz des niederländischen IT-Service-Anbieters KPNQwest und mehrerer in anderen europäischen Staaten angesiedelter Töchter der KPNQwest-Gruppe gezeigt. Der Gruppe gehörte ein 25.000km langes Glasfasernetz, der so genannte Euroring, der 60 europäische Großstädte verband, wobei jeweils der Teil des Rings, der in einem Staat verlief, einem in diesem ansässigen Konzernunternehmen gehörte. Eine Koordination der Veräußerung stellte sich sehr schwierig dar, so dass die einzelnen Abschnitte im Rahmen des jeweiligen Insolvenzverfahrens separat veräußert wurden, was höchstwahrscheinlich zu einem geringeren Gesamterlös geführt hat, als er bei Veräußerung des ganzen Rings hätte erreicht werden können[139].

---

136 *Ehricke*, ZInsO 2002, 393, 394; *Paulus*, FS-Kreft, 469, 470; *Kübler*, ZGR 1984, 560 ff., insb. 587 ff.; *Wellensiek*, ZIP 1984, 541, 542 f.

137 Was in der Praxis nicht selten der Fall ist *Smid/Rattunde*, Insolvenzplan, 2. Aufl. 2005, RdNr. 2.82; *Wellensiek*, ZIP 1984, 541.

138 Dazu ausführlich *Scheel*, Konzerninsolvenzrecht, 37 ff.; *Ehricke*, DZWIR 1999, 353; *Eidenmüller*, ZHR 169 (2005), 528, 533.

139 Vgl. *van Galen*, INSOL Europe Annual Congress 2003, 2.

bb) Koordination der Verwertungshandlungen

Aufgrund der so genannten wirtschaftlichen Einheit, die wie oben festgestellt in der Regel in einer Abstimmung und Ausrichtung der einzelnen Gruppenunternehmen auf ein bestimmtes Gruppeninteresse besteht, bleibt das Abhängigkeitsverhältnis der Konzernunternehmen auch in der Insolvenz erhalten. Insbesondere die Sanierung eines Unternehmens, dessen Sinn bisher darin bestand, eine bestimmte Aufgabe innerhalb eines Gruppenprojektes zu erfüllen, hängt entscheidend davon ab, ob diese Funktion im Gruppengefüge noch benötigt wird, eventuell ist es sinnvoll, konzernweite Umstrukturierungen in der Aufgabenverteilung vorzunehmen und hierfür einzelne Gruppenmitglieder zu opfern, um den Gesamtkonzern mit möglichst vielen Gruppenmitgliedern dauerhaft am Leben erhalten zu können.

Diese Problematik bestand beispielsweise beim AEG-Konzern Anfang der 80er Jahre[140]. Zur Sanierung des Konzerns plante hier die Konzernspitze die Liquidation einiger insolventer Tochtergesellschaften. Die in den Konkursverfahren über diese Töchter eingesetzten Verwalter setzten jedoch auf eine Selbsterhaltung durch Herauslösung aus dem Konzern, was zweifellos die insgesamt im Konzern zur Verfügung stehende Haftungsmasse gegenüber dem Konzept der Mutter geschmälert hat[141]. Es handelt sich bei der Krise des AEG-Konzerns um ein typisches Beispiel der Interessendivergenz zwischen Konzernmutter bzw. Konzerninteresse und Individualinteresse der Konzerntöchter, das zu Gesamtsanierungskonzepten seitens der Mutter und diesen zuwider laufenden Abnabelungsversuchen der Tochterunternehmen führt[142]. Denn die Konzernmutter hat in der Regel ein Interesse an der Sanierung und dem Erhalt wenigstens einiger Töchter im Konzerngefüge, da sie ihrerseits nicht saniert werden kann und ihre Funktion verliert, wenn sie als Holding für ihre Töchter fungierte und diese liquidiert werden oder sich vom Konzern trennen.

cc) Reduzierung der Insolvenzkosten

Schließlich können durch die gemeinschaftliche Behandlung mehrerer Insolvenzen innerhalb einer Unternehmensgruppe sowohl die direkten als auch die indirekten Insolvenzkosten erheblich gesenkt werden[143], was wiederum der Haftungsmasse insgesamt zugute kommt.

b) Hindernisse eines kodifizierten Konzerninsolvenzrechts

Trotz dieser Erkenntnisse stehen europaweit die Rechtswissenschaftler positivrechtlichen Regelungen für Konzerninsolvenzen skeptisch gegenüber. Die sehr hoch gehaltene rechtliche Vielheit und Haftungstrennung soll nicht durch die Herstellung einer Verbindung zwischen den Insolvenzverfahren über verschiedene Konzernunternehmen angetastet werden. Zu recht abgelehnt wird daher die sehr weitgehende Idee der materiell-rechtlichen Zusammenfassung der Haftungsmassen in

140 Zu diesem Fall ausführlich *Kübler*, ZGR 1984, 560 ff.
141 *Kübler*, ZGR 1984, 560, 569 f.; dem schließt sich *Eidenmüller*, ZZP 114 (2001), 3, 4 an.
142 *Schmiedeknecht*, Der Anwendungsbereich der EuInsVO, 217.
143 *Eidenmüller*, ZHR 169 (2005), 528, 534.

einem einheitlichen Verfahren, etwa wie sie als *„substantive consolidation"*[144] im US-amerikanischen Recht bekannt ist[145]. Eine solche Zusammenfassung würde zu einer Verletzung des Grundsatzes der Gläubigergleichbehandlung führen, da sich jeder Gläubiger in der Insolvenz mit einem Schuldner konfrontiert sähe, den er sich nicht in einem privatautonomen Entscheidungsprozess ausgesucht hat[146].

Angesichts dieser Lage und da nicht einmal auf der gesellschaftsrechtlichen Basis allgemeingültige Konzernrechtsgrundsätze mit europaweiter Geltung existieren, ist es verständlich, dass der Verordnungsgeber eine Kompetenz zur Regelung eines speziellen Konzerninsolvenzrechts für Europa, das seinerseits gesellschaftsrechtliche Folgen zeitigen würde, nicht für gegeben hält bzw. eine solche Regelung als nicht dem Verhältnismäßigkeitsgrundsatz entsprechend ablehnt[147]. Andererseits ist es gerade nach dem Scheitern des Großprojekts „Ein Konzernrecht für Europa" ein Anliegen des europäischen Gesetzgebers, durch Kernbereichsharmonisierung in Einzelbereichen des Konzernrechts europaweite Rechtssicherheit zu erreichen[148]. Dennoch kann schwerlich ein einheitliches europäisches Konzerninsolvenzrecht gestaltet werden, wenn nicht einmal die Grundidee der Konstruktion Konzern bzw. Unternehmensgruppe in den Mitgliedstaaten einheitlich verstanden wird, sondern verschiedenste Gruppenbilder bestehen. Ein fixiertes Konzerninsolvenzrecht muss an eine konkrete Vorstellung davon anknüpfen, um was für ein gesellschaftsrechtliches Konstrukt es sich beim Konzern handelt und in welchem Haftungsverhältnis die einzelnen Gruppenmitglieder zueinander stehen.

Es werden sowohl in den verschiedenen Rechtsordnungen als auch bei der Anwendung der EuInsVO Modelle einer *verfahrensrechtlichen* Zusammenfassung oder Koordination angedacht, geregelt oder in der Praxis erprobt, welche im Rahmen dieser Arbeit vorzustellen sein werden.

---

144 Hierzu *Scheel*, Konzerninsolvenzrecht, 241 ff.; *Tschernig*, Haftungsrechtliche Probleme der Konzerninsolvenz, 73 ff.

145 *Ehricke*, NZI 2002, 393; statt vieler *Eidenmüller*, ZHR 169 (2005), 528, 531 f.; *Scheel*, Konzerninsolvenzrecht, 1995, 412 ff.; *Schmidt*, Wege zum Insolvenzrecht der Unternehmen, 1990, 221 ff.; *Smid/Rattunde*, Der Insolvenzplan, 2. Aufl. 2005, RdNr. 2.82; a.A. nur *Paulus*, ZIP 2005, 1948, 1953.

146 *Ehricke*, NZI 2002, 393; *Smid/Rattunde*, Der Insolvenzplan, 2. Aufl. 2005, RdNr. 2.82, .

147 Diese Argumentation wird gestützt von *Smid*, Deutsches und europäisches Internationales Insolvenzrecht, Art. 2 RdNr. 23; *ders.*, DZWIR 2004, 397, 399.

148 *Forum Europaeum Konzernrecht*, ZGR 1998, 672, 685 ff.

C. Die Rolle der EuInsVO

Für die Bewältigung grenzüberschreitender Insolvenzverfahren im europäischen Raum, sei es über das Vermögen von natürlichen Personen, Einzelunternehmen oder Konzernunternehmen, sei es mit dem Ziel einer Liquidation oder dem Ziel einer Sanierung, spielt die EuInsVO als bisher einzige verbindliche Regelung auf diesem Gebiet eine wichtige Rolle. Daher ist bei der Analyse im Bereich grenzüberschreitender Insolvenzverfahren auftretender Probleme ein tieferer Blick in und auf dieses Regelwerk regelmäßig unerlässlich. Aus diesem Grunde soll die EuInsVO in diesem Kapitel zunächst in ihrer Struktur und Funktion vorgestellt werden, bevor ihre Auswirkung auf Konzernsanierungsvorhaben untersucht werden kann, da die Kenntnis von der Geschichte und Funktion dieser Verordnung erforderlich ist, um nachzuvollziehen, aus welchen Gründen der Verordnungsgeber das Konzerninsolvenzrecht von einer Regelung ausgenommen hat und weshalb der Stellenwert beziehungsweise die Regelungsdichte im Hinblick auf Sanierungen verhältnismäßig gering ausfällt.

I. Entwicklung, Funktion und Struktur der EuInsVO

Nach drei Jahrzehnten scheiternder Bemühungen der Europäischen Gemeinschaft, eine sinnvolle Regelung für grenzüberschreitende Insolvenzen für den europäischen Binnenmarkt zu finden[149], erließ der Rat der Europäischen Union gestützt auf Art. 61 lit. c, Art. 65, Art. 67 Abs. 1 EGV am 29. Mai 2000 die Verordnung (EG) Nr. 1346/2000 über Insolvenzverfahren (EuInsVO[150]), die am 31. Mai 2002 in Kraft getreten ist. Inhaltlich entspricht die EuInsVO bis auf Details dem Europäischen Übereinkommen vom 23. November 1995 über Insolvenzverfahren (EuInsÜ)[151], dessen Inkrafttreten 1996 daran scheiterte, dass das Vereinigte Königreich die Unterzeichnung verweigerte.[152] Die Europäische Insolvenzverordnung ist innerhalb der Mitgliedstaaten gemäß Art. 249 Abs. 2 EGV unmittelbar geltendes Recht, das keiner legislativen Umsetzungsakte von Seiten der Mitgliedstaaten bzw. ihrer

---

149 Zur Entstehungsgeschichte *Duursma-Kepplinger/Duursma/Chalupsky-Duursma*, 1. Abschnitt, Teil 1, RdNr. 1 ff.; *Leible/Staudinger*, KTS 2000, 533 ff.; MünchKomm-*Reinhart* vor Art. 102 Rdnr. 78–83, alle m.w.N.

150 Im Folgenden wird zur Bezeichnung der Verordnung diese in Deutschland gebräuchliche Kurzform verwendet werden.

151 Abgedruckt in ZIP 1996, 976.

152 Zu den näheren Umständen und dem vorangegangenen Streit im Rahmen der BSE-Krise vgl. *Fletcher*, Insolvency in International Private Law, 298 f.; auch *Staudinger/Leible*, KTS 2000, 535 f. m.w.N.

Parlamente bedarf. Damit wurde zur Regelung des Insolvenzrechts auf europäischer Ebene die stärkste Rechtshandlungsform gewählt, die allein aufgrund ihrer Durchgriffswirkung in hohem Maße geeignet scheint, eine Vereinheitlichung des Gemeinschaftsrechts auf dem Gebiet des Insolvenzrechts zu bewirken[153].

Um die einheitliche Anwendung dieses generell abstrakten Rechtsaktes durch die Mitgliedstaaten zu sichern, liegt die Kompetenz zur verbindlichen Auslegung oder Feststellung der Gültigkeit der Verordnung – nicht etwa des möglicherweise kollidierenden mitgliedstaatlichen Rechts – mittels Vorabentscheidungsverfahren gemäß Art. 234 EGV, modifiziert durch Art. 68 EGV, allein beim EuGH, wobei die Modifikation zur Folge hat, dass zur Vorlage allein letztinstanzliche Gerichte berechtigt sind. Die Frage der Anwendung der Verordnung auf den konkreten Fall ist nicht Angelegenheit des EuGH, sondern obliegt den nationalen Gerichten[154]. Hierbei ist eine von den nationalen Rechten unabhängige, autonome Auslegung vorzunehmen, die sich an den Maßstäben der EuInsVO orientiert[155].

1. Entwicklung, Funktion und Struktur im Allgemeinen

Die Verordnung hat laut der ihr vorangestellten amtlichen Erwägungsgründe 1 und 2 den Zweck, „effiziente und wirksame grenzüberschreitende Insolvenzverfahren zu ermöglichen, um hierdurch das reibungslose Funktionieren des Binnenmarktes zu gewährleisten und damit einen Raum der Freiheit, der Sicherheit und des Rechts zu schaffen".

> Hierzu wurde ein aus 47 Artikeln bestehendes Regelwerk geschaffen, das sich in 5 Kapitel gliedert. Das Kapitel 1 enthält die so genannten Allgemeinen Vorschriften über den Anwendungsbereich der Verordnung (Art. 1 bis 4) und Kollisionsnormen (Art. 5 bis 15), in Kapitel 2 (Art 16 bis 26) ist der Grundsatz der Universalität des Hauptinsolvenzverfahrens niedergelegt, während Kapitel 3 (Art. 27 bis 38) die Durchbrechung dieser Universalität durch die Zulassung von Sekundärverfahren manifestiert, Kapitel 4 (Art. 39 bis 42) enthält Bestimmungen zur Rechtsstellung der Gläubiger und Kapitel 5 (Art. 43 bis 47) betrifft verschiedene Schlussbestimmungen.

2. Problem *„forum shopping"*

Das Erfordernis einer übergeordneten, wenigstens koordinierenden Regelung auf dem Gebiet europäischer Insolvenzen stellte sich früh[156] abstrakt, wie dies bei einer Vielzahl europäischer Regelungen auf dem Gebiet des Wirtschafts- und Privatrechts

---

153 *Duursma-Kepplinger/Duursma/Chalupsky-Duursma*, 1. Abschnitt, Teil 3, RdNr. 9.
154 *Duursma-Kepplinger/Duursma/Chalupsky-Duursma*, 1. Abschnitt, Teil 3, RdNr. 17 ff.
155 *Smid*, Deutsches und Europäisches Internationales Insolvenzrecht, RdNr. 12; *Duursma-Kepplinger/Duursma/Chalupsky-Duursma*, 1. Abschnitt, Teil 4, RdNr. 20, zum Spannungsfeld der Auslegung durch die Mitgliedstaaten und dem Auslegungsmonopol des EuGH noch unten C. I. 4. d).
156 *Fritz/Bähr*, DZWIR 2001, 221, 222; *Herchen*, Das Übereinkommen über Insolvenzverfahren der Mitgliedstaaten der Europäischen Union vom 23.11.1995 (2000), 17; *Stummel*, Konkurs und Integration (1991), 18 ff.

der Fall ist, als Folge der zunehmenden Internationalisierung der Märkte und Handelsbeziehungen dar[157]; konkret aber ist das Regelungsbedürfnis aus der mit dieser Entwicklung des Binnenmarktes verbundenen Gewährleistung gewisser Grundfreiheiten entstanden, die gerade die Abwicklung des grenzüberschreitenden Warenverkehrs erleichtern sollen, sich jedoch im Hinblick auf Insolvenzen leicht dazu missbrauchen lassen, durch Vermögensverschiebungen ins Ausland konkursunterworfenes Vermögen dem Anwendungsbereich des lediglich national wirkenden Insolvenzverfahrens zu entziehen[158].

Dieses Phänomen, bei dem sich der Teilnehmer am Wirtschaftsleben die gesetzgeberischen Rosinen herauspickt, indem er sein Vermögen oder seinen Sitz in ein Land verlegt, das in Bezug auf seine Tätigkeit und Situation die für ihn günstigste Gesetzgebung bereithält, ist nicht alleine auf die Fälle der Insolvenz beschränkt, sondern findet sich im gesamten Wirtschaftsrecht – insbesondere in Bezug auf die Wahl von Gesellschaftsformen[159] – und wurde daher bereits früh unter dem Schlagwort *„forum shopping“*[160] bekannt. Das Ziel der Bewältigung dieses Phänomens fand auch unter eben dieser Bezeichnung Eingang in die Erwägungsgründe der EuInsVO[161]. Näher definiert wird der Begriff des *„forum shopping“* als das gezielte Ausnutzen der nicht aufeinander abgestimmten nationalen Rechtsordnungen mit dem Bestreben, das für das Unternehmen jeweils günstigste Recht zu wählen[162]. Anfänglich wurde angenommen, dass diesem Phänomen nur durch Schaffung eines Insolvenzverfahrens auf der Grundlage des Einheitsprinzips entgegentreten werden könne[163]. Hiernach müsste das gleiche Verfahren zur Anwendung kommen, unabhängig davon, in welchem Mitgliedstaat das Vermögen läge. Doch diese Vorstellung bereitete außerordentliche Schwierigkeiten bei der Entwicklung einer konsensfähigen europä-

---

157 *Gottwald*, Grenzüberschreitende Insolvenzen, 8 ff.

158 *Duursma-Kepplinger/Duursma/Chalupsky-Duursma*, 1. Abschnitt, Teil 1, RdNr. 1; *Leible/Staudinger*, KTS 2000, S. 533, 534.

159 *Duursma-Kepplinger/Duursma/Chalupsky-Duurs*ma, 1. Abschnitt, Teil 4, RdNr. 11; hierzu auch die Vielzahl einschlägiger Entscheidungen: *Centros*, EuGH, 9.3.1999 Rs. C-212/97, NJW 1999, 2027; *Daily mail*, EuGH Rs. C-81/87, NJW 1998, 2186; *Überseering*, EuGH, 5.11.2002 – Rs. C-208/00, EuZW 2002, 754; *Inspire Art*, EuGH, 30.9.2003 – Rs. 167/01, EuZW 2003, 687.

160 Zu diesem Begriff *Huber* ZZP 114 (2000), 134; *Kolmann*, Kooperationsmodelle, 265; *Lehr*, KTS 2000, 578; *Leible/Staudinger*, KTS 2000, 537.

161 Erwägungsgrund 4; so auch schon *Virgós/Schmit*, Erläuternder Bericht, RdNr. 7.

162 Erwägungsgrund 4 zur EuInsVO; *Duursma-Kepplinger/Duursma/Chalupsky-Duursma-Kepplinger*, 1. Abschnitt, Teil 4, RdNr. 11.

163 Entwurf eines Übereinkommens über den Konkurs, Vergleiche und ähnliche Verfahren, EG-Dok-III/D/72/80-DE, abgedruckt in Kegel/Thieme Vorschläge und Gutachten, S. 45 ff.; dementsprechend aber auch die spätere Kritik am Übereinkommen von 1995 und an der heutigen EuInsVO; *Becker*, ZEuP 2002, 287 ff., insb. 294 ff. und 315, der die EuInsVO lediglich für eine gelungene Übergangsregelung bis zur Schaffung eines seines Erachtens erforderlichen und wünschenswerten einheitlichen europäischen Insovenzverfahrens hält; *Duursma-Kepplinger/Duursma/Chalupsky-Duursma-Kepplinger*, 1. Abschnitt, Teil 4, RdNr. 13; *Eidenmüller*, IPRax 2001, 2, 5; *Taupitz*, ZZP 111 (1998), 315, 330 ff.; *Spahlinger*, Sekundärinsolvenzverfahren, 272 ff., der vom „idealtypischen Einheitsverfahren“ spricht, aber gleichzeitig auf die unüberbrückbaren Hindernisse, die der Realisierung dieses Prinzips im europäischen Insolvenzrecht entgegenstehen, hinweist; *Wimmer*, ZIP 1998, 982.

ischen Insolvenzgesetzgebung[164], so dass nach weniger einschneidenden Mechanismen gesucht wurde, um die Vorteilhaftigkeit der Verlagerung von Vermögensgegenständen zu verhindern.

3. Die Universalität des Verfahrens

Wesentliche Vorfrage für die Ausarbeitung eines funktionsfähigen europäischen Insolvenzrechts, das dem Ziel der Vermeidung des *„forum shopping"* gerecht wird, war somit die nach der Grundstruktur einer europäischen Insolvenzgesetzgebung. Die Regelungsansätze in den autonomen internationalen Insolvenzrechten bewegten sich hier im Wesentlichen irgendwo zwischen Universalität und Territorialität[165]. Auch der Verordnungsgeber orientierte sich an diesen Begriffen.

Das Territorialitätsprinzip basiert auf dem Gedanken, dass die Insolvenzeröffnung die Beschlagnahme privater Vermögenswerte durch Hoheitsakt und somit einen staatlichen Eingriff in die Rechte des Schuldners darstellt, weshalb ein derartiger Zugriff auf das im Eröffnungsstaat belegene Vermögen des Schuldners zu beschränken sei[166]. In der Konsequenz bedeutet dies eine Abschottung der Staaten, die eine Grenzüberschreitung negiert, weshalb bei einem in vielen Staaten agierenden Schuldner eine Vielzahl von Insolvenzverfahren nach diversen materiellen Rechten eröffnet und durchgeführt werden müssen.

Das Universalitätsprinzip hingegen misst dem Charakter des Eröffnungsbeschlusses als Hoheitsakt keine Maßgeblichkeit zu, sondern richtet sich nach dem privatrechtlichen Hauptzweck des Insolvenzverfahrens, der *par condicio creditorum*, dem Prinzip der gleichmäßigen Gläubigerbefriedigung, das auch im internationalen Insolvenzrecht tragender Grundsatz ist[167]. Das Universalitätsprinzip in seiner reinsten Form stellt sich als ein einheitliches Verfahren dar, welches das gesamte in- und ausländische Vermögen des Schuldners erfasst, und vollständig nach den Regeln des nationalen Insolvenzrechts des Eröffnungsstaates durchgeführt wird[168].

Das Territorialitätsprinzip ist als Ausgangspunkt für ein gemeinsames europäisches Insolvenzrecht ungeeignet. Verfahrensrechtlich stellt es das größte Einfallstor für das vom Verordnungsgeber zu bekämpfende Phänomen des *„forum shopping"*[169] dar, da das Vermögen, wenn die Beschlagswirkung an der Grenze des Verfahrens-

---

164 *Virgós/Schmit*, Erläuternder Bericht, RdNr. 3–5; *Duursma-Kepplinger/Duursma/Chalupsky-Duursma*, 1. Abschnitt, Teil 1, RdNr. 5; *Spahlinger*, Sekundärinsolvenzverfahren, 54.

165 *Virgós/Garcimartín*, The European Insolvency Legislation, Nr. 9; siehe dazu noch in den Länderberichten zu den autonomen internationalen Insolvenzrechten im rechtsvergleichenden Teil dieser Arbeit.

166 RGZ 14, 405, 407

167 *Carstens*, Die internationale Zuständigkeit im europäischen Insolvenzrecht, 2004, 7 und 9; *Uhlenbruck-Lüer*, Art. 102 EGInsO RdNr. 53.

168 Ähnlich *Carstens*, Die internationale Zuständigkeit im europäischen Insolvenzrecht, 2004, 10.

169 Siehe vorangegangener Abschnitt C. I. 2.

staates endet, schlicht in einen anderen Staat verschoben werden kann, sei es um hier den Gläubigern entzogen zu werden oder einem dem Schuldner günstigeren Insolvenzrecht unterstellt werden zu können[170]. Zudem sind die nach verschiedenen nationalen Insolvenzrechten durchgeführten Verfahren kaum miteinander kompatibel, weshalb die Sanierung eines schuldnerischen Unternehmens bei der künstlichen Aufteilung des Vermögens des Schuldners auf die verschiedenen Verfahren, die selbstverständlich auch die Anwendung verschiedener Sachrechte zur Folge haben, quasi unmöglich ist. Hinzu kommt, dass mit der Eröffnung einer Vielzahl von Verfahren sich auch die Kosten entsprechend potenzieren.

Wenig förderlich für eine Abwicklung grenzüberschreitender Insolvenzverfahren im Sinne der *par condicio creditorum* ist auch die widersprüchliche Kombination von Universalität und Territorialität, wie sie vor dem Inkrafttreten der EuInsVO von vielen nationalen Gerichten betrieben wurde. Demnach wurden im Ausland eröffnete Insolvenzverfahren regelmäßig nach Maßgabe des Territorialitätsprinzips als auf das Gebiet des Eröffnungsstaates beschränkt nicht anerkannt, während für im eigenen Staat eröffnete Insolvenzverfahren universale Wirkung, also auch der Beschlag von im Ausland belegenem Vermögen, beansprucht wurde[171].

Demnach war vom Verordnungsgeber im Hinblick auf das (Fern-)Ziel einer weitgehenden Harmonisierung des europäischen Insolvenzrechts[172] eine höchstmögliche Universalität anzustreben.

Indes hat sich gezeigt, dass auch eine strikte Universalität im Sinne eines einheitlichen Insolvenzverfahrens über das gesamte schuldnerische Vermögen nach den Regeln des nationalen Insolvenzrechts des Eröffnungsstaates nicht praktikabel ist, da dies insbesondere unter dem Gesichtspunkt der Rechtssicherheit für diejenigen Beteiligten, die nicht aus dem Eröffnungsstaat stammen, aufgrund der großen Unterschiede in den nationalen Insolvenzrechten eine unzumutbare Härte bedeuten würde[173].

Während der erste ernstzunehmende Entwurf eines Europäischen Insolvenzübereinkommens aus dem Jahre 1970[174] noch in aller Strenge die Prinzipien der Einheit (Art. 2) und der Universalität (Art. 33) zugrunde legte, dementsprechend keine Partikular- und Nebenverfahren vorsah und sich daher mangelnde Praktikabilität und ungenügende Harmonisierung des Insolvenzsachrechts vorwerfen lassen musste[175], was letztendlich zu seinem Scheitern führte[176], ist der europäische Gesetzgeber

---

170 Erwägungsgrund 4 zur EuInsVO.

171 Beispiele zu dieser opportunistischen Zuständigkeitskultur im rechtsvergleichenden Teil dieser Arbeit D. II., III. und V., dort jeweils 3. a),

172 Vgl. die Ausführungen zu dieser Idee oben A. III. 3.

173 Zu dieser Problematik schon oben A. III. 3.

174 Entwurf eines Übereinkommens über den Konkurs, Vergleiche und ähnliche Verfahren, EG-Dok-III/D/72/80-DE, abgedruckt in Kegel/Thieme Vorschläge und Gutachten, 45 ff.

175 So die „Allgemeine Stellungnahme“ Deutschlands“, EG-Dok-4640/82 DRS 9 (CFC), die eine mehrjährige Grundsatzdiskussion auslöste.

176 Dazu *Duursma-Kepplinger/Duursma/Chalupsky-Duursma*, 1. Abschnitt, Teil 1, RdNr. 5; *Martini*, nunmehr, wie auch schon beim Europäischen Insolvenzübereinkommen von 1995, von der Idee eines strikten Einheitsverfahrens abgerückt und folgt dem Prinzip der eingeschränkten Universalität und wird damit den teilweise gravierenden Unterschieden in den nationalen Regelungen des Insolvenzrechts, aber auch angrenzender Rechtsmaterien gerecht[177]. Weiter setzt die EuInsVO kein harmonisiertes Verfahrensrecht, denn eine derartige Teilharmonisierung würde bereits einen destruktiven Eingriff in die Strukturen der nationalen Verfahrensordnungen darstellen, der erhebliche Konfusionen in der Rechtsanwendung zur Folge hätte. Daher wurde bei der Entscheidung für den Verzicht auf ein einheitliches Insolvenzverfahren konsequent von jeglichen Versuchen der Harmonisierung der Verfahrensordnungen Abstand genommen[178]. Die Verordnung basiert auf dem Prinzip des Respekts vor den Unterschieden in den Rechtsordnungen[179]. Unter Beibehaltung des Grundgedanken der Universalität setzt die europäische Verordnung somit auf das Instrument der Koordination zwischen einem universalen Hauptverfahren und möglichen territorial beschränkten Sekundärverfahren unter Kooperation der Beteiligten, statt auf der Notwendigkeit eines allumfassenden Einheitsverfahrens zu beharren. Dass dies nicht zwangsläufig als Gesinnungswandel des Verordnungsgebers auszulegen ist[180], sondern vielmehr als Kompromiss im Sinne einer Zwischenlösung zu einer weiterhin angestrebten Vereinheitlichung des materiellen Insolvenzrechts gesehen werden kann, soll hier noch einmal betont werden[181].

4. Die drei Kernfragen des Internationalen Insolvenzrechts

Die EuInsVO schafft kein in sich abgeschlossenes supranationales Insolvenzrecht, jedoch legt sie verbindliche Maßstäbe für die Beantwortung der drei klassischen Fragen[182] des Internationalen Insolvenzrechts fest, nämlich

- die Bestimmung der internationalen Zuständigkeit,
- die Abgrenzung der räumlichen Wirkungserstreckung eines im Inland eröffneten Insolvenzverfahrens und
- die Voraussetzungen für die Anerkennung der Wirkungen eines im Ausland eröffneten Insolvenzverfahrens im Inland.

ZInsO 2002, 905, 906; *Leible/Staudinger*, KTS 2000, 533 ff.; MünchKomm-*Reinhart*, EGInsO, vor Art. 102 RdNr. 78–83.

177 Erwägungsgrund 10 zur EuInsVO; *Becker*, ZEuP 2002, 287, 294 f.; *Carstens*, Die internationale Zuständigkeit im europäischen Insolvenzrecht, 11 f.; *Paulus*, ZIP 1998, 977; *Smid*, FS-Geimer, 1215, 1224 f.; *Spahlinger*, Sekundäre Insolvenzverfahren, 1998, 270 ff.; *Virgós/Garcimartín*, The European Insolvency Legislation, Nr. 17 ff.; *Wimmer*, ZIP 1998, 982; zum Ganzen auch schon oben A. III. 3.

178 *Becker*, ZEuP 2002, 287, 295.

179 *Virgós/Gariimartín*, The European Insolvency Legislation, Nr. 5.

180 Vgl. auch *Esplugues*, ZZPInt 2 (1997), 69, 91.

181 *Becker*, ZEuP 2002, 287 ff.; dazu auch schon oben A. III. 3.

182 *Esplugues*, ZZPInt 2 (1997), 69, 73.

a) Die internationale Zuständigkeit gemäß Art. 3 EuInsVO

Entscheidende Bedeutung kommt im internationalen Insolvenzrecht der Definition eines Anknüpfungspunktes für die Bestimmung der internationalen Zuständigkeit zu[183], denn sie bestimmt nicht nur die Gerichte welchen Staates ein Insolvenzverfahren über ein Schuldnervermögen mit Auslandsbezug eröffnen dürfen, sondern legt über den in Art. 4 verankerten Grundsatz der Anwendbarkeit der *lex fori concursus* mittelbar das anwendbare materielle Recht fest und stellt eine Weiche für die Anerkennung durch die Gerichte anderer Staaten.

aa) Überwindung von Kompetenzkonflikten

Der Mangel einer grenzüberschreitend bindenden Regelung der internationalen Zuständigkeit hatte vor Inkrafttreten der EuInsVO gravierende Kompetenzkonflikte zur Folge, wenn ein Insolvenzverfahren (durch in mehreren Staaten verteiltes Vermögen oder verteilte Gläubiger) rechtlichen Bezug zu mehreren Staaten aufwies.

Zur Frage der internationalen Zuständigkeit hatten die europäischen Staaten, teilweise in ihren Rechtsordnungen durch gesetzliche Regelungen verbrieft, oft nur in unübersichtlicher Judikatur der nationalen Gerichte entwickelt, diverse Theorien und Ansätze, die nur sehr schwer miteinander in Einklang zu bringen waren. Allen Staaten gemeinsam war eine Tendenz, die internationale Zuständigkeit bei ihren nationalen Gerichten anzunehmen, sobald der zugrunde liegende Sachverhalt den geringsten Bezug zu diesem Staat aufwies. Wie uneinheitlich die Kriterien und damit Ergebnisse der Bestimmung der internationalen Zuständigkeit in den verschiedenen Rechtsordnungen aussahen, soll später im rechtsvergleichenden Teil anhand einer kurzen Darstellung der mit Inkrafttreten der EuInsVO zumindest auf europäischer Ebene überkommenen internationalen Insolvenzrechte der Vergleichsländer Deutschland, Österreich, England und Spanien demonstriert werden.

Diese Widersprüche zwischen den nationalen Auffassungen zur internationalen Zuständigkeit führten oftmals zu positiven, seltener zu negativen Kompetenzkonflikten, da jeder in ein grenzüberschreitendes Verfahren involvierte Staat die internationale Zuständigkeit für sich beanspruchte und dementsprechend in einem anderen Staat eröffnete Insolvenzverfahren nicht anerkannte. Diese Sachlage inhibierte die gemeinschaftsweite Verwirklichung des Prinzips der *par condicio creditorum*[184]. Ziel und Aufgabe des europäischen Verordnungsgebers war es daher, diese Kompetenzkonflikte durch eine verbindliche einheitliche Regelung über die internationale Zuständigkeit zu beseitigen[185].

---

183 *Carstens*, Die internationale Zuständigkeit im europäischen Insolvenzrecht, 2004, 3 ff.; *Trunk*, Internationales Insolvenzrecht, 1998, 372 ff.
184 *Duursma-Kepplinger/Duursma/Chalupsky-Duursma-Kepplinger*, Art. 3 RdNr. 3.
185 *Duursma-Kepplinger/Duursma/Chalupsky-Duursma-Kepplinger*, Art. 3 RdNr. 3.

bb) Der Mittelpunkt der hauptsächlichen Interessen

Die Regelung der internationalen Zuständigkeit erfolgt in Art. 3 EuInsVO. Anknüpfungspunkt für die Bestimmung der internationalen Zuständigkeit für Hauptinsolvenzverfahren[186] im Anwendungsbereich der EuInsVO ist gemäß Art. 3 Abs. 1 Satz 1 EuInsVO der Mittelpunkt der hauptsächlichen Interessen des Schuldners – im Englischen etwas griffiger als *centre of main interests* bezeichnet und allgemein COMI abgekürzt. Durch die Wahl des Wortes Interessen ist ein sehr weiter Begriff entstanden, der nach der Intention des Verordnungsgebers neben den geschäftlichen Tätigkeiten des Schuldners auch allgemeine wirtschaftliche Tätigkeiten, etwa von Verbrauchern, umfasst[187].

Eine Interpretationshilfe zur Feststellung des Mittelpunktes der hauptsächlichen Interessen gibt der Verordnungsgeber mit Erwägungsgrund 13, der lautet: „Als Mittelpunkt der hauptsächlichen Interessen sollte der Ort gelten, an dem der Schuldner gewöhnlich der Verwaltung seiner Interessen nachgeht und *damit* für Dritte feststellbar ist.“[188] Diese Anknüpfung steht im Interesse der Gläubiger, die die rechtlichen Risiken für den Fall der Insolvenz des Schuldners kalkulieren können sollen[189].

Auf den ersten Blick scheint die Interpretation des Erwägungsgrundes 13 zur Bestimmung des Mittelpunktes der hauptsächlichen Interessen bei Unternehmensinsolvenzen weniger bedeutsam, denn hier bietet Art. 3 Abs. 1 Satz 2 EuInsVO Unterstützung, wonach bei Gesellschaften und juristischen Personen bis zum Beweis des Gegenteils vermutet wird, dass der Mittelpunkt ihrer hauptsächlichen Interessen der Ort des satzungsmäßigen Sitzes ist[190]. Diese Vermutungsregel erscheint – insbesondere vor dem Hintergrund der sich in Europa etablierenden Sitztheorie[191] – problematisch, da sie den Anknüpfungspunkt des *tatsächlichen*[192] Mittelpunktes der hauptsächlichen Interessen des Schuldners als den Ort, an dem dieser für Dritte erkennbar der Verwaltung dieser Interessen nachgeht, weitgehend zugunsten des Satzungssitzes als Anknüpfungspunkt revidiert. Dies veranlasste die herrschende

---

186 Zu der Differenzierung zwischen Haupt- und Sekundärinsolvenzverfahren, aufgrund derer der Mittelpunkt der hauptsächlichen Interessen lediglich Anknüpfungspunkt für die Eröffnung des ersteren ist, während sich die internationale Zuständigkeit bei letzterem danach richtet, ob der Schuldner im Verfahrensstaat eine Niederlassung unterhält, im nächsten Abschnitt über die Wirkungserstreckung C. IV. 4. b).

187 *Duursma-Kepplinger/Duursma/Chalupsky-Duursma-Kepplinger,* Art. 3 RdNr. 13; ähnlich *Virgós/Garcimartín,* The European Insolvency Legislation, Nr. 44 ff.

188 So auch schon *Virgós/Schmit,* Erläuternder Bericht Nr. 75.

189 Virgós/*Schmit,* Erläuternder Bericht Nr. 75; *Duursma-Kepplinger/Duursma/Chalupsky-Duursma-Kepplinger,* Art. 3 RdNr. 12; *Wimmer,* ZInsO 2005, 119, 121.

190 Dementsprechend plädiert *Konecny,* in: Neue Fragen des deutschen und internationalen Insolvenzrechts, 106, 116 dafür, der Vermutung größere Bedeutung zuzumessen als bisher.

191 *Duursma-Kepplinger/Duursma/Chalupsky-Duursma-Kepplinger,* Art. 3 RdNr. 23; a. A. *Kolmann,* Kooperationsmodelle, 285.

192 Skeptisch über die Diskrepanz zwischen der Vermutung des Art. 3 I S. 2 und tatsächlichem Interessenmittelpunkt bereits *Lüke,* ZZP 111 (1998), 275, 288; *Leible/Staudinger,* KTS 2000, 544; auch *Carstens,* Die internationale Zuständigkeit im europäischen Insolvenzrecht, 64 ff.

Lehre zu der Ansicht, dass trotz dieser Vermutung des Art. 3 Abs. 1 Satz 2 das Gericht, wenn es sich auf diese Vermutung stützt, von Amts wegen zu verifizieren habe, dass sich der Mittelpunkt der hauptsächlichen Interessen tatsächlich am Satzungssitz befindet[193]. Durchaus nachvollziehbar und konsequent wurde hier unter Heranziehung des Erwägungsgrundes 13 argumentiert, dass der tatsächliche Interessenmittelpunkt einer juristischen Person regelmäßig und unproblematisch der effektive Verwaltungssitz sein dürfte[194]. Demnach wäre allerdings der Nutzen der in Art. 3 Abs. 1 Satz 2 aufgestellten Vermutung stark reduziert[195], nämlich auf die Fälle, in denen sich nicht mit Sicherheit feststellen lässt, ob der Interessenmittelpunkt im Sinne des Erwägungsgrundes 13, also der effektive Verwaltungssitz, mit dem Satzungssitz zusammenfällt[196].

Diese Umdeutung einer Vermutungsregel in eine Zweifelsregel[197] führte in anderen Teilen der Literatur zu Versuchen, durch genauere Eingrenzung des Umfangs der gerichtlichen Prüfungspflicht der Regel des Art. 3 Abs. 1 Satz 2 EuInsVO ein bestimmtes Maß an Bedeutung zuzugestehen, ohne dem durch die Anknüpfung nach Art. 3 Abs. 1 Satz 1 EuInsVO in Verbindung mit Erwägungsgrund 13 Rechnung getragenen Gedanken des Gläubigerschutzes Abbruch zu tun. Demnach soll der Richter immer dann von seiner Prüfungspflicht entbunden sein, wenn keinerlei Anhaltspunkte für das Auseinanderfallen von Satzungssitz und effektivem Verwaltungssitz bestehen, wobei jedoch bereits leiseste Zweifel einen zur Prüfung verpflichtenden Anhaltspunkt bilden sollen[198]. Fraglich ist hier wiederum, welche Anhaltspunkte einen solchen „leisen" Zweifel begründen.

Besondere Bedeutung erlangte die Umdeutung der Vermutung des Art. 3 Abs. 3 Satz 2 EuInsVO in eine Zweifelsregel für die Feststellung des Mittelpunktes der hauptsächlichen Interessen konzernmäßig verbundener Unternehmen, wo diese Interpretation dazu benutzt wurde, den Mittelpunkt der hauptsächlichen Interessen am Sitz der Konzernmutter zu statuieren[199]. Dieser Praxis hat der EuGH in seiner Entscheidung vom 2.5.2006[200] Einhalt geboten, indem er die Vermutung des Art. 3 Abs. 1 Satz 2 EuInsVO für die Verortung des Mittelpunktes der hauptsächlichen Interessen auch einer Tochtergesellschaft als maßgeblich und schwer widerlegbar bestimmte.

---

193 *Carstens*, Die internationale Zuständigkeit im europäischen Insolvenzrecht, 69; *Gottwald*, Grenzüberschreitende Insolvenzen, 20; *Huber*, ZZP 114 (2001), 133, 141; *Kolmann*, Kooperationsmodelle, 284 f.

194 *Duursma-Kepplinger/Duursma/Chalupsky-Duursma-Kepplinger*, Art. 3 RdNr. 24; *Huber*, ZZP 114 (2001), 133, 141; *Smid*, Deutsches und Europäisches Internationales Insolvenzrecht, Art. 3 RdNr. 12.

195 Ähnlich *Duursma-Kepplinger/Duursma/Chalupsky-Duursma-Kepplinger*, Art. 3 RdNr. 24 f.; *Huber*, FS-Heldrich 2005, 679, 690; *Kolmann*, Kooperationsmodelle, 285; *Vogler*, ZIK 2001, 189, 192.

196 *Huber*, ZZP 114 (2001), 133, 141.

197 *Huber*, ZZP 114 (2001), 133, 141; *Kolmann*, Kooperationsmodelle, 284 f.

198 *Duursma-Kepplinger/Duursma/Chalupsky-Duursma-Kepplinger*, Art. 3 RdNr. 25.

199 Hierzu noch ausführlich unten C. III. 3.

200 EuGH, Urt. v. 2.5.2006, Rs. C-341/04, ZInsO 2006, 484 ff.

b) *Eingeschränkte Universalität der Wirkungserstreckung*

Unmittelbar an die Frage nach der internationalen Zuständigkeit knüpft sich die Frage nach dem anwendbaren Recht. Dementsprechend bestimmt sich dieses gemäß Art. 4 EuInsVO (für das Hauptverfahren) bzw. Art. 28 EuInsVO (für das Sekundärverfahren) nach dem Staat der Verfahrenseröffnung. Nachdem sich das „idealtypische" universale Einheitsverfahren zur Bewältigung grenzüberschreitender Insolvenzen in Europa als zum derzeitigen Zeitpunkt nicht praktizierbar erwiesen hat, beruht die Systematik der EuInsVO nunmehr auf dem Prinzip der eingeschränkten Universalität[201]. Auf diese Weise ist es dem Verordnungsgeber gelungen, einerseits dem allen europäischen Insolvenzrechten gemeinsamen Grundsatz *par condicio creditorum* als Basis für eine Bewältigung europäischer grenzüberschreitender Insolvenzen[202] Fundament zu verleihen und gleichzeitig den Unterschieden in den nationalen Rechtsordnungen Rechnung zu tragen.

Die Universalität eines grenzüberschreitenden Insolvenzverfahrens gilt nach der EuInsVO insoweit, als ein in einem Mitgliedstaat eröffnetes Insolvenzverfahren, sei es auf die Liquidation oder auf eine Sanierung gerichtet, als so genanntes Hauptverfahren durch die Anerkennung[203] durch alle anderen Mitgliedstaaten im gesamten Binnenmarkt dieselbe Wirkung entfaltet – Art 16 bis 26 EuInsVO. Es gilt hier als kollisionsrechtliche Grundnorm die *lex fori concursus* – Art. 4 EuInsVO, das Recht des Verfahrensstaates[204].

Diese Universalität findet aus den genannten Gründen[205] in zweierlei Hinsicht Einschränkungen. So werden von der *lex fori concursus* im Hinblick auf die Behandlung verschiedener in einem Insolvenzverfahren zu berücksichtigender Sachrechte Ausnahmen gemacht (Art. 5 bis 15 EuInsVO)[206] und für eine sachrechtsnähere Gestaltung der Verwertung im jeweiligen Belegenheitsstaat wird die Eröffnung so genannter Sekundärinsolvenzverfahren[207] (Art. 27 bis 38 EuInsVO) zugelassen[208].

aa) Durchbrechung des Insolvenzstatuts nach Art 4 Abs. 1 EuInsVO durch Sachstatute gemäß Art. 5 ff. EuInsVO

Die Durchbrechung des Universalitätsprinzips durch Ausnahmeregelungen für nicht wenige Sachstatute stellt sich als logische und notwendige Fortsetzung der

---

201 Dazu oben C. I. 3.
202 *Smid*, Europäisches Internationales Insolvenzrecht, Kapitel 2, RdNr. 1.
203 Zur Zuständigkeit für die Eröffnung des Hauptverfahrens siehe vorangehenden Abschnitt C. I. 4. a) und zur automatischen Anerkennung weiter unten C. I. 4. c).
204 MünchKomm-*Reinhart* vor Art. 1 EuInsVO, RdNr. 4; *Virgós/Garcimartín*, The European Insolvency Legislation, Nr. 109 ff.
205 Dazu oben C. I. 3. und vor allem Erwägungsgrund 11; *Duursma-Kepplinger/Duursma/Chalupsky-Duursma-Kepplinger* 1. Abschnitt, 4. Teil RdNr. 43.
206 Hierzu gleich unten C. I. 4 b) aa).
207 Von dieser in der Verordnung verwendeten Bezeichnung abweichend auch als Parallelverfahren, so bei *Eidenmüller*, IPRax 2001, 2 ff.; *Reisch/Winkler*, ZIK 2004, 80 ff., oder Territorialverfahren, so bei *Balz*, ZIP 1996, 948 ff., *Leible/Staudinger*, KTS ff.; dazu auch *Becker*, ZEuP 2002, 287, 301.
208 Hierzu gleich unten C. I. 4 b) bb).

Gründe für das Scheitern eines einheitlichen europäischen Insolvenzrechts dar[209]. Denn nur eine weitgehende Harmonisierung der nationalen Insolvenzrechte der Mitgliedstaaten hätte ein einheitliches in sämtlichen Mitgliedstaaten denselben Regeln folgendes Insolvenzverfahren ermöglicht[210]. Und gerade diese Harmonisierung scheiterte daran, dass die aktuellen nationalen autonomen Insolvenzrechte und ihre Entwicklungen jeweils in einem engen nationalgesetzgeberischen Kontext stehen. Das Insolvenzrecht bettet sich in eine Rechtsordnung ein und kann wegen der Reziprozitäten der verschiedenen Sachrechtsregelungen nicht ohne weiteres aus diesem herausgelöst werden. Diese Wechselwirkungen zwischen dem Insolvenzrecht und angrenzenden Rechtsgebieten wie beispielsweise dem Sachenrecht[211] und dem Arbeits- und Sozialrecht konnten im Rahmen einer europäischen Regelung im Hinblick auf den Vertrauensschutz und die Sicherheit des Rechtsverkehrs nicht unberücksichtigt bleiben, weshalb der europäische Gesetzgeber entsprechende Regelungen in Art. 5 bis 15 EuInsVO getroffen hat[212]. Hiernach sind unter anderem dingliche Rechte und Verträge über unbewegliche Gegenstände (Art. 5 und 8), Aufrechnungsbefugnisse (Art. 6), Eigentumsvorbehalte (Art. 7) und Arbeitsverträge (Art. 10), die sich auf das grundsätzlich dem Insolvenzbeschlag des Hauptverfahrens unterliegende Vermögen beziehen, aber in einem anderen Mitgliedstaat als dem der Eröffnung des Hauptverfahrens erworben bzw. geschlossen wurden, entweder von den Wirkungen des Hauptverfahrens vollständig ausgenommen oder es wird festgelegt, dass sich die Beurteilung dieser genannten Rechte ausnahmsweise nicht nach der *lex fori concursus* richtet, sondern nach dem Recht des betreffenden Staates[213]. Dieses System stellt eine übersichtlichere und damit glücklichere Lösung dar, als es die früheren Entwürfe für europaweite Insolvenzregelungen vorgesehen haben, wie etwa der erste Entwurf aus dem Jahre 1970[214], der unter strenger Beachtung des Einheits- und des Universalitätsprinzips zur Überwindung der sich aus der Mannigfaltigkeit der europäischen Rechtsordnungen ergebenden Schwierigkeiten eine unübersichtliche Vielzahl von Sonderregelungen vorsah, die der Praktikabilität der Regelung bedeutenden Abbruch taten[215].

---

209 Ähnlich *Virgós/Garcimartin*, The European Insolvency Legislation, Nr. 135.

210 *Becker*, ZEuP 2002, 287, 294 f.

211 Dies verdeutlicht eine Vielzahl wissenschaftlicher Auseinandersetzungen mit der Problematik der Kreditsicherheiten im grenzüberschreitenden Insolvenzverfahren, z.B. *Liersch*, Sicherungsrechte im internationalen Insolvenzrecht, 2001.

212 *Virgós/Schmit* RdNr. 22; *Duursma-Kepplinger/Duursma/Chalupsky-Duursma-Kepplinger* 1. Abschnitt, 4. Teil, RdNr. 56.

213 Im Einzelnen *Duursma-Kepplinger/Duursma/Chalupsky-Duursma-Kepplinger* 1. Abschnitt, 4. Teil, RdNr. 57 ff.; *Leible/Staudinger*, KTS 2000, S. 533, 549 ff.; MünchKomm-*Reinhart*, Kommentierung zu Art. 5 bis 15 EuInsVO.

214 Kommission der Europäischen Gemeinschaften, Vorentwurf eines Übereinkommens über den Konkurs, Vergleiche und ähnliche Verfahren vom 16.2.1970, EG-Dok-3327/XIV/1/70-D, abgedruckt in Kegel/Thieme, Vorschläge und Gutachten, S. 3 ff.

215 *Duursma-Kepplinger/Duursma/Chalupsky-Duursma-Duursma*, 1. Abschnit, Teil 1, RdNr. 4; *Gottwald*, Insolvenzrechts-Handbuch, 2. Aufl. 2001, § 131, RdNr 1; *Kegel/Thieme*, 411 ff.

(1) Nachteile der Durchbrechung des Insolvenzstatuts

Dennoch ist zu konstatieren, dass es sich bei dem Prinzip der eingeschränkten Universalität lediglich um einen notwendigen Kompromiss handelt, der die üblichen Mängel eines solchen mit sich bringt. Denn es erschwert die Durchbrechung des Insolvenzstatuts dem Insolvenzverwalter des Hauptinsolvenzverfahrens die effektive Verwaltung der Masse. Befinden sich Vermögensgegenstände und Gläubiger in verschiedenen Mitgliedstaaten, so muss der Verwalter die gemäß Art. 5 ff. EuInsVO unberührt zu lassenden Tatbestände inklusive ihrer rechtlichen Grundlagen ermitteln und berücksichtigen, was zum einen viel Zeit in Anspruch nehmen kann und zum anderen die Möglichkeiten der Verwertung erheblich einzuschränken in der Lage ist. Insbesondere die Sanierungschancen können sich durch Auszehrung der Masse – insbesondere durch vorab zu befriedigende fremde Sicherungsrechte[216] – reduzieren[217].

(2) Insolvenzstatut und Gesellschaftsrecht

Gesellschaftsrechtliche Fragen werden von Art. 5 ff. EuInsVO nicht erfasst, sondern unterliegen gemäß Art. 4 Abs. 1 EuInsVO dem Insolvenzstatut, soweit die Insolvenzeröffnung diese zu beeinflussen geeignet ist[218]. Wann und ob ein Einfluss des Insolvenzrechts und damit eine Anwendung des Art. 4 Abs. 1 EuInsVO hier in Betracht kommt, ist fraglich, denn grundsätzlich bleibt das Gesellschaftsstatut anwendbar, nach dem eine Gesellschaft gegründet wurde, da die Gesellschaft durch die Insolvenz nicht ihre Rechtsform ändert oder an die *lex fori concursus* anpasst[219]. Fraglich ist die Auswirkung der Insolvenzeröffnung auf Gesellschaftsstrukturen. Besondere Schwierigkeiten bereiten hierbei erneut die Konzernverflechtungen, konkret die Verbindung mehrerer rechtlich selbständiger Unternehmen durch so genannte Beherrschungsverträge[220].

bb) Zulassung von Sekundärinsolvenzverfahren

Der wesentliche Schritt des Verordnungsgebers, der letztendlich erst die Grundlage für einen Konsens über die Verordnung und damit deren Inkrafttreten geschaffen hat[221], ist die Zulassung von Sekundärinsolvenzverfahren. Es können bezogen auf ein und dasselbe der Insolvenz unterworfene Vermögen neben dem Hauptverfahren, das grundsätzlich universelle Wirkung entfaltet und regelmäßig das gesamte in der Gemeinschaft belegene Vermögen des Schuldners erfasst, noch weitere so genannte Sekundärinsolvenzverfahren eröffnet werden.

---

216 Ein Beispiel hierzu unten C. II. 2.
217 *Taupitz*, ZZP 111 (1998), 315, 331 ff.
218 *Virgós/Garcimartín*, The European Insolvency Legislation, Nr. 124.
219 *Virgós/Garcimartín*, The European Insolvency Legislation, Nr. 122.
220 Hierzu ausführlich unten im Kapitel über Konzerninsolvenzen im Lichte der EuInsVO.
221 *Leible/Staudinger*, KTS 2000, 533, 546.

(1) Funktion des Sekundärverfahrens

Im Wesentlichen werden der Möglichkeit der Eröffnung eines Sekundärverfahrens nach Art. 3 Abs. 2 und 3 EuInsVO zwei Funktionen zugesprochen.

Die originäre Funktion des Sekundärverfahrens liegt in der Gewährleistung des Vorrangs der Gläubiger, die ihren Sitz im Eröffnungsstaat des Sekundärinsolvenzverfahrens haben bzw. dort ihre Forderungen anmelden[222], folglich dem Schutz vor den aus den Rechtsvorschriften eines anderen Vertragsstaates resultierenden Folgen[223]. Weiter sollen den Gläubigern im Sekundärverfahrensstaat die Gläubiger- und Sicherungsrechte nach der *lex fori* eben dieses Staates wenigstens hinsichtlich des sich dort befindenden Vermögens erhalten werden[224]. Diese Funktion richtet sich tendenziell „gegen" das Hauptverfahren, da sie diesem einen Teil der zu verwaltenden Masse entzieht.

Dem gegenüber steht eine weitere Funktion, die zum Teil als „Hilfsfunktion" bezeichnet wird[225], wobei dieser Begriff missverständlich ist, als hieraus geschlossen werden könnte, dass diese Funktion nur hilfsweise zum Tragen kommt. Der Hintergrund dieser Bezeichnung ist ein anderer. Die Eröffnung eines Sekundärinsolvenzverfahrens unter Einsetzung eines eigenen Sekundärinsolvenzverwalters kann für den Verwalter des Hauptinsolvenzverfahrens eine Hilfe darstellen. Oftmals ist es für den Verwalter eines Hauptverfahrens über ein großes, in mehreren Ländern operierendes Unternehmen praktisch aufgrund sprachlicher Barrieren und mangelnder Kenntnisse der relevanten nationalen Normen, aber auch Verkehrssitten aller beteiligten Staaten nicht möglich, die Verwaltung und effektive Verwertung im Gläubigerinteresse verantwortungsbewusst und in der in der Regel gebotenen Eile alleine zu bewältigen[226]. In diesen Fällen dient es dem Verwalter des Hauptverfahrens der Entlastung, gemäß Art. 29 lit. a EuInsVO die Eröffnung eines Sekundärinsolvenzverfahrens beantragen zu können, um so einen Teil der zu verwaltenden Masse zu separieren und der Verantwortung eines Sekundärinsolvenzverwalters zu überlassen. Da jedoch weiterhin das Hauptinsolvenzverfahren dominieren soll, ordnen die Art. 31 bis 37 EuInsVO eine enge Kooperation und eine Unterordnung des Sekundärinsolvenzverfahrens unter die Ziele des Hauptinsolvenzverfahrens an[227], was sich insbesondere in der Beschränkung desselben auf Liquidationsverfahren gemäß Art. 3 Abs. 3 EuInsVO widerspiegelt[228].

---

222 *Smid*, Europäisches Internationales Insolvenzrecht, Kapitel 5, RdNr. 2; *Virgós/Garcimartín*, The European Insolvency Legislation, Nr. 287.
223 *Wimmer*, ZInsO 2005, 119, 125.
224 *Duursma-Kepplinger/Duursma/Chalupsky-Duursma-Kepplinger*, Art. 27 RdNr. 9 f.
225 *Duursma-Kepplinger/Duursma/Chalupsky-Duursma-Kepplinger*, Art. 27 RdNr. 11; *Virgós/Garcimartín*, The European Insolvency Legislation, Nr. 287.
226 So auch *Ringstmeier* anlässlich der 1. deutsch-spanischen Juristentagung veranstaltet vom Deutschen Anwaltsverein und der Deutsch-Spanischen Juristenvereinigung am 6.11.2004 in Düsseldorf; vgl. auch *Duursma-Kepplinger/Duursma/Chalupsky-Duursma-Kepplinger/Chalupsky*, Art. 31 RdNr. 4.
227 *Duursma-Kepplinger/Duursma/Chalupsky-Duursma-Kepplinger*, Art. 27 RdNr. 11.
228 Hierzu noch unten in diesem Abschnitt und ausführlich im Rahmen der Frage der Behandlung von Sanierungsvorhaben im Lichte der EuInsVO weiter unten C. II.

(2) Struktur des Sekundärverfahrens

Das Sekundärverfahren ist im Gegensatz zum Hauptinsolvenzverfahren ein gegenständlich-territorial beschränktes Verfahren, ist in seiner Wirkung also auf das in seinem Eröffnungsstaat belegene Vermögen des Schuldners beschränkt[229]. Die Eröffnung eines Sekundärinsolvenzverfahrens kann gemäß Art. 29 EuInsVO vom Verwalter des Hauptverfahrens sowie von jeder anderen Person oder Stelle, der das Insolvenzantragsrecht nach dem Recht des Mitgliedstaates zusteht, in dessen Gebiet das Sekundärinsolvenzverfahren eröffnet werden soll, vor dem im Sekundärstaat zuständigen Insolvenzgericht beantragt werden und wird, da es sich um ein untergeordnetes Verfahren handelt, ohne eine erneute Prüfung des Vorliegens eines Insolvenzgrundes eröffnet[230].

(a) Niederlassung

Voraussetzung ist neben dem Vorliegen der über den Insolvenzgrund hinaus gehenden Eröffnungsvoraussetzungen nach dem nationalen Recht (Art. 28 EuInsVO), dass der Schuldner des Hauptverfahrens im Sekundäreröffnungsstaat eine Niederlassung i.S.d. Art. 2 lit. h EuInsVO hat (Art. 3 Abs. 2 EuInsVO). Art. 2 lit. h EuInsVO beschreibt mit „Niederlassung" jeden Tätigkeitsort, an dem der Schuldner einer wirtschaftlichen Aktivität von nicht nur vorübergehender Art nachgeht, die den Einsatz von Personal und Vermögenswerten voraussetzt. Mit dem Erfordernis einer Niederlassung zur Eröffnung eines Sekundärverfahrens wurde dem Wunsch mancher Mitgliedstaaten nach der Möglichkeit, bereits bei Belegenheit irgendwelcher Vermögensgegenstände (*„assets"*) des Schuldners ein Sekundärverfahren zu eröffnen, eine Absage erteilt[231].

> Der Begriff der Niederlassung in der EuInsVO entspricht nicht dem durch die Rechtsprechung des EuGH[232] geprägten Begriff der Niederlassung des Art. 5 Nr. 5 der Verordnung (EG) Nr. 44/2001 über die gerichtliche Zuständigkeit und die Anerkennung von Entscheidungen in Zivil- und Handelssachen (EuGVO)[233]. Die herrschende Meinung fasst den Begriff hier weiter auf[234], andere sehen den Begriff eher enger als bei Art. 5 Nr. 5 EuGVO, der auch selbständige Tochterunternehmen erfasst[235]. Sinnvoll

---

229 *Fritz/Bähr*, DZWIR 2001, 229 f.; *Reinhart*, Sanierungsverfahren im internationalen Insolvenzrecht, 282 ff.

230 *Duursma-Kepplinger/Duursma/Chalupsky-Duursma-Kepplinger*, Art. 27 RdNr. 33 ff.; *Kolmann*, Kooperationsmodelle, 336 f.

231 *Duursma-Kepplinger/Duursma/Chalupsky-Duursma-Kepplinger*, Art. 2 RdNr. 22; *Leible/Staudinger*, KTS 2000, 547; *Moss/Fletcher/Isaacs-Moss/Smith*, The EC Regulation on Insolvency Proceedings, RdNr. 8.26; *Taupitz*, ZZP 111 (1998), 337; *Wimmer*, ZInsO 2005, 119, 124.

232 EuGH, Rs C-22/89, 25.7.1991, Slg. 1991 I-3905 RdNr. 20.

233 Zu diesem vom EuGH entwickelten Begriff der Niederlassung *Duursma-Kepplinger/Duursma/Chalupsky-Duursma-Kepplinger*, Art. 2 RdNr. 23; *Smid*, Deutsches und Europäisches Internationales Insolvenzrecht, 2004, Art. 2 RdNr. 21.

234 *Becker*, ZEuP 2002, 287, 301; *Duursma-Kepplinger/Duursma/Chalupsky-Duursma-Kepplinger*, Art. 2 RdNr. 22; *Huber* ZZP 114 (2001), 133, 142; *Kolmann*, Kooperationsmodelle, 328; *Lüke*, ZZP 111 (1998), 275, 299; *Smid*, Europäisches Internationales Insolvenzrecht, Kapitel 2, RdNr. 51; *Vallender*, InVo 2005, 41, 43; *Wimmer*, ZIP 1998, 982, 985 f.

235 *Moss/Fletcher/Isaacs-Moss/Smith*, The EC Regulation on Insolvency Proceedings, RdNr. 8.31.

ist es daher, hier nicht nach Enge oder Weite zu differenzieren, sondern schlicht festzuhalten, dass es sich in der EuInsVO um einen anderen Niederlassungsbegriff als in der EuGVO handelt, für dessen Auslegung eigene Maßstäbe gefunden werden müssen und nicht auf die Rechtsprechung des EuGH zum Niederlassungsbegriff des EuGVO zurückgegriffen werden kann[236].

Unterschiedliche Interpretationen des Begriffs der Niederlassung resultieren vor allem aus den unterschiedlichen Unternehmensstrukturen und Gesellschaftsrechten der Mitgliedstaaten, die mit diesem Begriff zwangsläufig unterschiedliche Assoziationen verbinden. Jedoch ist, da es sich bei der EuInsVO um einen unmittelbar geltenden Gemeinschaftsrechtsakt handelt, auf eine europäisch autonome Auslegung der in diesem Regelwerk auftauchenden unklaren Begriffe zu achten, um eine einheitliche Anwendung der Verordnung zu gewährleisten[237]. Treten hier Auslegungsunsicherheiten aufgrund der unterschiedlichen Assoziationen in den diversen Rechtsordnungen auf, so ist dies eine dem EuGH zur Entscheidung vorzulegende Frage.

(b) Subordination des Sekundärverfahrens

Anders als das ebenfalls zulässige, aber praktisch weniger bedeutsame bereits vor dem Hauptverfahren eröffnete Partikularverfahren (Art. 3 Abs. 2 und 4 EuInsVO) ist das Sekundärverfahren nach Art. 27 ff. EuInsVO kein unabhängiges Verfahren, da es sich auf dasselbe Vermögen bezieht wie das Hauptverfahren[238]. Mit der Eröffnung eines Sekundärinsolvenzverfahrens über nicht im Hauptverfahrensstaat belegenes Vermögen wird dieses dem Hauptverfahren entzogen, dessen zu verwertende Masse sich hierdurch vermindert. Damit dies nicht zu einer Ungleichberechtigung der Gläubiger in den verschiedenen Verfahrensstaaten führt, sind diese gemäß Art. 32 Abs. 1 EuInsVO berechtigt, ihre Forderungen in sämtlichen über einen Schuldner eröffneten Insolvenzverfahren anzumelden. Dennoch hat die Splittung der Masse durch Eröffnung von Sekundärverfahren erhebliche Auswirkungen auf die Gestaltungsmöglichkeiten im Hauptverfahren, bzw. können sich die Verwalter von Haupt- und Sekundärverfahren bei der Gestaltung der Verwertung ins Gehege kommen. Um zu verhindern, dass aufgrund dieser Dependenz die effektive Verwertung im Hauptverfahren durch die Eröffnung von Sekundärverfahren gefährdet oder vereitelt werden kann, statuiert der Verordnungsgeber in Art. 31 bis 38 EuInsVO durch diverse Einfluss- und Mitspracherechte des Hauptinsolvenzverwalters sowie Kooperationspflichten des Sekundärinsolvenzverwalters eine Subordination des Sekundärverfahrens unter das Hauptverfahren[239].

---

236 *Duursma-Kepplinger/Duursma/Chalupsky-Duursma-Kepplinger*, Art. 2 RdNr. 23; *Virgós/Garcimartín*, The European Insolvency Legislation, Nr. 159.
237 *Smid*, Deutsches und Europäisches Internationales Insolvenzrecht, vor Art. 1 EuInsVO RdNr. 12, *Virgós/Garcimartín*, The European Insolvency Legislation, Nr. 296.
238 *Virgós/Schmit*, Erläuternder Bericht Nr. 229; *Virgós/Garcimartín*, The European Insolvency Legislation, Nr. 320.
239 *Duursma-Kepplinger/Duursma/Chalupsky-Duursma-Kepplinger/Chalupsky*, Art. 31 RdNr. 1; *Ehricke*, FS-MPI, 337, 346; *Balz*, ZIP 1996, 948, 954; *Staak*, NZI 2004, 480 ff.

(c) Sekundärverfahren als Liquidationsverfahren

Eine Konsequenz der oder Maßnahme zur Unterordnung des Sekundärverfahrens unter das Hauptverfahrens ist die Beschränkung des im Sekundärstaat eröffneten Verfahrens auf Liquidationsverfahren gemäß Art. 3 Abs. 3 i.V.m. Art. 2 lit. c) EuInsVO und Anhang B. Hierdurch sind sämtliche Insolvenzverfahren, die ausdrücklich nur eine Beendigung durch Sanierung und keine Beendigung durch Liquidation vorsehen, wie etwa das österreichische Ausgleichsverfahren[240] oder die englische *Administration*[241], im Sekundärverfahren nicht anwendbar[242]. Diese Beschränkung beruht auf dem Gedanken, dass mehrere eigenständige Sekundärsanierungsverfahren die Gläubigerinteressen im Hauptverfahren beeinträchtigen könnten und schlicht mit einem als Liquidationsverfahren ausgestalteten Hauptverfahren nicht kompatibel wären.[243] Dies gilt nicht nur im Interesse der Gläubiger des Hauptverfahrens, sondern auch im Interesse der Gläubiger des Sekundärverfahrens, denn es ist kaum vorstellbar, dass eine abhängige Niederlassung erfolgreich saniert werden und weiter leben kann, während das Hauptunternehmen, von dem die Niederlassung abhängt, liquidiert wird[244]. Im Vordergrund dieser Regelung steht demnach die Gewährleistung der Vorrangstellung des Hauptinsolvenzverfahrens, dessen Ziele durch das Sekundärinsolvenzverfahren nicht beeinträchtigt werden sollen[245], weshalb die Zielsetzung des Sekundärverfahrens auf die des Hauptverfahrens abgestimmt werden muss. Hierin zeigt sich gleichzeitig eine Tendenz des Verordnungsgebers, die Liquidation als Regelfall grenzüberschreitender Insolvenzverfahren zu betrachten.

Diese Regelung führt dann zu Problemen und kann in Bezug auf den genannten Zweck sogar kontraproduktiv wirken, wenn es gerade sinnvoll wäre, zur erfolgreichen Sanierung im Hauptverfahren die Niederlassung im Sekundärverfahren in Abstimmung auf die Sanierung im Hauptverfahren mitzusanieren. Hier werden für eine effektive Gesamtsanierung des schuldnerischen Unternehmens dienliche Sanierungsinstrumente im Sekundärinsolvenzverfahren schlicht ausgeschlossen. Dieser „Systemfehler“ in der Struktur von Haupt- und Sekundärverfahren nach der EuInsVO soll aufgrund seiner Bedeutung für die Analyse der Sanierungschancen in einem grenzüberschreitenden Insolvenzverfahren an anderer Stelle im Rahmen dieser Arbeit noch ausführlich diskutiert werden[246].

---

240 Zu diesem Verfahren ausführlich im rechtsvergleichenden Teil unten D. III. 2. c) bb).
241 Zu diesem Verfahren ebenfalls ausführlich im rechtsvergleichenden Teil unten D. IV. 2. c) aa) (1).
242 Zu weiteren Beispielen ausgeschlossener Verfahren und den Folgen dieses Ausschlusses noch ausführlich im Kapitel über die Sanierung im Lichte der EuInsVO unten C. II. 3. a).
243 *Virgós/Schmit,* Nr. 51, 221; *Balz,* ZIP 1996, 948; *Duursma-Kepplinger,* Europäische Insolvenzverordnung, Art. 1 Rdnr. 32; *Hanisch,* in Stoll, Vorschläge und Gutachten, 215; *Virgós/Garcimartín,* The European Insolvency Legislation, Nr. 326; *Wimmer,* ZInsO 2001, 101.
244 *Smid/Rühle,* in: Handbuch zum Recht der Sanierungsfinanzierung, § 17, RdNr. 33; *Virgós/Garcimartín,* The European Insolvency Legislation, Nr. 325.
245 *Duursma-Kepplinger/Duursma/Chalupsky-Duursma-Kepplinger/Chalupsky,* Art. 34 RdNr. 1; *Smid/Rühle,* in: Handbuch zum Recht der Sanierungsfinanzierung, § 17, RdNr. 39; *Virgós/Garcimartín,* The European Insolvency Legislation, Nr. 326.
246 Unten C. II. 3. und 4.

(3) Die verordnete Kooperation

Die Koordination simultaner Insolvenzverfahren ist somit nicht allein bei Konzerninsolvenzen, sondern auch bei der von der EuInsVO vorgesehenen Konstellation mehrerer Haupt- und Sekundärverfahren über das Vermögen eines Rechtsträgers erforderlich. Neben der Betonung des Koordinations- und Kooperationserfordernisses zur Bewältigung grenzüberschreitender Insolvenzen in Erwägungsgrund 20, gilt Art. 31 EuInsVO trotz oder vielleicht auch gerade wegen seiner wenig konkreten Fassung als die zentrale Norm[247] zur Etablierung entsprechender Maximen.

(a) Inhalt der Koordinations- und Kooperationsvorschriften

Die Vorschriften der Art. 31 bis 38 EuInsVO sind inhaltlich von unterschiedlicher Qualität. Während Art. 31 EuInsVO eine sehr allgemeine Kooperationsmaxime enthält, statuieren die Art. 32 bis 38 EuInsVO konkrete Rechte und Pflichten der Beteiligten. Art. 33 bis 38 EuInsVO machen vor allen Dingen die dominierende Stellung des Hauptinsolvenzverfahrens deutlich[248], aufgrund derer der Verwalter dieses Verfahrens im Sekundärverfahren die Verwertung aussetzen lassen kann (Art. 33), Sanierungsmaßnahmen vorschlagen kann (Art. 34) und ein Überschuss nach der Verwertung im Sekundärinsolvenzverfahren dem Hauptinsolvenzverfahren zur Verfügung zu stellen ist (Art. 35).

Art. 31 EuInsVO gliedert sich in die Pflicht von Haupt- und Sekundärverwalter zum Austausch verfahrensrelevanter Informationen (Abs. 1), eine allgemeine beiderseitige Pflicht zur Zusammenarbeit (Abs. 2) und die Pflicht des Sekundärinsolvenzverwalters, dem Hauptinsolvenzverwalter Gelegenheit zu geben, Vorschläge für die Verwertung bzw. Verwendung der Masse des Sekundärinsolvenzverfahrens zu unterbreiten (Abs. 3). Abs. 3 weist somit ebenfalls auf das Prioritätsverhältnis unter den Verfahren, also die Funktion des Hauptverfahrens als führendem und des Sekundärverfahrens als dienendem Verfahren hin[249], wobei an die Pflicht des Sekundärinsolvenzverwalters, sich Vorschläge des Hauptinsolvenzverwalters anzuhören, nicht ausdrücklich die Pflicht geknüpft ist, diese Vorschläge auch zu befolgen[250]. Hiermit eröffnet der Verordnungsgeber einen Interpretationsspielraum, der die Effektivität der Regelung schwächt. Dennoch machen Art. 31 Abs. 3 und Art. 34 ff. EuInsVO die Intention des Gesetzgebers erkennbar, dem Insolvenzverwalter des Hauptverfahrens einen gewissen Einfluss auch auf die Gestaltung des Sekundärinsolvenzverfahrens einzuräumen.

Anders verhält es sich mit den Regelungen in Art. 31 Abs. 1 und 2 EuInsVO. Diese sind zwangsläufig allgemein gehalten, da sich naturgemäß erst im Verlaufe der Verfahrensplanung herausstellt, welche Informationen relevant sind und welche

---

247 Vgl. *Ehricke*, FS-MPI, 337, 345; *Staak*, NZI 2004, 480, 482.
248 *Staak*, NZI 2004, 480 ff.
249 *Ehricke*, WM 2005, 397, 400.
250 Zu dieser Problematik *Staak*, NZI 2004, 480, 484, der unter dem Gesichtspunkt der Effektivität dieser Vorschrift wenigstens für eine „Beachtlichkeit" der Vorschläge des Hauptinsolvenzverwalters plädiert, eingehender auch noch im Abschnitt über die Sanierung im Lichte der EuInsVO unten C. II. 3. d) aa).

Kooperationsmaßnahmen zu treffen sind[251]. Dennoch erschwert die weite Formulierung insbesondere in Art. 31 Abs. 2 EuInsVO das Auffinden von Anknüpfungspunkten für eine Konkretisierung in Richtung einer verbindlichen und damit durchsetzbaren und haftungsbegründenden Pflicht der Verwalter[252]. Nicht opportun ist die Interpretation der Pflicht zur Zusammenarbeit dahingehend, dass keiner der Verwalter die Pläne des anderen blockieren darf, sondern diese im Gegenteil unterstützen muss, denn dies könnte zu erheblichen Interessenkonflikten führen, wenn die eigenen Pläne im Interesse der Gläubiger des jeweiligen Verfahrens denen des Verwalters im Parallelverfahren zuwider laufen. Gemäß der Subordinationsstruktur von Haupt- und Sekundärverfahren könnte dies bedeuten, dass der Hauptinsolvenzverwalter eine abgestimmte Verwertung des gesplitteten Vermögens vorsehen kann und der Sekundärverwalter sich dementsprechend zu fügen hat. Eine solche vom Verwalter des Hauptinsolvenzverfahrens zu führende Koordination und Kooperation hätte zwar den Vorteil der Rechtsklarheit, jedoch hat der Verordnungsgeber die Kooperationspflicht in Art. 31 Abs. 2 EuInsVO ausdrücklich gleichberechtigt und beiderseitig ausgestaltet, um dem Sekundärverfahren den Charakter eines eigenständigen Verfahrens, das sich nach den Regelungen der jeweiligen *lex fori* richtet, zu bewahren[253]. Damit stellt sich die Frage, wer im Dienste der Kooperation im Zweifel nachzugeben hat.

(b) Protokolle und Insolvenzverwaltungsverträge

Sowohl in der Praxis als auch in der Literatur werden Wege zu einer Konkretisierung der in Art. 31 Abs. 2 EuInsVO statuierten Kooperationspflicht gesucht, wobei insbesondere das in der anglo-amerikanischen Insolvenzrechtspraxis erprobte Modell der *„protocols“* als brauchbare Vorlage dienen könnte. Es handelt sich hierbei um individuelle Vereinbarungen zwischen den Insolvenzverwaltern (möglicherweise aber auch anderen Beteiligten[254]) der zu koordinierenden Verfahren, die in der deutschen Rechtsdogmatik unter dem Begriff „Protokolle“ oder „Insolvenzverwaltungsverträge“ diskutiert werden[255]. Auf die teilweise vorgenommene Differenzierung[256] nach verbindlichen (dann Insolvenzverwaltungsverträge) und unverbindlichen (dann Protokolle) Absprachen soll hier aufgrund der Erkenntnis verzichtet werden, dass unverbindliche Absprachen mangels Rechtssicherheit und -klarheit trotz des Vorteils der größeren Flexibilität nicht sehr vielversprechend sind[257]. Soweit hier von Protokollen oder Insolvenzverwaltungsverträgen gesprochen wird, handelt es sich um rechtsverbindliche Absprachen hinsichtlich der Koordination und Gestal-

---

251 *Ehricke*, FS-MPI, 337, 353.
252 Vgl. *Ehricke*, WM 2005, 397, 405.
253 Vgl. auch Duursma-Kepplinger/Duursma/Chalupsky-*Duursma-Kepplinger/Chalupsky*, EuInsVO Art. 31 RdNr. 18; *Ehricke*, FS-MPI, 337, 353 f.; *Kübler*, FS-Gerhardt 2004, 527, 539.
254 Dazu noch unten C. I. 4. b) bb) (3) (d).
255 *Wittinghofer*, Der nationale und internationale Insolvenzverwaltungsvertrag, 1.
256 *Ehricke*, in: FS-MPI, 337, 354 ff.
257 *Eidenmüller*, ZZP 114 (2001), 3, 10; *Wittinghofer*, Der nationale und internationale Insolvenzverwaltungsvertrag, 45 ff.

tung der Insolvenzverwaltung in parallelen Insolvenzverfahren[258]. Bewährt hat sich diese Art der Kooperationsvereinbarung im Konkurs der *Maxwell Communication Corporation*, bei der sich ein US-amerikanisches und ein englisches Hauptverfahren gegenüber standen[259].

(i) Rechtsdogmatische Einordnung und Formalien des Insolvenzverwaltungsvertrages

Die rechtsdogmatische Einordnung und Formalien, aber auch das auf Insolvenzverwaltungsverträge anwendbare Statut waren bereits Gegenstand wissenschaftlicher Auseinandersetzung und sollen daher hier nicht im Einzelnen diskutiert werden. Insofern wird auf die Ergebnisse der sehr intensiven Auseinandersetzung mit diesen Fragen rund um den internationalen Insolvenzverwaltungsvertrag durch *Wittinghofer*[260] verwiesen. Rechtsdogmatisch wird der internationale Insolvenzverwaltungsvertrag als Prozessvertrag überwiegend öffentlichrechtlichen Charakters eingeordnet[261], auf den dennoch die Grundsätze des Internationalen Privat- und Verfahrensrechts anwendbar sind[262]. Hinsichtlich der Zulässigkeit und der Wirkung von Insolvenzverwaltungsverträgen gilt gemäß dem für Prozessverträge anerkannten Kollisionsrechtssatz die *lex fori*, demzufolge das Recht des Staates, dessen Gerichte sich mit der Frage auseinanderzusetzen haben[263]. Das für Fragen des Zustandekommens und der Auslegung der Inhalte des Vertrages maßgebliche Vertragsstatut richtet sich, wenn keine Rechtswahl getroffen wurde[264], bei den vorliegend im Rahmen des Art. 31 Abs. 2 EuInsVO diskutierten Konstellationen von im Sinne der EuInsVO führendem Hauptverfahren und diesem dienenden Sekundärverfahren regelmäßig nach dem Recht des Hauptverfahrens[265]. Bei einem Nebeneinander zweier Hauptinsolvenzverfahren – wie es bei Insolvenz mehrerer Konzernunternehmen regelmäßig gegeben sein wird – soll darauf abgestellt werden, wo das Schwergewicht der Insolvenzverwaltung zu verorten ist[266]. Dieses soll anhand der Quantität der Haftungsmasse, der Gläubigerzahl und des Volumens der Gläubigerforderungen zu bemessen sein.

---

258 *Eidenmüller*, ZZP 114 (2001), 3, 5; *Wittinghofer*, Der nationale und internationale Insolvenzverwaltungsvertrag, 80 f.

259 Ausführlich zu diesem Verfahren *Göpfert*, ZZP Int 1 (1996), 269 ff.; Volltexte der *„protocols"* im Maxwell-Verfahren und anderen Verfahren bei *Wittinghofer*, Der nationale und internationale Insolvenzverwaltungsvertrag, 411 ff.

260 *Wittinghofer*, Der nationale und internationale Insolvenzverwaltungsvertrag, 2004.

261 *Eidenmüller*, ZZP 114 (2001), 3, 13 und 29; *Wittinghofer*, Der nationale und internationale Insolvenzverwaltungsvertrag, 121 ff. und 344 ff.; *Ehricke*, FS-MPI, 337, 356 f.

262 So das Ergebnis bei *Wittinghofer*, Der nationale und internationale Insolvenzverwaltungsvertrag, 382, nach einer ausführlichen Analyse, S. 342 ff.

263 *Eidenmüller*, ZZP 114 (2001), 3, 30.

264 Zu Zulässigkeit und Grenzen der Rechtswahl im Hinblick auf einen grenzüberschreitenden Insolvenzverwaltungsvertrag *Wittinghofer*, Der nationale und internationale Insolvenzverwaltungsvertrag, 371 ff.

265 *Eidenmüller*, ZZP 114 (2001), 3, 32; *Wittinghofer*, Der nationale und internationale Insolvenzverwaltungsvertrag, 380 f.

266 *Eidenmüller*, ZZP 114 (2001), 3, 32; *Wittinghofer*, Der nationale und internationale Insolvenzverwaltungsvertrag, 381.

Dies dürfte bei Konzerninsolvenzen, wenn die Muttergesellschaft ausschließlich als Holding fungiert, regelmäßig am Sitz der Konzerntochter der Fall sein, was bei mehreren insolventen Töchtern einer Holding in verschiedenen Staaten dazu führen würde, dass der Insolvenzverwalter der Holding mit den Verwaltern der Töchter jeweils einen Vertrag nach dem Recht, dem das Insolvenzverfahren über die jeweilige Tochter unterliegt, abschließen müsste. Es ist davon auszugehen, dass hier der Insolvenzverwalter der Konzernmutter auf eine Rechtswahl zugunsten des „eigenen" Rechts drängen wird.

(ii) Parteien des Insolvenzverwaltungsvertrages

Parteien des Vertrages sind im Anwendungsbereich des Art. 31 Abs. 2 EuInsVO aufgrund der hierin ausdrücklich statuierten Kooperationspflicht in erster Linie die Insolvenzverwalter, wobei sich zum einen aus der unterschiedlichen Aufgabenverteilung nach den nationalen Insolvenzrechten Probleme in Bezug auf deren Abschlusszuständigkeit ergeben können, wenn diese lediglich eine schwache Position im Insolvenzverfahren einnehmen oder für bestimmte Verwaltungsmaßnahmen die Zustimmung der Gläubiger oder des Insolvenzrichters benötigen[267], zum anderen sich die Frage stellt, inwieweit nicht auch und gerade die Einbeziehung der Insolvenzgerichte in das Vertragsverhältnis sinnvoll ist[268].

(iii) Inhalte des Insolvenzverwaltungsvertrages

Als Prozessverträge beziehen sich die Insolvenzverwaltungsverträge auf Handlungen, die die Verwalter im Rahmen der ihnen nach dem jeweiligen nationalen Recht zustehenden Verwaltungsbefugnis und -pflicht vornehmen (nach deutschem Recht gemäß §§ 80, 159 InsO, nach spanischem Recht gemäß Art. 40, 43 Ley Concursal, nach englischem Recht bei der *Administration* gemäß para. 3 und 59 ff. Schedule B1 zum Insolvency Act 1986 und nach österreichischem Recht §§ 114 ff. Konkursordnung beziehungsweise § 30 Abs. 1 Ausgleichsordnung). Es handelt sich um konkrete Abreden hinsichtlich des Ob und Wie der Ausübung bestimmter Verwaltungsbefugnisse und -maßnahmen bzw. die Vereinbarung der Erforderlichkeit einer Zustimmung des Vertragspartners zu einzelnen vorzunehmenden Handlungen. Gegenstand können demnach sein: der Verzicht auf die Wahrnehmung bestimmter Verwertungsoptionen, die Ausübung des Stimmrechts, das Ob und Wie der Erstellung eines Insolvenzplans, der Umgang mit gegenseitigen Verträgen, die Geltendmachung von Anfechtungsansprüchen, eine Kreditaufnahme und Sicherheitenbestellung sowie die Geltendmachung des Insolvenzantragsrechts in Bezug auf weitere Konzernunternehmen[269].

---

267 *Ehricke*, WM 2005, 397, 402 f. *Eidenmüller*, ZZP 114 (2001), 3, 17 f.; *Schmiedeknecht*, Der Anwendungsbereich der europäischen Insolvenzverordnung, 206 f.; *Wittinghofer*, Der nationale und internationale Insolvenzverwaltungsvertrag, 170 ff.

268 *Vallender*, KTS 2005, 283, 320 ff.; *Ehricke*, ZIP 2005, 1104, 1112.

269 *Eidenmüller*, ZZP 114 (2001), 3, 11; *Wittinghofer*, Der nationale und internationale Insolvenzverwaltungsvertrag, 129.

Erst durch Abreden, die sich auf diese originären Verwaltertätigkeiten und damit die konkrete Gestaltung der Verfahren beziehen, und dabei nicht lediglich Informationspflichten, welche sich unmittelbar aus Art. 31 Abs. 1 EuInsVO ergeben, sondern Zugeständnisse und Vetorechte vorsehen, wird eine tatsächliche Konkretisierung der Kooperation erreicht, die dem in Erwägungsgrund 8 formulierten Ziel der „Verbesserung der Effizienz und Wirksamkeit der Insolvenzverfahren mit grenzüberschreitender Wirkung" dienen kann. Gerade die durch derartige Vereinbarungen ermöglichte gegenseitige Einflussnahme birgt jedoch die Gefahr, die Verwalter, die in erster Linie den Gläubigern im von ihnen verwalteten Verfahren verpflichtet sind, einer Pflichtenkollision und damit erheblichen Haftungsrisiken auszusetzen[270]. Zugeständnisse, die zunächst zu einer Masseverkürzung zuungunsten der Gläubiger im eigenen Verfahren führen, können demnach nur gemacht werden, wenn diesen im Endeffekt ein ausgleichender Vorteil gegenüber steht[271]. *Wittinghofer* schlägt insofern die Vereinbarung von Kompensationsleistungen durch den Vertragspartner vor, um einen ungünstigen Effekt eines Zugeständnisses von vornherein auszuschließen[272], jedoch würde die entsprechende Verpflichtung zur Kompensation das Verlustrisiko auf den anderen Verwalter und damit auf die Gläubiger des von diesem zu verwaltenden Verfahrens verlagern, womit dem Grundsatz der Gläubigergleichbehandlung nicht Genüge getan wäre. Hinzu tritt, dass dem Insolvenzverwalter gerade hinsichtlich besonders bedeutsamer Maßnahmen nicht die alleinige Dispositionsbefugnis zukommt.

> So bedürfen besonders bedeutsame Rechtshandlungen nach deutschem Insolvenzrecht für ihre Wirksamkeit gemäß § 164 InsO der Zustimmung des Gläubigerausschusses nach § 160 InsO und Entscheidungen über die Fortführung oder Stilllegung sind gemäß § 157 InsO im Berichtstermin von der Gläubigerversammlung zu beschließen.

Der Spielraum für eine Disposition über Verfügungsbefugnisse ohne Haftungsrisiko für den Verwalter ist damit denkbar gering.

(iv) Vorteile von Insolvenzverwaltungsverträgen

Gelingt es, das Verwalterhandeln durch vertragliche Vereinbarungen der genannten Art aufeinander abzustimmen, so ist für die Verwalter in erster Linie eine gewisse Planungssicherheit gewährleistet. Die Verwalter der jeweiligen Verfahren können handeln, ohne jede Verwaltungsmaßnahme mit dem Verwalter des Parallelverfahrens diskutieren oder dessen Vorschläge abwarten zu müssen, und haben keine überraschenden, den eigenen Vorhaben zuwider laufenden Maßnahmen im Parallelverfahren zu befürchten.

---

270 Zur Haftung des Insolvenzverwalters in diesen Fällen unten C. I. 4. b) bb) (3) (d) (ii).
271 *Wittinghofer*, Der nationale und internationale Insolvenzverwaltungsvertrag, 211.
272 *Wittinghofer*, Der nationale und internationale Insolvenzverwaltungsvertrag, 212.

(v) Hindernisse und Nachteile von Insolvenzverwaltungsverträgen

Die als Vorteil verbindlicher Insolvenzverwaltungsverträge betonte Planungssicherheit muss im konkreten Fall jedoch erst hergestellt werden und wirft ihrerseits neue Probleme auf.

(α) Beachtung der unterschiedlichen Insolvenzzwecke der involvierten Rechtsordnungen

Voraussetzung für den Abschluss eines Insolvenzverwaltungsvertrages ist, dass sich die Vertragspartner zuvor darüber einigen, welche Ziele mit den jeweiligen Verfahren verfolgt werden sollen. Fraglich ist, welches Recht für die Beurteilung dieser Frage maßgeblich ist, denn der Verordnungsgeber spricht in Erwägungsgrund 8 lediglich davon, dass die Effizienz und Wirksamkeit der Insolvenzverfahren mit grenzüberschreitender Wirkung verbessert werden soll, äußert sich jedoch nicht ausdrücklich dazu, was die Effizienz eines grenzüberschreitenden Insolvenzverfahrens ausmacht. Die Insolvenzzwecke der nationalen Rechtsordnungen sind jedoch höchst unterschiedlich. Während beispielsweise das französische Insolvenzrecht ausgesprochen sozialpolitisch ausgestaltet ist, so dass die Rettung des schuldnerischen Unternehmens und der daran hängenden Arbeitsplätze absolute Priorität hat[273], ist im deutschen Insolvenzrecht primäres Ziel die optimale Gläubigerbefriedigung, während in Österreich und in Spanien die bestmögliche Gläubigerbefriedigung und die Sanierung von Unternehmen als gleichrangige Ziele des Insolvenzverfahrens gelten[274].

> Beispielsweise kann sich der Verzicht des deutschen Insolvenzverwalters auf die Geltendmachung von Anfechtungsansprüchen wegen Verstoßes gegen das Ziel der optimalen Gläubigerbefriedigung als insolvenzweckwidrig erweisen und damit nichtig sein oder jedenfalls die Haftung des Insolvenzverwalters nach § 60 InsO[275] auslösen[276].

Da grundsätzlich sowohl für das Haupt- als auch für das Sekundärverfahren die jeweilige *lex fori concursus* gilt, kann es hier zu erheblichen Kollisionen kommen, die erfolgversprechenden Vertragsverhandlungen von vornherein im Wege stehen.

(β) Bedürfnisse und Zustimmungserfordernisse der Gläubiger im „eigenen" Verfahren

Selbst bei Übereinstimmung der Insolvenzzwecke, die mit den durch einen Insolvenzverwaltungsvertrag zu koordinierenden Verfahren verfolgt werden sollen, besteht regelmäßig die Gefahr von Pflichtenkollisionen dadurch, dass die Verwalter,

---

273 *Schmidt/Niggemann*, RIW 1986, 246 ff.; so jedenfalls bis zur Reform 2005, dazu *Dammann/Undritz*, NZI 2005, 198 ff.

274 Für Österreich *Hochegger*, ZIK 2005, 49; für Spanien Exposición de Motivos zum Ley Concursal, BOE Nr. 164/2003, 26908 ff.

275 Hierzu noch unten C. I. 4. b) bb) (3) (d) (ii).

276 Zur Insolvenzzweckwidrigkeit, ihrer Folgen im Einzelnen und zur (mangels Verbotsvorschriften in der InsO wohl eher geringen) Bedeutung der §§ 134, 138 BGB im Hinblick auf Absprachen in Insolvenzverwaltungsverträgen *Wittinghofer*, Der nationale und internationale Insolvenzverwaltungsvertrag, 207 ff.

die gemäß Art. 31 EuInsVO einander zur Kooperation verpflichtet sind, darüber hinaus und sogar in erster Linie den Gläubigern im von ihnen zu verwaltenden Verfahren verpflichtet sind, die zudem ihrerseits das Recht haben können, Vorgaben hinsichtlich der Verwertung der Masse und der Gestaltung des Verfahrens zu machen.

So ist nach deutschem Insolvenzrecht zwar die Befugnis zum Abschluss von Insolvenzverwaltungsverträgen im Allgemeinen der Verwaltungs- und Verfügungsbefugnis des Insolvenzverwalters aus § 80 Abs. 1 InsO zu entnehmen[277], die insbesondere auch zur Eingehung von Verbindlichkeiten berechtigt (§ 55 InsO), jedoch können einzelne Maßnahmen, die Gegenstand eines solchen Vertrages sind, in ihrer Wirksamkeit gemäß § 164 InsO von der Zustimmung des Gläubigerausschusses nach § 160 InsO abhängen und gerade Entscheidungen über die Fortführung oder Stilllegung sind gemäß § 157 InsO im Berichtstermin von der Gläubigerversammlung zu beschließen und damit der alleinigen Dispositionsbefugnis des Verwalters entzogen.

Hier kann der Insolvenzverwalter durch eine zu stark konkretisierte Kooperationspflicht im Rahmen eines Insolvenzverwaltervertrages in eine Haftungsfalle geraten[278].

Zudem bedarf es aufgrund der Verantwortung gegenüber der jeweils zu verwaltenden Masse bzw. der daraus zu befriedigenden Gläubiger, bevor sich der Verwalter vertraglich bindet und konkret umrissene Verpflichtungen eingeht, einer sorgfältigen Abwägung, ob diese tatsächlich im Sinne „seiner" Gläubiger sind, was sich nicht auf den ersten Blick prognostizieren lässt. Die bereits erwähnte Gefahr insolvenzzweckwidriger Vereinbarungen[279] verstärkt sich, wenn ein Insolvenzverwalter, etwa des Hauptverfahrens oder des Verfahrens über eine Konzernmutter, einem anderen Verwalter seinen eigenen Plan aufoktroyieren und die Vertragsverhandlungen maßgeblich anführen will.

(γ) Mangelnde Flexibilität

Kann ein Vertrag unter Berücksichtigung der in den Verfahren jeweils maßgeblichen Insolvenzzwecke und ohne Benachteiligung der Gläubiger eines Verfahrens im Vergleich zu einer unkoordinierten Verwaltung geschlossen werden, so bleibt ein ausgesprochener Nachteil die Starrheit eines rechtsverbindlichen Vertrages, die den gebundenen Insolvenzverwalter in seiner Flexibilität hinsichtlich einer veränderten Sachlage erheblich einschränkt[280]. Dieser kann nicht flexibel auf dynamische Entwicklungen reagieren, die sich insbesondere bei Fortführung insolventer Unternehmen zum Zwecke der Sanierung aus der speziellen, aber auch der generellen Entwicklung am Markt ergeben können.

Hat sich der Insolvenzverwalter im Insolvenzverwaltungsvertrag (gestützt durch einen entsprechenden Beschluss der Gläubigerversammlung gemäß § 157 InsO) zur

277 *Wittinghofer*, Der nationale und internationale Insolvenzverwaltungsvertrag, 175 ff.
278 *Ehricke*, FS-MPI, 337, 359 f.
279 C. I. 4. b) bb) (iv) (α).
280 So insbesondere auch der Einwand *Ehrickes*, FS-MPI, 337, 357 ff.; *ders.*, WM 2005, 397, 402.

Fortführung einer Produktionsstätte verpflichtet, die als günstiger Zulieferer für eine Betriebsstätte im Parallelverfahren dient, und steigen aufgrund der allgemeinen wirtschaftlichen Entwicklungen die Preise für benötigte Rohstoffe (z.B. Ölpreise) drastisch an, so dass der Erhalt der Produktionsstätte zu einer großen Belastung für die Masse wird, so macht sich der Insolvenzverwalter wegen Vertragsverletzung haftbar, wenn er einer Änderung der Entscheidung der Gläubigerversammlung i.S.d. § 157 S. 3 InsO folgend die Produktionsstätte schließt.

(δ) Keine Verpflichtung zum Abschluss von Insolvenzverwaltungsverträgen

Neben diesen Problemen des Zustandekommens und der inhaltlichen Gestaltung von grenzüberschreitenden Insolvenzverwaltungsverträgen, denen sich *Wittinghofer*[281] eingehend und teilweise mit plausiblen Lösungsansätzen gewidmet hat, besteht ein weiteres wesentliches Problem darin, kooperationsunwillige Verwalter zum Abschluss eines solchen Vertrages zu bewegen. Der von *Paulus*[282] in diesem Zusammenhang geforderte Appell an den Berufs-Ethos der Insolvenzverwalter dürfte angesichts der Machtkämpfe, wie sie derzeit unter den Insolvenzverwaltern der Mitgliedstaaten ausgetragen werden[283], kaum ausreichen, eine hinreichende Kooperation oder gar den Abschluss von Insolvenzverwaltungsverträgen zu erreichen. Da es sich hierbei bereits um ein Problem der Durchsetzbarkeit der Kooperationspflicht handelt, soll diese Frage neben weiteren Problemen bezüglich der Durchsetzung von Insolvenzverwaltungsverträgen in einem eigenen Abschnitt erläutert werden[284].

(c) Keine Kooperationspflicht für Richter

Die Pflicht zur Zusammenarbeit gemäß Art. 31 Abs. 2 EuInsVO beschränkt sich nach dem Wortlaut der Vorschrift ausdrücklich auf die Insolvenzverwalter[285]. Eine entsprechende Pflicht für die Insolvenzrichter, die nicht unter die Personengruppe der Insolvenzverwalter i.S.d. Art. 2 lit. b EuInsVO zu subsumieren sind[286], sei es untereinander oder gegenüber den Insolvenzverwaltern des jeweils anderen Verfahrens, findet sich in der EuInsVO nicht.

Dass eine Kommunikation zwischen den beteiligten Richtern durchaus fruchtbar sein kann, wurde – wie noch ausführlich zu schildern sein wird[287] – im Verfahren *Automold*[288] demonstriert, wo wesentliche Entscheidungen, wie etwa die Eröffnung eines Hauptinsolvenzverfahrens über die deutsche Konzerntochter am Sitz der eng-

---

281 *Wittinghofer*, Der nationale und internationale Insolvenzverwaltungsvertrag, 2004.
282 Beim Jahrestreffen der Freunde des Max-Planck Instituts für internationales Privatrecht in Hamburg im Juni 2005.
283 Dazu noch unten im Abschnitt über die bisher unter Anwendung der EuInsVO ergangene Rechtsprechung C II. 2.
284 C. I. 4. b) bb) (3) (d).
285 *Virgós/Garcimartín*, The European Insolvency Legislation, Nr.420.
286 Kurz angeprüft durch *Staak*, NZI 2004, 480, 483.
287 Unten C. III. 2. a) bb).
288 AG Köln, B. v. 23.1.2004, ZIP 2004, 471, 473.

lischen Konzernmutter und die Vor- und Nachteile der Eröffnung eines Sekundärinsolvenzverfahrens in Deutschland unter Anwendung des Instruments der Eigenverwaltung, gemeinsam erörtert wurden. Durch die Information des Gerichts im Parallelverfahren über eine geplante Vorgehensweise und die Beweggründe selbiger können kontraproduktive Gegenreaktionen vermieden werden, die oft dann erfolgen, wenn sich ein Gericht in seiner Zuständigkeit übergangen und vor vollendete Tatsachen gestellt sieht. Derartige „Gegensteuerungsmaßnahmen“[289], mit denen teilweise absichtlich den mit der Entscheidung eines Gerichts verfolgten Interessen der Boden entzogen wird – so etwa die Eröffnung eines Sekundärinsolvenzverfahrens, um einem vermeintlich ungerechtfertigt im Ausland eröffneten Hauptinsolvenzverfahren die Masse zu entziehen[290] –, stellen in der Praxis bei europäischen grenzüberschreitenden Insolvenzverfahren keine Rarität dar[291].

Bereits nach geltendem Recht ist es nicht ausgeschlossen, dass sich Richter aktiv um eine Kooperation mit dem Gericht und den Verwaltern simultaner Verfahren bemühen, mit diesen konferieren, um gemeinsam Lösungen zu entwickeln[292]. Allerdings ist hierfür, mehr noch als bei den Insolvenzverwaltern, denen die EuInsVO explizit eine Kooperationspflicht auferlegt, eine integrative und nicht eine isolatorische Gesinnung erforderlich, die jedenfalls bei vielen kontinentaleuropäischen Insolvenzrichtern noch nicht sehr stark ausgeprägt ist.

Dem entsprechend wurden bereits Anregungen laut, die Kooperationspflicht in der EuInsVO auf die Insolvenzgerichte zu erstrecken[293]. Da sich diese Überlegungen auf der Ebene des Rechts *de lege ferenda* bewegen, sollen diese erst zum Ende dieser Arbeit einer kritischen Erörterung unterzogen werden[294]. Für den Moment bleibt lediglich festzuhalten, dass auf eine konstruktive Kooperationsunterstützung durch die Insolvenzgerichte derzeit kein Rechtsanspruch besteht.

(d) Das Problem der Durchsetzbarkeit und der Haftung des Insolvenzverwalters für Pflichtverletzungen

Schon in den vorangegangenen Abschnitten wurde hier der Begriff der Maxime als Qualifizierung für die vom Verordnungsgeber erlassenen Kooperations- und Koor-

---

289 Zu gerade solchen fordert die Literatur teilweise sogar auf, vgl. etwa *Duursma/Duursma-Kepplinger*, DZWIR 2003, 447 ff.; etwas sachlicher *Weller*, ZHR 169 (2005), 570, 583 ff., der hier die Schutzfunktion des Sekundärverfahrens für die Gläubiger im Sekundärverfahrensstaat in den Vordergrund stellt.

290 Kritisch zu dieser Praxis und der dahinter stehenden Motivation unten im Rahmen der Darstellung der deutsch-österreichischen Verfahren *Hettlage*, *Zenith* und *HUKLA* C. III. 2. a) dd).

291 Hierzu die eingehende Schilderung der Entwicklung in der Rechtsprechung unten C. III. 2. a).

292 Darüber, dass die Beschränkung der in der EuInsVO kodifizierten Kooperationspflicht auf die Insolvenzverwalter eine freiwillige Unterstützung durch die Gerichte nicht ausschließt, besteht weitgehende Einigkeit, vgl. *Duursma-Kepplinger/Duursma/Chalupsky-Duursma-Kepplinger/Chalupsky*, Art. 31 RdNr. 6; *Ehricke*, WM 2005, 397, 401; *Vallender*, KTS 2005, 283, 321.

293 *Ehricke*, WM 2005, 397, 401; *Paulus*, NZI 2005, 439, 441, mit neidischem Blick auf die Übernahme des UNCITRAL-Modellgesetzes in Chapter 15 des New Bankruptcy Act; *Staak*, NZI 2004, 480, 483; *Vallender*, KTS 2005, 283, 320 ff.

294 Unten E. I. 2. b) bb).

dinationsvorschriften verwendet. Angesprochen wurde hiermit das Problem, dass es sich beim Inhalt des Art. 31 EuInsVO lediglich um Maximen handelt, denen jedenfalls durch den Verordnungsgeber nicht die rechte Verbindlichkeit eingeräumt wird. Zwar ist in Art. 31 ausdrücklich von Pflichten die Rede, jedoch werden diese nicht konkretisiert, so dass hier angesichts der Durchsetzungskompetenz der nationalen Rechtsordnungen[295], von denen viele – so Deutschland, Österreich, England und Spanien – leider keine explizit auf Art. 31 EuInsVO Bezug nehmenden Haftungsanordnungen getroffen haben, große Rechtsunsicherheit besteht.

Neben der Aussetzung der Verwertung nach Art. 33 EuInsVO, mit der dem Hauptinsolvenzverwalter im Hinblick auf die Verwertung und erst recht im Hinblick auf eine Sanierung im Sekundärverfahren kaum geholfen ist, stehen dem Hauptinsolvenzverwalter lediglich Vorschlagsrechte zur Verfügung. Wenig hilfreich wird in der Literatur konstatiert, dass der Sekundärinsolvenzverwalter die unterbreiteten Vorschläge grundsätzlich umsetzen müsse, da dies der Hilfsfunktion des Sekundärverfahrens entspreche und ansonsten die entsprechenden Regelungen inhaltlich leer liefen[296]. Ist der Verwalter im Sekundärverfahren nicht gewillt, den Vorschlägen des Hauptinsolvenzverwalters zu folgen, so mag dies nicht im Sinne des Verordnungsgebers sein, jedoch stehen dem Verwalter des Hauptinsolvenzverfahrens in diesem Falle keine effektiven Rechtsmittel zur Durchsetzung seiner Ziele zur Verfügung.

(i) Allgemeine Haftung des Insolvenzverwalters für Kooperationspflichtverletzungen

In der Diskussion um die Frage der Durchsetzbarkeit der Kooperationspflicht nach Art. 31 EuInsVO taucht primär die persönliche Haftung des Insolvenzverwalters für die Verletzung seiner Verwalterpflichten, wie sie die meisten Mitgliedstaaten vorsehen[297], auf[298], die als Anknüpfungspunkt für das nationale Recht an die Kooperationsvorschriften der Verordnung dienen soll. Gleichwohl ist die persönliche Haftbarmachung des Insolvenzverwalters nach nationalem Recht kein Instrument zur unmittelbaren Durchsetzung einer Kooperation, sondern dient lediglich der Schadensbegrenzung nach einer gerade nicht durchgesetzten Kooperation. Die Praxis hat gezeigt[299], dass die drohende Haftung per se keine präventive Wirkung dahingehend entfaltet, dass sich die Insolvenzverwalter zu einer Umsetzung der Kooperationspflicht veranlasst sehen. Dies könnte sich möglicherweise durch Präzedenzentscheidungen in diesem Sinne ändern, jedoch ist fraglich, ob und wie sich eine

295 *Duursma-Kepplinger/Duursma/Chalupsky-Duursma-Kepplinger/Chalupsky*, Art. 31 RdNr. 25 ff.; *Sommer*, ZInsO 2005, 1137, 1140.
296 *Ehricke*, FS-MPI, 337, 346.
297 So die deutsche InsO in § 60; das neue spanische Ley Concursal in Art. 36; die österreichische Konkursordnung in § 81 Abs. 1.
298 *Duursma-Kepplinger/Duursma/Chalupsky-Duursma-Kepplinger/Chalupsky*, Art. 31 RdNr. 26 ff.; *Ehricke*, FS-MPI, 337, 349 ff.; *ders.*, WM 2005, 397, 401.
299 Wie an den Beispielen *Daisytek*, *Hettlage* und *Collins & Aikman* im Rahmen einer ausführlichen Darstellung dieser Verfahren unten noch zu sehen sein wird, C. III. 2. a).

Haftungspflicht des Insolvenzverwalters wegen Verstoßes gegen die Kooperationspflicht im Einzelfall plausibel begründen lässt.

Erste Hürde ist die Haftungsanspruchsgrundlage für den Insolvenzverwalter des Parallelinsolvenzverfahrens im nationalen Insolvenzrecht. Während der in § 60 Abs. 1 der deutschen InsO und § 81 Abs. 3 der österreichischen KO verwendete Begriff der Haftung gegenüber den „Beteiligten" zunehmend in einem materiellrechtlichen Sinne weit ausgelegt wird und demnach auf Massegläubiger und Ab- und Aussonderungsberechtigte erstreckt wird[300], und deshalb wohl auch auf den Insolvenzverwalter, dem gegenüber die Kooperationspflicht verletzt wird, Anwendung finden wird[301], spricht Art. 36 Abs. 1 des spanischen Ley Concursal ausdrücklich nur von einer Haftung der Verwalter gegenüber den Gläubigern und dem Schuldner. Eine weitere Frage ist der Umfang der Verwalterpflichten. Die Kooperationspflicht nach Art. 31 EuInsVO lässt sich grundsätzlich unter den nationalen Pflichtenkatalog der typischen Verwalterpflichten subsumieren[302]. Um jedoch an die Pflichtverletzung anknüpfen zu können, bedarf es einer Konkretisierung im Sinne einer rechtsverbindlichen Vorgabe[303], welche Pflichten den Verwalter gegenüber seinem Kollegen im Parallelverfahren treffen[304]. Schließlich muss die vermeintliche Pflichtverletzung kausal für den Schaden geworden sein, für den der Verwalter haftbar gemacht werden soll. In Bezug auf den letzten Punkt, den Eintritt eines konkreten Schadens, können sich leicht Beweisschwierigkeiten ergeben[305].

(ii) Haftung aus einem Insolvenzverwaltungsvertrag

Konkreter ist die Anknüpfung für eine Haftung, wenn die Pflichten des Verwalters in einem Insolvenzverwaltungsvertrag klar umrissen sind, vor allen Dingen ist hier zweifelsfrei der Verwalter des parallelen Insolvenzverfahrens als Vertragspartner anspruchsberechtigt. Weitergehend wird von Teilen der Literatur angenommen, dass abredewidriges Verhalten eines Insolvenzverwalters – beispielsweise die Ausübung der Erfüllungswahl hinsichtlich bestimmter Verträge, wenn diesbezüglich im Insolvenzverwaltungsvertrag ein Verzicht erklärt worden war – nicht nur unzulässig, sondern unwirksam sein soll[306], was der Vermeidung von Schäden und damit der Notwendigkeit der Geltendmachung von Schadensersatzansprüchen dient.

Gerade diese Rechtsklarheit und Rechtssicherheit, aufgrund derer sich leicht eine Haftung des vertragswidrig handelnden Insolvenzverwalters nachweisen und be-

---

300 Wobei in beiden Ländern zunehmend für ein weites materiellrechtliches Verständnis des Beteiligtenbegriffs plädiert wird. Zum Streitstand in Deutschland *Smid*, InsO, 2. Aufl. 2002, § 60 RdNr. 9 ff.; für Österreich Bartsch/Pollack/Buchegger III-*Chalupsky/Duursma-Kepplinger*, § 81 RdNr. 100 ff.

301 *Duursma-Kepplinger/Duursma/Chalupsky-Duursma-Kepplinger/Chalupsky*, Art. 31 RdNr. 26 ff.; *Ehricke*, WM 2005, 397, 401.

302 *Ehricke*, WM 2005, 397, 401.

303 *Wittinghofer*, Der nationale und internationale Insolvenzverwaltungsvertrag, 2004, 44.

304 *Ehricke*, WM 2005, 397, 400.

305 Hierzu insbesondere im Bezug auf ein Sanierungsvorhaben unten im Abschnitt zur Problematik der Sanierung im Sekundärverfahren C. II. 3.

306 *Eidenmüller*, ZZP 114 (2001), 3, 21.

gründen lässt, könnte die Insolvenzverwalter von diesem Kooperationsinstrument eher Abstand nehmen lassen. Es stellt sich daher die Frage, ob und woraus eventuell eine Verpflichtung der Verwalter zum Abschluss von kooperativen Insolvenzverwaltungsverträgen herzuleiten ist. Dass sich aus der Kooperationsvorschrift des Art. 31 Abs. 2 EuInsVO eine Verpflichtung zum Abschluss von Insolvenzverwaltungsverträgen ableiten ließe, wird von der Literatur zu Recht verneint[307]. Anders als beispielsweise das UNCITRAL Modell[308] macht die EuInsVO keine Vorgaben dahingehend, wie die in Art. 31 Abs. 2 statuierte Kooperationspflicht umzusetzen sei. Der Abschluss von Insolvenzverwaltungsverträgen ist nur eine Möglichkeit, auf die die Verwalter nicht zwangsläufig verwiesen sind. Für die Beurteilung einer Pflicht zum Abschluss von Insolvenzverwaltungsverträgen als Ausformung der Kooperationspflicht gemäß Art. 31 Abs. 2 EuInsVO gilt der in dieser Vorschrift enthaltene Vorbehalt zugunsten der *lex fori concursus*[309]. Anknüpfungspunkt für eine etwaige Abschlusspflicht wird in den meisten Insolvenzrechtsordnungen die Verpflichtung des Verwalters zu Sicherung und Erhalt der Masse sein – etwa in Deutschland gemäß §§ 21 Abs. 1, 22 Abs. 1 Satz 2, 159 InsO[310] und in Spanien gemäß Art. 43 Ley Concursal, eventuell auch die Maßgabe des Vorrangs der Sanierung vor der Liquidation – im Rahmen der englischen *Administration order* und nach der Zielsetzung des spanischen Ley Concursal, die es gebieten kann, aufgrund der wirtschaftlichen Abhängigkeit mit dem Insolvenzverwalter eines Parallelverfahrens zu kooperieren, um die Sanierungschancen zu steigern. Ob das sich aus diesen Verpflichtungen des Insolvenzverwalters ergebende Kooperationserfordernis allerdings zu einer Pflicht zum Abschluss eines Insolvenzverwaltungsvertrages führt, hängt entscheidend von der Erforderlichkeit und Gebotenheit eines solchen Vertrages als im Einzelfall einzig Erfolg versprechendes Kooperationsinstrument ab.

Damit ist die Etablierung des Insolvenzverwaltungsvertrages als gängiges Mittel zur Bewältigung grenzüberschreitender Insolvenzsachverhalte mit erheblichen Unwägbarkeiten belastet. Die Begründung einer Abschlusspflicht, deren Verletzung geeignet ist, die Haftung des sich weigernden Insolvenzverwalters auszulösen, wird im Einzelfall schwer fallen. Denn eine Abschlusspflicht kann nur dann bestehen, wenn der Abschluss eines Insolvenzverwaltungsvertrages für den Erhalt und eine im Sinne der Gläubiger optimale Befriedigung erforderlich ist, das heißt, wenn die Verweigerung des Vertragsschlusses unweigerlich zur Schmälerung der Masse führt. Der Beweis einer solchen Lage wird selten zweifelsfrei zu führen sein, denn über den Erfolg einer abzuschließenden Kooperationsvereinbarung kann nur eine Prognose angestellt werden, der ein diese sicherlich nicht grundlos verweigernder Insolvenzverwalter regelmäßig eine eigene Prognose entgegenhalten wird, in der er darlegen wird, warum er im Sinne „seiner" Gläubiger eine zu enge vertragliche Bindung für nicht geboten hält.

---

307 *Ehricke*, WM 2005, 397, 401 ff.; *Eidenmüller*, ZZP 114 (2001), 3, 25 ff.
308 Art. 25 bis 27 UNCITRAL-Modellgesetz.
309 *Eidenmüller*, ZZP 114 (2001), 3, 26 und 33 f.
310 *Eidenmüller*, ZZP 114 (2001), 3, 23.

(iii) Aufsicht und Weisung des Insolvenzgerichts

Eine weitere Möglichkeit zur Durchsetzung einer Kooperation könnte der Antrag des Insolvenzverwalters beim Gericht des Parallelverfahrens sein, dem dort eingesetzten Verwalter eine entsprechende Weisung zur Kooperation zu erteilen. Ein derartiger Versuch ist im Verfahren *„Collins & Aikman"* seitens der englischen Hauptinsolvenzverwalter bei einem österreichischen Insolvenzgericht, bei dem ein Sekundärverfahren über denselben Schuldner anhängig war, gescheitert, wobei aus der Entscheidung nicht klar hervorgeht, ob das Gericht die Voraussetzungen des § 84 der österreichischen KO (Aufsicht und Weisungsrecht des Konkursgerichts) nicht für gegeben hält oder vielmehr der Ansicht ist, dass das österreichische Recht das Weisungsrecht des Konkursrichters nicht für die Durchsetzung der Kooperationspflicht nach der Verordnung bereitstellt[311].

Dabei ist die Vorgehensweise der Verwalter des Hauptinsolvenzverfahrens im Falle *„Collins & Aikman"* nicht abwegig. Insbesondere wurde bereits zuvor in der österreichischen Literatur[312] eine auch die sich aus der EuInsVO ergebenden Pflichten umfassende Aufsichtspflicht österreichischer Konkursgerichte nach § 84 KO unter dem Aspekt des Erfordernisses einer lückenlosen Gerichtsaufsicht befürwortet, gerade weil die EuInsVO diesbezüglich keine Regelung trifft. Ansatzpunkt für eine Beschwerdelegitimation i.S.d. § 84 Abs. 3 KO bietet hier Art. 32 Abs. 3 EuInsVO, wonach der Verwalter eines Haupt- oder Sekundärverfahrens berechtigt ist, an einem anderen Insolvenzverfahren wie ein Gläubiger mitzuwirken[313]. Durch diese Vorschrift soll die Wahrnehmung der Interessen der Gläubiger durch ihren Insolvenzverwalter gewährleistet werden[314], wobei allerdings die Festlegung, wie der Verwalter die Rechte „seiner" Gläubiger ausübt, den Mitgliedstaaten überlassen wurde[315]. Der österreichische Gesetzgeber hat hier ebenso wenig eine Regelung getroffen wie der deutsche, der englische oder der spanische Gesetzgeber.

Die Argumentation hinsichtlich der Aufsichtspflicht des Insolvenzgerichts lässt sich ohne weiteres auf die Insolvenzaufsicht nach § 58 InsO übertragen[316]. Da die EuInsVO gemäß Art. 249 Abs. 2 S. 2 EGV in allen Mitgliedstaaten unmittelbar geltendes Recht ist, scheint es nur einleuchtend, dass die sich hieraus auch gegenüber den Beteiligten eines aufgrund der Struktur der Verordnung mit dem inländischen Insolvenzverfahren in Zusammenhang stehenden ausländischen Insolvenzverfahrens ergebenden Pflichten des Insolvenzverwalters wie seine übrigen Pflichten der inländischen Gerichtsaufsicht unterliegen[317]. Der Umfang der richterlichen Auf-

---

311 LG Leoben, B. v. 31.8.2005, ZInsO 2005, 1176, Anm. *Sommer*, ZInsO 2005, 1137, 1139 f.
312 *Duursma-Kepplinger/Duursma/Chalupsky-Duursma-Kepplinger/Chalupsky*, Art. 31 RdNr. 32.
313 *Duursma-Kepplinger/Duursma/Chalupsky-Duursma-Kepplinger/Chalupsky*, Art. 31 RdNr. 33 und Art. 32 RdNr. 18.
314 *Duursma-Kepplinger/Duursma/Chalupsky-Duursma-Kepplinger/Chalupsky*, Art. 32 RdNr. 17.
315 *Duursma-Kepplinger/Duursma/Chalupsky-Duursma-Kepplinger/Chalupsky*, Art. 32 RdNr. 18.
316 Vgl. *Ehricke*, WM 2005, 397, 401.
317 *Vallender*, KTS 2005, 283, 326; a.A. *Lüke*, ZZP 111 (1998), 275, 305, der offensichtlich den Wirkungs- und damit Aufsichtskreis inländischer Richter auf originär inländisches Recht beschränkt sieht.

sichtspflicht geht insofern mit dem haftungsbegründenden Pflichtenkreis des Insolvenzverwalters einher. Die grenzüberschreitende Dimension eines Verfahrens, sei es Haupt- oder Sekundärverfahren, geht nicht allein den Insolvenzverwalter an, sondern muss zwangsläufig auch den Pflichtenkreis des Insolvenzgerichts berühren.

Grundsätzlich ist jedoch zu beobachten, dass die nationalen Insolvenzgerichte mit den von ihnen eingesetzten Insolvenzverwaltern an einem Strang ziehen und somit nicht die optimalen Ansprechpartner für die Durchsetzung der Kooperationspflicht durch den ausländischen Insolvenzverwalter sind.

> Letzteres gilt insbesondere in den mittlerweile typischen Fallkonstellationen von Konzerninsolvenzen, bei denen das Gericht des Sekundärverfahrens die Ansicht vertritt, dass das Hauptverfahren zu Unrecht von einem ausländischen Gericht unter Einsetzung eines ausländischen Insolvenzverwalters eröffnet wurde, obwohl die internationale Zuständigkeit dem inländischen Gericht zugestanden habe, weshalb das Sekundärinsolvenzverfahren oftmals gerade nur eröffnet wird, um dem ausländischen Verwalter durch Entzug der zu verwaltenden Masse seine Pläne zu vereiteln[318].

(iv) Art. 6 EMRK

Zu denken wäre hier allenfalls noch an die Anwendung des Art. 6 EMRK, dessen Aufgabe es ist, die Fairness im Prozess zu wahren[319]. Der Anwendungsbereich des Art. 6 EMRK ist sehr weit und geht über seinen bloßen Wortlaut hinaus[320]. Im Zusammenhang mit dem Insolvenzrecht wurde diese Vorschrift bisher in erster Linie in Bezug auf die Gewährung des rechtlichen Gehörs insbesondere für den Schuldner, aber auch die Gläubiger innerhalb eines Insolvenzverfahrens gebracht[321] und im Hinblick auf die Frage der unberechtigten Inanspruchnahme der internationalen Zuständigkeit diskutiert[322]. Auch für Gläubiger als Beteiligte des Insolvenzverfahrens kann sich ein Bedürfnis und ein Anspruch auf Anordnung oder Unterlass bestimmter Maßnahmen durch das Insolvenzgericht ergeben, da der Insolvenzrichter darüber zu wachen hat, dass die Insolvenzmasse im besten Interesse der Gläubiger verwertet wird[323].

Fraglich ist, inwiefern Art. 6 EMRK im Hinblick auf die Durchsetzung der Kooperationspflicht unter den Insolvenzverwaltern in Ansatz gebracht werden kann. Ein großer Unterschied zu den bisher auf die Anwendbarkeit des Art. 6 EMRK diskutierten Insolvenzfällen besteht hier darin, dass es nicht um die Gewährung des Zugangs und der fairen Behandlung eines klassischen Verfahrensbeteiligten in *einem* Insolvenzverfahren geht, sondern um die wechselseitige Fairness unter den sich in

---

318 So wohl die Motivation des LG Innsbruck, B. v. 11.5.2004, ZIP 2004, 1721 (*Hettlage*).
319 *Meyer-Ladewig*, HK-EMRK, Art. 6 RdNr. 2; Frowein/Peukert-*Peukert*, EMRK, Art. 6 RdNr. 1.
320 *Meyer-Ladewig*, HK-EMRK, Art. 6 RdNr. 4.
321 EKMR Beschwerde 8610/79, E. v. 10.10.1980; EKMR Beschwerde 8988/80, E. v. 10.3.1981, DR 24, 198; *Puschner*, Konkurs und Europäische Menschenrechtskonvention, 2000.
322 *Wimmer*, ZInsO 2005, 119, 124.
323 EKMR Beschwerde 8988/80, E. v. 10.3.1981, DR 24, 198.

zwei selbständigen und dennoch in ihrer Gestaltung voneinander abhängigen Insolvenzverfahren gegenüberstehenden Insolvenzgerichten, Verwaltern und Gläubigern.

Voraussetzung für die Anwendbarkeit des Art. 6 EMRK ist, dass:

- ein aus dem innerstaatlichen Recht abzuleitender Anspruch bzw. ein Recht in Frage steht,
- ein Streit ernsthafter Natur vorliegt, dessen Ausgang für diesen Anspruch bzw. dieses Recht direkt entscheidend ist,
- der Anspruch bzw. das Recht zivilrechtlicher Natur ist[324].

Es geht hier um den Anspruch des Insolvenzverwalters eines grenzüberschreitenden Insolvenzverfahrens auf Kooperation durch den in einem andereren über denselben Schuldner eröffneten Insolvenzverfahren eingesetzten Insolvenzverwalter bzw. auf Sicherstellung einer solchen Kooperation durch das Insolvenzgericht des „anderen“ Verfahrens. Das mit der in Art. 31 Abs. 2 EuInsVO verankerten Pflicht einhergehende Recht auf Zusammenarbeit ergibt sich hier allerdings nicht aus originär innerstaatlichem Recht, sondern aus der EuInsVO. Da diese jedoch gemäß Art. 249 Abs. 2 EGV „gesetzesgleich“ unmittelbar innerstaatliche Geltung entfaltet und damit Bestandteil des nationalen Rechts ist[325], muss auch die Geltendmachung der in ihr statuierten Rechte sich an der europäischen Menschenrechtskonvention messen lassen. Auch ein Streit, wenn nicht über das Bestehen, so jedenfalls über die Tragweite und Art der Ausübung[326] des Kooperationsanspruchs bzw. der Kooperationspflicht, wird regelmäßig der Anlass der Konflikte unter den Insolvenzverwaltern sein. Dieser Streit müsste jedoch einer richterlichen Prüfung zugänglich sein. Die Festlegung, wie gegebenenfalls die Kooperationspflicht aus Art. 31 EuInsVO einzufordern ist, und ob und welche Rechtsmittel hier zur Verfügung gestellt werden, obliegt nach dem oben Ausgeführten[327] den nationalen Gesetzgebern, die hier oftmals keine ausdrückliche Haftungsanordnung getroffen haben[328]. Dies ist im Hinblick auf die Anwendung des Art. 6 EMRK problematisch, denn diese Vorschrift dient der Gewährleistung der Fairness in einem nach nationalem Recht zugelassenen Verfahren, verpflichtet aber nicht zur Einrichtung bzw. Bereitsstellung von Rechtsmitteln[329]. Beruft sich demnach das Gericht, wie das AG Leoben im Verfahren *„Collins & Aikman“*[330], darauf, dass bestimmte Beschwerde- bzw. Durchsetzungsinstrumente der inländischen Insolvenzgesetzgebung nicht zur Durchsetzung der Kooperationspflicht nach Art. 31 EuInsVO zur Verfügung gestellt werden, so ist Art. 6 EMRK insoweit kaum zur Anwendung zu bringen.

---

324 Frowein/Peukert-*Peukert*, EMRK, Art. 6 RdNr. 6; *Meyer-Ladewig*, HK-EMRK, Art. 6 RdNr. 5.
325 *Duursma-Kepplinger/Duursma/Chalupsky-Duursma*, 1. Abschnitt, Teil 3 RdNr. 5 ff.
326 Frowein/Peukert-*Peukert*, EMRK, Art. 6 RdNr. 11; *Meyer-Ladewig*, Hk-EMRK, Art. 6 RdNr. 6.
327 Oben C. I. 4. b) bb) (3) (d).
328 Siehe C. I. 4. b) bb) (3) (d) (iii).
329 *Meyer-Ladewig*, Hk-EMRK, Art. 6 RdNr. 28.
330 Landesgericht Leoben, B. v. 31.8.2005, ZInsO 2005, 1176; dazu *Sommer*, ZInsO 2005, 1137 ff.; zum Ganzen schon oben C. III. 2. a) ee) und C I. 4. b) bb) (3) (c) (iii).

Selbst wenn eine Berufung auf Art. 6 EMRK – dass es sich hier um einen zivilrechtlichen Anspruch handelt, dürfte auch unter Heranziehung früherer Entscheidungen zur Anwendung des Art. 6 EMRK im Insolvenzverfahren gut begründbar sein – und damit eine Beschwerde bzw. eine klageweise Geltendmachung der Verletzung des Kooperationsanspruchs aus Art. 31 EuInsVO auch vor der EKMR oder dem EuGH möglich wäre, bliebe die Frage, inwieweit der Praxis hiermit geholfen wäre. Zweifel an der Praktikabilität entsprechender Schritte bestehen zum einen aufgrund der Langwierigkeit der Verfahren vor den europäischen Instanzen und zum anderen ist die Frage nach der Tragweite und der Art der Ausübung der Kooperationspflicht nach Art. 31 EuInsVO stark von den Umständen des Einzelfalles abhängig, so dass einer Entscheidung aus Straßburg hier kaum Präzedenzwirkung zukommen wird. Sollte also aus Art. 6 EMRK unter dem Gesichtspunkt des fairen Verfahrens bzw. der Gewährung rechtlichen Gehörs sich eine Hinwirkungspflicht nationaler Insolvenzgerichte auf eine Kooperation des von diesem eingesetzten Verwalters mit dem Verwalter eines Parallelverfahrens herleiten lassen, so ist hiermit die faktische und effektive Durchsetzung entsprechender Rechte und Ansprüche bei Weitem nicht gesichert.

(4) Nachteile des Sekundärinsolvenzverfahrens

Ebenso wie die Durchbrechung des Insolvenzstatuts nach Art. 5 ff. EuInsVO ist auch die Möglichkeit der Eröffnung von Sekundärinsolvenzverfahren eine notwendige Folge der Diversität der nationalen Rechte, aufgrund derer ein einziges einheitliches europäisches Insolvenzverfahren nicht realisierbar ist[331]. Folglich stellt auch diese Durchbrechung der Universalität lediglich einen durch die unüberbrückbaren Unterschiede in den nationalen Rechtssetzungen bedingten Kompromiss[332] gegenüber dem wünschenswerten Einheitsverfahren[333] dar, der Nachteile mit sich bringt.

Als Prämisse für die eingehende Prüfung der Auswirkung von Sekundärinsolvenzverfahren auf Sanierungschancen und die Bedeutung dieser Regelungen für Konzerninsolvenzen kann vorangestellt werden, dass ein großes Manko der Konzeption von Haupt- und Sekundärverfahren gemäß Art. 27 ff. EuInsVO in dem zerschlagenden Charakter des Sekundärverfahrens liegt, das durch die grundsätzliche Beschränkung auf eine Liquidation gemäß Art. 3 Abs. 3 EuInsVO begründet ist und damit nicht nur auf den ersten Blick eine Sanierung erschwert[334].

Nicht notwendige Folge der Durchbrechung der Universalität ist die dennoch ebenfalls wenig zufrieden stellende Regelung der Kooperation zwischen Haupt- und Sekundärinsolvenzverwalter in den Art. 31 ff. EuInsVO, die nach ihrer Ausgestaltung lediglich eine Maxime aufstellt, deren Durchsetzbarkeit der nationalen Recht-

331 Erwägungsgrund 11 zur EuInsVO.

332 *Ehricke*, FS-MPI, 337, 341 spricht von einem *„second-best-approach"*.

333 Schon oben zu der Ansicht und Einsicht, dass ein Einheitsverfahren die ideale Lösung grenzüberschreitender Insolvenzfälle darstellen würde A. III. 3.

334 Zu diesem Ergebnis nach einer ausführlichen Analyse unten C. II. 4. a).

setzung überlassen wurde, wo sich die Spur einer solchen schnell verliert[335]. Die durch diese Lücke verursachte Einbuße der Effektivität der Kooperationsvorschriften ist unter Umständen geeignet, sogar eine Sanierung im Hauptverfahren zu gefährden[336]. Hier ist es notwendig, sich *de lege ferenda* Gedanken über eine Konkretisierung der Kooperationspflicht oder über die Etablierung effektiver Durchsetzungsmechanismen zu machen, was im Rahmen dieser Arbeit nach der Analyse der nationalen Insolvenzrechte im rechtsvergleichenden Teil im abschließenden Kapitel geschehen soll.

c) *Die automatische Anerkennung*

Das so genannte „Herzstück“[337] der EuInsVO bilden die Regelungen der Funktion und Reichweite der Anerkennung in den Art. 16 ff. EuInsVO.

> Die Anwendung der entsprechenden Regelung bereitete in der Praxis vor allem in Deutschland trotz ihrer Klarheit zunächst einige Anlaufschwierigkeiten, wie eine in dieser Hinsicht zum Glück einmalig gebliebene Entscheidung des AG Düsseldorf[338] belegt.

Die Art. 16 ff. sind sehr wesentliche Normen der EuInsVO[339], da erst diese der in Art. 4 EuInsVO statuierten Universalität die rechte Wirkung verleihen[340] und dadurch die Ablösung der Territorialität durch eine universal-europäische Wirkung auf den Weg bringen[341].

aa) Der Automatismus

Wesentliches Merkmal der Anerkennungsregelungen der Art. 16 ff. EuInsVO ist der Automatismus der Anerkennung nach Art. 17 Abs. 1 EuInsVO. Denn hierdurch unterscheidet sich die Regelung sowohl von den Anerkennungsmechanismen etwa nach Art. 33 der EG-Verordnung Nr. 41/2001 für die Anerkennung von Titeln in Einzelvollstreckungsverfahren, als auch vom UNCITRAL-Modellgesetz, die jeweils ein Exequaturverfahren für die Entfaltung der Anerkennungswirkung vorsehen[342]. Gemäß Art. 17 Abs. 1 EuInsVO entfaltet die Eröffnung eines Verfahrens nach Art. 3 Abs. 1 EuInsVO in jedem anderen Mitgliedstaat die Wirkungen, die das Recht des eröffnenden Verfahrensstaates dem Verfahren beilegt, ohne dass es hierfür irgendwelcher Förmlichkeiten bedürfte. Vor allem ist die Richtigkeit der Annahme der

---

335 Vgl. *Sommer*, ZInsO 2005, 1137, 1140.
336 Dazu soeben und ausführlicher unten C. II. 4. a).
337 *Leible/Staudinger*, KTS 2000, 560.
338 AG Düsseldorf, B. v. 6.6.2003, DZWIR 2003, 437 (*Daisytek*), der zum Glück durch B. v. 12.3.2004 desselben Gerichts, ZIP 2004, 623 korrigiert wurde; dazu unten im Rahmen der Darstellung dieser vieldiskutierten Entscheidungen C. III. 2. a) aa).
339 *Becker*, ZEuP 2002, 287, 306; *Leible/Staudinger*, KTS 2000, S. 560.
340 *Virgós/Schmit*, Erläuternder Bericht, RdNr. 154.
341 *Smid*, Europäisches Internationales Insolvenzrecht, Kapitel 4, RdNr. 9.
342 UNCITRAL-guide Nr. 129.

Zuständigkeit durch Gerichte anderer Mitgliedstaaten nicht zu überprüfen[343]. Die Bezeichnung als „automatische" Anerkennung erfolgt in den Erwägungsgründen 22 Satz 2 und 24 Satz 1 zur Verordnung.

Entscheidend für die Entfaltung der universellen Wirkung ist, dass das zuerst eröffnende Gericht ausdrücklich die Zuständigkeit nach Art. 3 Abs. 1 EuInsVO in Anspruch genommen hat und damit zu erkennen gibt, dass es den grenzüberschreitenden Bezug des Verfahrens erfasst hat[344]. Ist dies der Fall, entfaltet das Hauptverfahren mit seiner Eröffnung unmittelbar seine materielle Wirkung nach dem Recht des Eröffnungsstaates in allen Mitgliedstaaten, unabhängig von der Belegenheit der Vermögensgegenstände[345]. Diese automatische Anerkennung erfasst auch die Insolvenzverfahrensfähigkeit des Schuldners, selbst wenn diese nach den Regeln des anerkennenden Mitgliedstaates nicht gegeben wäre[346]. Wichtige Konsequenz dieser universellen Eröffnungswirkung ist der Ausschluss individueller Rechtsverfolgung im Wege der Einzelzwangsvollstreckung – *automatic stay*[347]. Dies führt im Einzelfall dazu, dass zugunsten der Universalität auch „hochbewertete Inlandsinteressen"[348] auf die Teilnahme am ausländischen Hauptinsolvenzverfahren verwiesen werden.

Die Interessen der Gläubiger, denen unter Umständen eher an der Möglichkeit zur Einzelzwangsvollstreckung gelegen wäre, statt auf ein Gesamtvollstreckungsverfahren nach ausländischen Regeln verwiesen zu werden, sind nicht die einzigen Belange, die durch die universelle Wirkung berührt werden. In der Praxis stößt die Akzeptanz der automatischen Wirkung der ausländischen Eröffnungsentscheidung an ihre Grenzen, weil erhebliche finanzielle Interessen mit dieser verbunden sind.[349] Demnach resultieren die in der Praxis auftauchenden Probleme mit der Regelung des Art. 16 EuInsVO nicht aus deren Unklarheit, sondern aus der Ignoranz und Intoleranz der zur Beachtung dieser Vorschrift Verpflichteten. Eine Folge, die *Paulus*[350] schon früh vorhergesehen hat, da mit dieser Regelung den nationalen Rechten mit der Entscheidung über die Wirkungserstreckung ausländischer Verfahren auf das Inland eine ihrer zentralen Kompetenzen genommen ist.

Anhaltspunkte für Zweifel an der „Anerkennbarkeit" ausländischer Insolvenzeröffnungsentscheidungen werden dabei aus der Zuständigkeitsregel des Art. 3 Abs. 1

343 *Virgós/Schmit*, Nr. 79; *Huber*, ZZP 117 (2001), 146; *Lüke*, ZZP 111 (1998), 286, 289; *Smid*, Europäisches Internationales Insolvenzrecht, Wien 2002, 42 und 66; OLG Wien, B. v. 9.11.2004, NZI 2005, 56. Anders zunächst *Mankoski*, EWiR 2003, 1239, 1240, der anführt, dass eine Nachprüfung nirgends ausdrücklich verboten wird.

344 So ausdrücklich auch das OLG Wien, B. v. 9.11.2004, NZI 2005, 56. Für deutsche Gerichte wird dies verdeutlicht durch Art. 102 EGInsO § 2; insofern noch zweifelhaft die Entscheidung des AG Duisburg, B. v. 1.9.2002, DZWIR 2002, 522; dazu *Smid* DZWIR 2003, 397, 398.

345 *Virgós/Schmit*, Erläuternder Bericht, RdNr. 154.

346 *Smid*, Europäisches Internationales Insolvenzrecht, Kapitel 4, RdNr. 12.

347 *Leible/Staudinger*, KTS 2000, 561; *Smid*, Europäisches Internationales Insolvenzrecht, Kapitel 4, RdNr. 12.

348 *Leipold*, in Stoll, Stellungnahmen und Gutachten, 1992, 83.

349 *Braun*, NZI 2004, V, VII; *Liersch*, NZI 2004, 141; *Mankowski*, EwiR 2003, 1239 f.; *ders.*, NZI 2004, 450.

350 *Paulus*, EWiR 2000, 889, 890.

EuInsVO gezogen, die – wie gezeigt[351] – mit dem weiten Begriff des Mittelpunktes der hauptsächlichen Interessen in der Tat Raum für vielfältige Interpretationen lässt.

Vor diesem Hintergrund ist es nachvollziehbar, wenn nationale Gerichte, angetrieben von nationalen Insolvenzverwaltern, die Entscheidung eines ausländischen Gerichts, das vermeintlich entgegen der Vorschrift des Art. 3 Abs. 1 EuInsVO seine Zuständigkeit für die Eröffnung eines Hauptinsolvenzverfahrens angenommen hat, nicht ohne weiteres akzeptieren und anerkennen mögen. In diesem Sinne zeigte etwa *Mankowski*[352] Verständnis und lobte die Haltung des AG Düsseldorf als „mutig", mit der Argumentation, dass „man Insolvenztourismus und Insolvenzimperialismus wehren müsse". Dies ändert indes nichts daran, dass aufgrund des Grundsatzes des gegenseitigen Vertrauens und des Automatismus der Anerkennungswirkung eine Überprüfung der Begründetheit durch ein weiteres Gemeinschaftsgericht nicht erfolgt[353], so dass auch bei Zweifeln an der Zuständigkeit die Wirkung der Eröffnungsentscheidung nicht durch ein nationales Recht beseitigt oder aberkannt werden kann[354]. Dies wurde durch den EuGH[355] auf eine entsprechende Vorlagefrage des Supreme Court von Ireland im Verfahren *Parmalat/Eurofood* ausdrücklich bestätigt.

bb) Ablehnung der Anerkennung über die „ordre-public-Klausel" in Art. 26 EuInsVO?

Die einzige nach der EuInsVO zulässige Möglichkeit der Ablehnung der Anerkennung eines ausländischen Insolvenzeröffnungsbeschlusses folgt aus der „ordre-public-Klausel" des Art. 26 EuInsVO[356], die eingreift, wenn die automatische Anerkennung zu einem Ergebnis führen würde, das offensichtlich mit der öffentlichen Ordnung, insbesondere mit den Grundprinzipien oder den verfassungsmäßig garantierten Rechten und Freiheiten des Einzelnen, unvereinbar ist. Mit dieser Vorschrift soll jedoch nur ein Ausnahmetatbestand geregelt werden[357]. Indes soll sie den Mit-

---

351 Oben C. I. 4. a) bb).

352 *Mankowski*, EwiR 2003, 1239 f.; hieran hielt *Mankowski* auch noch beim Jahrestreffen der Freunde des Hamburger Max-Planck-Instituts am 18. Juni 2005 zum Thema „Europäisches und Internationales Insolvenzrecht" fest.

353 Erwägungsgrund 22 aE; *Virgós/Schmit*, Erläuternder Bericht, RdNr. 152, 215, 220; OLG Wien, B. v. 9.11.2004, NZI 2005, 56.

354 Dagegen nur *Mankowski*, EWiR 2003, 1239, 1240, der sehr wohl eine Überprüfung durch das zweite, möglicherweise tatsächlich zuständige Gericht empfiehlt, da nirgends ausdrücklich verboten sei, die Voraussetzungen des Art. 3 EuInsVO nachzuprüfen.

355 EuGH, Urt. v. 2.5.2006, Rs. C-341/04, Nr. 38 (abgedruckt in ZInsO 2006, 484 ff.), dazu unten C. III. 2. b) bb).

356 *Kemper*, ZIP 2001, 1609, 1614; *Duursma-Kepplinger/Duursma/Chalupsky-Duursma-Kepplinger*, Art. 26 RdNr. 2a; *Duursma/Duursma-Kepplinger*, DZWIR 2003, 447, 450; *Virgós/Garcimartín*, The European Insolvency Legislation, Nr.400.

357 EuGH, Urt. v. 2.5.2006, Rs. C-341/04, Nr. 60 ff. (*Parmalat/Eurofood* – abgedruckt in ZInsO 2006, 484 ff.), OLG Wien, B. v. 9.11.2004, NZI 2005, 56, 59; *Virgós/Schmit*, Erläuternder Bericht Nr. 204; *Moss/Fletcher/Isaacs-Moss/Smith*, The EC Regulation on Insolvency Proceedings, RdNr. 8.206; *Smid*, Deutsches und Europäisches Internationales Insolvenzrecht, Art. 26 RdNr. 3; so auch Generalanwalt *Jacobs*, Schlussantrag v. 27.9.2005, Rs. C-341/04, *Eurofood IFSC*, Nr. 131 (abgedruckt in ZIP 2005, 1878 ff.).

gliedstaaten nicht die Möglichkeit eröffnen, unter Berufung auf den *ordre public* des eigenen Rechts das Prinzip der automatischen Anerkennung auszuhöhlen[358]. Dementsprechend ist die Messlatte für einen solchen Verstoß hoch anzulegen. Neben dem hinreichenden Inlandsbezug ist das entscheidende Kriterium die Offensichtlichkeit des Verstoßes, wonach die Anerkennung und die darauf gestützte Vollstreckung der ausländischen Entscheidung unmittelbar einen schweren[359] Verstoß gegen den *ordre public* des anerkennenden Staates darstellen müssen, was etwa dann der Fall wäre, wenn durch die Vollstreckung gemeinschaftsweit anerkannte Rechte der Verfahrensbeteiligten verletzt würden[360]. Dieser Maßstab wurde vom EuGH[361] im Verfahren *Parmalat/Eurofood* im Wesentlichen bestätigt.

Unter dieser Prämisse stellt die Eröffnung eines Insolvenzverfahrens aufgrund der irrtümlichen oder in sonstiger Weise fälschlichen Annahme der internationalen Zuständigkeit *per se* keinen Verstoß gegen den *ordre public* des tatsächlich zuständigen oder eines anderen Mitgliedstaates dar[362], es sei denn, der Irrtum ist seinerseits durch einen groben Verstoß gegen ein Verfahrensrecht eines Beteiligten zustande gekommen[363]. So sehen auch die Gemeinschaftsgerichte bei Zweifeln an der internationalen Zuständigkeit des eröffnenden Staates einen *ordre public*-Verstoß in der Regel nicht als gegeben an[364] und berufen sich selbst bei der Verweigerung der Anerkennung nicht auf Art. 26 EuInsVO[365].

d) *Die autonome Auslegung durch die Mitgliedstaaten und das Auslegungsmonopol des EuGH*

Die Auslegungsverantwortung der nationalen Gerichte und Gesetzgeber im konkreten Einzelfall und die alleinige verbindliche Auslegungskompetenz des EuGH bilden ein gewisses Spannungsfeld. Erhöht wird die Spannung dadurch, dass lediglich letztinstanzliche Gerichte zur Vorlage berechtigt sind und lediglich eine eingeschränkte Vorlagepflicht besteht.

Sollen gemäß der Modifikation durch Art. 68 Abs. 1 EGV nur letztinstanzliche Gerichte – Gerichte, gegen deren Entscheidung nach dem nationalen Recht keine Rechtsbehelfe bei einer höheren Instanz mehr vorgesehen sind[366] – vorlagebefugt

---

358 *Virgós/Schmit*, Erläuternder Bericht Nr. 205; *Lüer*, FS-Greiner, 201, 211.
359 OLG Wien, B. v. 9.11.2004, NZI 2005, 56, 59; *Moss/Fletcher/Isaacs-Moss/Smith*, The EC Regulation on Insolvency Proceedings, RdNr. 8.204.
360 Vgl. *Duursma-Kepplinger/Duursma/Chalupsky-Duursma-Kepplinger*, Art. 26 RdNr. 7; *Herchen*, ZInsO 2004, 61, 65; *Lüer*, FS-Greiner, 201, 211; *Smid*, Deutsches und Europäisches Internationales Insolvenzrecht, Art. 26 RdNr. 7.
361 EuGH, Urt. v. 2.5.2006, Rs. C-341/04, Nr. 60 ff. (abgedruckt in ZInsO 2006, 484 ff.), dazu unten C. III. 2. b) bb).
362 *Virgós/Schmit*, Erläuternder Bericht Nr. 202; *Lüke*, ZZP 111 (1998), 275, 287; *Smid*, Deutsches und Europäisches Internationales Insolvenzrecht, Art. 26 RdNr. 13.
363 AG Düsseldorf, B. v. 12.3.2004, ZIP 2004, 623, 624; so im Ergebnis auch EuGH, Urt. v. 2.5.2006, Rs. C-341/04, ZInsO 2006, 484 ff.
364 OLG Wien, B. v. 9.11.2004, NZI 2005, 56.
365 AG Düsseldorf, B. v. 6.6.2003, ZIP 2003, 1363.
366 Zum Begriff des letztinstanzlichen Gerichts i.S.d. Art. 68 Abs. 1 EGV, der hier von der herr-

sein, so bedeutet dies, dass bevor ein Vorabentscheidungsverfahren eingeleitet werden kann, zunächst der nationale Instanzenzug zu durchlaufen ist, was zur Entlastung des EuGH beiträgt, jedoch das Verfahren unnötig verzögert und verteuert, was sich bei einem Insolvenzverfahren, das auf schnelle Entscheidungen angewiesen ist, da die Halbwertzeit der Insolvenzmasse sehr kurz ist, kontraproduktiv auswirken kann[367]. Letztendlich bedeutet dies eine Erweiterung der Kompetenz für die nationalen Gerichte, die zunächst für die Anwendung im konkreten Fall ihrerseits eine sachgerechte Auslegung vornehmen und erst, wenn auch die letzte Instanz hier noch Unsicherheiten zeigt, den EuGH um Ausübung seiner Auslegungskompetenz anrufen sollen.

In dieselbe Richtung geht eine weitere – relativ unscheinbare – Modifikation nach Art. 68 EGV, der im Gegensatz zu Art. 234 EGV nicht zwischen Vorlageberechtigung und Vorlagepflicht unterscheidet, sondern lediglich neutral von der Vorlagetätigkeit spricht[368]. Von der herrschenden Meinung wird unter Hinweis auf den Einklang mit Art. 234 Abs. 3 EGV eine – wenn auch eingeschränkte – Vorlagepflicht angenommen[369]. Vorlegen soll das letztinstanzliche Gericht demnach nur dann, wenn die Vorlagefrage entscheidungserheblich ist, noch keine gesicherte Rechtsprechung der Gemeinschaftsgerichte zur Vorlagefrage besteht und wenn die vorzunehmende Auslegung nicht derart offenkundig ist, dass die Gerichte der übrigen Mitgliedstaaten und der EuGH keinen Zweifel an der Auslegung haben dürften (so genannter *„acte clair“*)[370]. Auch hierdurch wird betont, dass die Vorlage an den EuGH lediglich „ultima ratio“ bei der Auslegung des Gemeinschaftsrechts sein soll.

Insbesondere die enorme Verzögerung durch ein Vorabentscheidungsverfahren vor dem EuGH, für das das nationale Verfahren, in dem die Vorlagefrage aufgetreten ist, ausgesetzt wird[371], wird die nationalen Gerichte dazu verleiten, sich gründlich zu überlegen, ob sie das Vorabentscheidungsprocedere in Gang setzen oder im Zweifelsfall eher davon ausgehen, dass ihre Auslegung die offenkundige ist. Dennoch ist es bereits zu zwei EuGH-Vorlagen bezüglich Fragen der Auslegung der EuInsVO gekommen[372], über die der EuGH entschieden hat[373].

---

schenden Ansicht funktionell verstanden wird *Duursma-Kepplinger/Duursma/Chalupsky-Duursma*, 1. Abschnitt, Teil 3, RdNr. 24; *Moss/Fletcher/Isaacs-Brent*, The EC Regulation on Insolvency Proceedings, RdNr. 2.32.

367 In diese Richtung auch *Moss/Fletcher/Isaacs-Brent*, The EC Regulation on Insolvency Proceedings, RdNr. 2.33; *Virgós/Garcimartín*, The European Insolvency Legislation, Nr. 3.

368 Hierzu *Duursma-Kepplinger/Duursma/Chalupsky-Duursma*, 1. Abschnitt, Teil 3, RdNr. 25 ff.

369 *Eidenmüller*, IPRax 2001, 2, 7 f.; *Leible/Staudinger*, KTS 2000, 572 f.; *Duursma-Kepplinger/Duursma/Chalupsky-Duursma*, 1. Abschnitt, Teil 3, RdNr. 26.

370 *Duursma-Kepplinger/Duursma/Chalupsky-Duursma*, 1. Abschnitt, Teil 3, RdNr. 27; *Moss/Fletcher/Isaacs-Brent*, The EC Regulation on Insolvency Proceedings, RdNr. 2.34 ff.

371 Dementsprechend hat es seit Inkrafttreten der EuInsVO nur äußerst wenig Vorlagen an den EuGH gegeben, obwohl diese einige unklare Rechtsbegriffe enthält, deren Interpretation unter den Mitgliedstaaten stark umstritten sind.

372 Vorlage durch den BGH, B. v. 24.11.2003, DZWIR 2004, 416 (*Susanne Staubitz-Schreiber*) und Vorlage durch den Supreme Court of Ireland, B. v. 27.7.2004, NZI 2004, 505 (*Parmalat/Eurofood*).

373 EUGH, Urt. v. 17.1.2006, Rs. C-1/04, ZIP 2006, 188 ff. (*Susanne Staubitz-Schreiber*); EuGH, Urt. v. 2.5.2006, Rs. C-341/04, ZInsO 2006, 484 ff. (*Parmalat/Eurofood*).

II. Sanierungsverfahren im Lichte der EuInsVO

Im Rahmen der Gestaltung grenzüberschreitender Insolvenzverfahren mit Sanierungsvorhaben ist ein Blick darauf zu werfen, was der Verordnungsgeber unter einer Sanierung versteht, inwieweit er sie berücksichtigt oder fördert. Bereits im Abschnitt über die Sekundärverfahren gemäß Art. 27 ff. EuInsVO[374] ist deutlich geworden, dass die Verordnung in erster Linie die Sicherung eines Liquidationsvorhabens im Hauptverfahren besorgt und dabei gerade durch die entsprechende Regelung in Art. 3 Abs. 3 EuInsVO Sanierungsvorhaben im Hauptverfahren gefährdet werden. Im Folgenden soll herausgearbeitet werden, inwieweit Sanierungen im Sekundärverfahren trotz der „sanierungshemmenden" Gestaltung des Art. 3 Abs. 3 EuInsVO durchführbar sind.

1. Allgemeines

Die EuInsVO erfasst grundsätzlich auch grenzüberschreitende Sanierungsverfahren.[375] Angesichts wirtschaftlicher Analysen, die belegen, dass eine Sanierung oftmals die effizientere Alternative in der Insolvenz ist, und ein dahingehendes Umdenken in der Insolvenzpraxis zeichnet sich bereits jetzt ab, dass Sanierungsverfahren einen nicht unerheblichen Anwendungsbereich der EuInsVO ausmachen. Dem wird die Verordnung entschieden nicht gerecht. Eine spezielle positive Regelung für Sanierungsvorhaben in grenzüberschreitenden Insolvenzverfahren enthält sie nicht, im Gegenteil sind Sekundärverfahren gemäß Art. 3 Abs. 3 S. 2 EuInsVO grundsätzlich auf Liquidationsverfahren beschränkt. Begründen – aber kaum rechtfertigen – lässt sich diese Diskrepanz zwischen dem Regelungsgehalt der Verordnung und der allgemeinen Tendenz in den europäischen nationalen Insolvenzrechten vermutlich durch die lange Entwicklungsphase der Verordnung, während derer Sanierungen in der Insolvenz europaweit noch nicht stark thematisiert wurden, weshalb bei der Ausarbeitung des EuInsÜ von 1995 zunächst Sanierungen dem klassischen europäischen Bild vom Konkursrecht als reinem Verwertungsrecht entsprechend noch vollständig von der Regelung ausgenommen werden sollten. Erst zum Ende der Verhandlungen hin wurde die Anwendbarkeit der EuInsÜ bzw. der EuInsVO auf Sanierungsverfahren erstreckt, eine Tatsache, die weder im EuInsÜ noch in der EuInsVO explizit zum Ausdruck kommt – von Sanierung ist dort an keiner Stelle die Rede. Lediglich argumentum e contrario ex Art. 3 Abs. 3 S. 2 EuInsVO und Art. 34 Abs. 1, 1. Unterabsatz EuInsVO ergibt sich, dass unter Umständen auch eine Beendigung des grenzüberschreitenden Insolvenzverfahrens durch Sanierung in Betracht kommen kann. Darüber, warum die EuInsVO vor ihrem Erlass im Jahre 2000, als schon viele europäische Gesetzgeber sich der Integration der Sanierung in ihre nationalen Insolvenzrechte gewidmet hatten[376], nicht mehr im Hinblick auf

---

374 Oben C. I. 4. b) bb).
375 *Virgós/Schmit*, Erläuternder Bericht Nr. 50; *Virgós/Garcimartín*, The European Insolvency Legislation, Nr. 72.
376 So gerade auch Deutschland mit der neuen InsO von 1995.

diese Problematik überarbeitet wurde, obwohl es auf eine weitere Verzögerung nach dem langen Weg, der auf der Suche nach einer adäquaten und konsensfähigen Regelung bis dahin zurückgelegt worden war, nicht mehr angekommen wäre, lässt sich nur spekulieren. Vermutlich scheute man, den Inhalt der Verordnung, der im quasi wortgleichen EuInsÜ, das aus anderen Gründen gescheitert ist[377], schon seine europaweite Akzeptanz gefunden hatte, noch einmal grundlegend zu verändern, da dies zu einer erneuten längeren Debatte hätte führen können.

Die EuInsVO ist damit nicht sanierungsfördernd angelegt. Dies ist nicht schädlich, wenn in den Mitgliedstaaten ein Konsens darüber besteht, dass eine Sanierung im Insolvenzverfahren grundsätzlich förderungswürdig ist und die Verordnung einer solchen zumindest nicht im Wege steht. Letzteres ist angesichts der bereits mehrfach erwähnten Regelung des Art. 3 Abs. 3 S. 2 in Zusammenhang mit Art. 2c) und Anhang B EuInsVO, durch die Sanierungen im Sekundärverfahren dem Wortlaut nach zunächst erstmal ausgeschlossen werden, zweifelhaft.

2. Sanierung im Hauptverfahren

Für die Gestaltung von Sanierungsverfahren im Hauptinsolvenzverfahren stellt die EuInsVO keinerlei besondere Anknüpfungspunkte bereit. Positiv ausgedrückt verhält sich der Verordnungsgeber gegenüber der Frage, auf welchem Wege grenzüberschreitende Hauptinsolvenzverfahren zu bewältigen sind, neutral. Damit hat die hier bereits mehrfach angesprochene[378] und im rechtsvergleichenden Teil noch näher zu analysierende[379] Tendenz zur Förderung der Unternehmenssanierung in der Insolvenz keinen Eingang in das europäische Regelwerk gefunden. Die möglichen Gründe hierfür wurden bereits erläutert[380].

In der Praxis hat sich diese „Neutralität" im Hinblick auf die gewählte Zielsetzung bei der Eröffnung von Hauptinsolvenzverfahren jedenfalls nicht als sanierungshemmend ausgewirkt. Da hier nationale Richter in Absprache mit nationalen Insolvenzverwaltern ein (Haupt-)Insolvenzverfahren nach nationalem Recht eröffnen, folgen sie in der Regel dem Esprit der eigenen Rechtsordnung und wenn diese den Versuch einer Sanierung im Insolvenzverfahren unterstützt, wird auch bei Eröffnung eines Verfahrens mit grenzüberschreitendem Bezug nach den jeweils hinsichtlich der Sanierungschancen zu berücksichtigenden Kriterien eine Sanierung in Betracht gezogen und ein entsprechendes Verfahren eröffnet.

Dennoch begegnet bereits die Sanierung in einem Hauptinsolvenzverfahren unabhängig von der Frage der Abstimmung möglicher Sekundärinsolvenzverfahren im Lichte der EuInsVO Gestaltungs- und Umsetzungsproblemen. Diese resultieren aus der Durchbrechung des Universalitätsprinzips im Hinblick auf einzelne Sachrechte

377 Dazu oben C. I.
378 Oben B. II. 6.
379 Unten D.
380 Im vorangegangenen Abschnitt oben C. II. 1.

durch Art. 5 ff. EuInsVO[381]. Insbesondere die Schwierigkeit, für eine Sanierung benötigte Gegenstände zur Masse zu ziehen, an denen ein ausländisches Sicherungsrecht besteht, das nach der hierauf anzuwendenden Rechtsordnung vorab zu befriedigen ist, wurde bereits mehrfach erwähnt[382]. Verschärft wird diese Problematik dadurch, dass sich die Beurteilung eines Sicherungsrechts an einem sich nicht im Verfahrensstaat – und dies ist Voraussetzung des Art. 5 Abs. 1 EuInsVO – befindenden Gegenstand des Schuldners mangels Insolvenzverfahren über den Schuldner im Belegenheitsstaat – wenn ein solches in Form eines Sekundärverfahrens eröffnet wäre, käme nicht Art. 5, sondern Art. 27 ff. EuInsVO zur Anwendung – nach dem dort geltenden allgemeinen Sachrecht und nicht nach dem Insolvenzrecht des Belegenheitsstaates richtet, welches möglicherweise seinerseits Einschränkungen des Sicherungsrechts vorsieht. Das Sicherungsrecht ist zu behandeln, als stünde der gesicherte Gegenstand unter keinerlei Insolvenzbeschlag.

Dies wirkt sich beispielsweise in einem Insolvenzverfahren nach dem neuen spanischen Konkursgesetz, durch das die Privilegien der Inhaber dinglicher Sicherungsrechte zugunsten der Gläubigergleichbehandlung und Steigerung der Sanierungschancen weitgehend zurückgeschraubt wurden[383], dahingehend aus, dass die hier eingesetzten Insolvenzverwalter in ihren üblichen Verwertungsbefugnissen eingeschränkt werden, wodurch die durch den Gesetzgeber intendierte Sanierungsförderung bei grenzüberschreitenden Verfahren gefährdet wird. Gemäß Art. 56 Ley Concursal etwa dürfen die Gläubiger einer Sicherheit an Gegenständen des Schuldners, die seiner unternehmerischen Tätigkeit oder einer ihm unterstehenden Produktionseinheit zuzuordnen sind, keine (Zwangs-)Vollstreckung durch Wegnahme betreiben oder fortführen, solange kein Vergleich geschlossen wurde, nach dem die Ausübung des Vollstreckungsrechts nicht berührt sein soll bzw. solange nicht ein Jahr seit Eröffnung des Insolvenzverfahrens vergangen ist, ohne dass dieses in eine Liquidation übergeleitet wurde. Findet nun aber deutsches Sachrecht auf dingliche Sicherheiten an in Deutschland belegenen Gegenständen Anwendung, so können die spanischen Insolvenzverwalter mangels Verfahrenseröffnung in Deutschland nicht nach § 166 ff. InsO vorgehen, sondern müssen den Sicherungsnehmer nach den Regeln des deutschen Sachenrechts befriedigen.

Solche Hindernisse für den sanierungswilligen Verwalter eines Hauptverfahrens mit grenzüberschreitender Wirkung scheinen indes schwer zu bewältigen, da die Sonderanknüpfung für die in Art. 5 ff. EuInsVO behandelten Rechte aus Gründen der Rechtssicherheit und Gewährleistung der nationalen Rechtssysteme unabdingbar ist. Oftmals versucht der Hauptinsolvenzverwalter durch Antrag auf Eröffnung eines Sekundärverfahrens im Belegenheitsstaat des besicherten Gegenstandes – sofern die Voraussetzung einer Niederlassung i.S.v. Art. 3 Abs. 2 i.V.m. Art. 2 lit. h) EuInsVO vorliegt – den Insolvenzbeschlag herzustellen, um auf diese Weise den besicherten Gegenstand für das Insolvenzverfahren über das schuldnerische Vermögen verfügbar zu machen. Jedoch provoziert er sich mit einem solchen Schritt ge-

---

381 Dazu bereits oben im Rahmen der Darstellung der Struktur der EuInsVO C. I. 1.
382 Einmal im Kapitel über die Probleme der Sanierung in der grenzüberschreitenden Insolvenz oben B. II. 5. b) und im Rahmen der Darstellung der Struktur der EuInsVO C. I. 4. b) aa) (1).
383 Exposición de Motivos zum Ley Concursal, BOE Nr. 164/2003, 26908.

rade im Hinblick auf die Sanierung des Unternehmens nur neue Hindernisse, da – wie bereits beschrieben und im Folgenden noch weiter auszuführen ist – zum einen das Sekundärinsolvenzverfahren gemäß Art. 3 Abs. 3 EuInsVO auf Liquidationsverfahren beschränkt ist und zudem mit der Eröffnung des Sekundärverfahrens die Verwaltungsbefugnis über das im Sekundärverfahrensstaat belegene Vermögen bei dem in diesem Verfahren eingesetzten Verwalter liegt, der möglicherweise seinerseits mit dem besicherten Gegenstand ganz anders zu verfahren gedenkt als der Hauptinsolvenzverwalter. Damit ist festzustellen, dass das Prinzip der eingeschränkten Universalität bereits die Sanierung in einem Hauptinsolvenzverfahren erschwert.

3. Sanierung im Sekundärverfahren

Geradezu zwangsläufig erschwert wird eine umfassende Sanierung dann, wenn über Teile des schuldnerischen Vermögens Sekundärverfahren eröffnet werden. Mit der einzigen wenigstens indirekten Erwähnung von Sanierungsvorhaben bestimmt der Verordnungsgeber in Art. 3 Abs. 3 EuInsVO, dass Sekundärverfahren grundsätzlich auf eine Liquidation gerichtet sein müssen. Neben der Absenz besonderer Regelungen für Sanierungsverfahren im Anwendungsbereich der EuInsVO scheint gerade diese Regel besonderes Indiz für eine „Sanierungsfeindlichkeit" der EuInsVO zu sein.

Besonders (aber nicht nur[384]) *Paulus* kritisiert die Beschränkung des Sekundärinsolvenzverfahrens auf Liquidationsverfahren, da diese den „Ansprüchen eines modernen, die Sanierung als gleichwertige Gläubigerbefriedigungsalternative anerkennenden Insolvenzrechts nicht gerecht werde[385] und in einer gesetzgeberischen Aversion gegen ein modernes, effizientes und praxistaugliches Konzerninsolvenzrecht trachte, jeglichen Versuch einer vollständigen oder auch nur teilweisen Reorganisation einzelner Konzernteile zu unterbinden"[386]. Diese Stellungnahmen beziehen sich explizit zumeist auf Konzerninsolvenzsachverhalte, bei denen die Sanierung selbständiger Konzernunternehmen mittels des Sekundärinsolvenzverfahrens an die Sanierung der Konzernmutter gekoppelt werden soll. Es ist aber im Blick zu behalten, dass der Verordnungsgeber bei der Regelung der Sekundärverfahren als Gegenstand selbiger abhängige Niederlassungen vor Augen hatte und gerade keine Konzerninsolvenzfälle regeln wollte, weshalb die Regelungen in Bezug auf Sekundärinsolvenzverfahren zunächst in erster Linie im Hinblick auf diesen offiziellen Regelungsgegenstand der EuInsVO zu untersuchen sind. Es hat sich bereits in den bisherigen Ausführungen angedeutet, dass schon auf dieser Ebene die Regelungen über Sekundärverfahren zu Problemen führen und zu beanstanden sind.

---

384 Jedoch nicht so heftig wie *Paulus*, sondern eher leise Bedenken äußernd: *Duursma-Kepplinger/Duursma/Chalupsky-Duursma-Kepplinger*, Art. 27 RdNr. 77; *Kolmann*, Kooperationsmodelle, 331 f.; *Lüke*, ZZP 111 (1998), 300.

385 *Paulus*, EWiR 2004, 493, 494; *Paulus*, EWS 2002, 502 f.

386 *Paulus*, FS-Kreft, 469, 470; in diese Richtung auch 43 f.; *Laut*, Universalität und Sanierung, 141 ff.; *Lüke*, ZZP 111 (1998), 275, 300.

Anknüpfend an die Gründe, die den Verordnungsgeber zu der Beschränkung der Sekundärverfahren auf Liquidationen veranlasst haben[387], soll hier untersucht werden, ob diese Beschränkung derart umfassend ist, dass hierdurch Sanierungen im Sekundärverfahren auch dort, wo diese sinnvoll und mit einer Sanierung im Hauptinsolvenzverfahren koordinierbar sind, verhindert werden oder inwieweit Ausnahmen gemacht werden können, ohne den vom Verordnungsgeber intendierten Schutzzweck dieser Regelung zu verletzen.

a) *Ausschluss wertvoller Sanierungsinstrumente*

In der Literatur wird aus der Formulierung der Beschränkung in Art. 3 Abs. 3 EuInsVO, die besagt, dass es sich bei einem Sekundärverfahren um ein Liquidationsverfahren handeln muss, in Verbindung mit der Legaldefinition des Liquidationsverfahrens in Art. 2 lit. c EuInsVO, wonach ein solches auch durch Vergleich oder eine andere die Insolvenz des Schuldners beendende Maßnahme beendet werden kann, geschlossen, dass es nicht auf die konkrete Zielsetzung des Sekundärverfahrens im konkreten Fall ankomme, sondern lediglich die gewählte Verfahrensart auch eine Liquidation ermöglichen müsse[388]. Demnach sind „lediglich" reine Sanierungsverfahren, wie beispielsweise das Ausgleichsverfahren im österreichischen Recht, ausgeschlossen, jedoch könnte ein Insolvenzverfahren nach der deutschen Insolvenzordnung oder nach dem neuen spanischen Ley Concursal, die beide alternativ die Lösung über Liquidation oder Sanierung anbieten, durchaus als Sekundärverfahren auf eine Sanierung gerichtet sein.

Sieht die Rechtsordnung des Sekundärverfahrensstaates für die im konkreten Fall eröffnete Verfahrensart neben der Liquidation auch Maßnahmen zur Sanierung vor, wie es das deutsche Insolvenzverfahren und der spanische *concurso* tun, so kann gemäß Art. 34 Abs. 1, 1. Unterabsatz EuInsVO im Interesse des Hauptverfahrens durch den Verwalter desselben im Sekundärverfahren eine Sanierung in Abstimmung auf das Hauptverfahren veranlasst werden. Ebenso kann gemäß Art. 34 Abs. 1, 2. Unterabsatz EuInsVO eine (isolierte) Sanierung durch den Sekundärinsolvenzverwalter durchgeführt werden, wenn hierdurch die finanziellen Interessen der Gläubiger des Hauptinsolvenzverfahrens nicht beeinträchtigt werden. Beruhten sämtliche europäischen Insolvenzrechtsordnungen auf dem Prinzip des Einheitsverfahrens, wie es im deutschen und spanischen Insolvenzrecht implementiert wurde, könnte die Beschränkung des Art. 3 Abs. 3 Satz 2 EuInsVO sachgerecht lediglich sicherstellen, dass der Verwalter des Sekundärverfahrens nicht ohne Rücksicht auf die Ziele des Hauptverfahrens eigenmächtig saniert[389], ohne dabei eine auf Sanierung gerichtete Zielsetzung des Hauptverfahrens zu erschweren. Derzeit ist die

---

387 Hierzu bereits oben C. I. 4. b) bb) (2) (c).

388 *Duursma-Kepplinger/Duursma/Chalupsky-Duursma-Kepplinger*, Art. 27 RdNr. 75; *Kolmann*, Kooperationsmodelle, 331; *Lüke*, ZZP 111 (1998), 275, 305; *Wimmer*, ZInsO 2005, 119, 124.

389 So die Rechtfertigung dieser Regelung bei *Duursma-Kepplinger/Duursma/Chalupsky-Duursma-Kepplinger*, Art. 27 RdNr. 11.

Liste der Mitgliedstaaten, die kein Einheitsverfahren vorsehen, sehr lang, weshalb Sanierungen im Sekundärverfahren hier weitgehend[390] ausgeschlossen sind.

Demnach ist es von Vorteil, wenn das Insolvenzrecht des Sekundäreröffnungsstaates ein einheitliches Insolvenzverfahren vorsieht, das sowohl in einer Liquidation als auch in einer Sanierung enden kann, da dies im Hinblick auf die Gestaltung des Sekundärinsolvenzverfahrens eine größere Flexibilität verspricht. Diese Anknüpfung der Möglichkeit einer Sanierung im Sekundärverfahren an die vom Sekundärverfahrensstaat gewählte Struktur des Insolvenzrechts führt zu einer Zufälligkeit der Sanierungsmöglichkeit, die nicht dem Sinn und Zweck der Verordnung entspricht. Denn diese Regelung hat nicht den Zweck, nationale Rechtsstrukturen zu wahren. Die Entscheidung der nationalen Gesetzgeber für ein mehrspuriges Insolvenzrecht mit getrennten Verfahren für Liquidation und Sanierung wird kaum in der Absicht vorgenommen, die Möglichkeit der Sanierung in bestimmten Insolvenzfällen ganz abzuschneiden, insbesondere hat sich keine Rechtsordnung zum Ziel gesetzt, eine Sanierung immer dann auszuschließen, wenn im Inland nur ein Sekundärverfahren eröffnet werden kann. Vielmehr soll durch die Trennung der Verfahren nach den Verfahrenszielen eine Effektivierung durch optimalen Zuschnitt auf das jeweilige Verfahrensziel erreicht werden. Im Hinblick auf eine solche Zielsetzung der nationalen Gesetzgeber wirkt die Regelung des Art. 3 Abs. 3 EuInsVO kontraproduktiv.

Von der Anwendung im Sekundärinsolvenzverfahren ausgeschlossen sind alle Verfahren, die nicht in die Schnittmenge der Anhänge A und B zur EuInsVO fallen, so etwa das österreichische Ausgleichsverfahren, die englische *Administration* und *voluntary arrangements*, das französische *redressement judicaire* und die italienische *amministratione straordinaria*. Dieser Auschluss ist besonders bedauerlich, wenn es sich bei den ausgeschlossenen Sanierungsinstrumenten um durchaus erfolgreiche Modelle zur Rettung von insolventen Unternehmen handelt, wie es dem Ausgleichsverfahren nach der österreichischen Ausgleichsordnung nachzusagen ist – auch wenn der Erfolg hier weniger in der Quantität der Ausgleichsverfahren als in der Qualität der tatsächlich durchgeführten liegt[391], und auch die englische *Administration* ist mit der Aufwertung, die sie durch den Enterprise Act 2002 gegenüber dem *receivership*-Verfahren erhalten hat[392], auf dem besten Wege, sich als erfolgreiches Sanierungsverfahren im englischen Insolvenzrecht zu etablieren.

Paulus schlägt daher vor, das „muss“ des Art. 3 Abs. 3 Satz 2 EuInsVO als ein „soll“ zu interpretieren[393], womit wenigstens erreicht wäre, dass ausnahmsweise die in Anhang B nicht aufgeführten Sanierungsverfahren auch im Sekundärinsolvenzverfahren zur Anwendung kämen, wenn der Schutzzweck dieser Vorschrift, nämlich die Sicherung der Ziele des Hauptinsolvenzverfahrens, dies sogar gebiete. Dieser An-

---

390 Es stehen nur noch subsidiäre und stark begrenzte Sanierungsmaßnahmen, wie etwa der Zwangsausgleich im österreichischen Konkursverfahren, zur Verfügung.
391 Ausführlich im rechtsvergleichenden Teil unten D. III. 2. c) bb).
392 Hierzu ausführlich im rechtsvergleichenden Teil unten D. IV. 2. a) bb) und c) aa) (1) (c).
393 *Paulus*, EWiR 2004, 493, 494; *Paulus*, EWS 2002, 502 f.

satz ist zu kritisieren und im Ergebnis abzulehnen, da es sich bei der Behandlung eines ausdrücklichen „muss" als ein hiervon sich erheblich unterscheidendes „soll" kaum mehr um einen Akt der Interpretation handelt, sondern schlicht um eine Hinwegsetzung über den Wortlaut der Verordnung, die unter dem Gesichtspunkt der Rechtssetzungsmacht des Verordnungsgebers und der nur durch Respekt vor dieser gewährleisteten Rechtssicherheit kaum tragbar ist. Die EuInsVO schließt in der aktuellen Fassung mit der Struktur, die sie dem Sekundärinsolvenzverfahren durch Art. 3 Abs. 3 und Art. 27 ff. EuInsVO verliehen hat, wesentliche von den nationalen Insolvenzrechten bereit gestellte Sanierungsinstrumente kategorisch aus.

Aufgabe der weiteren Analyse dieses Themenkomplexes im Rahmen dieser Arbeit ist es daher, festzustellen, ob dieser Zustand durch die mit den entsprechenden Regelungen verfolgten Zwecke gerechtfertigt ist, ob sie zur Erreichung selbiger Zwecke überhaupt erforderlich ist und ob und wie hier gegebenenfalls eine Korrektur durch den Verordnungsgeber vorzunehmen ist.

b) Die Einschränkung der verbleibenden Sanierungsinstrumente im Sekundärverfahren – Eigenverwaltung

Ist die genannte Zufälligkeit in der Verfügbarkeit von Sanierungsmaßnahmen im Sekundärverfahren per se misslich, so ist weiter zu schauen, inwieweit wenigstens dann, wenn das Insolvenzrecht des Sekundärverfahrensstaates Sanierungsmaßnahmen in diesem Verfahren erlaubt, eine solche auch wirklich durchführbar ist. Es wurde festgestellt, dass im Sekundärverfahren grundsätzlich diejenigen Sanierungsmaßnahmen zum Einsatz kommen können, die nach den nationalen Insolvenzrechten im Rahmen der in Anhang B zur Verordnung aufgeführten Insolvenzverfahren vorgesehen sind. Jedoch erfahren auch diese nicht kategorisch ausgeschlossenen Sanierungsinstrumente im Hinblick auf ihre Einsetzbarkeit im Sekundärverfahren empfindliche Einschränkungen.

Probleme können hier Sanierungsmodelle bereiten, die vorsehen, dem Schuldner einen Großteil der Verwaltungs- und Verfügungsmacht zu belassen und diesem nur zur Kontrolle und Unterstützung einen eher „schwachen" Verwalter zur Seite zu stellen. Angesprochen ist hier insbesondere das vom deutschen Insolvenzrecht zur Verfügung gestellte Instrument der Eigenverwaltung gemäß §§ 270 ff. InsO, aber auch die im neuen spanischen Insolvenzrecht gemäß Art. 40 Abs. 1 Ley Concursal vorgesehene Möglichkeit, bei einem so genannten freiwilligen Konkurs *(„concurso voluntario")* dem Schuldner die einem Interventionsrecht der Insolvenzverwaltung unterstellte Verwaltungs- und Verfügungsmacht zu belassen. Einerseits scheint das Instrument der Eigenverwaltung im Sekundärverfahren deshalb unproblematisch einsetzbar, weil es sich nicht explizit um ein Sanierungsverfahren handelt, sondern der eigenverwaltende Schuldner ebenso gut einen Liquidationsplan vorlegen bzw. sich im spanischen Recht gegen einen sanierenden Vergleich entscheiden kann[394].

394 MünchKomm-*Wittig*, InsO, § 270 RdNr. 49; so auch das Ergebnis bei *Huhn*, Die Eigenverwaltung im Insolvenzverfahren, RdNr. 194 nach eingehender Diskussion RdNr. 166 ff. und inzwischen auch *Smid*, DZWIR 2004, 397, 408.

Dennoch bestehen Bedenken gegen die Einsetzung dieses Instruments im Sekundärinsolvenzverfahren nach der EuInsVO.

aa) Ausübung der Eigenverwaltung

Bei Betrachtung der spärlichen Literatur und Judikatur zur Eigenverwaltung im Sekundärinsolvenzverfahren ist festzustellen, dass hier über eine zentrale Frage ein verdeckter Dissens besteht. Es wird von vollkommen unterschiedlichen Motiven und Wirkungen der Anordnung der Eigenverwaltung im Sekundärverfahren ausgegangen, ohne dass dies bisher diskutiert wurde[395]. Dies betrifft insbesondere die nicht unwesentliche Frage, wem bei Anordnung der Eigenverwaltung im Sekundärinsolvenzverfahren die Verwaltungs- und Verfügungsmacht zukommt. *Smid* geht hier selbstverständlich und ohne diese Frage zu erörtern davon aus, dass gemäß dem Wortlaut des § 270 Abs. 1 InsO der Schuldner bzw. dessen organschaftliche Vertreter die entsprechenden Befugnisse erhält[396]. Dieses Selbstverständnis wird nicht nur durch den Wortlaut des § 270 InsO, sondern mehr noch durch den Zweck der Eigenverwaltung gestützt, der zum einen darin besteht, dem Schuldner mit der Möglichkeit, im Insolvenzverfahren selber die Verwaltungs- und Verfügungsmacht auszuüben, einen Anreiz für eine frühe Insolvenzantragstellung zu bieten und zum anderen den Sachverstand des Schuldners bezüglich seines Unternehmens im Insolvenzverfahren effektiv nutzbar zu machen[397].

Anders gesehen wurde die Sachlage bei Anordnung der Eigenverwaltung im Sekundärverfahren durch die Verfahrensbeteiligten im Verfahren *Automold*[398], die davon ausgingen, dass den im englischen Hauptverfahren eingesetzten Insolvenzverwaltern die Eigenverwaltungsbefugnis zukäme, da durch die Eröffnung des Hauptverfahrens die Verwaltungs- und Verfügungsbefugnis des Schuldners bereits auf diese übergegangen war, so dass sie nun bezüglich des im Sekundärverfahrensstaat eröffneten Sekundärinsolvenzverfahrens quasi die Stellung des Schuldners einnähmen[399].

Klarzustellen ist, dass es sich beim Verfahren *Automold* um ein Konzerninsolvenzverfahren und in dessen Rahmen um ein Hauptverfahren über eine Tochtergesellschaft und ein Sekundärverfahren über selbige in Behandlung dieser als Niederlassung ihrer selbst handelte, also nicht die typische vom Verordnungsgeber ins Auge gefasste Konstellation. In vorbildlicher Kooperationsbereitschaft versuchten hier die Verwalter des englischen Hauptinsolvenzverfahrens und der zunächst vorläufige Insolvenz-

---

395 Dies klingt allerdings bei *Wimmer*, ZInsO 2005, 119, 125, an.

396 *Smid*, in: Flöther/Smid/Wehdeking, Die Eigenverwaltung in der Insolvenz, Kap. 5 RdNr. 3 ff.; *ders.*, DZWIR 2004, 397, 407 ff.

397 *Smid/Wehdeking*, in: Flöther/Smid/Wehdeking, Die Eigenverwaltung in der Insolvenz, Kap. 1 RdNr. 5 ff.

398 AG Köln, B. v. 23.1.2004, ZIP 2004, 471; zu diesem Verfahren auch noch ausführlich unten C. III. 2. a) bb).

399 AG Köln, B. v. 231.2004, ZIP 2004, 471, 474; ausdrücklich auch der als Sachwalter im Verfahren eingesetzte RA *Ringstmeier* anlässlich der 1. deutsch-spanischen Juristentagung veranstaltet vom Deutschen Anwaltsverein und der Deutsch-Spanischen Juristenvereinigung am 6.11.2004 in Düsseldorf.; so auch verstanden von *Blenske*, EWiR 2004, 601 f.; *Kübler*, FS-Gerhardt 2004, 527, 538; *Meyer-Löwy/Poertzgen*, ZIP 2004, 195, 197 ff. und *Huber*, FS-Heldrich 2005, 679, 685 f.

verwalter und spätere Sachwalter des deutschen Sekundärinsolvenzverfahrens, gemeinsam mit den Gerichten beider Verfahren die auftretenden Probleme zu lösen. Eines dieser Probleme bestand darin, dass mit der Eröffnung des Sekundärverfahrens in Deutschland, wo sämtliche verwertbaren Vermögensgegenstände der Schuldnerin lagen, das Hauptverfahren quasi masselos und die darin eingesetzten Verwalter funktionslos wurden. Diese Konstellation wurde von allen Beteiligten als unglücklich betrachtet, da das Sekundärverfahren nicht etwa – wie in anderen Fällen[400] – eröffnet worden war, um dem Hauptinsolvenzverfahren – quasi als Strafe für die ungerechtfertigte Eröffnung am Sitz der Konzernmutter – die Masse zu entziehen, sondern um den englischen *Joint Administrators* die effektive Verwertung, die auf ein schnelles Handeln angewiesen ist, zu erleichtern. Denn aufgrund der Massebelegenheit in Deutschland wären die *Joint Administrator* hiermit aufgrund der Sonderanknüpfungen in Art. 5 ff. EuInsVO überfordert gewesen, da diese eine tiefere Kenntnis insbesondere des deutschen Sachenrechts verlangen, die ein ausländischer Insolvenzverwalter nicht in einer seiner Haftungspflicht genüge tuenden Form aufbringen kann[401]. Die Eigenverwaltung wurde daher beantragt und angeordnet, um den Verwaltern des Hauptinsolvenzverfahrens ihre aufgrund der Masselosigkeit dieses Verfahrens genommene Funktion zurückzugeben, damit diese die Verfahren über Konzernmutter und Konzerntochter optimal – unter Hilfestellung des deutschen Sachwalters – würden koordinieren können[402]. Demnach hatte die Anordnung der Eigenverwaltung im Verfahren *Automold* nur unter der Annahme Sinn, dass die Eigenverwaltungsbefugnis gerade nicht der Schuldnerin, sondern den Insolvenzverwaltern des Hauptverfahrens zukäme.

Hinter dieser Konstruktion steckt damit eine Motivation, die einer Zweckentfremdung des Instruments der Eigenverwaltung gleichkommt.

Im Folgenden ist zu klären, welche Wirkung die Anordnung der Eigenverwaltung im Sekundärverfahren generell entfaltet, da – selbst wenn dies in bester Absicht geschieht – nicht beliebig vom Wortlaut des § 270 InsO abgewichen werden darf. Es ist zu untersuchen, wie stichhaltig die Argumentation des AG Köln[403] ist, da die Verwaltungs- und Verfügungsbefugnis der Schuldnerin bereits vor Eröffnung des Sekundärinsolvenzverfahrens auf die Verwalter im Hauptverfahren übergegangen sei, nähmen diese hinsichtlich der Anordnung der Eigenverwaltung quasi die Stellung des Schuldners ein, da die Anordnung der Eigenverwaltung nichts am status quo ändere.

Das Gericht folgt hiermit im Grundsatz offenkundig der Ansicht[404], dass der Schuldner seine Verwaltungs- und Verfügungsbefugnis durch die Eröffnung des In-

400 Wie beispielsweise im Verfahren *Hettlage* durch das LG Innsbruck, B. v. 11.5.2004, ZIP 2004, 1721, dazu unten C. III. 2. a) dd).

401 So auch die Äußerung des als Sachwalter im Verfahren eingesetzten RA *Ringstmeier* zu diesem Fall anlässlich der 1. deutsch-spanischen Juristentagung veranstaltet vom Deutschen Anwaltsverein und der Deutsch-Spanischen Juristenvereinigung am 6.11.2004 in Düsseldorf.

402 Zu dieser Motivation ausdrücklich der als Sachwalter im Verfahren eingesetzte RA *Ringstmeier* anlässlich der 1. deutsch-spanischen Juristentagung veranstaltet vom Deutschen Anwaltsverein und der Deutsch-Spanischen Juristenvereinigung am 6.11.2004 in Düsseldorf.; so auch verstanden von *Meyer-Löwy/Poertzgen*, ZIP 2004, 195, 197 ff.

403 AG Köln, B. v. 231.2004, ZIP 2004, 471, 474 f.

404 Zu dem hier irrelevanten Streitstand, ob der Schuldner die Verwaltungs- und Verfügungsmacht bei Anordnung der Eigenverwaltung gar nicht erst verliert oder nach einem Verlust mit solvenzverfahrens nicht verliere, denn nur dann kann von einem Fortbestand des status quo gesprochen werden[405]. Im Widerspruch zu diesem Ansatz steht jedoch die Annahme des AG Köln, dass *der* status quo maßgeblich sei, der durch die Eröffnung des Hauptinsolvenzverfahrens in England eingetreten ist, im Rahmen derer die Verwaltungs- und Verfügungsbefugnis auf die in diesem Verfahren eingesetzten *Joint Administrators* übergegangen sein soll. Dieser Widerspruch ließe sich durch die Argumentation lösen, dass die Verwaltungs- und Verfügungsbefugnis grundsätzlich durch die Verfahrenseröffnung auch in England nicht beeinträchtigt wurde, dann aber mit Einsetzung der *Joint Administrators* auf diese übertragen wurde. Das Gericht geht demnach davon aus, dass die Eigenverwaltungsbefugnis demjenigen zukommt, dem vor der Anordnung der Eigenverwaltung die Verwaltungs- und Verfügungsbefugnis zustand. Dem hält *Wimmer*[406] zutreffend entgegen, dass mit dem Sekundärinsolvenzverfahren ein vollwertiges inländisches Verfahren eröffnet werde, das grundsätzlich die Wirkungen des Hauptinsolvenzverfahrens blockiere, sofern die EuInsVO Einschränkungen nicht zwingend vorsehe. Demnach bliebe mit der Ansicht vom status quo die Verwaltungs- und Verfügungsbefugnis hinsichtlich des Sekundärinsolvenzverfahrens bei der Schuldnerin.

Dem oben bereits angeführten Argument des Wortlautes des § 270 InsO hält das AG Köln wenig überzeugend entgegen, aus diesem ließe sich gleichermaßen ableiten, dass dem Schuldner mit der Verfahrenseröffnung die Verwaltungs- und Verfügungsbefugnis zunächst entzogen und dann erst originär (zurück-)übertragen werde. Inwiefern dieses Argument die Tatsache entkräftet, dass gemäß dem Wortlaut des § 270 InsO ausdrücklich dem Schuldner (sei es durch Belassung oder Übertragung) die Verwaltungs- und Verfügungsbefugnis zustehen soll[407], ist nicht einleuchtend. Auch in seiner weiteren Argumentation ist das AG Köln nicht vollständig schlüssig und erkennt selber, dass diese indifferent ist und sich die jeweils gegenteilige Auslegung ebenso gut begründen ließe[408]. So wird dem Zweck der Nutzbarmachung der Kenntnisse des Schuldners für den konkreten Fall die Zweckmäßigkeit der Nutzbarmachung der Kenntnisse der Hauptinsolvenzverwalter, die im Hauptverfahren bereits mit der Betriebsfortführung begonnen haben, gegenüber gestellt. Weiter wird angeführt, dass Grundlage für die vom Insolvenzgericht gemäß § 270 Abs. 1 Nr. 3 InsO zu stellende Prognose die aktuelle – also im Fall durch die Hauptinsolvenzverwalter ausgeführte – Geschäftsleitung sein müsse, nicht die Geschäftsführung durch den Schuldner in der Vergangenheit. Dem ist entgegenzuhalten, dass sich die Prognose selbstverständlich auf die Geschäftsführungspersonen zu stützen hat, die bei Anordnung der Eigenverwaltung zum Zuge käme, woraus aber kein Umkehrschluss zugunsten der Eigenverwaltungsbefugnis der Hauptinsolvenzverwalter zu ziehen ist.

Verfahrenseröffnung originär zurück übertragen bekommt, *Huhn*, Die Eigenverwaltung im Insolvenzverfahren, RdNr. 579 ff.; MünchKomm-*Wittig*, InsO, § 270 RdNr. 69.

405 *Huber*, FS-Heldrich 2005, 679, 686.

406 *Wimmer*, ZInsO 2005, 119, 124 f.

407 So auch die Ansicht von *Huhn*, Die Eigenverwaltung im Insolvenzverfahren, RdNr. 584.

408 AG Köln, B. v. 23.1.2004, ZIP 2004, 471, 474 f.

Es wird deutlich, dass hier die Argumentation auf das gewünschte Ergebnis zugeschnitten ist. Weiter ist die Argumentation hier maßgeblich von der besonderen Konstellation geprägt, aufgrund derer hier tatsächlich eine absolute Identität des von den Verfahren betroffenen Unternehmensteils und damit der Geschäftsführungspersonen besteht, wie sie bei einer sich vom Hauptunternehmen unterscheidenden Niederlassung nicht gegeben wäre, so dass die Argumentation nicht repräsentativ für die Beurteilung der Frage der grundsätzlichen Wirkung der Anordnung der Eigenverwaltung im Sekundärinsolvenzverfahren über eine unselbständige Niederlassung ist.

Jedenfalls in den vom Verordnungsgeber vorgesehenen Konstellationen eines Sekundärinsolvenzverfahrens über eine Niederlassung ist die Eigenverwaltung ihrem Normzweck und Wortlaut entsprechend darauf gerichtet, den Schuldner selber die Verwaltung und Verfügung über sein Vermögen unter Aufsicht eines Sachwalters zu gestatten.

bb) Auswirkungen auf die Kooperation

Bei Anordnung der Eigenverwaltung durch den Schuldner scheinen die Kooperationsvorschriften des Art. 31 ff. EuInsVO an ihre Grenzen zu stoßen, da diese offensichtlich vom Übergang der Verwaltungs- und Verfügungsmacht über das schuldnerische Vermögen auf einen hierfür im jeweiligen Verfahrensstaat bestellten Insolvenzverwalter ausgehen. Die sich hieraus ergebenden Bedenken, dass die hohen Anforderungen der Kooperationspflichten dem selbst verwaltenden Schuldner nicht auferlegt werden könnten, lassen sich unter Hinweis auf Art. 2 lit b) EuInsVO i.V.m. Anhang C der Verordnung ohne weiteres beseitigen. Die hierin erfolgende Eingrenzung des Personenkreises, der unter die Bezeichnung des Verwalters im Sinne der EuInsVO fällt, schließt eine Anwendbarkeit der Vorschriften der Art. 31 ff. EuInsVO auf den (sei es im Haupt- oder im Sekundärverfahren) eigenverwaltenden Schuldner aus, stellt aber durch Einbeziehung etwa des bei Eigenverwaltung nach deutschem Recht dem Schuldner zur Seite gestellten Sachwalters in den Anhang C der Verordnung sicher, dass die Kooperationspflicht von einem professionellen Verwalter erfüllt wird[409].

cc) Interessen an der Anordnung der Eigenverwaltung im Sekundärinsolvenzverfahren

Schließlich stellt sich die Frage, wann und in wessen Sinne die Anordnung der Eigenverwaltung durch den Schuldner im Sekundärinsolvenzverfahren wünschenswert und zweckmäßig ist[410]. Im Rahmen der hier behandelten Fragestellung ist da-

409 *Smid*, in: Flöther/Smid/Wehdeking, Die Eigenverwaltung in der Insolvenz, Kap. 5 RdNr. 13.
410 Das Beispiel der Anordnung der Eigenverwaltung durch das AG Köln, B. v. 23.1.2004, ZIP 2004, 471, im Verfahren *Automold* ist hierfür aus den unter C. II. 3. b) aa) genannten Gründen nicht repräsentativ.

bei in erster Linie die Einsetzung des Instruments der Eigenverwaltung zur Sanierung im Sekundärverfahren zu untersuchen. Hierbei ist zu berücksichtigen, dass Sanierungsmaßnahmen im Sekundärverfahren gemäß Art. 34 Abs. 1 EuInsVO grundsätzlich nur vom Hauptinsolvenzverwalter selbst oder mit dessen Zustimmung vorgeschlagen bzw. durchgeführt werden dürfen. Der Hauptinsolvenzverwalter wird allerdings selten ein ausdrückliches Interesse an der Eigenverwaltung durch den Schuldner im Sekundärverfahren haben[411], insbesondere da er die Koordinations- und Kooperationsverhandlungen mit dem hierzu eingesetzten professionellen Sachwalter führt, weshalb diese Verhandlungen noch komplizierter werden, wenn mit dem Schuldner ein Dritter in die Entscheidungsprozesse einzubeziehen ist. Motive für eine Befürwortung der Eigenverwaltung im Sekundärverfahren aus Sicht des Hauptinsolvenzverwalters könnten die durch Einsparung des zweiten Insolvenzverwalters erreichte Kostensenkung zugunsten der Masse und damit der Gläubigergesamtheit sein[412] und selbstverständlich der originäre Zweck der Nutzbarmachung der tiefen Kenntnisse des Schuldners über das von ihm bis zur Insolvenz geführte Unternehmen. Ob diese Motive einen ausländischen Hauptinsolvenzverwalter, dem das Instrument der Eigenverwaltung möglicherweise nicht geläufig ist, angesichts der Komplikationen und Verzögerungen, die durch die hierbei unvermeidliche Mehrstufigkeit der Gestaltungs- und Koordinationsentscheidungen drohen, die Eigenverwaltung im Sekundärverfahren erwägen lassen, ist eher zweifelhaft.

Gemäß § 270 Abs. 2 Nr. 1 InsO setzt die Anordnung der Eigenverwaltung voraus, dass diese vom Schuldner beantragt wird. Doch auch aus dessen Sicht verliert die Option der Eigenverwaltung im Sekundärinsolvenzverfahren aufgrund der Struktur desselben erheblich an Reiz. Soll mit der Eigenverwaltung das Ziel der Sanierung verfolgt werden, so kann gemäß Art. 34 Abs. 1 EuInsVO einem entsprechenden Antrag des Schuldners nur auf Vorschlag oder mit Zustimmung des Insolvenzverwalters im Hauptverfahren entsprochen werden. Selbst wenn diese Voraussetzung vorliegt, ist der eigenverwaltende Schuldner im Sekundärverfahren in der effektiven Gestaltung des Verfahrens erheblich beschränkt. Diese hat nämlich in Abstimmung auf das Hauptinsolvenzverfahren zu geschehen, welche wesentlich von der Ausübung der Kooperationspflicht durch den Sachwalter abhängt[413]. Der Sachwalter nimmt damit bei einer Eigenverwaltung im Sekundärverfahren eine wesentlich tragendere Rolle ein, als dies bei Anordnung der Eigenverwaltung in einem nationalen Insolvenzverfahren üblich ist, wodurch in gleichem Maße die Rolle des eigenverwaltenden Schuldners geschwächt wird.

Mit diesen Hemmnissen wird der Einsatz der Eigenverwaltung zu Sanierungszwecken in grenzüberschreitenden Verfahren wenig attraktiv, was angesichts der Zunahme von internationalen Unternehmensverflechtungen und damit Unterneh-

---

411 Anders nach der Interpretation der Auswirkungen der Anordnung der Eigenverwaltung im Verfahren *Automold*, AG Köln, B. v. 23.1.2004, ZIP 2004, 471, vgl. oben C. II. 3. b) aa).
412 *Smid*, in: Flöther/Smid/Wehdeking, Die Eigenverwaltung in der Insolvenz, Kap. 5 RdNr. 17.
413 Hierzu im vorangegangenen Abschnitt C. II. 3. b) bb).

mensinsolvenzfällen mit grenzüberschreitendem Bezug insgesamt die Effektivität dieses Instruments – gerade auch als Anreiz für den Schuldner, frühzeitig Insolvenzantrag zu stellen – in Frage stellt.

Die hier aufgezeigten Einschränkungen der Einsetzbarkeit und Effektivität der deutschen Eigenverwaltung als Sanierungsinstrument in der Insolvenz zeigen nur exemplarisch, was in ähnlicher Weise für spezielle Sanierungsmaßnahmen anderer nationaler Rechtsordnungen gilt, nämlich, dass sich die Regelungen der EuInsVO, die klar auf eine zerschlagende Verwertung im klassischen Sinne ausgerichtet sind – wenn auch nur mittelbar – auf die Insolvenzkultur und die sich darin langsam entwickelnde Sanierungstendenz in den Mitgliedstaaten auswirken. Dies gibt Anlass zu befürchten, dass der Kompromiss der eingeschränkten Universalität, durch die gerade nationalrechtliche Besonderheiten berücksichtigt und bewahrt werden sollten, gerade nicht die ihm zugeschriebene Funktion erfüllt, ein flexibles System zur effektiven Bewältigung grenzüberschreitender Insolvenzverfahren unter Wahrung der nationalen Individualität des Insolvenzrechts zu schaffen. Die Krux besteht darin, dass gemeinschaftliche Lösungen nur durch vereinheitlichtes Recht auf europäischer Ebene zu finden sind, letzteres aber an den scheinbar unüberbrückbaren Gegensätzen in den nationalen Rechtsordnungen scheitert. Folglich sind zufrieden stellende grenzüberschreitende Lösungen nur durch eine zunehmende Konvergenz der europäischen Rechtsordnungen erreichbar.

c) Gestaltung einer Sanierung im Sekundärverfahren

Im Folgenden ist nun kurz zu skizzieren, wie und durch wen eine Sanierung in den aufgezeigt engen Grenzen, in denen eine solche im Sekundärverfahren möglich ist, gestaltet wird.

aa) Sanierung auf Initiative des Hauptinsolvenzverwalters

Gemäß Art. 34 Abs. 1, 1. Unterabsatz EuInsVO kann der Verwalter des Hauptinsolvenzverfahrens eine Sanierung in dem Rahmen vorschlagen, in dem eine solche nach dem für das Sekundärinsolvenzverfahren maßgeblichen Recht möglich und zulässig ist.

Die allgemeine Interpretation dieser Vorschrift erscheint indes sehr weit. Von der herrschenden Lehre wird formuliert, der Verwalter des Hauptverfahrens könne über Art. 33, 34 EuInsVO von einem Liquidationssekundärverfahren erfasstes Vermögen des Schuldners in eine Sanierung einbeziehen, um eine frühzeitige Zerschlagung dieser Unternehmensteile zu verhindern[414]. Es ist richtig, dass der Insolvenzverwalter des Hauptverfahrens über Art. 33 EuInsVO durch Beantragung der Aussetzung der Verwertung im Sekundärverfahren eine frühzeitige Zerschlagung des diesem unterfallenden Vermögens verhindern kann, was in der Regel geschehen

414 *Duursma-Kepplinger/Duursma/Chalupsky-Duursma-Kepplinger*, Art. 27 RdNr. 77; *Kolmann*, Kooperationsmodelle, 331 f.

wird, um „in Ruhe" einen Sanierungsplan im Hauptverfahren zu erarbeiten und die Möglichkeiten einer abgestimmten Sanierung im Sekundärverfahren zu überprüfen[415]. Konsequent ist daher während der Aussetzung der Verwertung gemäß Art. 34 Abs. 3 EuInsVO allein[416] der Hauptinsolvenzverwalter befugt, liquidationsabwendende Maßnahmen im Sinne von Art. 34 Abs. 1, 1. Unterabsatz vorzuschlagen. Irritierend ist die oben genannte Aussage jedoch im Hinblick darauf, dass Art. 34 Abs. 1, 1. Unterabsatz EuInsVO seinem Wortlaut nach nicht bewirkt, dass das Vermögen des Sekundärverfahrens unmittelbar in die Sanierung des Vermögens im Hauptverfahren einbezogen wird. Vielmehr hat sich der Vorschlag entsprechender Maßnahmen nach den Möglichkeiten der *lex fori secundariae* zu richten[417]. Es kommt also darauf an, welche liquidationsabwendenden Maßnahmen das anwendbare Sekundärverfahrensrecht im Rahmen des eröffneten Verfahrens und der hierfür konkret gewählten Verfahrensart vorsieht. Demnach kann der Hauptinsolvenzverwalter, wenn das als Sekundärinsolvenzverfahren eingeleitete Verfahren von seiner Struktur her eine Sanierung zulässt, wie dies die Einheitsverfahren nach deutschem und spanischem Insolvenzrecht tun[418], eine Umstellung der Zielsetzung in diesem Sekundärverfahren auf eine Sanierung vorschlagen, wobei selbstverständlich die entsprechenden Sanierungsmaßnahmen, etwa ein Insolvenzplan, auf das Sanierungskonzept des Hauptverfahrens abgestimmt werden. Hierdurch wird das dem Sekundärverfahren unterliegende Vermögen lediglich mittelbar in das Hauptverfahren einbezogen. Wie gut diese Integration funktioniert hängt entscheidend von der Kompatibilität der hier zu koordinierenden Insolvenzverfahrensrechte des Haupt- und des Sekundärverfahrensstaates ab.

Handelt es sich bei dem im Sekundärverfahrensstaat eröffneten Verfahren um ein reines Liquidationsverfahren, wie etwa das österreichische Konkursverfahren, das gemäß Art. 3 Abs. 3 i.V.m. Art. 2 lit c) und Anhang B im österreichischen Sekundärverfahren alleine in Betracht kommt, so sind hier liquidationsabwendende Maßnahmen nur – aber immerhin – in dem (zumeist sehr beschränkten) Maße möglich, wie sie im Rahmen dieser Verfahrensart nach der *lex fori secundariae* zulässig sind. Der Verwalter kann keine Umwandlung in eine andere Verfahrensart bewirken. In Österreich käme demnach lediglich ein Zwangsausgleich gemäß §§ 140 ff. KO in Betracht[419]. Der Verwalter eines deutschen Hauptinsolvenzverfahrens kann gerade nicht unmittelbar das Vermögen aus einem österreichischen Sekundärinsolvenzverfahren derart in sein Sanierungskonzept einbeziehen, dass er den im Hauptverfahren ausgearbeiteten Insolvenzplan nach der deutschen InsO auf das dem Sekundärliquidationsverfahren unterliegende Vermögen erstreckt.

---

415 *Duursma-Kepplinger/Duursma/Chalupsky-Duursma-Kepplinger/Chalupsky*, Art. 34 RdNr. 15; *Kolmann*, Kooperationsmodelle, 352;

416 Bzw. kann so ein Vorschlag auch vom Schuldner unterbreitet werden, bedarf aber der Zustimmung des Hauptinsolvenzverwalters, so dass bei diesem tatsächlich die Entscheidungsmacht über solche Maßnahmen zum Zeitpunkt der Aussetzung der Verwertung gemäß Art. 33 EuInsVO besteht.

417 *Duursma-Kepplinger/Duursma/Chalupsky-Duursma-Kepplinger/Chalupsky*, Art. 34 RdNr. 5; *Kolmann*, Kooperationsmodelle, 353;

418 Zu den Insolvenzrechtssystemen Deutschlands und Spaniens unten im jeweiligen Länderbericht des rechtsvergleichenden Teils dieser Arbeit D. II. und V., jeweils 2. b).

419 Vgl. *Duursma-Kepplinger/Duursma/Chalupsky-Duursma-Kepplinger/Chalupsky*, Art. 34 RdNr. 5.

Nach dem bisher Gesagten ist eine Sanierung im Sekundärverfahren in Abstimmung auf das Hauptverfahren instrumentarisch nicht in jedem Fall ausgeschlossen. Fraglich ist jedoch, inwieweit sich die theoretisch durch den Wortlaut der Verordnung eröffneten Möglichkeiten zur Gestaltung des Sekundärverfahrens als Sanierungsverfahren in der Praxis umsetzen lassen. Diesbezüglich ist äußerste Skepsis walten zu lassen. Dreh- und Angelpunkt für eine gelungene Gesamtsanierung in Haupt- und Sekundärverfahren ist die Kooperation zwischen den Beteiligten, insbesondere den Insolvenzverwaltern von Haupt- und Sekundärverfahren. Gerade diese ist jedoch – wie oben bereits ausgeführt[420] – in der Praxis aufgrund oftmals gegenläufiger finanzieller Interessen oder auch nur sachfremder Machtkämpfe keineswegs gesichert und hier lässt die Verordnung dem Verwalter im Sekundärverfahren trotz der Art. 31 ff. EuInsVO sehr viel Freiraum, das (Sanierungs-)Vorhaben des Hauptinsolvenzverwalters zu beeinträchtigen.

Insofern gelten die Ausführungen zur Problematik der Durchsetzung der Kooperationspflicht nach Art. 31 EuInsVO[421] zu einem großen Teil auch in Bezug auf die der Umsetzung des Art. 34 Abs. 1, 1. Unterabsatz EuInsVO. Hiernach steht nämlich dem Hauptinsolvenzverwalter lediglich ein Vorschlagsrecht im Hinblick auf eine Sanierung im Sekundärinsolvenzverfahren zu. Die effektive Gestaltungskompetenz hinsichtlich des Sekundärinsolvenzverfahrens liegt aber weiterhin beim Sekundärinsolvenzverwalter, der dem Vorschlag folgen kann, möglicherweise nach der Vorstellung des Verordnungsgebers auch folgen soll, der aber zu diesem Schritt nicht gezwungen werden kann. Dem Verwalter des Hauptinsolvenzverfahrens stehen keine unmittelbaren Mittel zur Durchsetzung seines Vorschlags zur Verfügung, so dass es sich um ein sehr theoretisches Mitspracherecht ohne unmittelbare praktische Folgen handelt[422].

> Plant der Verwalter des Hauptinsolvenzverfahrens die Sanierung des Unternehmens und ist er für deren erfolgreiche Durchführung auf eine abgestimmte Sanierung im Sekundärverfahren angewiesen – was etwa dann der Fall sein kann, wenn sich an der sanierbaren Niederlassung wesentliche *assets,* beispielsweise in Form einer Produktionsstätte, befinden und über diese Niederlassung wichtige Verträge mit Lieferanten oder Kunden, die über diese bedient werden, geschlossen wurden – so kann er unter Umständen dahingehende Vorschläge gemäß Art. 34 Abs. 1 EuInsVO machen und es könnte sich aus Art. 31 Abs. 1 EuInsVO eine entsprechende Kooperationspflicht ergeben. Hält der Sekundärinsolvenzverwalter hingegen eine umgehende Liquidation im Sinne der Gläubiger des Sekundärverfahrens für die bessere Lösung und folgt dem Sanierungsvorschlag des Hauptinsolvenzverwalters nicht, so wird hier eine Haftung schwer zu begründen sein. Die Kooperationspflicht nach Art. 31 Abs. 2 EuInsVO ist hier jedenfalls keine hinreichende Anspruchsgrundlage, da sie gerade keine Anordnung der Subordination des Sekundärinsolvenzverwalters unter den Willen des Hauptinsolvenzverwalters entgegen seiner Überzeugung beinhaltet. Weiter wird auch im Rahmen des Art. 34 EuInsVO, der im Übrigen ebenso wie Art. 31 Abs. 3

420 Dazu bereits oben ausführlich C. I. 4. b) bb) (3).
421 Oben C. I. 4. b) bb) (3) (d).
422 Vgl. *Bähr/Riedemann*, EWiR 2004, 1085. Zu diesem Problem der Durchsetzbarkeit und möglichen Rechtsmitteln – etwa Art. 6 EMRK – ebenfalls oben C. I. 4. b) bb) (3) (d).

EuInsVO für den Sekundärinsolvenzverwalter jedenfalls keine ausdrückliche Verpflichtung zur Befolgung unterbreiteter Vorschläge statuiert, der Beweis oft schwer zu erbringen sein, dass das durch die mangelnde Kooperation des Sekundärinsolvenzverwalters undurchführbare Sanierungskonzept tatsächlich eine bessere Befriedigung der Gläubiger gebracht hätte als die statt dessen vorgenommene Maßnahme, denn es ist das typische Risiko einer Sanierung, dass ihr Ergebnis schwer zu kalkulieren ist. Ein Schaden wird daher insbesondere der konkreten Höhe nach schwer nachweisbar.

Weiter wird die Argumentation eines wegen vereitelter Sanierung auf Haftung des Sekundärinsolvenzverwalters klagenden Hauptinsolvenzverwalters dadurch erschwert, dass die Verordnungsgeber das Sekundärverfahren grundsätzlich als Liquidationsverfahren konzipiert haben und darüber hinaus – wie gesehen – die EuInsVO die Sanierung in grenzüberschreitenden Verfahren nicht als besonders erstrebenswertes Ziel unterstützt.

bb) Sanierung auf Initiative des Sekundärinsolvenzverwalters

Argumentum e contrario Art. 34 Abs. 1, 2. Unterabsatz EuInsVO kann auch der Verwalter des Sekundärverfahrens (außer im Falle des Art. 34 Abs. 3 EuInsVO) durchaus eine Sanierung vorschlagen bzw. durchführen[423]. Um sicher zu stellen, dass eine solche nicht die Interessen am und im Hauptverfahren beeinträchtigt, bedürfen Sanierungsmaßnahmen durch den Sekundärinsolvenzverwalter der Zustimmung des Hauptinsolvenzverwalters. Ohne eine solche dürfen sie nur dann bestätigt werden, wenn die Interessen der Gläubiger des Hauptinsolvenzverfahrens nicht beeinträchtigt werden. Dieser Mechanismus beschränkt die Entscheidungsmacht des Hauptinsolvenzverwalters im Sekundärverfahren auf das zur Sicherung der Interessen der Gläubiger des Hauptverfahrens notwendige Maß.

Damit dürften Fälle, in denen der Verwalter des Sekundärverfahrens durch Vorschlag entsprechender Maßnahmen eine Sanierung initiiert, jedenfalls im Verhältnis Hauptunternehmen zur Niederlassung[424], praktisch selten sein, da zum einen eine isolierte Sanierung der unselbständigen Niederlassung kaum in Betracht kommen dürfte und für eine kostengünstige Sanierung und Fortführung des Hauptunternehmens oftmals die gelungene Sanierung und Fortführung der Niederlassung Voraussetzung ist[425], so dass durch eine eigenmächtige Sanierung nach der Vorstellung des Sekundärverwalters ohne Zustimmung des Hauptinsolvenzverwalters die Interessen der Gläubiger an der Sanierung im Hauptverfahren beeinträchtigt wären.

---

423 *Smid/Rühle*, in: Handbuch zum Recht der Sanierungsfinanzierung, § 17, RdNr. 41.

424 Zu den Problemen der Koordination von Haupt- und Sekundärinsolvenzverfahren bei Konzernunternehmen unten C. III. 3. b) und c).

425 Vgl. *Duursma-Kepplinger/Duursma/Chalupsky-Duursma-Kepplinger/Chalupsky*, Art. 33 RdNr. 4 und Beispiel unter C. II. 3. c) aa).

4. Ergebnis zu Sanierungsverfahren im Lichte der EuInsVO

Die Lösung grenzüberschreitender Insolvenzfälle über eine Sanierung wird im Anwendungsbereich der Verordnung erschwert. Insbesondere durch die Beschränkung der Sekundärverfahren auf Liquidationsverfahren im Sinne des Anhang B zur EuInsVO fördert der Verordnungsgeber das Bild vom zerschlagenden Charakter der Insolvenz. Die mangelnde Konsequenz in der Sicherung der Kooperation unter den Beteiligten von Haupt- und Sekundärinsolvenzverfahren beeinträchtigt zusätzlich die ohnehin geminderten Sanierungschancen[426].

a) *Erschwerung von Sanierungen in europäischen grenzüberschreitenden Insolvenzverfahren durch die Beschränkung der Sekundärverfahren gemäß Art. 3 Abs. 3 EuInsVO*

Nach den vorangegangenen Ausführungen kann aufgrund der Konkretisierung in Art. 2 lit c) und im Anhang B der Verordnung, wonach viele Sanierungsverfahren und Maßnahmen ausdrücklich im Sekundärinsolvenzverfahren nicht zur Anwendung kommen können, die Regelung des Art. 3 Abs. 3 EuInsVO nicht als sanierungsfreundlich oder sanierungsneutral bezeichnet werden.

Schließlich kann es passieren, dass durch die Beschränkung der Sekundärverfahren nicht nur die Sanierung im Rahmen eines solchen, also bezüglich von Niederlassungen im Sinne des Art. 2 lit h) EuInsVO erschwert oder verhindert wird, sondern durch diese Regelung auch die Sanierung des Hauptsitzes eines Unternehmens im Hauptinsolvenzverfahren erschwert wird. So wurde bereits der Fall genannt, dass sich an der sanierbaren Niederlassung wesentliche *assets*, beispielsweise in Form einer Produktionsstätte, befinden und über diese Niederlassung wichtige Verträge mit Lieferanten oder Kunden, die über diese – im Falle einer Vertriebsniederlassung – bedient werden, geschlossen wurden. Es ist in diesen Fällen zwar möglich, eine neue Niederlassung im Sekundärverfahrensstaat zu gründen, jedoch muss diese aus der Masse finanziert werden und zudem wird ein insolventes Unternehmen, sofern es überhaupt die notwendigen Vertragspartner findet, Verträge zu weniger günstigen Konditionen abschließen können, als vor der Insolvenz. Insofern kann es sich für das Sanierungskonzept im Hauptverfahren hinderlich auswirken, wenn eine sanierbare Nierderlassung im Sekundärverfahren zunächst liquidiert werden muss. Hierdurch wird die Intention des Verordnungsgebers, durch die Beschränkung des Sekundärverfahrens gerade die Erfolgsaussichten der Zielsetzung im Hauptverfahren zu sichern, in Frage gestellt.

Dieses Signal des Verordnungsgebers kann die sich langsam einstellende Tendenz in den Rechtsordnungen zur Förderung der Sanierung als ein mindestens der Liqui-

---

426 Bedenken angesichts dieses Zusammenspiels der Beschränkung des Sekundärverfahrens und wahrscheinlicher „Kooperationsdifferenzen" klingen in ähnlicher Weise bei *Schumacher*, ZIK 2002, 182, 187 an.

dation gleichwertiges in Betracht zu ziehendes Insolvenzziel[427] zumindest irritieren.

b) Die Rolle der Kooperationsregelungen im Hinblick auf die Durchführung einer Sanierung

Ein weiteres Hindernis im Hinblick auf eine Sanierung im Sekundärverfahren stellt die für eine solche erforderliche Kooperation der Insolvenzverwalter des Haupt- und Sekundärverfahrens dar. Mangels effektiver Durchsetzbarkeit der dem Hauptinsolvenzverwalter eingeräumten Einflussmöglichkeiten bleibt es möglich, dass das Sekundärverfahren eine Sanierung im Hauptverfahren zumindest erschwert[428].

c) Auswirkungen der Sanierungsbeschränkung in der EuInsVO

Der Kontrast zwischen der Schwerpunktsetzung der EuInsVO, die in erster Linie die Liquidation als Ziel der Insolvenz vor Augen hat, und der sanierungsfördernden Reformbemühungen in den Mitgliedstaaten ist nicht lediglich generell als kontraproduktiv zu bezeichnen, sondern ist konkret in der Lage, erhebliche Wechselwirkungen zulasten der Kontinuität der europäischen Märkte zu erzeugen.

Die Sanierungsförderung in den nationalen Gesetzgebungen beschränkt sich nicht allein auf die Bereitstellung spezieller Sanierungsverfahren und -maßnahmen, sondern das gesamte Insolvenzrechtsgefüge wird auf eine Sanierungsförderung ausgerichtet. Ein in vielen Rechtsordnungen eingesetztes Element zur Steigerung der Sanierungschancen in der Insolvenz ist die Vorverlagerung der Eröffnung von Insolvenzverfahren auf einen Zeitpunkt, in dem der Schuldner noch nicht hoffnungslos zerrüttet ist, sondern die Aussichten auf eine erfolgreiche Sanierung noch gut stehen. Ziel dieser Vorverlagerung ist es, die Sanierung lebensfähiger Unternehmen in die Insolvenz zu verlagern[429], um auf diese Weise außergerichtliche Sanierungen mit ihren üblichen Nachteilen[430], von denen der größte die Benachteiligung der Kleingläubiger ist, in den Hintergrund zu drängen. Dies geschieht primär durch die Schaffung von Anreizen[431] für den Schuldner, frühzeitig Insolvenzantrag zu stellen, wie etwa der Möglichkeit der Eigenverwaltung (in Deutschland und Spanien) bzw. umgekehrt durch Verschärfung der Haftung für Insolvenzverschleppung (in Deutschland und Österreich), des Weiteren durch Einbeziehung der Möglichkeit zur Beantragung der Insolvenzeröffnung durch den Schuldner bereits bei drohender Zahlungsunfähigkeit (Deutschland, Österreich und Spanien). Die Gesetzgeber arbeiten demnach darauf hin, dass zunehmend Insolvenzverfahren über sanierungsfähige Unternehmen eröffnet werden, bei denen nach alter Rechtslage eine außergerichtliche Sanierung zum Zuge gekommen wäre. Diese Zielsetzung kann

427 Zu dieser Tendenz – die im rechtsvergleichenden Teil unten D. VI. im Hinblick auf die hier herangezogenen Vergleichsländer noch eingehend zu analysieren sein wird – bereits oben B. II. 6.
428 Vgl. *Laut*, Universalität und Sanierung im internationalen Insolvenzrecht, 141 ff.; *Lüke*, ZZP 111 (1998), 275, 300.
429 Amtl. Begr. zum RegE InsO, Allg. 3 b, BT-Drucks. 12/1443, S. 80.
430 Dazu bereits oben B. II. 3.
431 Amtl. Begr. zum RegE InsO, Allg. 4 b, BT-Drucks. 12/1443, S. 84 ff.

durch die sanierungshemmende Struktur der Verordnung konterkariert werden, wenn nach nationalem Recht über ein Unternehmen mit positiven Sanierungsaussichten ein Insolvenzverfahren eröffnet wird, in dem aufgrund der Regelung des Art. 3 Abs. 3 EuInsVO liquidiert werden muss, weil entweder das Insolvenzverfahren als Sekundärverfahren zu eröffnen ist und somit die Sanierungsinstrumente, die das Recht des Eröffnungsstaates zur Verfügung stellt, nicht zum Einsatz gebracht werden dürfen, oder weil, wenn es sich um ein Hauptverfahren handelt, über eine Niederlassung dieses Unternehmens im Ausland, deren Tätigkeit und Vermögenswerte für die Sanierung des Unternehmens schwer entbehrlich sind, ein Sekundärverfahren eröffnet wird, in dem nur liquidiert werden kann.

Die EuInsVO wird aufgrund dieser Konstellation viele sanierungsfähige Unternehmen in die Liquidation treiben oder aber die Schuldner erkennen, dass die Anreize, die die nationalen Rechtsordnungen zur frühen Antragstellung bieten, unter Geltung der EuInsVO nicht mehr gewährleistet sind, und ziehen sich wieder verstärkt auf die Möglichkeit der außergerichtlichen Sanierung[432] zurück, soweit dies ohne zu großes Haftungsrisiko möglich ist. Eine derartige Entwicklung würde jegliche Reformbemühungen der Mitgliedstaaten zunichte machen und die damit verbundenen Zielsetzungen aushöhlen.

Daher ist insbesondere im Hinblick auf grenzüberschreitende Sanierungen an eine Überarbeitung der EuInsVO zu denken, was im Schlussteil der vorliegenden Arbeit geschehen soll[433].

III. Problem Konzerninsolvenzen

Die soeben gewonnene Erkenntnis, dass die Durchführung einer erfolgreichen Sanierung im Anwendungsbereich der EuInsVO erheblichen Hindernissen ausgesetzt ist, ist richtungweisend für die im Folgenden vorzunehmende Beurteilung der Problematik von Konzerninsolvenzen im Lichte der EuInsVO. Dieser kann nun als wesentliche Erkenntnis vorangestellt werden, dass die Koordination paralleler Insolvenzverfahren kein spezifisches Problem von Konzerninsolvenzen darstellt. Die Annahme, dass Konzerninsolvenzverfahren sich effizienter gestalten ließen, wenn sie eine Integration in die EuInsVO in dem Sinne erführen wie die Rechtsprechung Konzernsachverhalte – bevor der EuGH[434] dieser Praxis einen Riegel vorgeschoben hat – in den Anwendungsbereich der EuInsVO einbezog, nämlich durch die Möglichkeit der Eröffnung eines Hauptverfahrens über eine Konzerntochter am Sitz der Mutter kombiniert mit der Eröffnung eines Sekundärverfahrens am Sitz der Tochter, ist durch die Ausführungen im vorangegangenen Kapitel widerlegt. Selbst oder

432 Zu den Vor- und Nachteilen der außergerichtlichen Sanierung gegenüber der Sanierung im Insolvenzverfahren oben B. II. 3.

433 Unten E. I. 2. a).

434 EuGH, Urt. v. 2.5.2006, Rs. C-341/04 (*Parmalat/Eurofood*), ZInsO 2006, 484 ff.; dazu unten C. III. 2. b).

gerade durch diesen Behelf, mit dem die Art. 31 ff. EuInsVO, aber auch Art. 3 Abs. 3 i.V.m. Art. 2 lit c) EuInsVO im Verhältnis zwischen Haupt- und Sekundärverfahren zur Anwendung kommen, wird eine koordinierte Sanierung von Konzernunternehmen kaum erleichtert.

Mit dieser Erkenntnis im Hinterkopf soll die Problematik der Konzerninsolvenzen im Lichte der EuInsVO dargestellt und analysiert werden.

1. Nichtregelung durch den europäischen Verordnungsgeber

Die EuInsVO enthält lediglich Regelungen bezüglich grenzüberschreitender Insolvenzverfahren über das Vermögen *einzelner* Rechtssubjekte, Verfahren über das Vermögen von Unternehmenszusammenschlüssen (= Konzernen) werden ausdrücklich nicht erfasst[435]. Auch wenn diese Entscheidung des Verordnungsgebers zunächst grundsätzlich anerkannt wurde[436], stößt sie zunehmend auf Kritik[437], denn mehr als im nationalen Insolvenzrecht spielen Konzerninsolvenzen auf europäischer und internationaler Ebene eine große Rolle. Dennoch haben bisher nur wenige Mitgliedstaaten Regelungen über Konzerninsolvenzen in ihren nationalen Insolvenzrechten etabliert[438] oder zumindest implementiert[439]. Gerade die sehr unterschiedliche rechtliche Einordnung und Handhabung von Konzernen in den Rechtsordnungen der Mitgliedstaaten hat den europäischen Gesetzgeber von einer Regelung dieses Bereichs Abstand nehmen lassen[440]. Damit ist die Regelung europäischer Konzerninsolvenzen nicht grundlos unterblieben.

---

435 *Virgós/Schmit*, Erläuternder Bericht, RdNr. 76; *Ehricke*, EWS 2002, 101 f.; *Gottwald*, Grenzüberschreitende Insolvenzen, 21f.; *ders.*, Insolvenzrechts-Handbuch, 2. Aufl., 2001, § 131, RdNr. 9; *Duursma-Kepplinger/Duursma/Chalupsky-Duursma-Kepplinger*, Art. 1 RdNr. 48 ff.; *Virgós/Garcimartín*, The European Insolvency Legislation, Nr. 61.

436 So ausdrücklich *Smid*, FS-Geimer, 1215, 1219; *ders.*, DZWIR 2004, 397, 399, der durch eine Regelung die Verordnungsentwicklungskompetenz des Rates überschritten sähe.

437 *Ehricke*, EWS 2002, 101f.; *Lüer*, FS-Greiner, 201, 213; *Mankowski*, NZI 2004, 450, 452; *Pannen/Riedemann*, NZI 2004, 646, 647 f., *Paulus*, EWiR 2004, 493, die von der Konzerninsolvenz als „Prototyp grenzüberschreitender Insolvenzen schlechthin" sprechen; *Braun*, NZI 2004, V; *Willcock*, INSOL World, 2nd quarter 2004, 6 f.; *van Galen*, INSOL Europe Annual Congress Paper, 2 f.

438 So jedenfalls faktisch in Frankreich durch die Anwendung der *„action de comblement de passif"* auf Konzerne (dazu ausführlich und rechtsvergleichend in deutscher Sprache *Ehricke*, Das abhängige Konzernunternehmen in der Insolvenz, 1998, 501 ff.), und in Italien durch die *„amministrazione straordinaria delle grandi imprese in crisi"*, dazu in deutscher Sprache *Vanetti*, ZGR 1989, 396, 402 ff.

439 So hat Spanien in seine neue Insolvenzgesetzgebung Regelungen über Unternehmensgruppen (*grupos de sociedades*) aufgenommen, insbesondere einen Konzerngerichtsstand am Mittelpunkt der hauptsächlichen Interessen der Konzernmutter geschaffen, dazu ausführlich unten im rechtsvergleichenden Teil D. V. 2. d) bb).

440 *Ehricke*, EWS 2002, 101, 102; *Forum Europaeum Konzernrecht*, ZGR 1998, 672, 676 ff.; *Lübking*, Ein einheitliches Konzernrecht für Europa, 2000, 255 ff.; *Smid*, DZWIR 2004, 397, 399, der aus diesem Grund durch die Regelung eines europaweiten Konzerninsolvenzrechts die Verordnungsgebungskompetenz des Rates überschritten sähe; zur Problematik der europäischen Regelung von Konzernsachverhalten bereits oben B. III. 3.

Dennoch ist zu konstatieren, dass sich diese vollkommene Abstinenz des europäischen Gesetzgebers im Hinblick auf die Regelung von Konzerninsolvenzsachverhalten trotz der guten Gründe als unglücklich herausgestellt hat, da hierdurch die wesentlichen Fragen grenzüberschreitender Unternehmensinsolvenzen der von nationalen Gepflogenheiten geprägten und teilweise willkürlichen Interpretation durch die nationalen Gerichte der Mitgliedstaaten überlassen wurden, wodurch eine große Rechtsunsicherheit entstanden ist. Andererseits ist es richtig, dass angesichts des Scheiterns des Projekts der Schaffung eines europäischen Konzernrechts im Allgemeinen[441] die Ausarbeitung eines in sich geschlossenen Konzepts zu einem europäischen Konzerninsolvenzrecht durch den Rat sehr kühn erschienen wäre und die Implementierung bloßer Hilfestellungen hinsichtlich einer konkreten Kooperation und Koordination insbesondere im Hinblick auf Reorganisationsvorhaben bei Konzernsachverhalten[442] sehr diffizil ist[443].

2. Europäische Gerichtsentscheidungen zu Konzerninsolvenzen

Trotz der relativ kurzen Zeit seit Inkrafttreten der EuInsVO am 31.5.2002 lässt sich bereits auf eine Vielzahl Entscheidungen zurückgreifen, die sich mit Fragen der Anwendung der Verordnung auseinander zu setzen hatten[444]. Damit wichen die rein wissenschaftlichen Diskussionen[445] um die neue EuInsVO ganz praktischen Fragen, mit denen sich die Gerichte in mehreren Mitgliedstaaten hinsichtlich der Anwendung bzw. Anwendbarkeit der Verordnung konfrontiert sahen.[446] Erst die Applikation der Verordnung durch die Praxis bringt die Schwächen selbiger ans Licht. Dies gilt insbesondere für die Problematik von Konzerninsolvenzen, deren große praktische Bedeutung und Tragweite erst durch spektakuläre Entscheidungen unter Anwendung der EuInsVO ins Bewusstsein der Insolvenzrechtler getreten ist, was die zuvor kaum beanstandete Nichtberücksichtigung der konzernrechtlichen Besonderheiten durch den Verordnungsgeber ebenfalls in ein anderes, kritischeres Licht setzt. Die Judikatur europäischer Gerichte hat hier ausgehend von England eine bemerkenswerte Eigendynamik entwickelt, die die faktische Existenz eines europäischen Konzerninsolvenzrechts zunehmend schwer leugnen ließ. Zwar hat der

---

441 Zu den diesbezüglichen Bemühungen *Forum Europaeum Konzernrecht*, ZGR 1998, 672 ff.; *Hommelhoff*, ZGR 1992, 121 ff.; *Neye*, ZGR 1995, 191 ff.; *Windbichler*, EBOR 1 (2000), 265 ff. und oben B. III. 3.

442 Gefordert schon von *Göpfert*, ZZPInt 1 (1997), 269, 278 f.

443 Zu entsprechenden Vorschlägen unten E. I. 2. b).

444 AG Düsseldorf, B. v. 6.6.2003, ZIP 2003, 1363, *dass.*, B. v. 12.3.2004, ZIP 2004, 623, High Court of Justice Leeds, B. v. 16.5.2003, ZIP 2003, 1362 (*Daisytek*); AG Köln, B. v. 23.1.2004, ZIP 2004, 471 (*Automold*); AG Duisburg, B. v. 10.12.2002, NZI 2003, 160 (*Babcock Borsig*); AG München, B. v. 4.5.2004, ZIP 2004, 962 (*Hettlage*); Supreme Court of Ireland, Urt. v. 27.7.2004, NZI 2004, 505 (*Parmalat/Eurofood*)

445 *Fritz/Bähr*, DZWIR 2001, 221; *Huber*, ZZP 114 (2001), 133; *Kemper*, ZIP 2001, 1609; *Lehr*, KTS 2000, 577; *Paulus*, EWS 2002, 497.

446 Zu den meistdiskutierten Fällen: *Daisytek, Eurofood-Parmalat, Hettlage* und *Automold* ausführlich in diesem Kapitel C. III. 2.

EuGH[447] dieser Entwicklung in entscheidenden Punkten Einhalt geboten, dennoch ist die Frage nach der adäquaten Behandlung von Konzerninsolvenzsachverhalten im Lichte der EuInsVO damit nicht abschließend geklärt.

a) Die Entwicklung der Judikatur zu Konzerninsolvenzsachverhalten

Wegen ihrer hohen praktischen Relevanz soll die von erheblichen Kontroversen begleitete Entwicklung in der Judikatur nationaler Gerichte einschließlich ihrer Einflüsse auf die Haltung der Rechtswissenschaft zur Frage der Behandlung von Konzerninsolvenzen im Folgenden umfassend dargestellt werden.

aa) Daisytek

Der erste europaweit Aufsehen erregende Fall zur Problematik der Konzerninsolvenzen im Lichte der EuInsVO war das Verfahren über den *Daisytek*-Konzern[448]. Durch die Insolvenzeröffnungsentscheidung des High Court of Justice Leeds vom 16.5.2003 erfuhr die schon zuvor[449] eingeleitete Tendenz zur Ansiedelung des Mittelpunktes der hauptsächlichen Interessen einer Konzerntochter am Sitz der Konzernmutter ihren Durchbruch.

Seine Prominenz erhielt dieses Verfahren jedoch erst durch den Beschluss des AG Düsseldorf vom 6.6.2003[450], mit dem dieses auf die englische Eröffnungsentscheidung über die deutschen Tochtergesellschaften reagierte. Aufgrund der großen Bedeutung dieses Verfahrens für die weitere Entwicklung in der europäischen Judikatur soll der Sachverhalt, dem eine für Fälle grenzüberschreitender Konzerninsolvenzen sehr typische Grundkonstellation zugrunde liegt, etwas ausführlicher geschildert werden.

> Sachverhalt:
> Die im Handelsregister Neuss eingetragene *ISA Deutschland GmbH* und die *Supplies Team GmbH* sind mit einer ebenfalls im Handelsregister Neuss eingetragenen Holding, der *PAR Beteiligungs-GmbH*, über einen Beherrschungs- und Gewinnabführungsvertrag als deren Töchter verbunden. Alleingeschäftsführerin der Tochtergesellschaften ist die in Deutschland ansässige Frau F. Die Geschäftsführung über die Holding übt diese gemeinsam mit dem in Großbritannien ansässigen Herrn R. aus. Die drei Gesellschaften sind Mitglieder eines europäischen Konzerngebildes. Die Geschäftsanteile der Holding werden von einer englischen Company gehalten.
> Auf Antrag des englischen Mitgeschäftsführers erließ der High Court of Justice Leeds am 16.5.2003[451] eine so genannte *Administration Order* gem. sec. 8 des Insolvency Act 1986[452] sowohl über die englische *company* als auch über die drei deutschen Gesell-

447 EuGH, Urt. v. 2.5.2006, Rs. C-341/04 (*Parmalat/Eurofood*), ZInsO 2006, 484 ff.; dazu unten C. III. 2. b).
448 High Court of Justice Leeds, B. v. 16.5.2003 – No. 861 – 876/03, ZIP 2003, 1362.
449 So etwa im Verfahren *Enron Directo Sociedad Limitada*, leider unveröffentlicht, aber angesprochen und zusammengefasst von *Pannen/Riedemann*, NZI 2004, 646, dazu auch sogleich weiter unten in diesem Abschnitt C. III. 2. a) aa) aE.
450 AG Düsseldorf, B. v. 6.6.2003, ZIP 2003, 1363.
451 High Court of Justice Leeds, B. v. 16.5.2003, ZIP 2003, 1362.
452 Ausführlich zum *Administration*-Verfahren nach englischem Recht siehe unten im rechtsvergleichenden Teil D. IV. 2. c) aa) (1).

schaften[453] und bestellte für dieses Verfahren zwei englische *Joint Administrators*. Das englische Gericht führte in seiner Entscheidung aus, dass aufgrund der vorgelegten Unterlagen die EuInsVO einschlägig sei und die Verfahren Hauptverfahren (*main proceedings*) i.S.d. Art. 3 Abs. 1 EuInsVO seien:

"... And upon the Court being satisfied on the evidence before it that the EC Regulation does apply and these proceedings are main proceedings as defined in Art. 3 of the EC Regulation"

Hinsichtlich des *centre of main interests* führte das englische Gericht aus, dass dieses auch für die deutschen Gesellschaften in England beim Sitz der englischen Konzernmutter liege, da diese die wesentlichen organisatorischen und finanziellen Entscheidungen auch für die Töchter getroffen habe und dies jedenfalls für die großen Kreditgeber unter den Gläubigern auch erkennbar gewesen sein müsse, da die in England ansässige *Daisytek-ISA Limited* mit diesen die wesentlichen Verträge geschlossen habe.
Mit Schreiben vom 17.5.2003 stellte Frau F. beim AG Düsseldorf Antrag auf Eröffnung von Insolvenzverfahren für alle drei deutschen GmbHs. Ein Hinweis auf die in England anhängigen Verfahren erfolgte hierbei nicht.
Der in den deutschen Verfahren eingesetzte vorläufige Insolvenzverwalter K. machte mit Schriftsatz vom 4.6.2003 die Verfahrenseröffnung in Leeds durch Anlage einer Kopie der *Administration Order* dem AG Düsseldorf aktenkundig. Daraufhin erließ der zuständige Richter des AG Düsseldorf am 6.6.2003[454] einen Klarstellungsbeschluss, in dem das AG Düsseldorf für allein zuständig erklärt wurde, mit der Begründung, dass die zuvor vom High Court Leeds erlassene *Administration Order* keine Bindungswirkung entfalte, da bei dieser Entscheidung die Vorschriften der EuInsVO weder erwähnt noch beachtet worden seien.
Ein mit Schriftsatz vom 12.6.2003 von den englischen *Joint Administrators* beim AG Düsseldorf gestellter Antrag auf öffentliche Bekanntmachung des Beschlusses des High Court of Leeds wurde unter Hinweis auf den Beschluss vom 6.6.2003 abgelehnt.
Mit Beschluss vom 9.7.2003 wurden in Düsseldorf Insolvenzverfahren über die drei Gesellschaften eröffnet. Hiergegen legten die englischen *Administrators* am 23.7.2003 außerordentliche Beschwerde wegen Verstoßes gegen Art. 3 Abs. 2 EuInsVO ein. Ohne die angekündigte weitere Begründung abzuwarten, half der zuständige Richter am AG Düsseldorf der Beschwerde nicht ab, sondern legte die Akten dem LG Düsseldorf vor, mit der Begründung der Eröffnungsbeschluss in Leeds sei unter Verletzung des rechtlichen Gehörs der deutschen Geschäftsführerin durch Antragstellung des nicht bzw. nicht allein vertretungsberechtigten englischen Geschäftsführers zustande gekommen.
Mit Beschluss vom 23.10.2003 wurde der Nichtabhilfebeschluss durch das LG Düsseldorf aufgehoben und die Sache zur erneuten Durchführung des Nichtabhilfeverfahrens an das AG Düsseldorf zurückgegeben. Begründet wurde dies damit, dass die deutsche Geschäftsführerin F. nicht zum Zwecke der Sachaufklärung gehört worden sei.
Nach einem personellen Wechsel im zuständigen Dezernat des AG Düsseldorf wurde durch dieses Beweis erhoben über die Frage, ob die Geschäftsführerin Frau F. den Antragsteller in Leeds ermächtigt hat, dort auch für die deutschen Gesellschaften Insolvenzantrag zu stellen.

---

453 Zur Diskussion um Richtigkeit und Konsequenzen dieser Entscheidung des High Court of Justice Leeds im Hinblick auf Konzerninsolvenzen noch ausführlich unten C. III. 3.
454 AG Düsseldorf, B. v. 6.6.2003, ZIP 2003, 1363.

Mit Beschluss vom 12.3.2004[455] stellte das AG Düsseldorf das deutsche Insolvenzverfahren unter Anerkennung des vom High Court of Justice Leeds eröffneten Hauptinsolvenzverfahrens ein und eröffnete auf Antrag des englischen *Administrators* ein Sekundärinsolvenzverfahren[456] über das Vermögen der *Supplies Team GmbH*.

Bereits bei der unkommentierten Lektüre dieses Sachverhalts wird deutlich, dass einige der hier aufgetretenen Missverständnisse und Ungereimtheiten nicht als typische Folgen der Unsicherheit aufgrund der Neueinführung der EuInsVO zu qualifizieren sind. Für großes Unverständnis sorgte in diesem Sinne die Tatsache, dass das AG Düsseldorf in seiner Entscheidung vom 6.6.2003[457] angesichts der eindeutigen Ausführungen im Beschluss des High Court of Leeds zur Anwendbarkeit der EuInsVO hat in Abrede stellen können, dass der High Court die Verordnung überhaupt erwähnt oder beachtet habe[458]. Dies ist ein Fehler, dem hier keine große Aufmerksamkeit geschenkt werden soll, da es sich nicht um ein spezifisches Problem der Applikation der EuInsVO handelt.

In korrekter Anwendung des Art. 16 EuInsVO hätte das AG Düsseldorf zu dem Ergebnis kommen müssen, dass der Eröffnungsbeschluss des englischen Gerichts Priorität habe und ohne weiteres anzuerkennen sei[459]. Zwar war hier aufgrund des im Sachverhalt geschilderten Verhaltens der Geschäftsführerin der deutschen GmbHs an eine Verletzung deren rechtlichen Gehörs durch die Antragstellung in England zu denken, die möglicherweise aufgrund der *ordre public*-Klausel des Art. 26 EuInsVO[460] die Unwirksamkeit des Eröffnungsbeschlusses zur Folge hätte haben können[461], doch hätte dieser Irrtum hinsichtlich des zugrunde zu legenden Sachverhaltes durch Beachtung des Amtsermittlungsgrundsatzes gemäß § 5 Abs. 1 S. 1 InsO, der hier angesichts der hoch gesetzten Messlatte für einen *ordre-public*-Verstoß besondere Sorgfalt erforderte, vermieden werden können. Insofern bestand von Anfang an weitgehende Einigkeit darüber, dass die Vorgehensweise des AG Düsseldorf hier sehr fragwürdig und daher abzulehnen sei[462].

Es ist jedoch einzuräumen, dass die Entscheidung des AG Düsseldorf nicht auf schlichtem Unverständnis basierte, sondern es sich hierbei um einen Versuch handelte, der bereits erwähnten Tendenz (damals nur) englischer Gerichte bei Konzern-

---

455 AG Düsseldorf, B. v. 12.3.2004 – 502 IN 126/03, ZIP 2004, 623.

456 Auch dieses Vorgehen ist nicht unumstritten, da sofern es sich um selbständige Töchter und nicht um Niederlassungen der englischen *Daisytek Limited* handelte, über die bereits ein Hauptverfahren in England eröffnet war, nicht über dieselben Unternehmen noch Sekundärinsolvenzverfahren eröffnet werden können.

457 AG Düsseldorf, B. v. 6.6.2003, ZIP 2003, 1363.

458 Hierauf musste erst *Smid*, DZWIR 2003, 397, 400 aufmerksam machen, bis das AG Düsseldorf „in anderer Besetzung" diesen Fehler einräumte, so im Beschluss vom 12.3.2004, ZIP 2004, 623.

459 Zur Klarheit der Regelungen der Art. 16 ff. EuInsVO als Kernthemen der Verordnung siehe oben C. I. 4. c).

460 Zu dessen Voraussetzungen siehe oben C. I. 4. c) bb).

461 So jedenfalls *Paulus*, ZIP 2003, 1725, 1728 f.

462 *Duursma/Duursma-Kepplinger*, DZWIR 2003, 447 ff.; *Duursma-Kepplinger*, ZIK 2003, 182; *Smid*, DZWIR 2003, 397 ff.; anders nur *Mankowski*, EWiR 2003, 767, *ders.*, EWiR 2003, 1239 f.

sachverhalten sehr schnell ihre Zuständigkeit anzunehmen und der ungewohnten Machtlosigkeit[463] hinsichtlich ausländischer Eröffnungsentscheidungen etwas engegen zu setzen, weshalb diese „Protestentscheidung" von einem Teil der Literatur als „mutig" gelobt wurde[464]. Dennoch konnte diese Entscheidung, die keinerlei Rechtfertigung in der Verordnung findet, bei allem Verständnis für die dadurch zum Ausdruck gebrachte Kritik an der englischen Eröffnungsentscheidung keinen Erfolg haben.

Soweit zur Entscheidung des AG Düsseldorf vom 6.6.2003. Interessanter im Hinblick auf die hierauf aufbauende Entwicklung in der Behandlung europäisch-grenzüberschreitender Konzerninsolvenzsachverhalte ist die ebenfalls kritisierte[465] Insolvenzeröffnungsentscheidung des Richter *McGonigal* vom High Court of Justice Leeds[466].

Richter *McGonigal* verwendet in seiner Entscheidung zur Eröffnung der *Administration*-Verfahren über mehrere in verschiedenen europäischen Ländern ansässige Unternehmen des *Daisytek*-Konzerns vom 16.5.2003 viel Sorgfalt darauf, darzulegen und auszuführen, inwieweit alle wesentlichen organisatorischen und wirtschaftlichen Entscheidungen auch für die Konzerntöchter am englischen Sitz der Mutter *Daisytek international plc.* getroffen wurden und daher unter Widerlegung der Vermutung des Art. 3 Abs. 1 Satz 2 EuInsVO eine Eröffnungszuständigkeit in England gegeben sei[467]. Allein diese durchaus (die für den außenstehenden Leser nicht überprüfbaren zugrunde gelegten Fakten über die Unternehmensstruktur und -organisation als richtig unterstellt) überzeugende Darstellung zeigt, dass sich der Richter der Problematik und damit schließlich auch der Zweifelhaftigkeit seiner Entscheidung bewusst war. Weiter hat *McGonigal* sich durchaus damit beschäftigt, welcher Gedanke für den europäischen Gesetzgeber hinter dem Begriff des *„centre of main interests"* steht, indem er auf das aus Erwägungsgrund 13 abzuleitende Erfordernis der Erkennbarkeit für die potentiellen Gläubiger[468] eingeht. Für den konkreten Fall hält er es für ausreichend, dass die seiner Ansicht nach wichtigsten Gläubiger, nämlich die Kreditgeber, wissen mussten, dass die erhebliche Entscheidungsmacht bei der englischen Mutter lag, da diese größtenteils selber die Kreditverträge abgeschlossen habe.

Eine ähnliche Begründung lag bereits der ersten Entscheidung in einem Konzerninsolvenzfall nach Inkrafttreten der EuInsVO durch Richter *Lightman* am 4.6.2002 beim London High Court zugrunde. Auch hier stand die Frage, wo der Mittelpunkt der hauptsächlichen Interessen der Konzerntochter im Sinne des Art. 3 Abs. 1 EuInsVO

---

463 Zur Gewöhnungsbedürftigkeit der automatischen Anerkennung gem. Art. 16 EuInsVO für nationale Richter, die vor Inkrafttreten der EuInsVO in der Regel durch die Durchführung eines Exequaturverfahrens Einfluss auf die Anerkennung hatten schon *Paulus*, EWiR 2000, 889, 890.

464 So etwa von *Mankowski*, EwiR 2003, 1239 f.

465 *Duursma-Kepplinger*, ZIK 2003, 182 ff.; *Mankowski*, EwiR 2003, 767; *ders.*, EWiR 2003 1239 f.; *Paulus*, EWiR 2003, 709; *Smid*, DZWIR 2003, 397, 400.

466 High Court of Justice Leeds, B. v. 16.5.2003, ZIP 2003, 1362.

467 High Court of Justice Leeds vom 15.5.2003, ZIP 2003, 1362 f.

468 Dazu schon oben C. I. 4. a) bb).

anzusiedeln sei, im Vordergrund. Bei seiner Entscheidung über den Erlass einer *Administration Order* über die spanische Konzerntochter *Enron Directo Sociedad Limitada* der Enron-Gruppe berücksichtigt *Lightman* zwar ebenfalls das in Erwägungsgrund 13 zur EuInsVO aufgestellte Kriterium der Feststellbarkeit des Mittelpunktes der hauptsächlichen Interessen[469], zieht jedoch – insofern inkonsequent – den Schluss, dass es nur ausreichender Argumente bedürfe, darzulegen, inwiefern die wesentlichen Entscheidungen von London aus getätigt wurden, um so die Vermutung des Art. 3 Abs. 1 S. 2 EuInsVO zu widerlegen[470], wobei er aber gerade zur Frage der Erkennbarkeit für Dritte für den konkreten Fall keine Stellung mehr nimmt.

Auf den ersten Blick ist der auf die Großgläubiger als für den Verlauf des Insolvenzverfahrens maßgebliche Gläubiger abstellenden Argumentation von Richter *McGonigal* außer dem wenig objektiven Verdacht der Überheblichkeit englischer Gerichte[471] wenig entgegen zu halten und dennoch befriedigt und überzeugt diese nicht vollständig, scheint sie doch dem *„forum shopping“*, das gerade durch die EuInsVO bekämpft werden sollte[472], Tür und Tor zu öffnen[473]. Trotz dieser auch in weiteren ähnlich gelagerten Fällen angebrachten Kritik und Bedenken hinsichtlich der Ansiedelung des Mittelpunktes der hauptsächlichen Interessen einer ausländischen Konzerntochter am Sitz der Konzernmutter, blieb der kläglich gescheiterte Versuch des AG Düsseldorf, sich durch Weigerung der Anerkennung den durch die englische Eröffnungsentscheidung geschaffenen Tatsachen zu verschließen, einmalig.

bb) Automold

Sachlich dem Verfahren *Daisytek* sehr ähnlich gelagert ist ein Fall, mit dem der High Court of Birmingham und das AG Köln beschäftigt waren, mit dem nicht zu unterschätzenden Unterschied, dass dieses Verfahren von einer bisher seltenen Kooperationsbereitschaft unter den englischen und deutschen Beteiligten einschließlich der Gerichte geprägt war[474].

Sachverhalt:
Die mit der Herstellung und Zulieferung von Kunststoffkomponenten für die Automobilindustrie befasste *Automold GmbH* Deutschland ist im Handelsregister des AG Köln eingetragen. Die GmbH beschäftigt über 100 Mitarbeiter an ihrem einzigen

---

469 Nachzulesen in dem unter www.iiiglobal.org veröffentlichten „Sceleton Argument“ des Judge *Lightman* zu seiner Entscheidung, S. 4.

470 Eine Haltung, der durch den EuGH, Urt. v. 2.5.2006, Rs. C-341/04, ZInsO 2006, 484 ff. (*Parmalat/Eurofood*), eine deutliche Absage erteilt wurde.

471 Dieser Verdacht klingt vielfach in der Literatur an, so bei *Pannen/Riedemann*, NZI 2004, 646 f.; *Paulus*, EWiR 2003, 709 f.; *Sabel*, NZI 2004, 126.

472 Erwägungsgrund 4 zur EuInsVO.

473 *Becker*, ZEuP 2002, 287, 300, der diese Gefahr schon vor der entsprechenden Entwicklung in der Rechtsprechung in der Formulierung des Art. 3 Abs. 1 Satz 2 EuInsVO sah; *Braun*, NZI 2004, V ff.; *Mankowski*, EWiR 2003, 1239, 1240; *Pannen/Riedemann*, NZI 2004, 646, 647.

474 Ich danke an dieser Stelle der bildhaften, damit spannenden und aufschlussreichen Schilderung der Problematik dieses Falles durch den auf deutscher Seite eingesetzten Sachwalter Rechtsanwalt *Ringstmeier* aus Köln anlässlich der 1. deutsch-spanischen Juristentagung veranstaltet vom Deutschen Anwaltsverein und der Deutsch-Spanischen Juristenvereinigung am 6.11.2004 in Düsseldorf.

> Produktionsstandort in Kerpen bei Köln, wo sich auch das gesamte Vermögen der GmbH befindet. Sämtliche Geschäftsanteile der GmbH werden von der englischen Gesellschaft *Automold Ltd. Birmingham* gehalten. Von dem dort ansässigen Management der Unternehmensgruppe werden die wesentlichen operativen, finanziellen und personellen Entscheidungen getroffen.
> Auf Antrag des alleinigen Geschäftsführers der Ltd. und der GmbH eröffnete am 19.12.2003 der High Court of Justice in Birmingham durch Erlass einer *Administration Order*[475] gemäß Abschnitt 22 Schedule B1 des Insolvency Act von 1986 das Insolvenzverfahren über beide Gesellschaften, wobei bestimmt wurde, dass es sich bei dem Verfahren über die GmbH um ein Hauptverfahren im Sinne von Art. 3 der EuInsVO handele. Die Eröffnung in England wurde damit begründet, dass die GmbH dort den Mittelpunkt ihrer hauptsächlichen Interessen habe. Im Rahmen der Eröffnung wurden die Herren A. und B. zu *Joint Administrators* ernannt.
> Am 31.12.2003 beantragte der Geschäftsführer vor dem AG Köln die Eröffnung eines deutschen Insolvenzverfahrens über die GmbH. Mit Beschluss vom 12.1.2004 ordnete das AG Köln die vorläufige Insolvenzverwaltung an und bestimmte, dass Verfügungen über Gegenstände aus dem Vermögen der GmbH nur noch mit Zustimmung des vorläufigen Insolvenzverwalters zulässig seien.
> Mit Beschlüssen vom 15. und 21.1.2004 hob das AG Köln zunächst die vorläufige Insolvenzverwaltung und dann die sonstigen angeordneten Sicherheitsmaßnahmen aus dem Beschluss vom 12.1.2004 wieder auf.
> Am 20. bzw. 21.1.2004 beantragten sowohl die *Joint Administrators* als auch der Geschäftsführer die Eröffnung des Verfahrens als Sekundärinsolvenzverfahren und die Anordnung der Eigenverwaltung. Diesen Anträgen kam das AG Köln mit Beschluss vom 23.1.2004[476] nach. Zum Sachwalter wurde Rechtsanwalt R. bestellt.
> Mit Beschluss vom 5.11.2004[477] hob das AG Köln auf Antrag eines Gläubigers die Eigenverwaltung wieder auf.

Wie im Fall *Daisytek* stellt sich hier die Problematik der Eröffnung eines Hauptinsolvenzverfahrens über ein in Deutschland ansässiges Unternehmen im englischen Ausland. Zugrunde liegen diesen Konstellationen die konzernrechtliche Verflechtung mit einer englischen Muttergesellschaft und die Frage, wie europäische Konzerne insolvenzrechtlich zu behandeln sind. Konkreter ist dies die Frage danach, ob der Mittelpunkt der hauptsächlichen Interessen eines Tochterunternehmens i.S.d. Art. 3 Abs. 1 EuInsVO und damit die Zuständigkeit für die Eröffnung des Hauptinsolvenzverfahrens sich nach dem Sitz der die Geschäftsführung mitbestimmenden Muttergesellschaft richten kann, wie dies besonders englische Gerichte regelmäßig angenommen haben[478]. Das AG Köln geht in seinem Beschluss vom 23.1. 2004[479] richtigerweise der Frage nach der Zuständigkeit des High Court of Birmingham für die Eröffnung des Hauptverfahrens nicht weiter nach, sondern stellt in ein-

---

475 Näheres zum *Administration*-Verfahren unten im rechtsvergleichenden Teil D. IV. 2. c) aa) (1).
476 AG Köln, B. v. 23.1.2004, ZIP 2004, 471.
477 AG Köln, B. v. 5.11.2004 – nicht veröffentlicht, mitgeteilt von Rechtsanwalt *Ringstmeier* anlässlich der 1. deutsch-spanischen Juristentagung veranstaltet vom Deutschen Anwaltsverein und der Deutsch-Spanischen Juristenvereinigung am 6.11.2004 in Düsseldorf.
478 *Herchen*, ZInsO 2004, 825, 826; *Herweg/Tschauner*, EWiR 2003, 495, 496; *Pannen/Riedemann*, NZI 2004, 646; *Sabel*, NZI 2004, 126. Zur Haltung der Literatur zu dieser Frage auch noch unten C. III. 3. a) bb).
479 AG Köln, B. v. 23.1.2004, ZIP 2004, 471.

wandfreier Anwendung des Art. 16 Abs. 1 EuInsVO, dessen Ausdruck des Prioritätsprinzips für deutsche Gerichte gemäß Art. 102 § 3 I EGInsO in seiner Verbindlichkeit noch manifestiert wird[480], klar, dass der Eröffnungsbeschluss des englischen Gerichts *ipso iure* anerkannt werde, da diesem die europäische Dimension seiner Entscheidung erkennbar bewusst gewesen sei – diese Ansicht wurde durch den EuGH[481] in seiner Entscheidung im Verfahren *Parmalat/Eurofood* bestätigt.

Weiter beschäftigt sich das AG Köln mit der Frage, ob der GmbH bzw. der deutschen Geschäftsführung nach der Eröffnung des Hauptinsolvenzverfahrens überhaupt noch ein Antragsrecht bezüglich des Sekundärverfahrens zustand. Das Gericht zieht hier zu Recht[482] für die schuldnerische GmbH ein derartiges Antragsrecht aus Art. 29 lit. b EuInsVO, wonach jede andere Person oder Stelle, der das Antragsrecht nach dem Recht des Mitgliedstaates zusteht, in dessen Gebiet das Sekundärverfahren eröffnet werden soll, die Eröffnung eines Sekundärinsolvenzverfahrens beantragen kann. Das Antragsrecht der Schuldnerin folge insofern aus § 13 InsO; hieran ändere auch nichts, dass durch die *Administration Order* das Verwaltungs- und Verfügungsrecht gemäß Abschnitt 14 Schedule 1 des Insolvency Act 1986 auf die *Joint Administrators* übergegangen ist, da diese Eröffnungswirkung nicht zu einem vollkommenen Kompetenzverlust bei den Gesellschaftsorganen führe[483], sondern zahlreiche Mitwirkungs- und Verfahrensrechte erhalten blieben[484]. Entscheidend kam es in diesem Fall auf diese Frage allerdings gar nicht an, da auch die *Joint Administrators*, denen als Verwalter des Hauptverfahrens jedenfalls nach Art. 29 lit. a EuInsVO bzw. § 356 Abs. 2 InsO ein entsprechendes Antragsrecht zustand, einen Antrag auf Eröffnung des Sekundärverfahrens vor dem AG Köln gestellt hatten. Die Frage des Antragsrechts steht hier aber in Zusammenhang mit der Frage, ob die Geschäftsführung des schuldnerischen Unternehmens durch die Antragstellung in England ihre Antragspflicht nach § 64 GmbHG bereits genüge getan hat[485], denn die Antragstellung in Deutschland erfolgte hier allein, um sich im Hinblick auf diese Norm, die eine empfindliche – auch strafrechtliche – Haftung auszulösen vermag, abzusichern.[486]

An dieser Stelle lässt sich bereits gut nachvollziehen, wie hier die Beteiligten miteinander kooperiert und gemeinsam nach einer zufrieden stellenden Lösung gesucht haben, die sich aus den nationalen Rechten ergebende Divergenzen mit berücksichtigt. Nachdem das Hauptverfahren in Birmingham wirksam eröffnet worden war, wurde in Deutschland die Eröffnung als Sekundärverfahren beantragt. Denn in Deutschland gar kein Insolvenzverfahren zu eröffnen, hätte die Verwertung, die auf

---

480 *Sabel*, NZI 2004, 126, 127.

481 EuGH, Urt. v. 2.5.2006, Rs. C-341/04, ZInsO 2006, 484 ff., dazu unten C. III. 2. b).

482 So auch *Meyer-Löwy/Poertzgen*, ZInsO 2004, 195, 196 f.; kritisch, aber im Ergebnis auch zustimmend *Smid*, DZWIR 2004, 397, 407.

483 AG Köln, B. v. 23.1.2004, ZIP 2004, 471, 473; dies gestützt auf *Gutsche*, Organkompetenzen im Insolvenzverfahren, 2003, 94 ff.

484 Hierzu kritisch und ablehnend *Sabel*, NZI 2004, 126, 128, unter Hinweis auf den Wortlaut der §§ 354, 356 II InsO, deren Anwendbarkeit hier allerdings fragwürdig erscheint.

485 Hierzu *Meyer-Löwy/Poertzgen*, ZInsO 2004, 195, 196 f.; *Paulus*, FS-Kreft, 469, 475 ff.; *Smid*, DZWiR 2004, 397, 404 f.; *Vallender/Fuchs*, ZIP 2004, 829 ff.

486 So jedenfalls die Schilderung des im deutschen Verfahren als Sachwalter eingesetzten Rechtsanwalts *Ringstmeier* anlässlich der 1. deutsch-spanischen Juristentagung veranstaltet vom Deutschen Anwaltsverein und der Deutsch-Spanischen Juristenvereinigung am 6.11.2004 in Düsseldorf.

ein schnelles Handeln angewiesen ist, faktisch erschwert, da die englischen *Joint Administrators* hier mit der Verwertung des ausschließlich in Deutschland belegenen Vermögens überfordert gewesen wären, da diese aufgrund der Artt. 5 ff. EuInsVO eine tiefere Kenntnis insbesondere des deutschen Sachenrechts verlangt[487].

Dennoch wurde dieser innovative Schritt, der sich bald darauf zur Standardreaktion auf die Eröffnung eines Hauptverfahrens über eine inländische Tochter im Ausland entwickelt[488], skeptisch betrachtet[489]. Da die deutsche GmbH ihrerseits als rechtlich eigenständige Gesellschaft den Tatbestand für die Eröffnung eines Hauptverfahrens erfüllte – weshalb eine solche schließlich durch das englische Gericht erfolgt ist – ist es fraglich, ob sie gleichzeitig als „Niederlassung" qualifiziert werden durfte[490]. Die Behandlung der deutschen Gesellschaft als Niederlassung ihrer selbst[491] führte dazu, dass zwei Insolvenzverfahren, nämlich ein Haupt- und ein Sekundärverfahren über ein und dieselbe Gesellschaft eröffnet worden sind[492]. Den Bedenken der Literatur[493] gegen derartige Konstellationen wegen möglicher Aushöhlung des Hauptverfahrens wurde entgegen gesetzt, dass es sich bei Haupt- und Sekundärverfahren nicht um zwei konkurrierende, sondern aufeinander abgestimmte Verfahren handele, wobei dem Vorrang des Hauptverfahrens durch die territoriale Einschränkung der Wirkungen des Sekundärinsolvenzverfahrens und die weitgehenden Einflussmöglichkeiten des Hauptinsolvenzverwalters gemäß Art. 31 ff. EuInsVO Rechnung getragen werde[494]. Dieser Argumentation, die in der Theorie überzeugt, kann nach den im vorangegangenen Kapitel gewonnenen Erkenntnissen zur Effektivität der Koordinationsvorschriften für Haupt- und Sekundärinsolvenzverfahren[495] nicht mehr uneingeschränkt zugestimmt werden. Entscheidend dürfte im Fall *Automold* jedoch sein, dass die Eröffnung des Sekundärinsolvenzverfahrens nicht nur im Interesse der deutschen Gläubiger, sondern gerade auch im Interesse der englischen Insolvenzverwalter lag, die aus diesem Grund selber einen Antrag auf Eröffnung des Sekundärinsolvenzverfahrens stellten.

Nach Überwindung der Formalien der Antragstellung kam man im Verfahren zum eigentlichen Hauptproblem. In England existierte ein masseloses Hauptverfahren,

---

487 Zu diesem Problemen bereits oben C. II. 3. b).

488 So etwa durch das LG Innsbruck, B. v. 11.5.2004, ZIP 2004, 1721 (*Hettlage*) und das LG Klagenfurth, B. v. 2.7.2004, NZI 2004, 677 (*Zenith*), zu beiden Fällen siehe unten C. III. 2. a) dd).

489 *Vallender/Fuchs*, ZIP 2004, 829, 834 unter Hinweis auf eine anlässlich einer Veranstaltung zum europäischen Insolvenzrecht erfahrene Skepsis europäischer Kollegen. Zu der Frage der Qualifikation einer Tochtergesellschaft als Niederlassung aber auch noch ausführlicher unten C. III. 3. b).

490 Bedenken zum konkreten Fall äußert *Sabel*, NZI 2004, 126, 127, um diese dann aber selber wieder auszuräumen; ähnlich verhält es sich bei *Vallender/Fuchs*, ZIP 2004, 829, 834; allgemein ohne Bedenken hinsichtlich der Qualifikation des eigentlichen Hauptsitzes als Niederlassung *Duursma/Duursma-Kepplinger*, DZWIR 2003, 447, 451; eher kritisch aber *Ehricke*, EWS 2002, 101, 105; ohne Bedenken diese Lösung befürwortend *Huber*, FS-Heldrich, 679, 691.

491 *Blenske*, EWiR 2004, 601, 602.

492 *Blenske*, EWiR 2004, 601 f.

493 *Sabel*, NZI 2004, 126, 127; *Vallender/Fuchs*, ZIP 2004, 829, 834.

494 *Duursma/Duursma-Kepplinger*, DZWIR 2003, 447, 450; *Sabel*, NZI 2004, 126, 127; *Vallender/Fuchs*, ZIP 2004, 829, 834; *Vallender*, InVo 2005, 41, 44.

495 Oben C. I. 4. b) bb) (3) (a).

in dem die Fortführung des Unternehmens angestrebt wurde, während in Deutschland die gesamte Masse in einem Sekundärverfahren zusammengefasst war, das nach Art. 3 Abs. 3 Satz 2, 27 Satz 2 i.V.m. Art. 2 lit. c EuInsVO grundsätzlich auf eine Liquidation beschränkt war. Dies bedeutete, dass den *Joint Administrators* durch die Eröffnung des Sekundärinsolvenzverfahrens praktisch im Hinblick auf die Verwertung die Hände gebunden waren, denn zwar kann der Verwalter des Hauptverfahrens gemäß Art. 33 EuInsVO die Aussetzung der Verwertung des Vermögens im Sekundärverfahrensstaat erreichen, dies ist indes nicht zielführend, da hierdurch nicht etwa seine eigene Kompetenz dahingehend erweitert wird, dass er auf Kosten des Sekundärinsolvenzverwalters dessen Verfügungsbefugnis über das im Sekundärverfahrensstaat belegene Vermögen übertragen bekäme[496]. Im konkreten Verfahren waren damit die *Administrators* des Hauptinsolvenzverfahrens praktisch funktionslos, während die separate Verwertung des Vermögens im Sekundärverfahren durch die Trennung der organisatorisch und finanziell in enger Verbindung stehenden Unternehmensteile nur durch eine regelmäßig weniger ertragreiche Zerschlagung hätte erfolgen können[497].

Statt dieses wirtschaftlich kaum zufrieden stellende Ergebnis als aufgrund der Gesetzeslage unvermeidbar hinzunehmen, was zweifellos für den Verwalter des Sekundärverfahrens sehr lukrativ gewesen wäre[498], keineswegs aber im Sinne einer optimalen Gläubigerbefriedigung war[499], haben sich die Beteiligten unter Einbeziehung oder zumindest genauer Unterrichtung des AG Köln zusammengesetzt und nach einer Lösung dieses Kompetenzkonflikts gesucht, die zudem mit den bestehenden Regelungen vereinbar sein musste[500]. Im Zuge dessen kam es zu der bereits oben in ihrer Motivation und Folge ausführlich dargestellten Anordnung der Eigenverwaltung im Sekundärinsolvenzverfahren[501].

> Mittlerweile hat sich das Modell der Eigenverwaltung – in der genannten Konstellation – als gescheitert herausgestellt[502], da es zu viele neue Probleme aufwarf und insbesondere die Möglichkeit für einen einzelnen Gläubiger gemäß § 272 Abs. 1 Nr. 2

---

496 *Duursma-Kepplinger/Chapulsky*, Art. 29 RdNr. 5 m.w.N.; *Meyer-Löwy/Poertzgen*, ZIP 2004 195, 197.

497 Zu dieser Folge in derartigen Konstellationen *Meyer-Löwy/Poertzgen*, ZIP 2004, 195, 196 unter Verweis auf *Obermüller*, Insolvenzrecht in der Bankpraxis, RdNr. 1.476.

498 Zum „Machtkampf" der Insolvenzverwalter in grenzübergreifenden Verfahren aufgrund finanzieller Interessen: *Braun*, NZI 2004, V, VII; *Eidenmüller*, NJW 2004, 3455, 3456, Fn. 8; *Mankowski*, EWiR 2003, 1239 f.; *ders.*, NZI 2004, 141, die die besondere Lukrativität internationaler Konzerninsolvenzen betonen; *Meyer-Löwy/Poertzgen*, ZIP 2004, 195, 196; *Paulus* ZIP 2003, 1725, 1726 f.; hierzu auch *Maxwell*-Verfahren USA-England, dazu: *Göpfert*, ZZPInt 1 (1996), 269 ff.

499 *Meyer-Löwy/Poertzgen*, ZIP 2004, 195, 196.

500 Ein ähnliches vorbildliches Beispiel der Kooperation aus Vernunftgründen entgegen den materiellen Interessen einer Verwalterseite bewährte sich bereits im amerikanisch-englischen Fall der Insolvenz der *Maxwell Communications Gruppe*, hierzu ausführlich in deutscher Sprache *Göpfert*, ZZPInt 1 (1996), 269 ff.

501 Deshalb soll insofern hier auf die obigen Ausführungen C. II. 3. b) verwiesen werden.

502 So auch *Vallender*, der als Richter des AG Köln die Eigenverwaltung im Falle *Automold* angeordnet hatte (AG Köln, B. v. 23.1.2004, ZIP 2004, 471), anlässlich des Symposiums der Hans-Martin-Schleyer-Stiftung zu Fragen des nationalen und internationalen Insolvenzrechts im Juni 2005 in Kiel.

InsO die Aufhebung der Eigenverwaltung zu erreichen einen großen Unsicherheitsfaktor darstellt.

Wesentlich ist, dass das Verfahren *Automold* anders als andere Verfahren von einer engen Zusammenarbeit aller Beteiligten geprägt war, welche die Grundvoraussetzung für die Entwicklung praktischer Lösungen für durch den Gesetzgeber nicht oder nicht zufrieden stellend geregelter Sachverhalte und damit eine reibungslose Abwicklung grenzüberschreitender Verfahren ist. Es stellt sich erneut die bereits oben diskutierte Frage, inwieweit eine derartige Zusammenarbeit durch den europäischen Gesetzgeber erzwungen werden kann[503]. Bisher liegt es allein in der Verantwortung der an der praktischen Gestaltung Beteiligten, den in Erwägungsgrund 22 der Verordnung angeführten Begriff des „gegenseitigen Vertrauens" insoweit mit Leben zu füllen, was allerdings in der Regel leider nicht ausreicht.

cc) EMBIC I

Anders als das AG Köln sahen sich andere deutsche Gerichte durch die englische Praxis der Eröffnung des Hauptverfahrens über deutsche Tochtergesellschaften englischer Konzernmütter eher zu einem Wettlauf herausgefordert, den Richter *Vogt* vom AG Mönchengladbach durch seinem Eröffnungsbeschluss vom 27.4.2004 im so genannten *EMBIC I*-Verfahren für Deutschland entscheiden konnte[504], indem er in Kenntnis von der Insolvenzantragstellung in England das Hauptinsolvenzverfahren am Sitz der Tochtergesellschaft eröffnete, bevor das englische Gericht das Hauptverfahren hat an sich ziehen können.

Kritisiert wird an dieser Entscheidung, dass die Eröffnung des Hauptverfahrens in Deutschland nicht nur trotz der Kenntnis von der vorherigen Antragstellung in England vorgenommen wurde, sondern entgegen dem ausdrücklichen Antrag des Schuldners, der lediglich auf die Eröffnung eines Sekundärverfahrens gerichtet war[505]. Dieses Vorgehen war prozessual unsauber, wenngleich das Dilemma, in dem sich das Gericht angesichts des auf ein Sekundärverfahren festgelegten Antrags befunden hat, nachvollziehbar ist[506]. In England war ein Hauptinsolvenzverfahren noch nicht eröffnet und da das AG Mönchengladbach davon ausging, dass das englische Gericht für die Eröffnung eines Hauptverfahrens nicht international zuständig sei, war es nur konsequent, kein Sekundärinsolvenzverfahren zu eröffnen, da für dieses die Voraussetzungen nicht vorlagen[507]. Die weitere Möglichkeit der Eröffnung eines Partikularinsolvenzverfahrens gemäß Art. 3 Abs. 4 EuInsVO hätte wegen

503 Zu den Problemen der Kooperation der Beteiligten von Haupt- und Sekundärinsolvenzverfahren oben C. I. 4. b) bb) (3).

504 AG Mönchengladbach, B. v. 27.4.2004, NZI 2004, 383.

505 *Kebekus*, EWiR 2004, 705, 706; *Mankowski*, NZI 2004, 450, 451; *Smid*, DZWIR 2004, 397, 405 f.; *Vallender*, InVo 2005, 41, 45.

506 *Kebekus*, EWiR 2004, 705, 706; *Kübler*, FS-Gerhardt 2004, 527, 549; *Lautenbach*, NZI 2004, 384; *Smid*, DZWIR 2004, 397, 405 f.

507 *Bähr/Riedemann*, ZIP 2004, 1066, 1068; *Smid*, DZWIR 2004, 397, 403, der ausdrücklich darauf hinweist, dass gerade auch keine Verpflichtung des deutschen Insolvenzgerichts besteht, die Entscheidung des englischen Gerichts abzuwarten und diesem so gesehen den Vortritt zu lassen.

der Beschränkung auf das in Deutschland belegene Vermögen die Gefahr der Verzögerung des Zugriffs für die Gläubiger auf im Ausland belegenes Vermögen und damit der Verletzung der Antragspflicht nach § 64 Abs. 1 GmbHG mit sich gebracht, zudem ist diese Möglichkeit nach dem Wortlaut des Art. 3 Abs. 4 EuInsVO hier nicht einschlägig[508].

Positive Resonanz rief die Entscheidung des AG Mönchengladbach[509] dadurch hervor, dass hier die Erkennbarkeit für Dritte, also die potentiellen Gläubiger, ins Zentrum der Beurteilung des Mittelpunkts der hauptsächlichen Interessen gestellt wird. Das AG Mönchengladbach stellt darauf ab, wo die Gesellschaft ihre werbende Tätigkeit ausgeübt hat, und nicht auf den Ort der strategischen Geschäftsentscheidungen, da es sich hierbei um eine Tatsache im Verhältnis zwischen Mutter und Tochter, aber gerade nicht im Verhältnis gegenüber Dritten handle[510]. Damit hat das AG Mönchengladbach die Diskussion um den Mittelpunkt der hauptsächlichen Interessen auf praktischer Ebene in eine Bahn gelenkt, die im übrigen in der Literatur längst diskutiert wurde, nämlich die Frage, ob bei der Bestimmung dieses Mittelpunktes auf den inneren oder auf den äußeren Geschäftsgang abzustellen sei[511].

Ob das Gericht diesen Gesichtspunkt auch in das Zentrum seiner Beurteilung gerückt hätte, wenn sich dies aus deutscher Sicht nicht so positiv ausgewirkt hätte, ist fraglich. So tendierten – jedenfalls bis zur Entscheidung durch den EuGH im Verfahren *Parmalat/Eurofood*[512] – zunehmend auch deutsche Gerichte dazu, sich für die Beurteilung des Mittelpunkts der hauptsächlichen Interessen an dem Ort zu orientieren, an dem die maßgeblichen organisatorischen Entscheidungen gefällt werden[513], und zeigen dabei eine zunehmende Kreativität in der Begründung für die Widerlegung der Vermutung der Zuständigkeit am Satzungssitz gemäß Art. 3 Abs. 1 S. 2 EuInsVO, die sich als Begründungsopportunismus bezeichnen lässt. Abhängig davon, was für die Begründung der Zuständigkeit des entscheidenden Gerichts günstiger scheint, wird entweder primär auf das Verhältnis gegenüber Dritten, insbesondere den potentiellen Gläubigern, oder, wenn sich hierdurch die Zuständigkeit besser begründen lässt, eher auf Kriterien der internen Konzernstrukturen und Machtverhältnisse abgestellt. Wobei ersteres regelmäßig der Fall sein wird, wenn sich der Sitz der Muttergesellschaft in einem anderen Staat befindet, während letzteres dann zum Zuge kommt, wenn das entscheidende Gericht gerade auch für die Insolvenz der Konzernmutter zuständig ist.

---

508 Zu letzterem auch *Smid*, DZWIR 2004, 397, 399. Aus diesen Gründen der Umdeutung des Antrags durch das AG Mönchengladbach voll zustimmend *Bähr/Riedemann*, ZIP 2004, 1066, 1068.

509 *Bähr/Riedemann*, ZIP 2004, 1066 ff.; *Kebekus*, EWiR 2004, 705, 706; *Lautenbach*, NZI 2004, 383 ff.

510 AG Mönchengladbach, B. v. 27.4.2004, NZI 2004, 383, 384.

511 Münch-Komm-*Ehricke*, EGInsO Art. 102, RdNr. 387 ff.; *ders.* EWS 2002, 101, 102 f.; *Hess/Wienberg*, § 3 RdNr. 24; *Staudinger/Großfeld*, Internationales Gesellschaftrecht, RdNr. 228 ff. m.w.N.

512 EuGH, Urt. v. 2.5.2006, Rs. C-341/04, ZInsO 2006, 484 ff., dazu oben C. III. 2. b).

513 So etwa im Fall *Babcock Borsig* das AG Duisburg, B. v. 10.12. 2002, NZI 2003, 160 und im Fall *Hettlage* das AG München, B. v. 4.5.2004, ZIP 2004, 962, das hierbei sogar die Argumentation des High Court of Justice zum Fall *Daisytek* ausdrücklich zitiert, ZIP 2004, 962, 963; im Fall *Zenith* das AG Siegen, B. v. 1.7.2004, NZI 2004, 673 und im Falle *HUKLA-Werke* das AG Offenburg, B. v. 2.8. 2004, NZI 2004, 673.

dd) Hettlage, Zenith und HUKLA

Die Entwicklung hinsichtlich der Behandlung grenzüberschreitender Konzerninsolvenzverfahren unter der Anwendung der EuInsVO fanden gerade im deutsch-österreichischen Verhältnis interessante Ausformungen. Besonders erwähnenswert ist der Fall *Hettlage*[514]. Die hierin offenbarte Entscheidungstendenz österreichischer Gerichte im Umgang mit im Ausland eröffneten Hauptinsolvenzverfahren über österreichische Unternehmen wird in den Verfahren *Zenith* und *HUKLA* im Wesentlichen bestätigt.

> Sachverhalt:
> Mit Beschluss vom 4.5.2004 eröffnete das AG München über die *Hettlage AG & Co. KG*, Innsbruck, eine 100%ige Tochter der bereits insolventen, im Amtsgerichtsbezirk München ansässigen *Hettlage KGaA*, das Insolvenzverfahren auf Eigenantrag der Schuldnerin. Seine internationale Zuständigkeit begründet das AG München damit, dass zu seiner Überzeugung bewiesen sei, dass sämtliche für das Betriebsgeschehen erheblichen Organisationsteile sich nach außen hin erkennbar am Sitz der Muttergesellschaft in Neuried befänden. Von der Muttergesellschaft würden die verantwortliche Geschäftsleitung, die strategische und operative Ausrichtung und alle maßgeblichen Leistungen wie Personalabrechnung, Rechnungswesen, Controlling, Organisation, EDV, Planung, Vertragswesen, Versicherungen und Werbung erbracht. Mit Beschluss vom 11.5.2004 eröffnete das LG Innsbruck[515] – trotz Zweifeln – unter Anerkennung der Entscheidung des AG München gemäß Art. 16 Abs. 1 EuInsVO ein Sekundärverfahren über das Vermögen der *Hettlage AG & Co. KG*.

Bezeichnend an der Entscheidung des AG München ist nicht nur, dass dieses in seiner Annahme der eigenen Zuständigkeit aufgrund der Muttergesellschaft in Deutschland als erstes deutsches Gericht dem kritisch beobachteten Beispiel englischer Gerichte folgt[516], sondern sich in seiner Begründung ausdrücklich auf die Argumentation des High Court of Justice Leeds[517] beruft. Dabei hatte das Gericht im Fall *Hettlage* nach heutiger Einschätzung[518] durchaus überzeugendere Argumente auf seiner Seite als seinerzeit der High Court of Justice Leeds. Positiv bewertet wurde teilweise die Hervorhebung der Erkennbarkeit für Dritte, die dem Erwägungsgrund 13 zur Verordnung und dem Vorrang der Vermutung des Art. 3 Abs. 1 S. 2 EuInsVO[519] gerecht werde. Diesem Lob wird allerdings zu Recht entgegen gehalten, dass das AG München zwar erklärt, der Mittelpunkt der hauptsächlichen Interessen befinde sich nach außen erkennbar am Sitz der Mutter, jedoch nicht explizit auf den Begriff der „Dritten" i.S.d. Erwägungsgrundes 13 eingeht, geschweige denn näher dazu Stellung nimmt, woraus sich die Erkennbarkeit im konkreten Fall ergebe[520], vielmehr stellt es in erster Linie darauf ab, wo sich die für das

---

514 Hier im Wesentlichen die Entscheidung des AG München, B. v. 4.5.2004, ZIP 2004, 962.
515 LG Innsbruck, B. v. 11.5.2004, ZIP 2004, 1721.
516 Zur Vorbildfunktion englischer Entscheidungen für die Entscheidung des AG München *Paulus*, EWiR 2004, 493 f.; *Mankowski*, NZI 2004, 450, der auf einen ähnlichen Trend in Italien – besonders im Falle *Eurofood/Parmalat* – hinweist.
517 High Court of Justice Leeds, B. v. 16.5.2003, ZIP 2004, 963.
518 Dementsprechend den Beschluss begrüßend *Paulus*, EWiR 2004, 493 f.
519 *Bähr/Riedemann*, ZIP 2004, 1066, 1067; *Mankowski*, NZI 2004, 450, 451.
520 *Kübler*, FS-Gerhardt 2004, 527, 542.

Betriebsgeschehen erheblichen „Organisationsteile“ der Schuldnerin befinden. Positiv wurde jedoch anerkannt, dass das AG München entsprechend den Erfordernissen des Art. 102, § 2 EGInsO überhaupt erläutert, worauf es die Annahme seiner internationalen Zuständigkeit stützt[521]. Dennoch bleibt auch hier die Kritik, es werde durch derartige Entscheidungen entgegen dem ausdrücklichen Willen des Verordnungsgebers ein europäisches Konzerninsolvenzrecht geschaffen[522].

Eine Parallele zur Entscheidung des AG Köln im Verfahren *Automold*[523] scheint hier auf den ersten Blick die Reaktion des LG Innsbruck[524] als nach dem Satzungssitz für die Konzerntochter zuständigen Gericht aufzuweisen, das hier nunmehr ebenfalls im Lichte des Art. 16 Abs. 1 EuInsVO die Entscheidung des AG München anerkennt, aber ein Sekundärinsolvenzverfahren über die österreichische Gesellschaft eröffnet, so dass auch hier zwei dem Gegenstand nach deckungsgleiche Verfahren nebeneinander stehen. Indes täuscht die Parallelität, jedenfalls den Gerüchten über die Motive des LG Innsbruck zufolge, wonach dieses das Ziel verfolgte, dem Hauptinsolvenzverfahren „den Boden unter den Füßen wegzuziehen“[525]. Eine solche Motivation wird durch die österreichische Literatur ausdrücklich unterstützt[526], die statt im Versuch einer Kooperationsförderung zwischen den Beteiligten von Haupt- und Sekundärverfahren das hehre Ziel der Sekundärinsolvenzgerichte und -verwaltung in der Mobilisierung von „Gegensteuerungsmaßnahmen“ gegen die ungerechtfertigte Inanspruchnahme der Eröffnungszuständigkeit durch das ausländische Gericht sieht. Diese Tendenz bestätigt die in der Literatur[527] geäußerte Befürchtung einer Aushöhlung und Entwertung des Hauptinsolvenzverfahrens, was den Weg der Eröffnung eines Sekundärverfahrens über eine selbständige Tochtergesellschaft als Niederlassung ihrer selbst fragwürdig erscheinen lässt.

Dies gilt insbesondere vor dem Hintergrund der im vorangegangenen Kapitel herausgearbeiteten Ergebnisse zur Kooperation und Koordination von Haupt- und Sekundärverfahren, wonach die „Interventionsrechte“ nach Art. 33, 34 EuInsVO dem Hauptinsolvenzverwalter mangels effektiver Durchsetzungsinstrumente keinen ausreichenden Schutz vor einer Aushöhlung durch den Sekundärinsolvenzverwalter gewähren[528].

---

521 *Paulus*, EWiR 2004, 493, 494.

522 *Bähr/Riedemann*, ZIP 2004, 1066, 1067, Fn. 20; *Blenske*, EWiR 2004, 601, 602; *Mankowski*, NZI 2004, 450.

523 AG Köln, B. v. 23.1.2004, ZIP 2004, 471.

524 LG Innsbruck, B. v. 11.5.2004, ZIP 2004, 1721.

525 *Smid*, DZWIR 2004, 397, 402; gegen dieses Gerücht spricht allerdings die Tatsache, dass auch im Fall *Hettlage* die Eröffnung des Sekundärinsolvenzverfahrens auf Antrag der Hauptinsolvenzverwalterin eröffnet worden ist, so jedenfalls geschildert bei *Bähr/Riedemann*, EWiR 2004, 1085.

526 *Duursma/Duursma-Kepplinger*, DZWIR 2003, 447 ff., die ihren Beitrag hierzu bezeichnender Weise mit „Gegensteuerungsmaßnahmen bei ungerechtfertigter Inanspruchnahme der internationalen Zuständigkeit gemäß Art. 3 Abs. 1 EuInsVO“ betiteln.

527 *Mankowski*, EWiR 2005, 175, 176; *Sabel*, NZI 2004, 126, 127; *Vallender/Fuchs*, ZIP 2004, 829, 834.

528 Siehe oben C. I. 4. b) bb) (3) (d).

Weiter wirkt sich im Verfahren *Hettlage* unmittelbar die Problematik der Beschränkung des Sekundärinsolvenzverfahrens auf Liquidationsverfahren gemäß Art. 3 Abs. 3 i.V.m. Art. 2 lit. c) EuInsVO und Anhang B aus[529], wonach in Österreich nur ein liquidierendes Verfahren nach der Konkursordnung in Betracht kommt. Im Rahmen des Art. 34 Abs. 1, 1. Unterabsatz EuInsVO bleibt dem Hauptinsolvenzverwalter zur Abwendung der Liquidation im Sekundärverfahren lediglich der Vorschlag eines Zwangsausgleichs nach § 140 ff. KO.

In einem Atemzug mit dem Fall *Hettlage* sind zwei weitere deutsch-österreichische Verfahren, der Fall *Zenith*[530] und der Fall *HUKLA-Werke*[531] zu erwähnen, denen ganz ähnliche Konstellationen zugrunde liegen, wobei die entscheidenden Gerichte ebenfalls den Mittelpunkt der hauptsächlichen Interessen österreichischer Konzerntöchter am Muttersitz in Deutschland angesiedelt haben. Im Fall *Zenith* wurde diese Entscheidung durch das LG Klagenfurt[532], dem am Sitz des Tochterunternehmens in Österreich liegenden Gericht, anstandslos gemäß Art. 16 Abs. 1 EuInsVO anerkannt und ein Sekundärverfahren eröffnet. Diese Entscheidungen, die zeitlich und inhaltlich eng an die Entscheidung des AG München bzw. des LG Innsbruck anknüpfen, zeigen deutlich, dass die europäische Judikatur sich kontinuierlich von der europäischen Gesetzgebung entfernt und auf dem besten Wege ist, einen Konzerninsolvenzgerichtsstand am Sitz einer Konzernmutter fest in der Realität zu etablieren[533]. Dieser Entwicklung konnte der EuGH[534] wenigstens teilweise Einhalt gebieten.

ee) Collins & Aikman

Auf der gegebenen Situation bauen die Beteiligten im Verfahren über die europäische Unternehmensgruppe *Collins & Aikman* auf.

> Hier eröffnete der High Court of Justice London mit Entscheidung vom 15.7.2005 Hauptinsolvenzverfahren über die englische Muttergesellschaft und sämtliche europäischen Tochtergesellschaften des Autozulieferers, darunter auch eine in Österreich. Auch hier wurde durch das Landesgericht Leoben in Österreich ein Sekundärinsolvenzverfahren eröffnet, vermutlich um auf diese Weise dem Hauptverfahren wieder die zu verwaltende Masse zu entziehen. Damit hatte das Tauziehen in diesem Fall keineswegs sein Ende gefunden, sondern die englischen *Administrators* beantragten nunmehr mit Schriftsätzen vom 29.7.2005 und 17.8.2005 die vollständige Aussetzung des Sekundärinsolvenzverfahrens, hilfsweise die Aussetzung der Verwertung aller Vermögensgegenstände der Schuldnerin für einen Zeitraum von drei Monaten und weiter beantragten sie, dass das LG Leoben dem Masseverwalter im Sekundärverfahren gemäß § 84 Abs. 1 KO die Weisung erteile, zur Sicherstellung der koordinierten Verwaltung i.S.d. EuInsVO eine Zusammenarbeitsvereinbarung mit dem Hauptver-

---

529 Hierzu schon oben C. II. 3.
530 AG Siegen, B. v. 1.7.2004, NZI 2004, 673; dazu *Mankowski*, EWiR 2005, 175.
531 AG Offenburg, B. v. 2.8.2004, NZI 2004, 673; dazu *Pannen/Riedemann*, EWiR 2005, 73.
532 LG Klagenfurt, B. v. 2.7.2004, NZI 2004, 677, besprochen von *Beutler/Debus*, EWiR 2005, 217.
533 Siehe hierzu unten C. III. 3. a).
534 EuGH, Urt. v. 2.5.2006, Rs. C-341/04 (*Parmalat/Eurofood*), ZInsO 2006, 484 ff.; dazu unten C. III. 2. b).

walter abzuschließen. Das LG Leoben wies mit Beschluss vom 31.8.2005 sämtliche Anträge mit der Begründung ab[535], die Möglichkeit der Aussetzung des Sekundärinsolvenzverfahrens im Ganzen sehe die EuInsVO – was zutreffend ist – nicht vor, für eine Aussetzung der Verwertung der in Österreich belegenen Vermögensgegenstände gemäß Art. 33 EuInsVO der Schuldnerin bestehe kein Anlass, da eine Verwertung durch den Sekundärinsolvenzverwalter nicht unmittelbar bevorstehe und schließlich die Hauptinsolvenzverwalter, trotz entsprechender Gelegenheit, noch keine anderen Verwertungsvorschläge unterbreitet hätten. Im Rekurs der Hauptverwalter vor dem OLG Graz[536] bestätigte dieses dem LG Leoben, dass ein Sekundärverfahren nach Art. 33 EuInsVO nicht als solches ausgesetzt werden kann. Das Rekursgericht stellte klar, dass jedenfalls die Verwertung auf Antrag des Hauptinsolvenzverwalters auszusetzen ist, wenn die Interessen der Gläubiger im Hauptinsolvenzverfahren nicht evident entgegenstehen. Vor allem aber sei der EuInsVO nicht zu entnehmen, dass dem Antragsrecht ein Vorschlag des Hauptinsolvenzverwalters zur Art der Verwertung vorangehen müsse. Damit gab das OLG Graz dem Eventualantrag auf Aussetzung der Verwertung statt. Das LG Leoben hob die Aussetzung der Verwertung jedoch wenig später gestützt auf Art. 33 Abs. 2 EuInsVO wieder auf[537].

In diesem Verfahren zeigt sich deutlich, dass der zunächst von englischen Gerichten und zunehmend von deutschen und anderen europäischen Gerichten eingeschlagene Weg zur Bewältigung von Konzerninsolvenzen durch Eröffnung des Hauptinsolvenzverfahrens über die Konzerntöchter am Sitz der Mutter in eine falsche Richtung abdriftete. Die Eröffnung von Sekundärverfahren in dem Mitgliedstaat, in dem das Tochterunternehmen seinen Sitz hat, wurde von den Insolvenzverwaltern des Hauptinsolvenzverfahrens am ausländischen Sitz der Konzernmutter nicht mehr – wie ausdrücklich noch im Verfahren *Automold*[538] – als Hilfestellung verstanden, die dazu dient, durch Einbeziehung eines mit dem Recht des Belegenheitsstaates vertrauten Sekundärinsolvenzverwalters dieses pflichtgemäß zu berücksichtigen, sondern wird von den Insolvenzverwaltern des Hauptinsolvenzverfahrens zunehmend als störend empfunden. Aus der ursprünglich guten Absicht, durch die Konstellation von Hauptverfahren dort, wo das Hauptverfahren über die Konzernmutter eingeleitet ist, und Sekundärverfahren im Sitzstaat der Konzerntochter die Koordination von Insolvenzverfahren über Konzernunternehmen zu erleichtern, ist in der Praxis ein Kompetenzwettstreit entstanden, der sich zunehmend zu Lasten der Effektivität der Insolvenzverfahren auswirkt.

Der High Court of Justice London[539] hat später, einem Beispiel des High Court of Justice Birmingham folgend[540], zur Vermeidung weiterer Sekundärinsolvenzverfahren die *Administrators* ermächtigt, die Verteilung des Erlöses abweichend vom englischen Recht, nämlich nach den Regeln der potentiellen Sekundärverfahrensstaaten vorzunehmen[541].

---

535 Landesgericht Leoben, B. v. 31.8.2005, ZInsO 2005, 1176; dazu *Sommer*, ZInsO 2005, 1137 ff.
536 OLG Graz, B. v. 20.10.2005, NZI 2006, 660.
537 LG Leoben, B. v. 1.12.2005, NZI 2006, 663.
538 Dazu oben C. III. 2. a) bb).
539 High Court of Justice London, B. v. 9.6.2006, NZI 2006, 654.
540 Dazu sogleich zum Verfahren *MG Rover* III. 2. a) ff).
541 Die Verwertung im Verfahren *Collins & Aikman* soll aufgrund der so erreichten Konzentration im Vergleich zu einer unkoordinierten Verwertung in verschiedenen Sekundärinsolvenzver-

ff) MG Rover

Unbeeindruckt von der Kritik in der Literatur hat auch der High Court of Justice Birmingham mit Beschluss vom 18.4.2005[542] gleich acht Hauptinsolvenzverfahren über ausländische Vertriebsgesellschaften des *MG Rover*-Konzerns eröffnet. Dabei stützt sich Richter *Norris* nicht nur auf die Argumentation von Richter *McGonigal* vom High Court of Justice Leeds hinsichtlich der *Daisytek*-Insolvenz, indem er auf die strategischen Lenkungsentscheidungen als Maßstab für die Bestimmung des Mittelpunktes der hauptsächlichen Interessen gemäß Art. 3 Abs. 3 EuInsVO rekurriert, sondern ähnlich wie Richter *Lightman* vom High Court of London im Verfahren *Enron Directo Sociedad Limitada*[543] betont er das Erfordernis der Erkennbarkeit für Dritte und insbesondere die Gläubiger, ohne in seiner Begründung auf dieses Erfordernis näher einzugehen.

Insbesondere im Hinblick auf das Verhältnis zu Sekundärverfahren über das Vermögen der Konzerntöchter intensivieren der High Court of Justice Birmingham und die in den englischen Hauptverfahren eingesetzten *Administrators* den soeben im Verfahren *Collins & Aikman* anklingenden Eindruck, dass ein solches eher als störend und dessen Vermeidung oder Ausschaltung daher wünschenswert erscheint. So hat es im Verfahren *MG Rover* seitens des High Court of Justice Birmingham noch einen weiteren ergänzenden Beschluss vom 11.5.2005[544] gegeben, in dem durch so genannte *supplement orders* die Befugnisse der Hauptinsolvenzverwalter ausdrücklich klargestellt und umgrenzt werden.

> Uneingeschränkt sinnvoll und sogar besipielhaft[545] erscheint die Klarstellung und Beschreibung der Ziele der englischen *Administration* mit den Auswirkungen des hierin vorgesehenen Moratoriums und der allgemeinen Befugnisse der Hauptinsolvenzverwalter nach dem Insolvency Act 1986. Eine solche Zusammenfassung ist für die ausländischen Verfahrensbeteiligten zum Verständnis der Funktion und Vorgehensweise der englischen *Administrators* nach dem englischen Insolvenzrecht sicherlich sehr hilfreich und stellt damit einen sinnvollen Akt der Kommunikation und Kooperation dar.

Sehr weitgehend erscheint jedoch ein weiterer Schritt, den der High Court of Justice in diesem „Klarstellungsbeschluss" geht. So wurde hierin festgelegt, dass die *Administrators* die Befugnis haben sollen, Forderungen der Arbeitnehmer in den acht europäischen Vertriebsgesellschaften in demselben Rang zu bedienen, den diese Forderungen nach dem jeweils anwendbaren nationalen Insolvenzrecht hätten, wenn in dem jeweiligen Mitgliedstaat ein Sekundärinsolvenzverfahren eröffnet

---

fahren zu einem Mehrerlös von 45 Mio. US-Dollar geführt haben. In der Literatur, *Meyer-Löwy/Planck*, NZI 2006, 622, hat diese Vorgehensweise daher Lob und Anerkennung gefunden. Zu den Bedenken hiergegen aber unten III. 2. a) ff).

542 High Court of Justice Birmingham, B. v. 18.4.2005, NZI 2005, 467.

543 Zu dieser unveröffentlichten Entscheidung *Pannen/Riedemann*, NZI 2004, 646, und oben C. III. 2. a) aa) aE.

544 High Court of Justice Birmingham, B. v. 11.5.2005, NZI 2005, 515.

545 So auch *Penzlin/Riedemann*, Anm. zu High Court of Justice Birmingham, B. v. 11.5.2005, NZI 2005, 517, 518.

würde, ausdrücklich auch und gerade dann, wenn sie dadurch besser gestellt werden als durch die Anwendung der englischen *lex concursus*, die in Bezug auf die Rangstellung der Arbeitnehmer als Gläubiger gemäß Erwägungsgrund 28 Satz 2 EuInsVO maßgeblich ist. Richter *Norris* begründete diese Befugniserteilung ausdrücklich damit, dass hierdurch den ausländischen Arbeitnehmern der Anreiz genommen werden solle, die Eröffnung eines Sekundärinsolvenzverfahrens zu beantragen. Dies scheint auf den ersten Blick eine Absage an die Hilfsfunktion des Sekundärverfahrens durch sinnvolle Verteilung der Verantwortungslast auf mehrere Schultern zu sein. Bei näherer Betrachtung kann dem High Court of Justice jedoch nicht unterstellt werden, dass es diese Maßnahme allein getroffen habe, um die „Einmischung" ausländischer Verwalter in die durch die Hauptinsolvenzverwalter geplante Abwicklung der Verfahren zu verhindern, denn Judge *Norris* begründet diese Absicht der Vermeidung der Eröffnung von Sekundärinsolvenzverfahren plausibel nicht mit einer Scheu vor dem hiermit einhergehenden Kooperationserfordernis zwischen den Verwaltern, sondern spricht hier als erstes Gericht die oben[546] ausführlich dargestellte Problematik der Beschränkung der Sekundärverfahren auf Liquidationsverfahren gemäß Art. 3 Abs. 3 i.V.m. Art. 2 lit. c) EuInsVO und Anhang B an. Da die *Administration* als englisches Insolvenzverfahren gemäß para. 3 Schedule B 1 zum Insolvency Act 1986 (englisches Insolvenzgesetz) in erster Linie auf den Erhalt des schuldnerischen Unternehmens durch Reorganisation gerichtet ist[547], ist hiermit ein ausschließlich auf eine Liquidation gerichtetes Sekundärinsolvenzverfahren in der hier besprochenen Konstellation eines Haupt- und eines Sekundärverfahrens über ein und dieselbe Gesellschaft, wobei das verwertbare Vermögen in der Regel vollständig im Sekundärverfahrensstaat liegt, zwangsläufig nicht vereinbar. Es kann nicht gleichzeitig über ein und dieselbe Gesellschaft in England ein ausgesprochenes Sanierungsinsolvenzverfahren und in Österreich ein reines Liquidationsverfahren durchführt werden. Diesen Konflikt und damit eine unkoordinierte Zerschlagung der einzelnen Gesellschaften hofften der High Court of Justice Birmingham und die *Joint Administrators*, die eine gemeinschaftliche Verwertung durch übertragende Sanierung planten, durch einen Anreiz für bestimmte Gläubigergruppen, die Abwicklung im Hauptinsolvenzverfahren der Beantragung eines Sekundärinsolvenzverfahren vorzuziehen, zu vermeiden.

Die Argumentation des High Court of Justice Birmingham ist insoweit nachvollziehbar, führt aber gleichzeitig die Regelungen der EuInsVO ad absurdum. Richter *Norris* entwickelt hier ein durch freie, vom Willen des Verordnungsgebers nicht gedeckte Interpretation der Vorschriften der EuInsVO kreiertes Konzerninsolvenzrecht fort, indem er, nachdem die Konzerninsolvenzfälle durch Vorarbeit anderer Gerichte in das System der EuInsVO gepresst worden waren, die infolge dessen zur Anwendung gelangenden Mechanismen der EuInsVO außer Kraft zu setzen sucht. Folglich macht er sich – wie andere Gerichte zuvor – die Vorschriften der Verordnung zu Nutze, um einen vom Verordnungsgeber nicht beabsichtigten Konzern-

546 Im Kapitel über die Sanierung im Lichte der EuInsVO oben C. II.
547 Zu Struktur und Zielen der *Administration* noch ausführlich im rechtsvergleichenden Teil unten D. IV. 2. c) aa) (1).

insolvenzgerichtsstand zu begründen, lehnt aber die aus dieser Interpretation folgende Konsequenz der Möglichkeit der Eröffnung eines Sekundärverfahrens im tatsächlichen Sitzstaat des insolventen Konzernunternehmens ab, da ein solches die Ziele des Hauptverfahrens am Sitz der Konzernmutter zu gefährden geeignet ist. Die Möglichkeit zur Vermeidung von Sekundärinsolvenzverfahren und damit der Manipulation des Systems der eingeschränkten Universalität durch Erweiterung der Befugnisse der englischen *Joint Administrators* stützt Richter *Norris* ausschließlich auf englische Rechtsnormen und Rechtsprechung. Damit fertigt sich der High Court of Justice Birmingham ein auf den konkreten Einzelfall zugeschnittenes (Konzern-)Insolvenzrecht, indem zur Sicherung der Monopolstellung der englischen *Administrators* auf Kosten des eigenen Rechtssystems die Gunst einzelner Gläubigergruppen erworben werden soll. Hierdurch verlieren sowohl die Rechtssicherheit als auch der Grundsatz der *par condicio creditorum*[548] an Boden.

Unabhängig von der Frage der Motive und der rechtlichen Zulässigkeit und Begründbarkeit dieser Maßnahme scheint die Verwaltung gerade in der vorliegenden Konstellation mit Insolvenzverfahren über acht(!) Vertriebsgesellschaften in verschiedenen Mitgliedstaaten, in denen zumindest teilweise dieselben *Joint Administrators* eingesetzt sind[549], nicht wirklich praktikabel. Haben noch im Verfahren *Automold*[550], in dem es nur um eine ausländische Tochtergesellschaft ging, die Beteiligten übereinstimmend festgestellt, dass die Verwaltung der deutschen Tochter mit dem in Deutschland belegenen Vermögen und den nach deutschem Recht mit deutschen Lieferanten und Arbeitnehmern abgeschlossenen Verträgen durch die im Hauptverfahren eingesetzten englischen *Joint Administrators* alleine mangels vertiefter Kenntnisse des deutschen Rechts nicht in der gebotenen Eile und Sorgfalt bewältigt werden kann, so stellt sich die Frage, wie zwei englische *Joint Administrators*, die in Hauptverfahren über mehrere in verschiedenen Mitgliedstaaten angesiedelte Gesellschaften eingesetzt sind, diese unter der gebotenen Rücksicht auf die jeweilige Rechtsordnung bewältigen und koordinieren wollen. Zwar dürfte es sich bei den in diesen grenzüberschreitenden Verfahren eingesetzten Verwaltern regelmäßig um Partner europaweit vernetzter Rechtsanwaltssozietäten oder Wirtschaftsprüfungsgesellschaften handeln, jedoch liegt die Verantwortung für die oft sehr schnell zu treffenden Entscheidungen bei den eingesetzten *Joint Administrators*, die hier nicht uneingeschränkt auf die Zuarbeit durch einen Kollegen im ausländischen Büro warten und vertrauen können.

Gleichwohl ist hier zuzugeben, dass ein ähnliches, im Umfang sogar noch weitergehendes, Vorgehen im Verfahren *Collins & Aikman* offenbar funktioniert hat und zu einer erheblichen Steigerung des Verwertungserlöses und damit der Befriedigung aller Gläubiger des Konzerns geführt hat[551].

---

548 *Penzlin/Riedemann*, Anm. zu High Court of Justice Birmingham, B. v. 11.5.2005, NZI 2005, 517, 520.
549 *Penzlin/Riedemann*, Anm. zu High Court of Justice Birmingham, B. v. 18.4.2005, NZI 2005, 469.
550 Oben C. III. 2. a) bb).
551 Vgl. oben III. 2. a) ee).

Dennoch wird durch die zunehmende Konzentration der Insolvenzverfahren über europaweit verstreute Konzernunternehmen an einem englischen Gericht und in der Hand weniger *Joint Administrators* die anfangs noch übertrieben anmutende Kritik, es handle sich hierbei um einen „Insolvenzimperialismus“[552] englischer Gerichte.

b) *Parmalat/Eurofood – die Entscheidung des EuGH*

Der sich wie beschrieben verselbständigenden Entwicklung im Hinblick auf die Behandlung von Konzerninsolvenzfällen im Lichte der EuInsVO durch die nationalen Gerichte, die einen Konzerninsolvenzgerichtsstand am Sitz der Konzernmutter zu etablieren begonnen haben, setzte der EuGH mit seiner Entscheidung vom 2.5.2006[553] deutliche Grenzen. Auf die Vorlage von fünf Fragen im Zusammenhang mit der Zuständigkeit und Wirksamkeit von Eröffnungsentscheidungen nach der EuInsVO bei Konzerninsolvenzen durch den Supreme Court of Ireland im Verfahren über die zur *Parmalat*-Gruppe gehörende *Eurofood IFSC Ltd.* erteilte der EuGH der sich in Judikatur und Literatur verbreitenden Ansicht von der Maßgeblichkeit der Unternehmenskontrolle durch eine ausländische Konzernmutter für die Bestimmung des Mittelpunktes der hauptsächlichen Interessen der Konzerntochter eine klare Absage.

Im Verfahren *Parmalat/Eurofood* tauchen eine Reihe interessanter Fragen und Problemkreise um die Auslegung der EuInsVO auf, von denen hier primär die konzernspezifischen Fragen zur Auslegung des Begriffs des Mittelpunktes der hauptsächlichen Interessen i.S.d. Art. 3 Abs. 1 EuInsVO näher beleuchtet werden sollen. Zur Vergegenwärtigung der Vielschichtigkeit der Interpretationsschwierigkeiten, die sich aus den nationalen Rechtsunterschieden ergeben, soll hier eine umfassende Darstellung und Stellungnahme zum Sachverhalt, den Vorlagefragen und deren Beantwortung durch den EuGH erfolgen.

aa) Der Sachverhalt und die Vorlagefragen

Seit dem 24.12.2003 hat das italienische Wirtschaftsministerium über 64 auf fünf EU-Staaten verteilte Gesellschaften des Lebensmittelkonzerns *Parmalat* Hauptinsolvenzverfahren in Italien eröffnet und diese der so genannten *amministrazione straordinaria* (Sonderverwaltung), einem Verfahren zur Sanierung insolventer Großunternehmen, unterstellt. So auch die Finanzierungsgesellschaft *Eurofood IFSC Ltd.*, eine hundertprozentige Tochter der italienischen *Parmalat SpA*, über die ein Insolvenzverfahren in Italien eröffnet worden war. Auf Antrag eines Gläubigers auf Liquidation der irischen *Eurofood IFSC Ltd.* hatte der High Court of Dublin mit Beschluss vom 27.1.2004 bereits zuvor einen vorläufigen Insolvenzverwalter bestellt. Das italienische Gericht eröffnete am 19.2.2004 das Hauptinsolvenzverfahren über die *Eurofood IFSC Ltd.*, mit der – nach obigen Ausführungen inzwischen „europaläufigen“ – Begründung, die wirtschaftliche Verwaltungskontrolle liege trotz der wirtschaftlichen Tätigkeit des Unternehmens in Irland bei der italienischen Konzernmut-

552 *Mankowski*, EWiR 2003, 1239.
553 EuGH, Urt. v. 2.5.2006, Rs. C-341/04, ZInsO 2006, 484 ff.

ter[554]. Am 23.3.2004 eröffnete der High Court of Dublin[555] in Kenntnis des Hauptverfahrens in Italien ein weiteres auf die Liquidation der Gesellschaft gerichtetes Hauptverfahren. Gegen diese Eröffnungsentscheidung legte der im italienischen Verfahren eingesetzte Sonderverwalter vor dem irischen Supreme Court Rechtsmittel ein. Daraufhin legte der Supreme Court mit Beschluss vom 27.7.2004[556] dem EuGH folgende fünf Fragen zur Vorabentscheidung vor (weder amtliche noch wörtliche Übersetzung):

1. ob die gerichtliche Bestellung eines Liquidationsverwalters über das Vermögen einer Gesellschaft bereits als Verfahrenseröffnung i.S.v. Art. 16, 1, 2 EuInsVO einzuordnen ist, wenn hierdurch das Vermögen der Gesellschaft in Besitz genommen und den Geschäftsführern ihre Handlungsbefugnis entzogen wird,
2. ob im Falle der Verneinung der Vorlagefrage zu 1. die spätere Eröffnung eines Insolvenzverfahrens auf den Zeitpunkt der Antragstellung auf zwangsweise Liquidation zurückwirkt,
3. ob Art. 3 i.V.m. Art. 16 EuInsVO bewirke, dass dem Gericht in dessen Mitgliedstaat zuerst ein Insolvenzverfahren eröffnet wird, die Befugnis zur Eröffnung eines Hauptinsolvenzverfahrens zukommt, selbst wenn sich der eingetragene Sitz der Gesellschaft nicht in diesem Mitgliedstaat befindet und die Gesellschaft hier auch nicht für Dritte erkennbar der Verwaltung ihrer Interessen nachgeht,
4. ob bei der Bestimmung des Mittelpunktes der hauptsächlichen Interessen, dann wenn sich der Sitz der Muttergesellschaft und der Sitz der Tochtergesellschaft in verschiedenen Mitgliedstaaten befinden, maßgeblich ist, dass a) die Tochtergesellschaft die Verwaltung ihrer Geschäftsinteressen für Dritte erkennbar an ihrem eingetragenen Sitz ausübt oder b) die Muttergesellschaft ihre kraft Beteiligung bestehende Leitungsmacht über die Geschäftspolitik der Tochter ausübt und
5. ob ein Mitgliedstaat durch Art. 17 EuInsVO verpflichtet ist, auch eine unter Verletzung der Rechte auf ein faires Verfahren und des rechtlichen Gehörs zustande gekommene Insolvenzverfahrenseröffnung anzuerkennen.

bb) Die Entscheidung des EuGH

Der EuGH wendet sich bei seiner Prüfung zunächst der vierten Frage zu, die er als Frage nach dem entscheidenden Faktor zur Identifizierung des Mittelpunktes der hauptsächlichen Interessen der Tochtergesellschaft, wenn Mutter und Tochter ihren jeweiligen Satzungssitz in verschiedenen Mitgliedstaaten haben, zusammenfasst[557]. Der EuGH stellt zunächst klar, dass der COMI als ein der Verordnung eigener Begriff autonom, einheitlich und unabhängig von nationalen Rechtsvorschriften ausgelegt werden müsse[558]. Schließlich könne die Vermutung des Art. 3 Abs. 1 Satz 2 EuInsVO nur entkräftet werden, wenn i.S.d. Erwägungsgrundes 13 objektive und für Dritte feststellbare Kriterien vorliegen, aus denen sich ergibt, dass die tatsächliche Lage nicht derjenigen entspricht, die durch eine Verortung am satzungsmäßigen Sitz impliziert wird[559]. Eine solche Situation sei insbesondere bei

---

554 Tribunale Civile di Parma, Urt. v. 19.2.2004, ZIP 2004, 1220.
555 High Court of Dublin, B. v. 23.3.2004, ZIP 2004, 1223.
556 Supreme Court of Ireland, B. v. 27.7.2004, NZI 2004, 505.
557 EuGH, Urt. v. 2.5.2006, Rs. C-341/04, Nr. 26.
558 EuGH, Urt. v. 2.5.2006, Rs. C-341/04, Nr. 31.
559 EuGH, Urt. v. 2.5.2006, Rs. C-341/04, Nr. 33 f.

einer „Briefkastenfirma“ denkbar[560]. Entscheidend ist die Aussage des EuGH, dass dann, wenn eine Gesellschaft ihrer Tätigkeit im Mitgliedsstaat ihres satzungsmäßigen Sitzes nachgeht, die Tatsache allein, dass ihre wirtschaftlichen Entscheidungen von einer Muttergesellschaft mit Sitz in einem anderen Mitgliedstaat kontrolliert werden oder kontrolliert werden können, nicht ausreicht, um die in Art. 3 Abs. 1 Satz 2 EuInsVO aufgestellte Vermutung zu widerlegen[561].

Als nächstes beschäftigt sich der EuGH mit der Vorlagefrage zu 3. Wie schon Generalanwalt *Jacobs* in seiner Stellungnahme vom 27.9.2005[562] stellte auch der EuGH fest, dass diese im Wesentlichen die Frage aufwirft, ob ein Mitgliedstaat zur Überprüfung der Eröffnungsentscheidung eines anderen Mitgliedstaates im Hinblick auf dessen Zuständigkeit berechtigt ist[563] und bei einem negativen Ergebnis seinerseits ein Hauptinsolvenzverfahren eröffnen darf[564]. Der EuGH verneint dies unter Hinweis auf das in Erwägungsgrund 22 verankerte Prinzip des gegenseitigen Vertrauens[565].

Auf die Beantwortung der Vorlagefrage zu 3. folgt in der Entscheidung des EuGH eine Auseinandersetzung mit der Vorlagefrage zu 1. Hier spricht der EuGH an, dass trotz der Wesentlichkeit des zeitlichen Kriteriums für die Anwendbarkeit des Prioritätsgrundsatzes im Hinblick auf die Eröffnungsentscheidung der Begriff der „Eröffnung eines Insolvenzverfahrens“ nicht hinreichend genau bestimmt sei[566]. Maßgeblich sei jede Entscheidung eines mitgliedstaatlichen Gerichts, die den Vermögensbeschlag gegen den Schuldner bewirkt, durch die ein in Anhang C der Verordnung aufgeführter Verwalter bestellt wird und die infolge eines auf die Insolvenz des Schuldners gestützten Antrags auf Eröffnung eines in Anhang A der Verordnung genannten Verfahrens ergeht[567]. Die Beantwortung der Vorlagefrage zu 2. habe sich mit der Beantwortung der Vorlagefrage zu 1. erübrigt[568].

Auf die Vorlagefrage zu 5. antwortet der EuGH, dass ein Mitgliedstaat einem in einem andern Mitgliedstaat eröffneten Insolvenzverfahren die Anerkennung unter Berufung auf Art. 26 der Verordnung versagen könne, wenn die Eröffnungsentscheidung unter offensichtlichem Verstoß gegen das Grundrecht auf rechtliches Gehör einer von einem solchen Verfahren betroffenen Person ergangen ist[569], was vom vorlegenden Gericht festzustellen sei[570].

---

560 EuGH, Urt. v. 2.5.2006, Rs. C-341/04, Nr. 35.
561 EuGH, Urt. v. 2.5.2006, Rs. C-341/04, Nr. 36 f.
562 Generalanwalt *Jacobs*, Schlussantrag v. 27.9.2005, Rs. C-341/04, *Eurofood IFSC*, Nr. 97.
563 EuGH, Urt. v. 2.5.2006, Rs. C-341/04, Nr. 38.
564 Generalanwalt *Jacobs*, Schlussantrag v. 27.9.2005, Rs. C-341/04, *Eurofood IFSC*, Nr. 97.
565 EuGH, Urt. v. 2.5.2006, Rs. C-341/04, Nr. 42; so auch Generalanwalt *Jacobs*, Schlussantrag v. 27.9.2005, Rs. C-341/04, *Eurofood IFSC*, Nr. 101 ff.
566 EuGH, Urt. v. 2.5.2006, Rs. C-341/04, Nr. 50.
567 EuGH, Urt. v. 2.5.2006, Rs. C-341/04, Nr. 54.
568 EuGH, Urt. v. 2.5.2006, Rs. C-341/04, Nr. 59.
569 EuGH, Urt. v. 2.5.2006, Rs. C-341/04, Nr. 67.
570 EuGH, Urt. v. 2.5.2006, Rs. C-341/04, Nr. 68.

cc) Überlegungen zur Ergiebigkeit der Entscheidung im Hinblick auf Konzerninsolvenzen

Nachdem die zitierte Entscheidung des EuGH im Verfahren über die *Eurofood IFSC Ltd.* von der Literatur lange herbeigesehnt worden war, weil hierdurch eine Beendigung der geschilderten Entwicklung[571] in der Rechtsprechung zu Konzerninsolvenzen erhofft wurde[572], stellt sich nun die Frage, wie realistisch diese hohen Erwartungen angesichts der Formulierung der Vorlagefragen waren, schließlich also die Frage, wie ergiebig die Entscheidung im Hinblick auf die Problematik der grenzüberschreitenden Konzerninsolvenzen tatsächlich ist.

Hierbei interessieren insbesondere die Vorlagefragen zu 3., 4. und zu 5., die sich mit der Bestimmung des Mittelpunktes der hauptsächlichen Interessen beschäftigen.

> Wenngleich auch die Vorlagefrage zu 1. danach, auf welchen Zeitpunkt und welche Maßnahmen nach dem nationalen Insolvenzrecht für die wirksame Eröffnung eines Hauptinsolvenzverfahrens i.S.d. Art 16 und 2 EuInsVO abzustellen ist, gerade aus deutscher Sicht im Hinblick auf das Eröffnungsverfahren gemäß §§ 11 ff. InsO und die Maßnahmen nach §§ 21 f. InsO äußerst interessant und relevant ist und erhebliche Bedeutung für den allgemeinen Wettlauf um die internationale Insolvenzzuständigkeit hat[573].

Bei der Formulierung der Vorlagefragen zu 3. und 4. durch den Supreme Court of Ireland fällt eine Suggestion[574] auf, durch welche die Beantwortung der sich tatsächlich bei der Interpretation des Mittelpunktes der hauptsächlichen Interessen stellenden Fragen teilweise derart vorweg genommen wurde, dass diese der Entscheidung durch den EuGH entzogen waren.

So hat der Supreme Court bei Vorlagefrage 3 als Tatsache unterstellt, dass die irische Gesellschaft im vorliegenden Fall nicht für Dritte erkennbar in Italien der Verwaltung ihrer Interessen nachgeht. Es ist zwar richtig, dass dem EuGH nicht die Ermittlung und Überprüfung der dem Sachverhalt zugrunde liegenden Tatsachen obliegt[575], jedoch stellt sich gerade in Fällen grenzüberschreitender Konzerninsolvenzen die Frage, wie die Erkennbarkeit für Dritte, deren Erfordernis sich aus Erwägungsgrund 13 zur Verordnung ergibt[576], auszulegen ist, wann diese also vorliegt. Der Supreme Court of Ireland hat diese Frage – der irischen Interessenlage im Verfahren entsprechend – ausdrücklich nicht gestellt, sondern hat eine Entscheidung

---

571 Oben C. III. 2.

572 So z. B. *Flessner* beim Jahrestreffen der Freunde des Max-Planck-Instituts für Internationales Privatrecht am 18.6.2005; auch *Smid*, Anm. zu Supreme Court of Ireland, B. v. 27.7.2004, DZWIR 2005, 64, 65; *Wimmer*, ZInsO 2005, 119 ff. und *Eidenmüller*, EBOR 6 (2005), 423, 430 f.

573 Hierzu daher kurz im Zusammenhang mit den Gründen für den Wettlauf und die Einschätzungen in der deutschen Literatur hinsichtlich der diesbezüglichen Konsequenzen der EuGH-Entscheidung unten C. III. 3. am Anfang.

574 Vgl. Anm. von *Smid* zum Vorlagebeschluss, Supreme Court of Ireland, B. v. 27.7.2004, DZWIR 2005, 64 f. und *Schilling/Schmidt*, ZInsO 2006, 113, 116.

575 *Duursma-Kepplinger/Duursma/Chalupsky-Duursma*, 1. Abschnitt, Teil 3, RdNr. 17 ff.

576 Welcher bei der Auslegung der EuInsVO als Motiv des Verordnungsgebers heranzuziehen ist, *Smid*, Deutsches und Europäisches Internationales Insolvenzrecht, vor Art. 1 RdNr. 14.

lediglich darüber begehrt, ob ein mangels Sitz und für Dritte erkennbarer Verwaltungstätigkeit im Ersteröffnungsstaat offensichtlich fehlerhaft eröffnetes Hauptinsolvenzverfahren die Wirkungen des Art. 16 EuInsVO entfalten könne bzw. von einem Gericht eines anderen Mitgliedstaates überprüft werden könne[577]. Folgerichtig beschäftigt sich der EuGH in seiner Entscheidung ebenfalls nicht mit dem Begriff der „Erkennbarkeit für Dritte", sondern beantwortet die Vorlagefrage zu 3. mit einem Hinweis auf den Grundsatz des gegenseitigen Vertrauens, der eine Überprüfung einer Eröffnungsentscheidung durch das Gericht eines anderen Mitgliedsstaates nicht zulässt. Insofern waren die hohen Erwartungen an die Entscheidung verfehlt und sind die Enttäuschung und schließlich die Kritik[578] an der Zurückhaltung des EuGH zur Frage der „Erkennbarkeit für Dritte" unberechtigt.

Die schlichte Klarstellung der Bedeutung des in Erwägungsgrund 22 – im Grunde genommen mit ähnlicher Klarheit – formulierten Konzepts des gegenseitigen Vertrauens ist für die allgemeine Entwicklung auf dem Gebiet europäischer Konzerninsolvenzeröffnungsentscheidungen nicht bahnbrechend, da gerade das Prinzip der automatischen Anerkennung der Ersteröffnung ohne Überprüfungskompetenz von den Gerichten – außer in der Entscheidung des AG Düsseldorf vom 6.6.2003 im Verfahren *Daisytek*[579] – regelmäßig akzeptiert und berücksichtigt wird[580].

Für die Ergiebigkeit der Entscheidung des EuGH wäre es im Übrigen nicht vorteilhafter gewesen, wenn der Supreme Court of Ireland die – nicht seinen Interessen entsprechende – Frage gestellt hätte, ob die Vermutung des Art. 3 Abs. 1 Satz 2 EuInsVO zugunsten des eingetragenen Sitzes einer juristischen Person nicht unter dem Aspekt der Erkennbarkeit für Dritte dann widerlegt sein könnte, wenn das schuldnerische Unternehmen in dem Mitgliedstaat, in dem es seinen eingetragenen Sitz hat, als bloße Finanzierungsgesellschaft keinerlei Vermögen, kein Büro, keine Arbeitnehmer und keine Gläubiger hat – wie es bei *Eurofood IFSC* der Fall war. Trotz der Zweifel[581], die angesichts dieser atypischen[582] Situation hier hätten aufkommen können, hat der Supreme Court – insofern taktisch geschickt – es als klar erwiesen hingestellt, dass in den Augen Dritter, insbesondere der Gläubiger, der Mittelpunkt der hauptsächlichen Interessen in Irland liege und konnte damit die ebenfalls interessante Frage stellen, ob auf den für Dritte erkennbaren äußeren oder den inneren Geschäftsgang abzustellen sei.

Die Frage danach, ob die faktischen Machtverhältnisse im Konzernverhältnis die Zuständigkeitsvermutung des Art. 3 Abs. 1 Satz 2 EuInsVO zu widerlegen in der Lage sind, formulierte der Supreme Court of Ireland in der Vorlagefrage zu 4., wobei

---

577 Vgl. *Smid*, Anm. zu Supreme Court of Ireland, B. v. 27.7.2004, DZWIR 2005, 64, 65.

578 Etwa durch *Poertzgen/Adam*, ZInsO 2006, 505, 507 und *Knof/Mock*, Anm. zu EuGH, Urt. v. 2.5.2006, Rs. C-341/04, ZIP 2006, 911, 914 f. Ähnlich schon *Schilling/Schmidt*, ZInsO 2006, 113, 116 zum Schlussantrag des Generalanwalts v. 27.9.2005, Rs. C-341/04.

579 AG Düsseldorf, B. v. 6.6.2003, ZIP 2003, 1363; dazu oben C. III. 2. a) aa).

580 Vgl. hierzu die Darstellung der Entwicklung in der Rechtsprechung nach der zitierten Entscheidung im Verfahren *Daisytek* oben C. III. 2. a) bb)–ff).

581 Hierzu auch *Smid*, Anm. zu Supreme Court of Ireland, B. v. 27.7.2004, DZWIR 2005, 64, 65 f.

582 Vgl. insoweit die oben dargestellten Fälle, bei denen ein großes Problem darin bestand und besteht, dass sich die gesamten *assets*, Arbeitnehmer und Kundenverbindungen im Sitzstaat der Tochtergesellschaft befinden, weshalb das Hauptinsolvenzverfahren am Sitz der Mutter quasi masselos ist.

erneut die Vorlagefrage nicht auf eine Interpretation des Erwägungsgrundes 13 abzielte, sondern die Erkennbarkeit für Dritte als am Satzungssitz gegeben unterstellt wurde, womit die Frage, welche Verwaltungshandlungen in welcher Form für welche Dritten erkennbar sein müssen, gerade nicht zur Klärung gestellt wurde.

Generalanwalt *Jacobs* hatte sich zu der Vorlagefrage zu 4. dahingehend gäußert, dass die Verwaltungskontrolle durch ein Mutterunternehmen nicht ausreiche, die Vermutung des Art. 3 Abs. 1 Satz 2 EuInsVO, wonach der COMI einer Gesellschaft an deren satzungsmäßigen Sitz liegt, zu widerlegen[583], wenn das Tochterunternehmen gewöhnlich der Verwaltung seiner Interessen für Dritte erkennbar selbst nachgeht[584]. Der EuGH schließt sich im Wesentlichen dieser Aussage an, geht insofern allerdings nicht auf die Erkennbarkeit für Dritte ein, sondern lässt es ausreichen, dass die Tochtergesellschaft an ihrem satzungsmäßigen Sitz „ihrer Tätigkeit nachgeht"[585]. Das Kriterium der Erkennbarkeit für Dritte ist demnach nicht zur Unterstützung der Vermutung heran zu ziehen, sondern spielt lediglich zur Widerlegung der Vermutung, also im Hinblick auf die Erkennbarkeit einer maßgeblichen Tätigkeit außerhalb des Satzungssitzes, eine Rolle. Dieser Unterschied ist nicht unerheblich. Der EuGH lässt hiermit der Vermutung des Art. 3 Abs. 1 Satz 2 EuInsVO große Bedeutung zukommen[586], die nur dann widerlegt werden kann, wenn für Dritte erkennbar die tatsächliche Lage nicht mit der Verortung des Mittelpunktes der hauptsächlichen Interessen am Satzungssitz übereinstimmt, was nicht allein deshalb angenommen werden kann, weil die Entscheidungen der Tochtergesellschaft von einer im Ausland ansässigen Mutter kontrolliert werden. Der EuGH nennt als Beispiel, wann die Vermutung des Art. 3 Abs. 1 Satz 2 EuInsVO unter Heranziehung des Erwägungsgrundes 13 widerlegt werden kann, ausdrücklich nur den Fall, in dem die Tochtergesellschaft an ihrem Sitz keinerlei Tätigkeit nachgeht, also bei einer so genannten „Briefkastenfirma"[587]. Die Frage, welche Verwaltungshandlungen in welcher Form für welche Dritten erkennbar sein müssen, ist damit – wie nach der Vorlagefrage zu erwarten war – offen geblieben. Insbesondere für die Fälle von Konzerninsolvenzen, bei denen die Tochtergesellschaft wohl einer Tätigkeit am Satzungssitz nachgeht, jedoch ein Teil der Gläubiger vorrangig mit der Konzernmutter im Ausland kommuniziert, wie dies in den Fällen *Daisytek*[588] und *Hettlage*[589] vorgetragen wurde, ist damit eine Verortung des Mittelpunktes der hauptsächlichen Interessen der Tochter am Sitz der Mutter unter Widerlegung der Vermutung des Art. 3 Abs. 3 Satz 1 EuInsVO durch Heranziehung des Erwägungsgrundes 13 nicht gänzlich ausgeschlossen[590].

---

583 Generalanwalt *Jacobs*, Schlussantrag v. 27.9.2005, Rs. C-341/04, *Eurofood IFSC*, Nr. 110 ff.
584 Generalanwalt *Jacobs*, Schlussantrag v. 27.9.2005, Rs. C-341/04, *Eurofood IFSC*, Nr. 116 und 126.
585 EuGH, Urt. v. 2.5.2006, Rs. C-341/04, Nr. 36 f.
586 So auch die Einschätzung von *Poertzgen/Adam*, ZInsO 2006, 505, 506; *Kammel*, NZI 2006, 334, 336.
587 EuGH, Urt. v. 2.5.2006, Rs. C-341/04, Nr. 35 und 37.
588 Siehe zu diesem Verfahren oben C. III. 2. a) aa).
589 Siehe zu diesem Verfahren oben C. III. 2. a) dd).
590 In diesem Zusammenhang wirkt die Aussage bei *Kammel*, NZI 2006, 334, 338, der EuGH

Mit der Beantwortung der Vorlagefrage zu 5. bekräftigt der EuGH unter Wiederholung des insofern eindeutigen Wortlauts des Art. 26 EuInsVO und unter Hinweis auf die eigene Rechtsprechung zu Art. 27 EuGVÜ die herrschende Lehre und Rechtsprechung in der Auffassung vom Ausnahmecharakter des *ordre public*-Vorbehalts[591], wonach ein Gericht ein in einem anderen Mitgliedstaat eröffnetem Verfahren die Anerkennung nur versagen kann, wenn die Eröffnungsentscheidung unter *offensichtlichem* Verstoß gegen das Grundrecht auf rechtliches Gehör einer von einem solchen Verfahren betroffenen Person ergangen ist[592].

Die Bedeutung der zitierten Entscheidung des EuGH für die weitere Entwicklung der Judikatur der nationalen Gerichte zu grenzüberschreitenden Konzerninsolvenzsachverhalten und die entsprechende Diskussion in der Literatur soll im Folgenden näher analysiert werden.

3. Beurteilung der Entwicklung in der Judikatur und Aussichten

Bei der Beobachtung der Entwicklung in der europäischen Judikatur zum grenzüberschreitenden Konzerninsolvenzrecht ist insbesondere die Entwicklung des deutschen Blickwinkels zu dieser Thematik interessant. Zunächst wurde insbesondere von der deutschen Literatur zutreffend beobachtet[593], dass der so genannte Wettlauf um die Ersteröffnung eines Hauptinsolvenzverfahrens anfangs hauptsächlich von englischen Gerichten entfacht und gewonnen wurde, weshalb hier schnell von einem „Insolvenzimperialismus“[594] die Rede war. Ein Grund für die englische Vorreiterstellung und die deutsche Skepsis dürfte sein, dass das Eröffnungsverfahren in England insbesondere im Vergleich zu Deutschland, wo das Verfahren bis zur Eröffnung des eigentlichen und damit im Sinne des Art. 3 EuInsVO maßgeblichen Insolvenzverfahrens Monate dauern kann[595], wesentlich kürzer ist[596], so dass England aufgrund des in Art. 16 Abs. 1 EuInsVO verankerten Prioritätsprinzips in dem Wettlauf häufig den Sieg davon trägt und dementsprechend – insbesondere dem „Verlierer“ Deutschland – unangenehm auffällt.

---

habe sich ausdrücklich für den Ort der werbenden Tätigkeit als Mittelpunkt der hauptsächlichen Interessen ausgesprochen und damit in hohem Maß zur Beseitigung der Rechtsunsicherheit beigetragen, etwas zu optimistisch; zum Problem unterschiedlicher Wahrnehmung des Tätigkeitsortes eines Tochterunternehmens durch verschiedene Gläubigergruppen unten C. III. 3. a) aa) (2).

591 Hierzu bereits oben C. I. 4. c) bb).

592 EuGH, Urt. v. 2.5.2006, Rs. C-341/04, Nr. 63 ff.

593 *Bähr/Riedemann* (Anm. Mönchengladbach-*EMBIC I*), ZIP 2004, 1066; *Lautenbach* (Anm. zu AG Mönchengladbach-*EMBIC I*), NZI 2004, 384; *Pannen/Riedemann*, NZI 2004, 646 ff.

594 *Mankowski*, EWiR 2003, 1239.

595 Kritisch hierzu *Lautenbach*, NZI 2004, 383, 385; und zum insofern möglicherweise positiven Einfluss des „Wettlaufs“ um die Priorität bei der Eröffnung des Hauptinsolvenzverfahrens *Smid*, DZWIR 2004, 397, 403 Fn. 58.

596 So hat der *High Court of Chancery Division Companies Court* mit einer Entscheidung vom 7.2.2003, ZIP 2003, 813 im Fall „BRAC-Budget“ nur sieben Tage nach Antragstellung eine *Administration order* erlassen.

> Es ist umstritten, ob sich diese Sachlage mit der Entscheidung des EuGH[597] zur Vorlagefrage 1 im Verfahren *Parmalat/Eurofood*, wonach eine die Wirkung des Art. 16 EuInsVO entfaltende Eröffnungsentscheidung dann vorliegen soll, wenn auf Antrag ein in Anhang C der Verordnung aufgeführter Verwalter bestellt und gleichzeitig das schuldnerische Vermögen in Beschlag genommen wird, wenigstens teilweise geändert hat. Hinsichtlich der Subsumtion des Eröffnungsverfahrens nach deutschem Insolvenzrecht unter die vom EuGH aufgestellten Kriterien für eine Eröffnungsentscheidung sind allein anhand der Formulierungen, die der EuGH gewählt hat, verschiedene Interpretationen möglich. Für die Annahme der Eröffnungswirkung der Einsetzung eines vorläufigen Insolvenzverwalters nach deutschem Recht spricht insbesondere die Notwendigkeit einer europäisch autonomen und damit vom Standpunkt des deutschen Rechts losgelösten Auslegung[598]. Schon aufgrund des für den oben erläuterten Wettlauf um die erste Eröffnungsentscheidung günstigen Ergebnisses sucht die deutsche Literatur[599] überwiegend nach diese Richtung stützenden Argumenten. Dagegen wird jedoch zu Recht vorgebracht, dass die Interpretation des Eröffnungsverfahrens als eröffnetes Verfahren in der deutschen Insolvenzsystematik zu erheblichen Folgeproblemen führen kann[600].

Infolgedessen hat insbesondere die deutsche Literatur die „Dreistigkeit", mit der englische Gerichte regelmäßig durch „ausufernde"[601] und „aggressiv-eigennützige"[602] Auslegung des Art. 3 Abs. 1 Satz 1 EuInsVO ihre Zuständigkeit annahmen und damit deutschen Gerichten und Verwaltern „die Butter vom Brot nahmen", beklagt und hierüber lamentiert[603].

Als einer der ersten brachte *Braun*[604] eine neue Betrachtungsweise hinsichtlich der Handhabe englischer Gerichte in Deutschland ein und hat damit vermutlich einen Anstoß für die sich erstaunlich schnell vollziehende Entwicklung in der Beurteilung von Zuständigkeitsfragen im Zusammenhang mit Konzerninsolvenzen durch deutsche Gerichte gegeben. *Braun* wies auf ein viel offensiveres Verständnis der Rechtsanwendung in England hin, wogegen sich deutsche Insolvenzpraktiker und Insolvenzgerichte eher schwerfällig ausnähmen und sich eventuell sogar ein Beispiel nehmen könnten[605], und zeigte in diesem Sinne Verständnis für die Interpretation des Mittelpunktes der hauptsächlichen Interessen durch englische Gerichte[606], ohne es zu versäumen, auch auf die damit verbundenen Gefahren hinzuweisen[607].

---

597 EuGH, Urt. v. 2.5.2006, Rs. C-341/04, Nr. 45 ff. (abgedruckt in ZInsO 2006, 484 ff.).
598 *Herchen*, NZI 2006, 435, 436.
599 Insbesondere *Poertzgen/Adam*, ZInsO 2006, 505, 508 und *Mankowski*, BB 2006, 1753, 1757; im Vorfeld der Entscheidung *Schilling/Schmidt*, ZInsO 2006, 113 und *Wimmer*, ZInsO 2005, 119, 125 ff.
600 Missverständlich *Knof/Mock*, Anm. zu EuGH, Urt. v. 2.5.2006, Rs. C-341/04, ZIP 2006, 911, 913; skeptisch bereits im Vorfeld der Entscheidung *Smid*, Anm. zu Supreme Court of Ireland, B. v. 27.7.2004, DZWIR 2005, 64 und nunmehr *ders.*, DZWIR 2006, 325f.
601 *Sabel*, NZI 2004, 126.
602 *Mankowski*, EWiR 2003, 1239, 1240.
603 *Mankowski*, EWiR 2003, 767; *ders.*, EWiR 2003, 1239 f.; *Paulus*, EWiR 2003, 709; *ders.* ZIP 2003, 1725; *Sabel*, NZI 2004, 126.
604 *Braun*, NZI 2004, V ff.
605 *Braun*, NZI 2004, V, VI f.
606 *Braun*, NZI 2004, V; zustimmend aufgegriffen von *Vallender/Fuchs*, ZIP 2004, 829; ebenso *Paulus*, FS-Kreft, 469, 473.
607 *Braun*, NZI 2004, V, VI f.

Dieser Ruf scheint wenig später in der deutschen Judikatur angekommen zu sein, die ihrerseits erkannte, dass Lamentieren nicht hilft und auch die rechtsgrundlose Verweigerung der Anerkennung, wie sie das AG Düsseldorf[608] seinerzeit mit wenig Erfolg demonstrierte, nicht weiter führt. Da die Entscheidungen der englischen Gerichte in der Regel nicht angreifbar sind – die Voraussetzungen für eine Verweigerung der Anerkennung über die *ordre public*-Klausel gemäß Art. 26 EuInsVO sind sehr eng[609] –, und englische Gerichte sich auch in Zukunft nicht durch das Lamento deutscher Autoren von ihrer Tendenz zum Konzerngerichtsstand in England abbringen lassen würden, sah die deutsche Judikatur – allen voran das AG Mönchengladbach[610] – sich gezwungen, „mit gleichen Mitteln zurückzuschlagen“[611].

In der weiteren Entwicklung, die durch die vorgestellten Entscheidungen des AG Mönchengladbach[612], des AG München[613] und schließlich auch des AG Offenburg[614] und des AG Siegen[615] geprägt wurde, hat sich auch die Haltung in der Literatur gewandelt. Autoren, die sich über die Vorgehensweise der englischen Gerichte geradezu empört hatten, begrüßten den neuen welt- und zukunftsgewandten Geist deutscher Gerichte, die sich wendiger und flexibler zeigen als dies zuvor der Fall war, sahen nun teilweise mit Staunen das überwältigende Bedürfnis nach konzerninsolvenzrechtlicher Regelung und befürworteten Schritte der Gesetzgeber, die sie früher nicht für notwendig gehalten hatten[616].

Im Grunde genommen wird diese Haltung der aufgeworfenen[617] Prämisse gerecht, dass die EuInsVO nicht als abschließende und abgeschlossene Regelung auf dem Gebiet des europäischen grenzüberschreitenden Insolvenzrechts zu betrachten ist, sondern als derzeit einziger gemeinsamer Nenner, ein erster Meilenstein auf einem langen Weg zu einem vereinheitlichten europäischen Insolvenzrecht. Denn diese Betrachtung verlangt einen dynamischen Ansatz im Umgang mit der EuInsVO, bei dem durch sachgerechte unter Umständen aber auch weite Interpretation des Wortlauts das Recht fortentwickelt wird, wobei die Grenze der Interpretation sicherlich dort zu ziehen ist, wo sich über den Willen des Verordnungsgebers hinweg gesetzt wird. Letzteres geschieht jedoch nicht schon dadurch, dass die Verordnung in einer

---

608 AG Düsseldorf, B. v. 6.6.2003, DZWIR 2003, 437, dazu oben C. III. 2. a) aa).
609 Ausführlich oben C. I. 4. c) bb).
610 AG Mönchengladbach, B. v. 27.4.2004, ZIP 2004, 1064, siehe oben C. III. 2. a) cc).
611 So auch der Kommentar *Mankowskis*, NZI 2004, 450, 451: „Der Kontinent schlägt zurück!“, der damit allmählich auch von der ursprünglichen Idee, das eigentlich zuständige Gericht solle die Anerkennung verweigern, wenn deren Annahme offensichtlich ungerechtfertigt war – so noch in EWiR 2003, 1239 f., abrückt.
612 AG Mönchengladbach, B. v. 27.4.2004, ZIP 2004, 1064 (*EMBIC I,*), oben C. III. 2. a) cc).
613 AG München, B. v. 4.5.2004, ZIP 2004, 962 (*Hettlage*), oben C. III. 2. a) dd).
614 AG Offenburg, B. v. 2.8.2004, NZI 2004, 673 (*HUKLA-Werke*), oben C. III. 2. a) dd).
615 AG Siegen, B. v. 1.7. 2004, NZI 2004, 673 (*Zenith*), oben C. III. 2. a) dd).
616 Besonders zu beobachten ist dieser Wandel im Sinne einer Beugung unter die Macht der Tatsachen bei *Mankowski*, der zunächst, EWiR 2003, 767 und EWiR 2003, 1239 f., der Begründung eines Konzerngerichtsstandes am Sitz der Mutter sehr kritisch gegenüber stand, nunmehr aber einen solchen in vielen Fällen für gerechtfertigt hält und daher eine Revision der EuInsVO fordert, NZI 2004, 450, 452; EWiR 2005, 175, 176.
617 Oben A. III. 3.

Weise interpretiert wird, an die der Verordnungsgeber nicht gedacht hat, sondern erst dort, wo die Interpretation dem ausdrücklichen Willen des Verordnungsgebers zuwider läuft. In diesem Sinne hat der Verordnungsgeber sich zwar der expliziten Regelung von Konzernsachverhalten enthalten, hiermit war jedoch nicht grundsätzlich ausgeschlossen, dass die Praxis sich die Mechanismen der Verordnung auch zur Bewältigung von Konzerninsolvenzen zu Nutze macht. Es ist wichtig und gut, dass dies versucht wurde.

Genauso richtig ist jedoch die Entscheidung des EuGH im Verfahren *Parmalat/Eurofood*, mit der dieses der Interpretation der Verordnung durch die Rechtsprechung klare Vorgaben gemacht und Grenzen gesetzt hat[618], denn die auf den früheren Entscheidungen aufbauende Weiterentwicklung durch das LG Leoben[619] und wiederum englische Gerichte wie dem High Court of Justice Birmingham[620] haben gezeigt, dass hier eine falsche Richtung eingeschlagen wurde, die nur zu neuen Problemen und Unsicherheiten führte.

Die dargestellte Entwicklung in der Judikatur kann auch nach der Entscheidung des EuGH bei einer Betrachtung und Analyse der Problematik der Behandlung von grenzüberschreitenden Konzerninsolvenzen nicht unberücksichtigt bleiben, sondern ist im Hinblick auf etwaige Korrekturen der EuInsVO kritisch zu analysieren. Zentraler Gedanke ist hierbei nach wie vor die Idee einer Konzernzuständigkeit am Sitz der Konzernmutter.

a) Konzernzuständigkeit am Sitz der Konzernmutter

Die EuInsVO sieht wie kein Konzerninsolvenzrecht im Allgemeinen so folglich auch keine Konzernzuständigkeit im Besonderen vor[621]. Gerade die Zuständigkeitsregelung des Art. 3 EuInsVO, präziser der Begriff des Mittelpunktes der hauptsächlichen Interessen als Anknüpfungspunkt für die internationale Zuständigkeit[622], bildete jedoch – bis zur Entscheidung des EuGH vom 2.5.2006[623] – das Einfallstor für ein europäisches Konzerninsolvenzrecht. Es bestand nie ein Zweifel darüber, dass sich die Zuständigkeit und das Verfahren gemäß Art. 3 Abs. 1 EuInsVO jeweils nach dem Mittelpunkt der hauptsächlichen Interessen des insolventen Konzernunternehmens richten[624], auseinander gingen und gehen jedoch die Ansichten, wie dieser Mittelpunkt der hauptsächlichen Interessen für Konzerntöchter zu bestimmen ist.

---

618 EuGH, Urt. v. 2.5.2006, Rs. C-341/04, ZInsO 2006, 484 ff.
619 Landesgericht Leoben, B. v. 31.8.2005, ZInsO 2005, 1176 (*Collins & Aikman*), oben C. III. 2. a) ee).
620 High Court of Justice Birmingham, B. v. 18.4.2005, NZI 2005, 467 und B. v. 11.5.2005, NZI 2005, 515 (*MG Rover*), oben C. III. 2. a) ff).
621 *Ehricke*, EWS 2002, 101; *Pannen/Riedemann*, NZI 2004, 646, 647.
622 Hierzu im Allgemeinen schon oben C. I. 4. a).
623 EuGH, Urt. v. 2.5.2006, Rs. C-341/04, ZInsO 2006, 484 ff., dazu ausführlich oben C. III. 2. b).
624 *Virgós/Garcimartín*, The European Insolvency Legislation, Nr. 61.

aa) Der Begriff des Mittelpunktes der hauptsächlichen Interessen

Die vorgestellten Beispiele aus der Judikatur, allen voran die Entscheidung des High Court of Justice Leeds im Falle *Daisytek*[625], insbesondere auch das Verfahren *Parmalat/Eurofood* vor dem EuGH[626], haben gezeigt, dass die Mitgliedstaaten bzw. verschiedene Richter der Mitgliedstaaten sich nicht darüber einig sind, wie im Falle der Insolvenz einer Konzerntochter der Mittelpunkt der hauptsächlichen Interessen zu bestimmen ist bzw. unter welchen Umständen die Vermutung des Art. 3 Abs. 1 S. 2 EuInsVO widerlegbar ist[627]. Die Uneinigkeit und die hiermit einhergehende Vernachlässigung der Erkennbarkeit für Dritte i.S.d. Erwägungsgrund 13 als Kriterium[628] für die Bestimmung des Mittelpunktes der hauptsächlichen Interessen basieren jedoch weniger auf einer Schwierigkeit, die Wertung des Verordnungsgebers zu begreifen und diese einer Auslegung zu Grunde zu legen, sondern auf dem Wunsch, die Zuständigkeit für Insolvenzverfahren über mehrere Unternehmen eines Konzerns in der Hand eines Gerichts und eines Insolvenzverwalters zu bündeln und damit eine Konzernzuständigkeit zu begründen, obwohl der Verordnungsgeber eine solche gerade nicht vorsieht.

Im Hinblick auf diese Motivation für eine entsprechende Begründung des Mittelpunktes der hauptsächlichen Interessen am Sitz der Mutter kann einigen Gerichten, die in diesem Sinne entschieden haben, unterstellt werden, dass sie bei der Auslegung des Art. 3 Abs. 1 EuInsVO sehenden Auges die Wertungen des Verordnungsgebers übergangen haben. Denn es mag der Begriff des Mittelpunktes der hauptsächlichen Interessen gemessen am Wortlaut des Art. 3 Abs. 1 EuInsVO auf den ersten Blick sehr unbestimmt und weit erscheinen, doch ist dieser unter Berücksichtigung des Erwägungsgrundes 13 und der historischen Entwicklung[629] der Vorschrift des Art. 3 Abs. 1 EuInsVO konkreter zu bestimmen, als es die divergierenden Begründungen der Gerichte, bei denen recht willkürlich die Argumente herausgepickt wurden, die das gewünschte Ergebnis stützen, vermuten lassen.

> Isoliert betrachtet ist der in Art. 3 Abs. 1 S. 1 EuInsVO vorgegebene Rechtsbegriff des Mittelpunktes der hauptsächlichen Interessen sehr weit und lässt viel Raum für Interpretationen. Die anfängliche, noch vor der praktischen Anwendung der Verordnung ergangene Literatur vermochte, den Begriff nicht wirklich mit Leben zu füllen, sondern wiederholte zunächst stereotyp die sich in Erwägungsgrund 13 zur EuInsVO wieder findende Definition von *Virgós/Schmit* Nr. 75, wonach dies der Ort sei, an dem der Schuldner üblicherweise und für Dritte erkennbar der Verwaltung seiner Interes-

---

625 High Court of Justice Leeds, B.v. 16.5.2003, ZIP 2003, 1362; hierzu oben C. III. 2. a) aa).
626 Die Vorlage durch den Supreme Court of Ireland, B. v. 27.7.2004, NZI 2004, 506 und EuGH, Urt. v. 2.5.2006, Rs. C-341/04, ZInsO 2006, 484 ff.; hierzu oben C. III. 2. b).
627 So auch geschehen in den Verfahren *Enron Directo Sociedad Limitada* (leider unveröffentlicht, aber angesprochen von *Pannen/Riedemann*, NZI 2004, 646), *Hettlage*, AG München, B. v. 4.5.2004, ZIP 2004, 962 und *EMBIC I*, AG Mönchen Gladbach, B. v. 27.4.2004, ZIP 2004, 1064.
628 Zur Bedeutung des Erwägungsgrundes 13 als Ausdruck des Willens des Verordnungsgebers *Virgós/Garcimartín*, The European Insolvency Legislation, Nr. 48.
629 Hierzu sehr aufschlussreich *Kübler*, FS-Gerhardt 2004, 527, 551 ff.

sen nachgeht[630], oder bezeichnete den Mittelpunkt der hauptsächlichen Interessen formelhaft etwa als den wirtschaftlichen Schwerpunkt des Unternehmens[631].

Es wurde bereits erwähnt, dass die herrschende Lehre unter Heranziehung des Erwägungsgrundes 13 argumentierte, dass der tatsächliche Mittelpunkt der hauptsächlichen Interessen einer juristischen Person an deren effektivem Verwaltungssitz anzusiedeln sei[632], und deshalb die Vermutungsregel des Art. 3 Abs. 1 Satz 2 EuInsVO, die im Hinblick auf die Maßgeblichkeit des tatsächlichen Mittelpunktes der hauptsächlichen Interessen ein Hemmnis darstelle[633], zu einer Zweifelsregel degradiert wurde, die nur noch dann zum Tragen kommt, wenn sich nicht feststellen lässt, dass der effektive Verwaltungssitz vom satzungsgemäßen Sitz abweicht[634]. Demnach galt es für das eröffnende Gericht, regelmäßig zu überprüfen, wo sich der effektive Verwaltungssitz des insolventen Unternehmens befindet, da nur bei Zweifeln über diesen der Satzungssitz zum Zuge käme.

bb) COMI eines Konzernunternehmens

Diese infolge der Umdeutung der Vermutungsregel in eine Zweifelsregel bestehende Prüfungspflicht zur Feststellung des tatsächlichen Mittelpunktes der hauptsächlichen Interessen einer Gesellschaft machten sich viele Richter zu Nutze, um den Mittelpunkt der hauptsächlichen Interessen einer Konzerntochter am Sitz der Mutter zu begründen.

(1) Ort des operativen Geschäfts versus Ort der Verwaltungskontrolle

Allein die Umdeutung der Vermutungsregel des Art. 3 Abs. 1 Satz 2 EuInsVO in eine Zweifelsregel, welche den Ausschluss des Satzungssitzes des Tochterunternehmens als Anknüpfungspunkt für die Zuständigkeit erleichtert, öffnete dem in der Praxis vor der Entscheidung durch den EuGH betriebenen *„forum shopping"* keineswegs die Tür. Hierfür bedurfte es eines weiteren Interpretationskniffs, nämlich in Bezug auf die Maßgabe des Erwägungsgrundes 13.

Es liegt nahe, auch bei konzernverbundenen Unternehmen bei der von der Literatur entwickelten Idee vom effektiven Verwaltungssitz einer juristischen Person als deren Interessenmittelpunkt anzuknüpfen. Fraglich ist dann, wo der effektive Ver-

---

630 *Duursma-Kepplinge/Duursma/Chalupsky-Duursma-Kepplinger*, Art. 3 RdNr. 12; *Fritz/Bähr*, DZWIR 2001, 221, 224; wohingegen in der englischen Literatur (sic!) schon früh die Problematik der Unbestimmtheit des Begriffs des COMI, aber auch dessen Vorteilhaftigkeit für „Common law"-Staaten erkannt wurde: *Moss/Fletcher/Isaacs-Fletcher*, The EC-Regulation on Insolvency Proceedings, RdNr. 3.10 ff.

631 *MünchKomm-Ehricke*, EGInsO Art. 102, RdNr. 387; *Mankowski*, EWiR 2003, 1239 f.; *Smid*, Deutsches und Europäisches Internationales Insolvenzrecht, 2004, Art. 3 RdNr. 9.

632 *Duursma-Kepplinger/Duursma/Chalupsky-Duursma-Kepplinger*, Art. 3 RdNr. 23 ff.; *Kolmann*, Kooperationsmodelle, 284; *Smid*, Deutsches und Europäisches Internationales Insolvenzrecht, Art. 3 RdNr. 12; dazu oben ausführlich C. I. 4. a) bb).

633 Vgl. *Duursma-Kepplinger Duursma/Chalupsky-Duursma-Kepplinger*, Art. 3 RdNr. 23.

634 Dazu ausführlich oben C. I. 4. a) bb).

waltungssitz einer Konzerntochter liegt. Wie in der Darstellung der hierzu ergangenen Rechtsprechung gesehen, haben die Gerichte hierfür sehr unterschiedliche Kriterien herangezogen. Insbesondere wurde, um das Ziel einer Zuständigkeitsbegründung am Sitz der Mutter zu erreichen, oftmals auf den Ort der strategischen Geschäftsentscheidungen, also der Verwaltungskontrolle[635], abgestellt. Dieser Ansicht hat der EuGH in seiner Entscheidung im Verfahren *Parmalat/Eurofood*[636] zu Recht einen Riegel vorgeschoben. Denn einen solchen Interpretationsspielraum bietet die EuInsVO trotz der Weite des Begriffs des Mittelpunktes der hauptsächlichen Interessen keineswegs, nimmt man den Erwägungsgrund 13 zur EuInsVO als für die Auslegung heranzuziehendes Motiv des Verordnungsgebers[637] ernst.

Auf den ersten Blick etwas missverständlich sind diesbezüglich *Virgos/Garcimartin*, die ausdrücklich den „Kopf" und damit den Ort der Leitungsmacht und -kontrolle für maßgeblich erachten und nicht die Belegenheit des Vermögens oder den Ort der Geschäftshandlungen[638]. Allerdings betonen diese – insofern in Übereinstimmung mit dem EuGH[639] –, dass im Falle eines Tochterunternehmens, dass von einem Mutterunternehmen kontrolliert wird, dennoch auf das *head office* der Tochter und nicht der Mutter abzustellen sei[640].

Hiernach ist es, wie im Bericht von *Virgós/Schmit*[641] etwas näher ausgeführt wurde, wichtig, dass die internationale Zuständigkeit an einen Ort geknüpft werde, den die potentiellen Gläubiger des betreffenden Schuldners kennen, damit diese die rechtlichen Risiken, die mit einer Insolvenz verbunden sind, kalkulieren können[642]. Hieraus kann mit der Literatur[643] nur der Schluss gezogen werden, dass damit offensichtlich nicht der innere Geschäftsgang, also der Ort der Verwaltungskontrolle, maßgeblich sein kann, sondern auf den äußeren Geschäftsgang, also die Ausübung der Geschäftsführung im Kontakt mit den potentiellen Gläubigern abgestellt werden muss. Für konzernverbundene Unternehmen bedeutet dies, dass nicht an dem Ort, an dem die Entscheidungen getroffen oder maßgeblich gelenkt werden, sondern an dem Ort, an dem Entscheidungen für Dritte erkennbar geäußert oder umgesetzt werden, der Mittelpunkt der hauptsächlichen Interessen liegen

---

635 So zum Beispiel im Fall *Daisytek* der High Court of Justice Leeds, B. v. 16.5.2003, ZIP 2003, 1362 und im Fall *Hettlage* das AG München, B. v. 4.5.2004, ZIP 2004, 962; aber auch die englische Literatur, nach der der Ort der *head office functions* maßgeblich ist: *Moss/Fletcher/Isaacs-Moss/Smith*, The EC Regulation on Insolvency Proceedings, RdNr. 8.39; *Weller*, ZHR 169 (2005), 570, 582 hält diese Annahme des effektiven Verwaltungssitzes am Ort des „mind of management" für eine logische Konsequenz der Sitztheorie, wenngleich er diese im Ergebnis nicht begrüßt.
636 EuGH, Urt. v. 2.5.2006, Rs. C-341/04, ZInsO 2006, 484 ff., dazu ausführlich oben C. III. 2. b).
637 *Smid*, Deutsches und Europäisches Internationales Insolvenzrecht, Art. 1 RdNr. 14.
638 *Virgós/Garcimartin*, The European Insolvency Legislation, Nr. 50 f.
639 EuGH, Urt. v. 2.5.2006, Rs. C-341/04, ZInsO 2006, 484 ff., dazu ausführlich oben C. III. 2. b).
640 *Virgós/Garcimartin*, The European Insolvency Legislation, Nr. 51.
641 *Virgós/Schmit*, Nr. 75 ff.
642 *Virgós/Schmit*, Nr. 75; bestätigt in *Virgós/Garcimartin*, The European Insolvency Legislation, Nr. 52 f.
643 So auch *Herchen*, ZInsO 2004, 825, 828; *Bähr/Riedemann* (Anm. zu AG Mönchengladbach – *EMBIC I*), ZIP 2004, 1066, 1067; *Konecny*, in: Neue Fragen des deutschen und internationalen Insolvenzrechts, 106, 115; *Lüer*, FS-Greiner, 201, 206 ff.; *Pannen/Riedemann*, NZI 2004, 646, 651; Münch-Komm-*Ehricke*, EGInsO Art. 102, 2003, RdNr. 387 ff.

muss[644]. Erwägungsgrund 13 ist demnach dahingehend zu verstehen, dass mit dem „gewöhnlich der Verwaltung seiner Interessen nachgehen" lediglich die sichtbare Ausführung der Verwaltung, teilweise auch als werbende Geschäftstätigkeit bezeichnet[645], gemeint ist. Dahingehend ist auch der EuGH[646] zu verstehen. Dieser Anknüpfungspunkt ist darüber hinaus nicht nur im Hinblick auf die Erkennbarkeit für die Gläubiger sinnvoll, sondern auch im Hinblick auf die Belegenheit der zu verwaltenden Vermögensgegenstände, die sich regelmäßig am Ort des operativen Geschäfts befinden werden, weshalb die Eröffnung eines Hauptinsolvenzverfahrens an diesem Ort sachgerecht erscheint[647].

Der Oberbegriff des „Mittelpunktes der hauptsächlichen Interessen" als Anknüpfungspunkt für die internationale Zuständigkeit ist insofern unglücklich gewählt; Art. 3 Abs. 1 EuInsVO könnte weniger irreführend lauten:

> „Für die Eröffnung des Insolvenzverfahrens sind die Gerichte des Mitgliedstaates zuständig, in dessen Gebiet der Schuldner gewöhnlich und für seine Gläubiger erkennbar der Verwaltung seiner geschäftlichen bzw. wirtschaftlichen Tätigkeit nachgeht."

Mit der geltenden Fassung hat der Verordnungsgeber der Bedeutung[648] der Transparenz durch Erkennbarkeit für die Gläubiger nicht die notwendige Eindeutigkeit verliehen.

Diese Unstimmigkeit zwischen der Maßgeblichkeit der Erkennbarkeit für Dritte gemäß Erwägungsgrund 13 und der Vermutung des Art. 3 Abs. 1 Satz 2 EuInsVO zugunsten des satzungsmäßigen Sitzes einer juristischen Person konnte auch der EuGH mit seiner Entscheidung im Verfahren *Parmalat/Eurofood*[649] nicht vollständig auflösen[650]. Er konnte lediglich das Verhältnis dieser beiden Kriterien zueinander klarstellen, mit dem Ergebnis, dass grundsätzlich die Vermutung des Art. 3 Abs. 1 Satz 2 EuInsVO Geltung haben soll, und diese nur widerlegt werden kann, wenn nach Maßgabe des Erwägungsgrundes 13 eine dieser Vermutung nicht gerecht werdende Sachlage vorliegt[651]. Unter welchen Umständen eine solche Sachlage gegeben ist, hatte der EuGH leider nicht zu klären[652]. Jedoch sind diese nach Ansicht des

---

644 MünchKomm-*Ehricke*, EGInsO Art. 102, RdNr. 389; *ders.* EWS 2002, 101, 102 f.; *Kübler*, FS-Gerhardt 2004; *Smid*, DZWIR 2003, 397 ff.; *Staudinger/Großfeld*, Internationales Gesellschaftrecht, RdNr. 228 ff. m.w.N. *Wimmer*, ZInsO 2005, 119, 122

645 *Bähr/Riedemann*, ZIP 2004, 1066, 1067; *Kübler*, FS-Gerhardt, 527, 555; *Weller*, ZHR 169 (2005), 570, 582 f.

646 EuGH, Urt. v. 2.5.2006, Rs. C-341/04, ZInsO 2006, 484 ff., dazu ausführlich oben C. III. 2. b) bb).

647 *Herchen*, ZInsO 2004, 825, 827; *Lüer*, FS-Greiner, 201, 207; ausdrücklich auf die Entscheidung des EuGH, Urt. v. 2.5.2006, Rs. C-341/04, Bezug nehmend auch *Kammel*, NZI 2006, 334, 336.

648 *Moss/Fletcher/Isaacs-Fletcher*, The EC Regulation on insolvency proceedings, RdNr. 3.10 f.

649 EuGH, Urt. v. 2.5.2006, Rs. C-341/04, ZInsO 2006, 484 ff., dazu ausführlich obenC. III. 2. b).

650 Optimistischer *Kammel*, NZI 2006, 334, 338 und der den von der Praxis bisher eingeschlagenen Weg zur Behandlung von Konzerninsolvenzen offensichtlich als mit der Entscheidung des EuGH abgeschnitten betrachtet; in diese Richtung bereits *Schilling/Schmidt*, ZInsO 2006, 113, 117 im Hinblick auf den Schlussantrag des Generalanwalts v. 27.9.2005, Rs. C-341/04, *Eurofood IFSC*, Nr. 131 (abgedruckt in ZIP 2005, 1878 ff.).

651 So auch *Poertzgen/Adam*, ZInsO 2006, 505, 506.

652 Dazu oben C. III. 2. b) bb).

EuGH eher eng und liegen unzweifelhaft nur dann vor, wenn die Tochtergesellschaft an ihrem Sitz überhaupt keiner Tätigkeit nachgeht, sondern lediglich eine „Briefkastenfirma“ darstellt. Jedenfalls reicht die Kontrolle einer im Ausland ansässigen Muttergesellschaft nicht aus. Der EuGH hat damit klargestellt, dass nicht der innere sondern der äußere Geschäftsgang für die Bestimmung des Mittelpunktes der hauptsächlichen Interessen einer Tochtergesellschaft maßgeblich ist.

(2) Unterschiedliche Wahrnehmung verschiedener Gläubigergruppen

Die Differenzierung nach innerem und äußerem Geschäftsgang stellt kein adäquates Kriterium für die Bestimmung des Mittelpunktes der hauptsächlichen Interessen dar, wenn der Schwerpunkt des operativen Verwaltungsgeschäfts des Schuldners von unterschiedlichen Gläubigergruppen verschieden wahrgenommen wird. Es ergeben sich hier für die verschiedenen Gläubigergruppen oftmals unterschiedliche Perspektiven. Während die kreditgebenden Großgläubiger hinsichtlich der oftmals gruppenbezogenen Finanzierungslage unmittelbar mit der Muttergesellschaft verhandeln, wie dies nach den Ausführungen von Richter *McGonigal* im Fall *Daisytek* der Fall war[653], haben es die Kleingläubiger wie Lieferanten und Kunden im operativen Geschäft in der Regel unmittelbar mit der Tochtergesellschaft zu tun[654].

McGonigal geht davon aus, dass es gerade auf die Erkennbarkeit für die Großgläubiger ankomme, die er als die „wichtigsten“ (*“the most important groups of potential creditors are likely to be its financiers and its trade suppliers”* und *“… a large majority of potential creditors by value (which I regard as the relevant criterion) know …”*)[655] Gläubiger bezeichnet, die unter Umständen für Sanierungspläne im Insolvenzverfahren maßgebliche Bedeutung haben. Angesichts der höheren Schutzbedürftigkeit der Kleingläubiger, die ein ausländisches Insolvenzverfahren wegen der erforderlichen ausländischen Rechtskenntnisse und des höheren finanziellen und logistischen Aufwandes zur Geltendmachung einer Forderung in einem solchen Verfahren wesentlich härter trifft[656] als einen mit einem grenzüberschreitenden Informations- und Mitarbeiternetz ausgestatteten Großgläubiger, spricht aber mehr dafür, dass die Vermutung des Art. 3 Abs. 1 S. 2 EuInsVO unter Heranziehung des Erwägungsgrundes 13 in den meisten Fällen gerade nicht zu widerlegen ist, selbst wenn die Großgläubiger, denen der Satzungssitz ja regelmäßig ebenfalls bekannt sein dürfte, Kenntnis von Geschäftshandlungen an einem anderen Ort haben[657].

---

653 High Court of Justice Leeds, B. v. 16.5.2003, ZIP, 1362.
654 Vgl. *Huber*, FS-Heldrich 2005, 679, 690; *Poertzgen/Adam*, ZInsO 2006, 505, 507.
655 High Court of Justice Leeds, B. v. 16.5.2003, Nr. 16.
656 *Wimmer*, ZInsO 2005, 119, 121.
657 Im Ergebnis ähnlich *Schilling/Schmidt*, ZInsO 2006, 113, 117.

(3) Ergebnis zur Bestimmung des Mittelpunktes der hauptsächlichen Interessen bei Konzerntöchtern

Bei vernünftiger Würdigung der Anhaltspunkte, die der Verordnungsgeber zur Auslegung des Begriffs des Mittelpunktes der hauptsächlichen Interessen gibt, insbesondere aber bei Berücksichtigung der Tatsache, dass die Regelung eines Konzerninsolvenzgerichtsstandes nicht vom Verordnungsgeber intendiert wurde, kann im Grunde genommen kein europäisches Gericht zu dem Ergebnis kommen, dass für die Bestimmung des Mittelpunktes der hauptsächlichen Interessen einer Konzerntochter auf den Ort der strategischen Lenkungsentscheidung durch die Konzernmutter abgestellt werden müsse, wenn die Tochter das operative Geschäft an ihrem satzungsgemäßen Sitz ausübt[658]. Daher kommt es auf die Frage[659], wie weit die Entscheidungsmacht für eine derartige Anknüpfung gehen müsse und ob und wie hier nach den unterschiedlichsten in Europa bestehenden Gruppenkonstellationen zu differenzieren sei, gar nicht an[660].

Damit stellt der Wettlauf um die Ersteröffnung des Hauptinsolvenzverfahrens[661] nicht in erster Linie eine Folge der Unklarheit des Begriffs des Mittelpunktes der hauptsächlichen Interessen dar, sondern ist Folge der Ignoranz der Gerichte gegenüber dem Willen des Verordnungsgebers. Insofern ist die Entscheidung des EuGH im Ergebnis nicht überraschend und stellt keine notwendige Klarstellung, sondern vielmehr eine Bestätigung des offensichtlichen Willen des Verordnungsgebers dar[662].

Die kontinuierlich zunehmende Tendenz der Gemeinschaftsgerichte zur Etablierung eines Konzerninsolvenzgerichtsstandes unter relativ willkürlicher Widerlegung der Vermutung des Art. 3 Abs. 1 Satz 2 EuInsVO macht deutlich, dass die früh gefällte[663] und beibehaltene Entscheidung des Verordnungsgebers, Konzerninsolvenzen von einer Regelung auszunehmen, ungeachtet des Beifalls[664], den diese Entscheidung erfahren hat, nicht unproblematisch war und an den Bedürfnissen in der Praxis vorbeigeht, weshalb hier inzwischen teilweise eine Korrektur gefordert wird[665].

---

658 Dementsprechend die ablehnende Haltung in der Lehre gegenüber einer weitgehenden Zuständigkeitskonzentration *Herchen*, ZInsO 2004, 826; *Konecny*, in: Neue Fragen des deutschen und internationalen Insolvenzrechts, 106, 115; *Wimmer*, ZInsO 2005, 119, 122.

659 MünchKomm-*Ehricke*, EGInsO Art, 102 RdNr. 390.

660 Ähnlich *Wimmer*, ZInsO 2005, 119, 122.

661 *Bähr/Riedemann*, ZIP 2004, 1066; *Braun*, NZI 2004, V; *Mankowski*, NZI 2004, 450, 451; *Pannen/Riedemann*, NZI 2004, 646 ff; *Paulus*, EWiR 2004, , 493, 494.

662 Dies entspricht den Erwartungen und Prognosen der Rechtswissenschaftler im Vorfeld der Entscheidung des EuGH, etwa *Flessner* anlässlich des Jahrestreffens der Freunde des Max-Planck-Instituts für Internationales Privatrecht am 18.6.2005; auch *Wimmer*, ZInsO 2005, 119 ff. und *Eidenmüller*, EBOR 6 (2005), 423, 430 f.

663 Hierzu *Mankowski*, NZI 2004, 450, 452.

664 *Smid*, FS-Geimer, 1215, 1219; *ders.*, DZWIR 2004, 397, 399; auch *Flessner* anlässlich des Jahrestreffens der Freunde des Max-Planck-Instituts am 18. Juni 2005 zum Thema „Europäisches und Internationales Insolvenzrecht“.

665 *Lüer*, FS-Greiner, 201, 211 ff.; *Mankowski*, NZI 2004, 450, 452.

b) Konzerntochter als Niederlassung

Eine weitere in der Praxis[666] – quasi als Konsequenz oder in Ergänzung der Annahme der Zuständigkeit für Tochterunternehmen am Sitz der Mutter – angewandte Maßnahme zur Schaffung eines faktischen Konzerninsolvenzrechts auf europäischer Ebene ist die Behandlung von Konzerntöchtern als Niederlassungen i.S.v. Art. 2 lit. h EuInsVO.

Ein vermeintlicher Vorteil, der die Literatur[667] schon vor der Praxis auf den Gedanken einer solchen Konstruktion gebracht hat, ist, dass hierdurch auch die Kooperations- und Koordinationsvorschrift Art. 31 EuInsVO auf Konzerninsolvenzen zur Anwendung kämen, was aufgrund des großen Kooperationsbedarfs insbesondere bei Sanierungsvorhaben wünschenswert sei[668]. Dass dieses Argument ein rein theoretisches ist, ergibt sich aus den oben gemachten Ausführungen zu den Grenzen der Kooperationsvorschriften der EuInsVO, die in der Nichtregelung deren Durchsetzbarkeit liegen[669]. So soll hier noch einmal daran erinnert werden, dass es sich bei der Vorschrift des Art. 31 EuInsVO um eine bloße Maxime ohne rechtliche Durchsetzungsmöglichkeit handelt, durch deren Existenz eine effektive Kooperation und Koordination in der Praxis keineswegs gesichert ist[670]. Besteht allerdings – ausnahmsweise – tatsächlich ein ausgeprägter Kooperations- und Koordinationswille nicht nur auf Seiten des Hauptinsolvenzverfahrensstaates, sondern auch des Staates, in dem das Tochterunternehmen seinen Sitz hat, so können sich die Art. 27 ff. EuInsVO als hilfreiche Stütze für die Bewältigung von Konzerninsolvenzen erweisen. Dies war offenbar im Verfahren *Automold* das Motiv der Beteiligten[671].

Hat man sich durch die Annahme der Zuständigkeit am Sitz der Mutter erstmal über den Willen des Verordnungsgebers hinweggesetzt, so ist dieser Schritt, sofern er in Absicht einer besseren Kooperation und Koordination der Verfahren geschieht, durchaus konsequent und zustimmungswürdig. Allerdings ist hier klar zu differenzieren. Die oben genannten bisher in der Praxis aufgetretenen Fälle der Eröffnung von Sekundärinsolvenzverfahren über Tochtergesellschaften unterscheiden sich von den Konstellationen, die die einer Eröffnung des Sekundärverfahrens ablehnend gegenüberstehende frühe Literatur[672] zur Verordnung vor Augen hatte. Die entschiedene Ablehnung in der Literatur richtete sich dagegen, über ein rechtlich selbständiges, lediglich konzernmäßig – sei es auch durch 100 % Beteiligung – mit

---

666 AG Köln, B.v. 23.1.2004, ZIP 2004, 471 (*Automold*), Sachverhalt siehe oben; AG München, B. v. 4.5.2004, ZIP 2004, 962 (*Hettlage*).

667 *Ehricke*, EWS 2002, 101, 104 ff.; *Huber*, ZZP 114 (2000), 133, 142 f.; *Gottwald*, Grenzüberschreitende Insolvenzen, 22 f.

668 *Huber* ZZP 114 (2000), 133, 143; *Vogler*, ZIK 2001, 189, 192.

669 Dazu oben C. I. 4. b) bb) (3) (d).

670 Dazu ausführlicher oben C. I. 4. b) bb) (3) (a).

671 So jedenfalls *Ringstmeier* anlässlich der 1. deutsch-spanischen Juristentagung veranstaltet vom Deutschen Anwaltsverein und der Deutsch-Spanischen Juristenvereinigung am 6.11.2004 in Düsseldorf.

672 Etwa *Huber*, ZZP 114 (2001), 133, 143; *Virgós/Schmit*, Erläuternder Bericht, Nr. 76; *Vormstein*, Zuständigkeit bei Konzerninsolvenzen, 164 ff.

dem Schuldner des Hauptverfahrens verbundenes Unternehmen, über das bisher noch kein Insolvenzverfahren eröffnet wurde, ein Sekundärverfahren zu eröffnen, um auf diese Weise die Insolvenzverfahren über zwei verschiedene Gesellschaften zusammenzufassen. Dieser Ablehnung ist auch zuzustimmen, da ein solches Vorgehen in der Tat dem Willen des Verordnungsgebers und der Konzeption des Sekundärverfahrens als gegen den Schuldner des Hauptverfahrens gerichtetes Hilfsverfahren widerspräche[673]. In den aktuell aufgetretenen Fällen[674] wurden die Sekundärverfahren über Tochtergesellschaften jedoch eröffnet, nachdem über *selbige* in einem anderen Mitgliedstaat bereits ein Hauptverfahren eröffnet worden war, so dass die Sekundärverfahren sich hier dem Wortlaut des Art. 3 Abs. 2 EuInsVO insofern gerecht werdend gegen den Insolvenzschuldner des Hauptinsolvenzverfahrens richten. Hier geht es demnach um die Qualifikation des Hauptsitzes eines Unternehmens, über das in einem anderen Mitgliedstaat bereits ein Hauptverfahren eröffnet wurde, als dessen Niederlassung und nicht um die Qualifikation einer juristisch selbständigen Tochtergesellschaft als Niederlassung der Konzernmutter[675]. Die Tochtergesellschaften werden in diesen Fällen als Niederlassungen von sich selbst behandelt[676].

Der EuGH hatte im Verfahren *Parmalat/Eurofood*[677] nicht über eine solche Konstellation zu entscheiden, jedoch wird diese in Konsequenz dieser Entscheidung im selben Maße eingeschränkt, wie die Möglichkeit zur Eröffnung eines Hauptinsolvenzverfahrens am Sitz der kontrollierenden Muttergesellschaft, da eine solche Grundvoraussetzung für die genannte Konstellation ist. Gänzlich ausschliessen konnte der EuGH eine Zuständigkeitsverschiebung vom Sitz der Tochtergesellschaft an den Sitz der Muttergesellschaft aufgrund der suggestiven Formulierung der Vorlagefragen des Supreme Corurt of Ireland[678] nicht[679].

Die Bedenken der Literatur, dass das Hauptverfahren durch das parallele Sekundärverfahren über einen deckungsgleichen Gegenstand vollkommen entwertet und ausgehöhlt werden könnte[680], werden mit der trügerischen Feststellung weggewischt, dass es sich bei Haupt- und Sekundärverfahren nicht um zwei konkurrierende, sondern aufeinander abgestimmte Verfahren handele, wobei dem Vorrang

673 *Gottwald*, Grenzüberschreitende Insolvenzen, 21 ff.; *Smid*, DZWIR 2004, 297,400; *Vallender*, InVo 2005, 41, 44.
674 Allen voran das Verfahren *Automold*, dazu ausführlich C. III. 2. a) bb).
675 *Vallender*, InVo 2005, 41, 43 f.
676 *Blenske*, EWiR 2004, 601, 602.
677 EuGH, Urt. v. 2.5.2006, Rs. C-341/04, ZInsO 2006, 484 ff., dazu ausführlich oben C. III. 2. b) aa).
678 Supreme Court of Ireland, B. v. 27.7.2004, NZI 2004, 505, zu den Vorlagefragen siehe oben C. III. 2. b) aa).
679 Zur These, dass eine Verortung des Interessenmittelpunktes der Tochter am Sitz der Mutter durch die zitierte Entscheidung des EuGH nicht gänzlich ausgeschlossen ist C. III. 2. b) bb). In diesem Zusammenhang relevant ist das Problemm der Erkennbarkeit für Dritte bei unterschiedlicher Wahrnehmung des Tätigkeitsortes eines Tochterunternehmens durch verschiedene Gläubigergruppen unten C. III. 3. a) aa) (2).
680 *Sabel*, NZI 2004, 126, 127; *Valleder/Fuchs*, ZIP 2004, 829, 834.

des Hauptverfahrens durch die territoriale Einschränkung der Wirkungen des Sekundärinsolvenzverfahrens und die weitgehenden Einflussmöglichkeiten des Hauptinsolvenzverwalters gemäß Art. 33 ff. EuInsVO Rechnung getragen werde[681]. Theoretisch trifft dies zu. Haupt- und Sekundärverfahren *sollten* keine konkurrierenden, sondern aufeinander abgestimmte Verfahren sein. Dies wird in der Praxis von den Insolvenzverwaltern jedoch oft anders gesehen, wie bereits mehrfach ausgeführt wurde und auch im Folgenden immer wieder zu betonen sein wird.

Kehrseite dieser Möglichkeit ist daher eine negative Fortsetzung des Wettlaufs um die Zuständigkeit, dann, wenn die Eröffnung des Sekundärinsolvenzverfahrens tatsächlich in der Absicht vorgenommen wird, das Hauptinsolvenzverfahren quasi auszuhöhlen[682]. Teilweise scheinen auch die Empfehlungen in der Literatur diesem auf einem Revanchedenken basierenden Motiv zu folgen[683]. So verständlich der Unmut über möglicherweise fälschliche Inanspruchnahmen der internationalen Zuständigkeit bei grenzüberschreitenden Insolvenzverfahren auch ist, sollte er nicht zu destruktiven Gegenmaßnahmen führen, die allein darauf gerichtet sind, dem zuerst eröffnenden Mitgliedstaat so viel Verwaltungs- und Entscheidungsmacht wieder wegzunehmen wie nur möglich. Vielmehr sollte bei der Reaktion auf eine Fehlentscheidung der Gedanke der *par condicio creditorum* im Vordergrund stehen. Solange eine solche Einstellung der Beteiligten noch ein unerreichtes Ideal bleibt und somit die Annehmbarkeit des Modells der Eröffnung eines Hauptverfahrens über Konzerntöchter am Sitz der Mutter mit anschließender Eröffnung eines Sekundärverfahrens am Sitz der Tochter von den Motiven der Beteiligten im Einzelfall abhängt, welche wie gesehen sehr unterschiedlich ausfallen können, kann dieser Weg nicht als gelungene Lösung für die Problematik grenzüberschreitender Insolvenzen betrachtet und schon gar nicht kodifiziert werden.

Doch nicht nur die Gefahr einer destruktiven Motivation des Sekundärinsolvenzverwalters, sondern auch der im Rahmen dieser Arbeit besonders interessierende Aspekt der Sanierung lässt die Eröffnung eines Sekundärverfahrens über ein Konzernunternehmen, über das bereits im Ausland ein Hauptinsolvenzverfahren eröffnet wurde, zweifelhaft erscheinen, wie der High Court of Justice Birmingham im Verfahren *MG Rover* feststellte[684]. Denn die Zuständigkeitsbündelung durch Eröffnung eines Hauptinsolvenzverfahrens am Sitz der Konzernmutter zur Sicherung einer abgestimmten Sanierung bleibt ohne Nutzen, wenn in dem Staat, in dem die Konzerntochter ihren Sitz und ihre gesamten *assets* hat, ein Sekundärverfahren eröffnet wird, das gemäß Art. 3 Abs. 3 i.V.m. Art. 2 lit. c) und Anhang B EuInsVO ausschließlich auf eine Liquidation gerichtet ist. In diesen Fällen wäre unter Umstän-

---

681 *Duursma/Duursma-Kepplinger*, DZWIR 2003, 447, 450; *Sabel*, NZI 2004, 126, 127; *Vallender/Fuchs*, ZIP 2004, 829, 834; *Vallender*, InVo 2005, 41, 44; *Weller*, ZHR 169 (2005), 570, 588.

682 Zu dem Gerücht einer derartigen Motivation im Falle *Hettlage* oben C. III. 2. a) dd).

683 So etwa bei *Duursma-Kepplinger*, ZIK 2004, 182 ff., die hier auch ausdrücklich von „Gegensteuerungsmaßnahmen" bei fälschlicher Inanspruchnahme der internationalen Zuständigkeit spricht.

684 High Court of Justice Birmingham, B. v. 11.5.2005, NZI 2005, 515.

den die Eröffnung eines Hauptverfahrens am Satzungssitz der Konzerntochter unter Einsetzung eines kooperationsbereiten Hauptinsolvenzverwalters zielführender.

c) *Ergebnis zur Entwicklung in der Judikatur*

Der von den Gemeinschaftsgerichten eingeschlagene Weg zur Bewältigung von Konzerinsolvenzsachverhalten ist damit als nicht gangbar zu erkennen und die Judikatur hier zu einer Umkehr zu bewegen, wobei die Entscheidung des EuGH im Verfahren *Parmalat/Eurofood*[685] richtungweisend ist.

4. Ableitung einer Kooperationspflicht der Verwalter aus Konzernverträgen

Da der derzeit von der Praxis eingeschlagene Weg im Endeffekt nicht zu einer Optimierung der Koordination mehrerer Insolvenzverfahren über verschiedene Konzernunternehmen führt, ist zu überlegen, ob eine allen Gläubigern und Gesellschaftern eines Konzerns gerecht werdende Koordination nicht auf einer anderen Grundlage zu erreichen ist. In den Blick zu nehmen sind hier die Konzernverträge, durch die die Verbindung mehrerer Unternehmen zu einem Konzern oftmals manifestiert und konkretisiert wird, indem das Tochterunternehmen der Konzernmutter die Leitungsmacht überträgt (Beherrschungsvertrag) und sich dafür die Mutter zu einer Gewinn- und Verlustübernahme verpflichtet (Ergebnisabführungsvertrag), wie dies nach deutschem[686] und nach österreichischem[687] Recht möglich ist.

Konzernverträge werden auch zur Organisation grenzüberschreitender Gruppen verwendet[688], wobei regelmäßig lediglich Beherrschungsverträge und keine Ergebnisabführungsverträge in Betracht kommen, da die steuerrechtlichen Vorteile letzterer bisher nur bei Unternehmen im Zuständigkeitsbereich der nationalen Finanzbehörden zur Geltung kommen[689].

a) *Das Schicksal von Konzernverträgen in der grenzüberschreitenden Insolvenz*

Vor der Frage der Nutzbarmachung von Beherrschungsverträgen für die Koordination von Insolvenzverfahren über Konzernunternehmen, ist zunächst das Schicksal dieser Verträge in der Insolvenz zu klären, denn nur, wenn Konzernverträge in der

---

685 EuGH, Urt. v. 2.5.2006, Rs. C-341/04, ZInsO 2006, 484 ff.
686 Staudinger-*Großfeld*, IntGesR RdNr. 567.
687 *Duursma-Kepplinger/Chalupsky*, in: Krisenmanagement – Sanierung – Insolvenz, 2. Aufl. 2002, 977, 1004 ff. m.w.N.
688 BGH Urt. v. 5.6.1975, BGHZ 65, 15, 17 ff.; *Emmerich*, Aktienkonzernrecht, § 291 RdNr. 36 m.w.N.; Staudinger-*Großfeld*, IntGesR RdNr. 557 ff.; MünchKomm-*Altmeppen*, Aktienrecht, 2. Aufl. 2000, Einl. §§ 291 ff. RdNr. 46 ff.
689 *Bayer*, Der grenzüberschreitende Beherrschungsvertrag, 76 ff. und 143; MünchKomm-*Altmeppen*, Aktienrecht, 2. Aufl. 2000, Einl. §§ 291 ff. RdNr. 46; Staudinger-*Großfeld*, IntGesR RdNr. 556.

Insolvenz überhaupt noch Bestand haben, könnte hieraus eine Kooperationspflicht der Insolvenzverwalter, sei es – eher unwahrscheinlich – in unmittelbarer Ausführung der Konzernverträge oder aber in Form eines Kontrahierungszwangs zum Abschluss von Insolvenzverwaltungsverträgen hergeleitet werden.

Für einen Kontrahierungszwang im Sinne der Verpflichtung zum Neuabschluss der Konzernverträge ist nach Beendigung des vertraglichen Konzernverhältnisses keine Rechtsgrundlage ersichtlich, insbesondere da die insolvenzrechtlichen Regelungen nicht die gesellschaftsrechtlichen Strukturen erfassen[690].

Gesetzliche Regelungen bezüglich des Schicksals von Unternehmensverträgen in der Insolvenz bestehen vermutlich mangels einer Regelung solcher Verträge in den meisten Rechtsordnungen[691] nicht und auch Judikatur und wissenschaftliche Stellungnahmen zu solchen Konstellationen sind rar.

Im deutschen Recht ist die Frage des Schicksals von Beherrschungsverträgen in der Insolvenz unter Geltung der InsO umstritten. Von einem großen Teil der Lehre[692] wird hier argumentiert, dass aufgrund des in die Insolvenzordnung integrierten Ziels der Unternehmenserhaltung die Konzernverträge grundsätzlich ihre Geltung behielten, doch gemäß § 103 InsO analog der Insolvenzverwalter des Hauptverfahrens Nichterfüllung wählen kann. Dies steht im Kontrast zur herrschenden Lehre[693] und Rechtsprechung des BGH[694] zum überkommenen Konkursrecht, wonach Beherrschungsverträge sowohl in der Insolvenz der Muttergesellschaft als auch in der Insolvenz der Tochtergesellschaft grundsätzlich enden. Ein Teil der Lehre will diese Auffassung auch unter Geltung der InsO fortgelten lassen[695]. Rechtsprechung zu dieser Frage unter Geltung der neuen InsO existiert noch nicht.

Im österreichischen Recht existiert bislang überhaupt keine Rechtsprechung und ausgesprochen wenig Literatur zur Frage des Schicksals von Konzernverträgen in der Insolvenz, obwohl dieses Instrument der Konzernierung in Österreich bekannt ist und genutzt wird[696]. Allerdings erscheint hier eine Anlehnung an die Argumentation der Lehre und Rechtsprechung zum überkommenen deutschen Insolvenzrecht, das dieselbe Trennung von Ausgleich/Vergleich und dem vorrangig liquidierenden Konkursverfahren kannte, wie sie aktuell in Österreich besteht, wahrscheinlich[697]. Hiernach enden Konzernverträge bei Eröffnung eines Konkursverfahrens oder sind jedenfalls suspendiert[698].

---

690 Kübler/Prütting-*Noack*, InsO, Sonderband I, RdNr. 726.

691 Vgl. hierzu die Übersicht bei KölnKomm-*Koppensteiner*, AktG, Vorb. § 291, RdNr. 115 ff.

692 *Häsemeyer*, Insolvenzrecht, 3. Aufl. 2002, RdNr. 32.09.; *Smid/Rattunde*, Insolvenzplan, 2. Aufl. 2005, RdNr. 2.64 ff.; *Trendelenburg*, NJW 2002, 647, 649; *Tschernig*, Haftungsrechtliche Probleme der Konzerninsolvenz, 1995, 99 ff.; Uhlenbruck-*Hirte*, InsO, 12. Aufl. 2003, § 11 RdNr. 398.

693 *Emmerich/Habersack*, Aktienkonzernrecht, 1. Aufl. 1998, § 297, RdNr. 47; *Kuhn/Uhlenbruck*, KO, 11. Aufl. 1994, K vor § 207; *Mertens*, ZGR 1984, 542, 550.

694 BGH, Urt. v. 14.12.1987, NJW 1988, 1326 f.

695 MünchKomm-*Altmeppen*, Aktienrecht, 2. Aufl. 2000, § 297, RdNr. 106 ff.; für eine Beendigung der Konzernverträge jedenfalls bei Eröffnung eines Insolvenzverfahrens über die Muttergesellschaft *Berthold*, Unternehmensverträge in der Insolvenz, 25 ff.; Zusammenfassung 220 ff.

696 *Doralt*, in: Lutter, Konzernrecht im Ausland, 192, 202 ff.

697 Vgl. *Duursma-Kepplinger/Chalupsky*, in: Krisenmanagement – Sanierung – Insolvenz, 2. Aufl. 2002, 977, 1004 ff.

698 *Duursma-Kepplinger/Chalupsky*, in: Krisenmanagement – Sanierung – Insolvenz, 2. Aufl. 2002, 977, 1004 ff.; BGHZ 103, 1, 6, ZIP 1988,229, 231; *Smid/Rattunde*, Insolvenzplan, 2. Aufl. 2005, RdNr. 2.46 ff. m.w.N.

Das englische Recht kennt zwar den Begriff des Beherrschungsvertrages (*control contract*) und hat diesen in Schedule 10 A para. 4 (1) zum CA 1985 sogar legal definiert als vertragliche Verpflichtung der Direktoren des beherrschten Unternehmens, auch gegen die Interessen des beherrschten Unternehmens nach Weisungen des herrschenden Unternehmens zu handeln, jedoch ist eine Anwendung solcher Beherrschungsverträge zwischen zwei englischen Gesellschaften ausgeschlossen. Dies ergibt sich aus section 310 CA 1985, wonach Direktoren einer englischen Gesellschaft nicht von ihren Verpflichtungen gegenüber der Gesellschaft entbunden werden können und die Abgabe der Entscheidungsverantwortung eine Pflichtverletzung gegenüber der Gesellschaft darstellt[699]. Deshalb heißt es in Schedule 10 A para. 4 (2) Companies Act, dass der Staat, in dem die beherrschte Gesellschaft gegründet wurde, einen solchen Vertrag erlauben muss. Vermutlich wurde in England aufgrund dieser Rechtslage noch keine Ansicht hinsichtlich des Schicksals von Konzernverträgen in der Insolvenz entwickelt.

Im spanischen Recht gehören Beherrschungsverträge ebenfalls nicht zu den klassischen Instrumenten der Konzernbildung, jedenfalls haben sich weder die spanische Literatur noch die Rechtsprechung je mit dieser Thematik auseinander gesetzt.

Da sich das Schicksal von Konzernverträgen in der Insolvenz nach den nationalen Rechten also unterschiedlich beurteilen kann, stellt sich zunächst die Frage, nach welchem Recht sich dieses Schicksal richtet.

b) *Ermittlung des anwendbaren Rechts*

Für die Beurteilung des insolvenzrechtlichen Schicksals von Verträgen, durch welche die Organisationsstruktur von Unternehmensgruppen geregelt wird, liegt es angesichts der umfassenden Wirkungserstreckung der *lex fori concursus* gemäß Art. 4 I EuInsVO nahe, zunächst einen Blick auf die spezifischen Kollisionsregelungen der EuInsVO im Hinblick auf Vertragsverhältnisse des Schuldners zu werfen. Regelungen über das anwendbare Recht nach Insolvenzeröffnung auf laufende Verträge des Schuldners trifft in erster Linie Art. 4 Abs. 2 lit. e) EuInsVO, mit Abweichungen und Sonderregelungen für bestimmte Vertragstypen in Art. 7 Abs. 2, 8 und 10 EuInsVO. Indes lassen sich Beherrschungsverträge als Organisationsverträge mit lediglich schuldrechtlichen Elementen[700] schwer unter diese Regelungen subsumieren.

Art. 4 Abs. 2 lit. e) EuInsVO ist in erster Linie auf die Anwendung auf Verträge über bewegliche Sachen zugeschnitten[701], noch deutlicher hat Art. 8 EuInsVO nur Verträge über – und zwar unbewegliche – Gegenstände zum Inhalt und ist in keiner Weise auf einen Vertrag über Organisationsstrukturen übertragbar. Auch als Arbeitsvertrag i.S.v. Art. 10 EuInsVO ist ein solcher nicht zu bezeichnen und die Regelung des Art. 7 Abs. 2 EuInsVO über Kaufverträge unter Vereinbarung eines Eigentumsvorbehalts ist keinesfalls einschlägig.

---

699 Dazu auch *Prentice*, in: Lutter, Konzernrecht im Ausland, 93, 96 und 101.
700 BGH, Urt. v. 14.12.1987, BGHZ 103, 1, 4; MünchKomm-*Altmeppen*, Aktienrecht, 2. Aufl. 2000, Einl. §§ 291 ff., RdNr. 4; *Bayer*, Der grenzüberschreitende Beherrschungsvertrag, 13 ff.; KölnKomm-*Koppensteiner*, AktG, Vorb. § 291, RdNr. 156 ff.
701 Vgl. Duursma-Kepplinger/Duursma/Chalupsky-*Duursma-Kepplinger*, Art. 4 RdNr. 18.

aa) Insolvenzstatut

Art. 4 EuInsVO ist als kollisionsrechtliche Generalklausel zur Regelung des anwendbaren Rechts bei grenzüberschreitenden Insolvenzverfahren auf die Sicherung der Effektivität der *lex fori concursus* gerichtet, wobei Abs. 2 lit. e) dem Umstand Rechnung trägt, dass die meisten Rechtsordnungen differenzierte Regelungen über das Schicksal laufender schuldrechtlicher Verträge in der Insolvenz treffen.

Gesetzliche Regelungen bezüglich des Schicksals von Unternehmensverträgen in der Insolvenz bestehen jedoch mangels einer Regelung solcher Verträge in den meisten Rechtsordnungen gerade nicht. Diese Tatsache lässt es fraglich erscheinen, ob das Schicksal von Unternehmensverträgen in der Insolvenz überhaupt eine insolvenzspezifische Frage ist oder ob es sich lediglich um einen Sachverhalt handelt, der zwar anlässlich des Insolvenzverfahrens zum Tragen kommt, aber keine spezifische Wirkung desselben darstellt[702]. Dies ist für die Anwendbarkeit der Kollisionsnorm des Art. 4 I EuInsVO von erheblicher Bedeutung, denn der Regelungsgegenstand des Art. 4 EuInsVO ist auf Fragen und Sachverhalte beschränkt, die in einer besonders engen Verbindung zur Homogenität und inneren Harmonie, das heißt zur Organisation des Insolvenzverfahrens stehen[703]. Andernfalls ist das anwendbare Recht über das allgemeine Kollisionsrecht des Insolvenz eröffnenden Staates zu ermitteln[704]. Die entsprechende Abgrenzung ist im vorliegenden Fall diffizil. Einerseits geht es explizit um die Auswirkung der Insolvenzeröffnung auf das Unternehmensvertragsverhältnis, andererseits kann argumentiert werden, dass das insolvenzrechtliche Schicksal von Verträgen, mit denen das Beherrschungs- und Haftungsverhältnis unter Konzernunternehmen geregelt wird, in keiner Rechtsordnung eine ausdrückliche Regelung findet, und damit nicht unter den Anwendungsbereich der spezifisch insolvenzrechtlichen Kollisionsregeln der EuInsVO fällt.

Für die Beurteilung des Schicksals von Unternehmensverträgen in der Insolvenz nach der *lex fori concursus* gemäß Art. 4 EuInsVO sprechen jedoch mehrere Gesichtspunkte. Zum einen wird angesichts des Wortlautes des Art. 4 Abs. 1 EuInsVO, aber auch aufgrund dessen Zwecks, der darin besteht, durch möglichst umfassende Ausschaltung der einzelstaatlichen Kollisionsrechte einen weitgehenden Entscheidungsgleichklang und damit eine gemeinschaftsweite Gläubigergleichbehandlung zu erreichen[705], in der Literatur für eine extensive Auslegung plädiert[706]. Bei Zugrundelegung eines solchen extensiven Verständnisses des Art. 4 EuInsVO, lässt sich leicht begründen, dass es sich bei der Frage nach dem insolvenzrechtlichen Schicksal von Unternehmensverträgen um ein spezifisch insolvenzrechtliches Problem handelt, das gerade nur im Falle einer Insolvenz auftreten kann und keine zufällige

702 Duursma-Kepplinger/Duursma/Chalupsky-*Duursma-Kepplinger*, Art. 4 RdNr. 6; *Virgós/Garcimartín*, The European Insolvency Legislation, Nr. 196 f.
703 Duursma-Kepplinger/Duursma/Chalupsky-*Duursma-Kepplinger*, Art. 4 RdNr. 5.
704 Duursma-Kepplinger/Duursma/Chalupsky-*Duursma-Kepplinger*, Art. 4 RdNr. 6.
705 Duursma-Kepplinger/Duursma/Chalupsky-*Duursma-Kepplinger*, Art. 4 RdNr. 7.
706 Duursma-Kepplinger/Duursma/Chalupsky-*Duursma-Kepplinger*, Art. 4 RdNr. 7.

Nebenfolge darstellt. Wesentlicher ist aber, dass sich, jedenfalls in Deutschland[707], die Entscheidung über das Schicksal der Unternehmensverträge in der Insolvenz maßgeblich nach der Zielsetzung des nationalen Insolvenzrechts richtet. So wird in der deutschen Literatur die BGH-Rechtsprechung zu dieser Frage, die vor der Insolvenzrechtsreform ergangen ist und wonach sowohl bei Insolvenz des Mutterunternehmens als auch bei Insolvenz des Tochterunternehmens Konzernverträge grundsätzlich enden[708], als überholt angesehen, entscheidend sei nämlich, dass mit der Änderung der Zielsetzung des Insolvenzverfahrens nach der neuen InsO, das nunmehr anders als das Konkursverfahren nach der überkommenen Konkursordnung auch auf eine Sanierung gerichtet sein kann, sich auch das Bedürfnis am Fortbestand von Unternehmensverträgen in der Insolvenz gewandelt habe[709]. Denn zum Zwecke der Fortführung und Sanierung eines Unternehmens könne es sinnvoll oder gar notwendig sein, dieses in seinem Konzerngefüge zu belassen. Diese neue deutsche Sichtweise spricht dafür, die Schicksalsfrage der Unternehmensverträge als spezifisch insolvenzrechtliche einzuordnen. Auch die Gegenansicht, die für eine automatische Beendigung des Beherrschungsvertrages jedenfalls bei Eröffnung des Insolvenzverfahrens über die Tochtergesellschaft plädiert, argumentiert hier aus dem Insolvenzrecht heraus, in dem sie zu bedenken gibt, der Insolvenzverwalter über die Tochtergesellschaft könne aufgrund seiner Unabhängigkeit nicht der Lenkungsmacht der Konzernmutter unterstellt werden und der Insolvenzverwalter der Muttergesellschaft sei zu Weisungen gegenüber den seiner Verwaltung nicht unterstehenden Tochtergesellschaften nicht befugt[710]. In eine ähnliche Richtung geht auch die Argumentation der österreichischen Literatur[711].

Die Beurteilung nach dem Insolvenzstatut stellt allerdings dann ein Problem dar, wenn – wie so oft – sowohl über die Mutter- als auch über die Tochtergesellschaft in verschiedenen Staaten Insolvenzverfahren eröffnet werden.

> Auf den ersten Blick scheint hier wieder die Praxis europäischer Gerichte hilfreich zu sein, Hauptverfahren sowohl über die Konzernmutter als auch über die Konzerntochter am Sitz der Mutter zu eröffnen, da hier dann dieselbe *lex fori concursus* zum Zuge kommt. Doch dieser Vorteil verpufft in dem Moment, in dem über die Tochtergesellschaft ein Sekundärinsolvenzverfahren im Ausland eröffnet wird, da über Artikel 28 i.V.m. Art. 4 EuInsVO dann die *lex fori secundariae* zum Zuge kommt[712]. Zudem sollen

---

707 Vgl. dementsprechend auch die Berücksichtigung dieser Frage im Ersten Bericht der Kommission für Insolvenzrecht, 1985, 292.

708 BGH Urt. v. 14.12.1987, NJW 1988, 1326, 1327.

709 Vgl. *Smid/Rattunde*, Insolvenzplan, 2. Aufl. 2005, RdNr. 2.64 ff., insb. 2.69 ff.; *Tschernig*, Probleme der Konzerninsolvenz, 1995, 101 ff.; Uhlenbruck-*Hirte*, InsO, 12. Aufl. 2003, § 11 RdNr. 398, der allerdings von einer Überlagerung der Vertragspflichten durch das Insolvenzrecht ausgeht. Hierzu bereits oben C. III. 4. a).

710 BGH Urt. v. 14.12.1987, NJW 1988, 1326 f.; *Berthold*, Unternehmensverträge in der Insolvenz, RdNr. 410; Emmerich-*Habersack*, Aktienkonzernrecht, 1. Aufl. 1998, § 297 RdNr. 47; *Jaeger/Weber*, KO, 8. Aufl. (1973), §§ 207, 208 RdNr. 11; *Mertens*, ZGR 1984, 542, 550; auch heute noch MünchKomm-*Altmeppen*, Aktienrecht, 2. Aufl. 2000, § 297 RdNr. 106 ff.

711 *Duursma-Kepplinger/Chalupsky*, in: Krisenmanagement – Sanierung – Insolvenz, 2. Aufl. 2002, 977, 1004 ff.

712 Duursma-Kepplinger/Duursma/Chalupsky-*Duursma-Kepplinger*, Art. 28 RdNr. 3 ff.; *Gottwald*, Insolvenzrechts-Handbuch, 2. Aufl. 2001, § 131 Rdnr. 22; *Leible/Staudinger*, KTS 2000, 549 ff.

die hier gemachten Ausführungen gerade dazu dienen, einen Lösungsweg für grenzüberschreitende Konzerninsolvenzen zu finden, der sich von dem zweifelhaften Weg, dem die europäischen Gerichte nach englischem Vorbild folgen, unterscheidet. Zudem hat der EuGH durch seine Entscheidung im Verfahren *Parmalat/Eurofood*[713] die Rechtsprechung bereits ein Stück weit auf den Boden der gesetzlichen Tatsachen zurück geholt und damit die Konzerninsolvenzverfahrenskonstellationen, wie sie vor dieser Entscheidung populär geworden sind, für die Zukunft eingeschränkt.

Es wird hier also von der Eröffnung zweier Hauptverfahren über die Mutter und die Tochter in verschiedenen Staaten ausgegangen. Hier stellt sich die Frage, die *lex fori concursus* welchen Staates hinsichtlich der Frage nach dem Schicksal eines zwischen diesen beiden Unternehmen geschlossenen Unternehmensvertrages zum Zuge kommen soll. Hierauf gibt Art. 4 EuInsVO keine Antwort, da sich diese Kollisionsnorm lediglich auf mögliche Kollisionen innerhalb der Insolvenz über *ein* Rechtssubjekt bezieht (seien über dieses auch mehrere Haupt-, Sekundär- oder Partikularinsolvenzverfahren eröffnet) und nicht auf die Kollision zweier unabhängiger (Haupt-)Insolvenzverfahren.

Zu denken ist in diesem Zusammenhang an eine Anwendung des Prioritätsprinzips in dem Sinne, dass sich das Schicksal der Unternehmensverträge gemäß Art. 4 Abs. 1 EuInsVO nach dem Recht des Staates richtet, der zuerst ein Insolvenzverfahren eröffnet hat. Damit würde dem ausgeführten Gedanken, dass es sich bei dieser Schicksalsfrage durchaus um eine insolvenzspezifische Frage handelt, Rechnung getragen. Dies lässt sich allerdings nicht unmittelbar und wohl auch nicht mittelbar aus dem in Art. 16, 17 i.V.m. Art. 3 EuInsVO verankerten Prioritätsprinzip ableiten. Dieses bezieht sich nämlich nur auf die Zuständigkeit und die Wirkungsentfaltung eines Insolvenzverfahrens über *einen* Rechtsträger. Mit der Behauptung, die Eröffnung eines Insolvenzverfahrens über einen Rechtsträger könne die Wirkungen des Art. 4 EuInsVO auch zulasten eines Insolvenzverfahrens über einen anderen Rechtsträger entfalten, ist daher Vorsicht geboten. Insbesondere bei den in Frage stehenden Konzernkonstellationen, bei denen Mutter und Tochter oftmals zeitnah in Insolvenz fallen, kann ein derartiger Prioritätsgedanke zu unerwünschten Zufälligkeiten führen, die der Rechtssicherheit nicht zuträglich sind.

Eine andere Möglichkeit ist, in diesem Kollisionsfall auf einen anderen Anknüpfungspunkt auszuweichen[714], also auf die allgemeinen international-privatrechtlichen Kollisionsregeln zurückzugreifen. Die Aussage, dass das anwendbare Recht außerhalb der insolvenzrechtlichen Anknüpfung des Art. 4 EuInsVO über das allgemeine Kollisionsrecht des Insolvenzeröffnungsstaates zu ermitteln sei[715], hilft insoweit auch nicht weiter, da es ja gerade zwei Insolvenzeröffnungsstaaten gibt. Hier kommt es also auf die Kollisionsrechte der beteiligten Rechtsordnungen im Einzelfall an.

---

713 EuGH, Urt. v. 2.5.2006, Rs. C-341/04, ZInsO 2006, 484 ff., dazu oben C. III. 2. b).
714 *Koch/Magnus/Winkler von Mohrenfels*, IPR und Rechtsvergleichung, 3. Aufl. 2004, 32.
715 Duursma-Kepplinger/Duursma/Chalupsky-*Duursma-Kepplinger*, Art. 4 RdNr. 6.

bb) Gesellschaftsstatut

Als maßgebliche Statute neben der *lex fori concursus* kommen hier auf den ersten Blick das Vertragsstatut und das Gesellschaftsstatut in Betracht.

Hinsichtlich der Heranziehbarkeit des allgemeinen Vertragsstatuts ergeben sich hierbei allerdings Bedenken. Zweifel lassen vor allem die vertragsrechtlichen Kollisionsvorschriften Art. 2 Abs. 2 lit. e) des Übereinkommens von Rom von 1980 (EVÜ)[716] und Art. 37 Abs. 1 Nr. 2 EGBGB aufkommen, welche übereinstimmend auf Fragen betreffend das Gesellschaftsrecht keine Anwendung finden. Beherrschungsverträge, die regelmäßig einen Eingriff in die Struktur und Verfassung des beherrschten Unternehmens darstellen[717], sind damit in erster Linie gesellschaftsrechtlich und nicht schuldrechtlich zu qualifizieren. Aus der Tatsache, dass im Rahmen eines Beherrschungsvertrages regelmäßig eine Gesellschaft von der anderen abhängig ist und insofern gesellschaftsrechtliche Schutzmechanismen bestehen, die nicht zur Disposition stehen, ergibt sich nach allgemeiner Ansicht ein Ausschluss einer Rechtswahl[718]. Zudem sollen für alle bei Verfahrenseröffnung schwebenden Verträge im Sinne der Gläubigergleichbehandlung allseitig-normative und nicht zweiseitig-privatautonome Regelungen maßgeblich sein[719], was ebenfalls die Anwendbarkeit eines individuell vereinbarten Vertragsstatuts zweifelhaft erscheinen lässt.

Es bleibt also die Anknüpfung am Gesellschaftsstatut[720]. Da sich bei grenzüberschreitenden Konzernverbünden hinsichtlich des Gesellschaftsstatuts regelmäßig die Frage stellen wird, das Statut welcher der involvierten Gesellschaften Anwendung findet, wurde hier im deutschen internationalen Privatrecht der Grundsatz entwickelt, dass die Rechtsordnung desjenigen Staates Anwendung finden soll, in dem der „Gefahrenschwerpunkt" des individuellen Konzernverhältnisses liegt[721]. Hier wird beim Schutzbedürfnis der abhängigen Gesellschaft angesetzt, deren Gesellschafter und Gläubiger aufgrund der Abgabe der Leitungsmacht gegenüber dem Handeln des herrschenden Unternehmens abgesichert sein sollen[722]. Maßgeblich ist demnach das Statut der abhängigen Gesellschaft, da die Gesellschafter und Gläubiger dieser in der Regel die schutzwürdigeren sind und ihnen daher die Schutzmechanismen des Gesellschaftsstatuts gesichert werden sollen[723]. Es handelt sich dabei sozusagen um ein „Konzernstatut". Dies erscheint insbesondere im Hinblick auf die hier näher in den Blick genommenen Beherrschungsverträge sachgerecht. Allerdings ist hier festzuhalten, dass es sich dabei um eine Anknüpfung des deutschen

---

716 Übereinkommen über das auf vertragliche Schuldverhältnisse anwendbare Recht vom 19. Juni 1980, BGBl. III 166/1998 idF BGBl. III 268/1998.
717 *Bayer*, Der grenzüberschreitende Beherrschungsvertrag, 19 und 55 ff.
718 MünchKomm-*Altmeppen*, Aktienrecht, Einl. §§ 291 ff., RdNr. 51 f.; KölnKomm-*Koppensteiner*, AktG, Vorb. § 291, RdNr. 195; MünchKomm-*Ehricke*, EGInsO, Art. 102 RdNr. 406.
719 *Häsemeyer*, Insolvenzrecht, 3. Aufl. 2002, RdNr. 32.09.
720 KölnKomm-*Koppensteiner*, AktG, Vorb. § 291, RdNr. 188 f.
721 MünchKomm-*Altmeppen*, Aktienrecht, Einl. §§ 291 ff. RdNr. 50; *Schmiedeknecht*, Der Anwendungsbereich der Europäischen Insolvenzverordnung, 2004, 209.
722 MünchKomm-*Altmeppen*, Aktienrecht, Einl. §§ 291 ff. RdNr. 50; Staudinger-*Großfeld*, IntGesR RdNr. 557 ff.; *Schmiedeknecht*, Der Anwendungsbereich der Europäischen Insolvenzverordnung, 2004, 209 f.
723 *Bayer*, Der grenzüberschreitende Beherrschungsvertrag, 1988, 66 ff.

internationalen Privatrechts handelt, der keine europaweite Allgemeingültigkeit zugesprochen werden kann, wobei jedes auf den Schutz der abhängigen Gesellschaft bedachte Konzernrecht zu einem ähnlichen Ergebnis kommen dürfte. Dennoch bleibt die Frage nach dem anwendbaren Recht hier Gegenstand einer im Einzelfall vorzunehmenden komplizierten kollisionsrechtlichen Analyse, deren Beantwortung durch die Nichtbeschäftigung mit der Frage des Schicksals von Konzernverträgen in der Insolvenz durch die meisten Rechtsordnungen noch erschwert und unkalkulierbar wird.

Eine abschließende Klärung der Frage, nach welchem Recht das Schicksal von Konzernverträgen in der grenzüberschreitenden Insolvenz zu beurteilen ist, ist also im Rahmen dieser Arbeit nicht möglich. Diese Frage bedarf einer intensiven Diskussion, die unter Vertiefung ins internationale Privatrecht an anderer Stelle geführt werden muss. Die Tatsache, dass Konzernverträgen in den meisten Rechtsordnungen keine große Aufmerksamkeit geschenkt wird, sofern diese überhaupt möglich sind, lässt bereits an der Bedeutung, die diese als Rechtsgrundlage für eine Kooperationspflicht oder gar einen Kontrahierungszwang der Insolvenzverwalter haben können, zweifeln. Auf der anderen Seite kann jedoch festgehalten werden, dass unter Umständen, insbesondere bei Anwendbarkeit des deutschen Insolvenzrechts, Konzernverträge sowohl in der Insolvenz der Muttergesellschaft als auch in der Insolvenz der Tochtergesellschaft grundsätzlich Bestand behalten können, so dass weiterhin der Frage nachzugehen ist, inwieweit sich hieraus Pflichten für die Insolvenzverwalter ergeben können.

c) *Aus Konzernvertrag ableitbare Pflichten des Insolvenzverwalters*

Wie gesehen ist das Schicksal des Konzernvertrages in der Insolvenz äußerst ungewiss bzw. fallabhängig und das anwendbare Recht schwer zu ermitteln. Hieraus folgt, dass der Konzernvertrag nicht als zuverlässige Grundlage für eine generelle Kontrahierungspflicht der Insolvenzverwalter herangezogen werden kann. Dennoch mag es Fälle geben, in denen der Konzernvertrag seine Geltung behält und sich hieraus möglicherweise Pflichten für die Insolvenzverwalter ergeben. Hierzu muss der oben aufgeworfenen zweiten Frage danach, welche Wirkungen Konzernverträgen, insbesondere dem Beherrschungsvertrag bei Fortbestand in der Insolvenz zukommen, nachgegangen werden.

Der Grund, der die hier folgende ausführliche Prüfung der Ableitbarkeit von Pflichten für die Insolvenzverwalter aus Beherrschungsverträgen schon kaum zu rechtfertigen vermag, ist der offensichtlich bestehende Wunsch nach allgemeingültigen Rechtsgrundlagen für eine Kooperation und Koordination von Insolvenzen über konzernverbundene Unternehmen. Hier hinter steht der Gedanke, dass nur die gegenseitige Verpflichtung zu einer Kooperation eine erfolgreiche Durchführung gemeinsamer Sanierungskonzepte verspricht und diese folglich erleichtert würden, wenn eine entsprechende Verpflichtung nicht von der Bereitschaft der involvierten Insolvenzverwalter im Einzelfall abhinge, sondern diese auf eine verpflichtende Rechtsgrundlage verwiesen werden könnten. Die EuInsVO verwehrt eine derartige Rechtsgrundlage. Die bewusste Nichtregelung von Konzerninsolvenzen durch den Verordnungsgeber spricht jedoch für sich genommen nicht gegen eine Heranziehung der

Konzernverträge als Rechtsgrundlage. Denn der Hauptgrund für die Nichtregelung dieser Materie durch den Verordnungsgeber liegt darin, dass dieser durch eine solche Regelung schlicht seine Kompetenzen unter Verstoß gegen den Verhältnismäßigkeitsgrundsatz überschritten sähe, da mit der Regelung von Konzerninsolvenzsachverhalten empfindlich in die nationalen Rechtsordnungen eingegriffen worden wäre[724]. Dies bedeutet aber nicht, dass der Verordnungsgeber eine sachgerechte Optimierung der Abwicklung von Konzerninsolvenzsachverhalten zu verhindern trachtet. Er fühlte sich lediglich zu entsprechenden Regelungen nicht befugt bzw. berufen. Eine Sachlage, die sich mit der Entwicklung eines europäischen Konzernrechts grundlegend ändern könnte. Die Heranziehung gesellschaftsrechtlicher Konzernverträge als außerhalb der EuInsVO stehende Grundlage für eine Kooperation kollidiert insofern nicht mit dem Willen des Verordnungsgebers[725].

aa) Keine Konzernleitungsmacht des Insolvenzverwalters

Behielten Beherrschungsverträge in der Insolvenz ihre volle Wirkung und gingen die sich hieraus ergebenden Befugnisse und Verpflichtungen auf den jeweiligen Insolvenzverwalter als Organ des Unternehmens über, so erhielte der Insolvenzverwalter des Hauptinsolvenzverfahrens über die Konzernmutter die Lenkungsmacht über solvente und insolvente Töchter und bei Insolvenz bloß eines Tochterunternehmens wäre der hier eingesetzte Insolvenzverwalter verpflichtet, in Abstimmung mit der Konzernmutter zu handeln. Darüber, dass Beherrschungsverträge in der Insolvenz jedenfalls die zuletzt genannte Wirkung aufgrund der Unabhängigkeit des Insolvenzverwalters nicht entfalten können, besteht weitgehende Einigkeit[726]. Hingegen ist die Konzernleitungsmacht bzw. eine entsprechende Verpflichtung des Insolvenzverwalters des herrschenden Unternehmens umstritten[727]. Zunehmend wird eine gewisse Konzernleitungsmacht beim Insolvenzverwalter des Mutterunternehmens angenommen, jedoch wird auch eine solche spätestens mit der Eröffnung eines Insolvenzverfahrens über die Tochter unter Einsetzung eines Fremdverwalters suspendiert. Entscheidendes Argument ist hier, dass der Insolvenzverwalter seine Verwaltungskompetenz ausschließlich aus dem Insolvenzrecht und nicht aus dem Gesellschaftsrecht herleitet[728].

---

724 *Smid*, Deutsches und europäisches Internationales Insolvenzrecht, Art. 2 RdNr. 23; *ders.*, DZWIR 2004, 397, 399.

725 Dies verkennt *Schmiedeknecht*, Die Anwendbarkeit der europäischen Insolvenzverordnung, 219.

726 BGH, Urt. v. 14.12.1987, NJW 1988, 1326, 1327; *Häsemeyer*, Insolvenzrecht, 3. Aufl. 2002, RdNr. 32.09; *K. Schmidt*, Wege zum Insolvenzrecht der Unternehmen, 228; *Schmiedeknecht*, Der Anwendungsbereich der Europäischen Insolvenzverordnung, 216; *Smid/Rattunde*, Insolvenzplan, 2. Aufl. 2005, RdNr. 2.67; Uhlenbruck-*Hirte*, InsO, 12. Aufl. 2003, § 11 RdNr. 398.

727 Für ein derartiges Weisungsrecht des Insolvenzverwalters Uhlenbruck-*Hirte*, InsO, 12. Aufl. 2003, § 11 RdNr. 410; *Trendelenburg*, NJW 2002, 647, 648 f.; *Zeidler*, NZG 1999, 692, 697; a.A. *K. Schmidt*, Wege zum Insolvenzrecht der Unternehmen, 225; *Smid/Rattunde*, Insolvenzplan, 2. Aufl. 2005, RdNr. 2.67; für eine eingeschränkte Konzernleitungsmacht unter Zustimmung der Gesamtgläubigerschaft *Häsemeyer*, Insolvenzrecht, 3. Aufl. 2002, RdNr. 32.09.

728 *Schmiedeknecht*, Der Anwendungsbereich der europäischen Insolvenzverordnung, 208; *Tschernig*, Haftungsrechtliche Probleme der Konzerninsolvenz, 89.

bb) Kooperationspflicht und Sanierungsziel

Trotz der Suspendierung der Konzernleitungsmacht könnten sich für die Insolvenzverwalter aus dem fortbestehenden Beherrschungsvertrag Kooperationspflichten ergeben, da die damit aufrecht erhaltene Konzernverbindung Grundlage für eine Fortführung der zu sanierenden Unternehmen nach Beendigung der Insolvenz darstellt. Um das Ziel der Entlassung der Unternehmen aus der Insolvenz in die alte Konzernstruktur zu erreichen, ist eine gewisse Kooperation und ein gemeinsames Hinwirken auf dieses Ziel durch die Insolvenzverwalter erforderlich.

In Deutschland wurde unter Geltung der Konkursordnung nahezu einhellig von einem automatischen Erlöschen der Konzernverträge im Falle der Insolvenz der Muttergesellschaft ausgegangen[729]. Seit Inkrafttreten der InsO im Jahre 1999 breitet sich – begründet mit dem nunmehr durch die InsO aufgenommenen Sanierungsziel – eine neue Auffassung[730] aus, wonach für beide Seiten eine Kündigung aus wichtigem Grund gemäß § 297 AktG möglich sein soll und der Insolvenzverwalter auf die Wahl der Nichterfüllung gemäß § 103 InsO analog zurückgreifen kann. Auf den ersten Blick dürfte sich eine entsprechende Kooperationsbereitschaft nach dieser Ansicht als unproblematisch darstellen, da, wenn keine Seite von dem Kündigungs- bzw. Nichterfüllungswahlrecht Gebrauch macht, davon auszugehen ist, dass beide Seiten eine Fortführung des jeweiligen Unternehmens im Konzerngefüge anstreben und dementsprechend auch kooperieren. Diese Theorie, wonach dann, wenn ein konzernweites Konzept der Gläubigergesamtheit zugute komme, die einzelnen Verwalter, die zu einer bestmöglichen Befriedigung der Gläubiger ihres Verfahrens verpflichtet sind, schon aus diesem Grund zur Kooperation bereit oder gar verpflichtet seien müssten[731], wird durch die praktische Entwicklung im europäischen Insolvenzrecht, bei der mitunter nationale Eitelkeiten nicht die Kooperationsbereitschaft, sondern vielmehr ein ungünstiges Konkurrenzdenken fördern, leider nicht bestätigt. Hinzu tritt bei der Koordination von Konzerninsolvenzen das Problem der Abschöpfung des Kooperationsgewinns, denn oftmals fällt eine Maximierung der Masse nur auf einer Seite an, während die andere zwar durch die Kooperation nicht schlechter, aber auch nicht besser dasteht, als wenn sie nicht kooperiert hätte[732].

Eine entsprechende Kooperationsbereitschaft ergibt sich eben nicht zweifellos aus der Pflicht der beteiligten Insolvenzverwalter, eine optimale Gläubigerbefriedigung zu erreichen. Denn es mag wohl sein, dass eine gemeinschaftliche Verwertung etwa durch eine übertragende Sanierung mehrerer im Vermögen verschiedener Konzerngesellschaften stehender *„assets“* oftmals für die Gläubigergesamtheit eine höhere

---

729 BGH, Urt. v. 14.12.1987, NJW 1988, 1326; MünchKomm-*Altmeppen*, Aktienrecht, 2. Aufl. 2000, § 297 RdNr. 103 ff. m.w.N.

730 *Smid/Rattunde*, Insolvenzplan, 2. Aufl. 2005, RdNr. 2.69; *Tschernig*, Haftungsrechtliche Probleme der Konzerninsolvenz, 102 ff.; Uhlenbruck-*Hirte*, InsO, 12. Aufl. 2003, § 11 RdNr. 398; *Zeidler*, NZG 1999, 692, 696 f.; a.A. aber nach wie vor MünchKomm-*Altmeppen*, Aktienrecht, 2. Aufl. 2000, § 297 RdNr. 106 f.

731 Z.B. *Schmiedeknecht*, Der Anwendungsbereich der europäischen Insolvenzverordnung, 220; *Eidenmüller*, ZZP 114 (2001), 3, 23 wirft diese Frage ebenfalls auf, weist aber diese beantwortend darauf hin, dass strukturelle, kognitive oder strategische Einigungshindernisse einer erfolgreichen Kooperation auch bei allseits vorteilhaften Einigungsoptionen durchaus im Wege stehen können.

732 *Eidenmüller*, ZHR 169 (2005), 528, 534 f.

Befriedigung verspricht als deren isolierte Verwertung, jedoch kann der daraus zu ziehende Schluss, dass eine Kooperation und Koordination der Verfahrensabwicklung zu einer Steigerung des für die Gläubiger zu erzielenden Erlöses führen kann, nicht dahingehend umgekehrt werden, dass die Aussicht auf einen derart zu erzielenden höheren Erlös die Kooperations- und Koordinationsbereitschaft steigern müsse. Denn es ist zu beachten, dass die nach einem koordinierten Plan durchgeführte Verwaltung nur dann zum Ergebnis einer besseren Gläubigerbefriedigung führt, wenn der Plan eingehalten wird, das heißt, wenn sich alle Beteiligten durchgehend an die hierin aufgestellten Spielregeln halten und keine unkalkulierbaren äußeren Einflüsse und Entwicklungen die Zielerreichung vereiteln. Das regelmäßig hohe Risiko, dass ein konzernweiter Sanierungsplan sich nicht wie ursprünglich vereinbart umsetzen lässt und daher im Endeffekt die Gläubiger einer involvierten Gesellschaft, die im Vertrauen auf das Funktionieren des Konzepts zunächst Zugeständnisse in Form des Verzichts auf die Durchsetzung bestimmter Rechte oder Ansprüche gemacht haben, am Ende schlechter dastehen als sie stünden, wenn isoliert verwertet worden wäre, ist vom jeweiligen Insolvenzverwalter sorgfältig gegen die Erfolgsaussichten eines konzernübergreifenden Konzepts abzuwägen. Diese Problematik weist weitreichende Parallelen zur Frage der Effektivität und Durchsetzbarkeit von Insolvenzverwaltungsverträgen auf[733].

Es besteht gerade die Schwierigkeit der Insolvenzverwaltung und die Brisanz von Sanierungsvorhaben darin, dass bei Erstellung des Verfahrenskonzepts nicht eindeutig prognostizierbar ist, welche Maßnahmen im Endeffekt und vor allem auf längere Sicht in der gewünschten Form umsetzbar sind. Eine entsprechende Prognose wird bei komplexen Konzernverflechtungen nur noch schwieriger. Gerade die Notwendigkeit einer gewissen Verbindlichkeit von Kooperationsvereinbarungen – Insolvenzverwaltungsverträgen – zur Absicherung von Zugeständnissen, die zum Zwecke der effektiven Kooperation von den Beteiligten gemacht werden müssen, und das dieser Verbindlichkeit entgegen stehende Erfordernis hoher Flexibilität in der Umsetzung im Hinblick auf Veränderungen der Sachlage während des Planverfahrens wurde bereits als Dilemma der Ausarbeitung effektiver Kooperationsvereinbarungen erkannt[734].

Der Insolvenzverwalter insbesondere der Tochtergesellschaft ist demnach nicht bereits aus der Aufgabe der optimalen Gläubigerbefriedigung – sofern diese überhaupt wie in Deutschland vorrangige Aufgabe des Verwalters nach der nationalen Insolvenzgesetzgebung ist – dazu verpflichtet, aufgrund der bloßen Aussicht eines höheren Befriedigungsergebnisses sich im Rahmen einer konzernweiten Kooperationsvereinbarung zu binden. An diesem Punkt, an dem die Aussicht auf eine Befriedigungsoptimierung besteht, diese allerdings mit nicht vollständig kalkulierbaren Risiken verbunden ist, kann das Fortbestehen des Beherrschungsvertrages als Rechtsgrundlage für eine Kooperationspflicht eine Rolle spielen.

---

733 Dazu ausführlich oben C. I. 4. b) bb) (3) (b) und (d) (ii).

734 *Eidenmüller*, ZZP 114 (2001), 3, 10 ff.; *Ehricke*, FS-MPI, 337, 357 ff.; *ders.*, WM 2005, 397, 399 ff.

cc) Das Problem des Interessenkonflikts

Der wesentliche Grund, der gegen einen Kontrahierungszwang spricht, entspricht dem Hauptproblem des Abschlusses grenzüberschreitender Insolvenzverwaltungsverträge[735]. Ein Argument gegen einen Kontrahierungszwang für die Insolvenzverwalter bleibt das Problem des Interessenkonflikts. Aufgrund der rechtlichen Unabhängigkeit der Konzernunternehmen voneinander oder damit einhergehend der über diese eröffneten Insolvenzverfahren, sind die im jeweiligen Verfahren eingesetzten Insolvenzverwalter nach der jeweils anwendbaren *lex fori concursus* in erster Linie zur Berücksichtigung der Interessen der Gläubiger „ihres" Verfahrens angehalten. Vor allem zugunsten dieser Gläubiger entfalten die nationalen Haftungsregelungen, die nicht durch eine grenzüberschreitende Kooperationsverpflichtung ausgehebelt werden können, ihre Wirkung. Die Stellung der Gläubiger wird zudem in vielen Rechtsordnungen durch Gewährung bestimmter Mitspracherechte bzw. Zustimmungsvorbehalte gestärkt, zu denen sich der Insolvenzverwalter ebenfalls nicht durch Abschluss eines Insolvenzverwaltungsvertrages in Widerspruch setzen darf. Demnach ist ein Kontrahierungszwang für den Insolvenzverwalter ohne eine damit einhergehende Haftungslockerung und eine Duldungspflicht seitens der Gläubiger undenkbar, da der Insolvenzverwalter nicht zu Bindungen gezwungen sein kann, die nach nationalem Recht seine Haftung auslösen würden[736]. Eine Verpflichtung der Gläubiger zur Duldung oder gar Zustimmung zu einer Kooperation und dem Abschluss eines entsprechenden Insolvenzverwaltungsvertrages kann nicht aus dem Konzernverhältnis hergeleitet werden, da die Gläubiger durch dieses interne Verhältnis gerade nicht gebunden sind, sondern sich an ihren Schuldner als ein selbständiges Rechtssubjekt zu halten haben und hierbei Anspruch auf eine optimale Wahrnehmung ihrer Interessen durch den Insolvenzverwalter ohne Berücksichtigung der Interessen anderer Konzernunternehmen haben. Auch die nationalen Regelungen zur Insolvenzverwalterhaftung stehen keineswegs zur Disposition.

Damit kann aufgrund der Unabhängigkeit der Konzernunternehmen und vor allem aufgrund der Unabhängigkeit der Insolvenzverwalter aus Konzernverträgen, selbst soweit diese in der Insolvenz fortbestehen, keine Pflicht der Insolvenzverwalter zum Abschluss von Insolvenzverwaltungsverträgen hergeleitet werden.

5. Ergebnis zu Konzerninsolvenzen im Lichte der EuInsVO

Im Ergebnis ist festzuhalten, dass brauchbare Ansätze für die effektive Behandlung und Kooperation von Konzerninsolvenzsachverhalten nicht bestehen. Der Verordnungsgeber hat sich bewusst einer Regelung dieser Materie enthalten[737]. Die europäische Judikatur, angeregt von frühen englischen Beispielen, ist bei dem Versuch, Konzernfälle gegen den Willen und Wortlaut des Verordnungsgebers in das System der EuInsVO zu pressen, auf einen falschen Pfad geraten, weil das, was passend ge-

---

735 Siehe oben C. I. 4. b) bb) (3) (b) (iv).
736 Vgl. *Schmiedeknecht,* Die Anwendbarkeit der europäischen Insolvenzverordnung, 218.
737 Oben C. III. 1.

macht werden soll, am Ende doch nicht passt und notdürftig nachgeflickt werden muss[738].

Aus dieser Entwicklung ist zu resümieren, dass die EuInsVO für den Weg zu einem faktischen Konzerninsolvenzrecht, den die Judikatur – sei es aus hehren, sei es aus imperialistischen Motiven – sehr engagiert zu ebnen versucht hat, nicht die geeignete Basis darstellt. Ein Ergebnis, das durchaus nicht von vornherein zu prognostizieren war, weshalb es wichtig war, der Praxis hier eine Weile den Lauf zu lassen, damit die auftauchenden Ideen und Fragen, insbesondere hinsichtlich der Interpretation des Mittelpunktes der hauptsächlichen Interessen und dessen Applikation auf Konzernsachverhalte, in der Breite ausgetestet und ausdiskutiert werden konnten, wie dies in den letzten Jahren geschehen ist.

Diese intensive Auseinandersetzung führt zu der Erkenntnis, dass die Konstellation von Hauptinsolvenzverfahren über Konzerntöchter am Sitz der Konzernmutter bei gleichzeitiger Eröffnung von Sekundärverfahren am Sitz der Konzerntochter keinerlei Koordinationsvorteile bringt, da die Sanierung hierdurch sogar erschwert wird[739] und auch der so anwendbare Art. 31 EuInsVO im Hinblick auf die Verfahrenskooperation keine tatsächliche Erleichterung darstellt. Weiter hat sich herauskristallisiert, dass im Zuge der Diskussion immer stärker die Eitelkeiten und ein Konkurrenzdenken der Insolvenzverwalter und nationaler Gerichte hervortreten, wodurch das anfangs bei gutgläubiger Betrachtung noch zu unterstellende Ziel der Effizienzsteigerung der Verwertung von im Konzern verteiltem Vermögen sich als offensichtlich vorgeschoben erweist.

Angesichts dieser klaren Resultate hat der EuGH mit seiner Entscheidung im Verfahren *Parmalat/Eurofood*[740] ein richtiges Signal gesetzt, indem er – um mit *Flessners*[741] Worten zu sprechen – die Praxis wenigstens ein Stück weit auf den Boden des Wortlautes der EuInsVO zurück geholt hat, und zwar durch die Klarstellung, dass sich der Mittelpunkt der hauptsächlichen Interessen eines rechtlich selbständigen Unternehmens i.S.d. Art. 3 Abs. 1 EuInsVO grundsätzlich unabhängig von der Leitungsmacht eines etwaigen Mutterunternehmens zu beurteilen hat.

Es bleibt jedoch die Frage, ob und wie Konzernstrukturen in der grenzüberschreitenden Insolvenz Berücksichtigung finden können, denn ganz offensichtlich besteht ein entsprechendes Bedürfnis in der Praxis und die Synergieeffekte einer irgendwie gearteten Verfahrenskoordination wie etwa der Kostenersparnis und der Steigerung des Verwertungserlöses bzw. der Sanierungschancen sind nicht von der Hand zu weisen. Es hat sich gezeigt, dass sich hier *de lege lata* keine zufrieden stellenden Lösungsansätze finden lassen, weshalb auch diesbezüglich im Rahmen einer Schlussbetrachtung zu den Ergebnissen dieser Arbeit Vorschläge *de lege ferenda* zu unterbreiten sein werden.

---

738 Vgl. die Darstellung der Entwicklung oben C. III. 2. und 3.

739 Hierzu C. III. 3. b i.V.m. C. II. 3.

740 EuGH, Urt. v. 2.5.2006, C-341/04, ZInsO 2006, 484 ff.

741 *Flessner* auf dem Jahrestreffen der Freunde des Max-Planck-Instituts am 18. Juni 2005 zum Thema „Europäisches und Internationales Insolvenzrecht".

IV. Zusammenfassung Teil C

Der in diesem Kapitel gewonnene Überblick über die EuInsVO, ihre Rolle für die Bewältigung grenzüberschreitender Insolvenzverfahren in Europa und ihr Verhältnis zu Unternehmenssanierungen und Konzerninsolvenzen kann folgendermaßen zusammengefasst werden:

Bei der EuInsVO handelt es sich zweifellos um eine hilfreiche Errungenschaft auf dem Gebiet des europäischen Insolvenzrechts, die eine gute Grundlage für die Behandlung grenzüberschreitender Insolvenzverfahren bietet, da nunmehr die zentralen Fragen der Bestimmung der internationalen Zuständigkeit, die Abgrenzung der räumlichen Wirkungserstreckung und die Anerkennung ausländischer Verfahren einheitlich geregelt sind[742]. Die auftretenden Probleme stellen sich zwangsläufig nicht mehr als bilaterale Angelegenheiten dar, sondern können und müssen auf europäischer Ebene wahrgenommen, diskutiert und gelöst werden. Dies steigert zweifellos die Dynamik und Effizienz der europäischen Rechtsentwicklung auf diesem Gebiet. Damit ist das Nahziel der Konzentration der Problemschwerpunkte auf einen europäischen Nenner erreicht[743].

Dennoch zeichnet sich ab, dass auf dem langen Weg zu einer reibungslosen und effizienten Bewältigung grenzüberschreitender Insolvenzfälle noch einige Hindernisse zu überwinden sind. Aktuellen Problemschwerpunkten wie der grenzüberschreitenden Unternehmenssanierung in der Insolvenz und der Berücksichtigung von Konzernstrukturen hat der Verordnungsgeber im Voraus wenig Aufmerksamkeit geschenkt. Dies hat die Praxis offenbar als unzureichend empfunden, weshalb hier die nationalen Gerichte unterstützt von den Insolvenzverwaltern ausgehend von England in puncto Rechtsgestaltung und Rechtsentwicklung sehr aktiv und sehr kreativ geworden sind[744]. Leider ist zu beobachten, dass sich die entscheidenden Gerichte in ihrer Auslegung der EuInsVO immer weiter von den Vorstellungen des Verordnungsgebers und vom Wortlaut der Verordnung entfernen.

Gleichzeitig zeigt sich aber gerade in der vorwiegenden Konzentration der seit Inkrafttreten der EuInsVO ergangenen Entscheidungen auf Fragen, die die Verordnung nicht ausdrücklich regelt, und auf Interpretationsschwierigkeiten und -divergenzen hinsichtlich einzelner in der Verordnung verwendeter Rechtsbegriffe eine vollkommen neue Qualität der Auseinandersetzungen mit grenzüberschreitenden Insolvenzfällen. Während eine Kooperation und Gestaltung grenzüberschreitender Verfahren im Sinne einer *par condicio creditorum* zuvor schon in einem sehr frühen Stadium am Mangel spezifischer kollisionsrechtlicher Regelungen und damit an der Frage nach dem Umfang des Insolvenzbeschlags und der Anerkennung ausländischer Verfahren scheiterte, kommt die Praxis heute unter Zugrundelegung der EuInsVO schon weiter voran, bevor neue Probleme auftauchen.

---

742 Dazu oben C. I. 4.

743 Vgl. dazu schon oben A. III. 3. und C. I. 1.

744 Vgl. die Darstellung der Entwicklung in der Rechtsprechung zum Konzerninsolvenzrecht C. III. 2.

C. Die Rolle der EuInsVO

Die in der Judikatur zum Konzerninsolvenzrecht entstandene Bewegung konnte nur auf Basis einer gemeinsamen europäischen Regelung zustande kommen, die alle Mitgliedstaaten angeht und damit zu einer europaweiten Beteiligung an der Diskussion um die Interpretation der Verordnung animiert hat. Diese Entwicklung gibt Gelegenheit, klare Positionen herauszuarbeiten, aufgrund derer auch für die durch die Verordnung bisher – sei es bewusst (im Falle der Konzerninsolvenzen), sei es unbewusst (wohl im Hinblick auf die Bedeutung der Sanierungen) – nicht berücksichtigten Fragen Lösungen und gegebenenfalls Regelungen gefunden werden können.

Ob hier Lösungen und weitergehende Harmonisierung durch Nachregulierungen in der EuInsVO, möglicherweise auch durch zunehmende Konvergenz der Rechtsordnungen der Mitgliedstaaten oder aber durch Schaffung eines förmlichen einheitlichen Insolvenzverfahrens[745] gefunden werden können, soll nach einer Analyse des Konvergenzpotentials der Rechtsordnungen der Mitgliedstaaten im sich anschließenden rechtsvergleichenden Teil zum Abschluss[746] dieser Arbeit geklärt werden.

745 Zu letzterem tendiert *Becker*, ZEuP 2002, 287, 297.
746 Zu denkbaren Lösungswegen unten Kapitel E.

D. Rechtsvergleichende Betrachtungen im Hinblick auf eine europäische Konvergenz des Sanierungs- und Konzerninsolvenzrechts

I. Einleitung

Nach den allgemeinen Ausführungen zu Nutzen und Schwächen der EuInsVO in Bezug auf die Bewältigung von grenzüberschreitenden Sanierungsvorhaben in der Insolvenz und der Problematik der verbundenen Unternehmen sollen im Folgenden die Insolvenzrechte Deutschlands, Österreichs, Englands und Spaniens auf ihre Haltung zu den angesprochenen Fragestellungen hin beleuchtet und dabei das Potential der nationalen europäischen Insolvenzgesetzgebung, Schwächen der Verordnung aufzufangen, beurteilt werden. Voraussetzung für eine dienliche Wirkung der nationalen Rechtssetzung zur Effektivierung transnationaler Unternehmensinsolvenzfälle ist ein Mindestmaß an Kompatibilität der sich hierin findenden Strukturen und Regelungen und, soweit dieses nicht gegeben ist, die Bemühung um zunehmende Konvergenz.

Anknüpfend an die allgemeinen Ausführungen zu Sanierungsvorhaben in der Insolvenz[747] sollen hier die vier untersuchten Rechtsordnungen auf ihre Haltung zur Sanierung in der Insolvenz dargestellt werden und angebotene Maßnahmen und Mechanismen auf ihre Praktikabilität und ihre Kompatibilität untereinander untersucht werden.

Selbiges gilt für die Behandlung von Konzernsachverhalten in der Insolvenz, wobei die Haltung der englischen, aber auch der österreichischen und deutschen Judikatur im Rahmen der Darstellung der Entwicklung in der europäischen Judikatur[748] schon vorgestellt wurden und bereits Hinweise auf die Haltung insbesondere in der deutschen Literatur[749] gemacht wurden, deren Hintergründe in den folgenden Darstellungen näher betrachtet werden sollen.

---

747 Oben B. II.
748 C. III. 2.
749 C. III. 3.

II. Deutschland

1. Einleitung

Der Darstellung des deutschen nationalen und internationalen Insolvenzrechts soll im Rahmen dieser Arbeit nicht der Raum eingeräumt werden, der der Darstellung der Insolvenzrechte der Vergleichsstaaten zukommen wird, da sich hierzu auch im Hinblick auf die nur wenige Jahre zurückliegende Reform und deren Geschichte hinreichend ausführliche Literatur in deutscher Sprache findet[750]. Grob skizziert und unter Berücksichtigung der bereits dargestellten Entwicklung auf der europäischen Ebene beurteilt werden soll allerdings die Struktur und Bedeutung der Unternehmenssanierung nach dem neuen deutschen Insolvenzrecht und die Haltung in der deutschen Rechtsordnung zu Konzerninsolvenzsachverhalten.

2. Das deutsche nationale Insolvenzrecht

Wie die im Anschluss näher zu beleuchtenden Insolvenzrechte Österreichs, Englands und Spaniens hat auch das deutsche Insolvenzrecht gerade in den letzten Jahrzehnten eine große Entwicklung durchgemacht. Die „große" Reform liegt ein Jahrzehnt zurück, so dass hier bereits zuverlässige Aussagen über deren praktische Auswirkungen gemacht werden können.

a) Die Reform

Am 1.1.1999 trat in Deutschland die 1994 beschlossene Insolvenzordnung (InsO) in Kraft, mit der erstmals ein gesamtdeutsches einheitliches Insolvenzrecht geschaffen wurde, das in Westdeutschland das zweispurige System von Konkursordnung (KO) und Vergleichsordnung (VerglO) und in den neuen Bundesländern die Zwangsvollstreckungsordnung ablöste. Diese Rechtsvereinheitlichung im seit Jahren vereinten Deutschland war nicht das einzige Reformziel, vielmehr sollte ein „weithin funktionsunfähiges Konkursrecht"[751] durch ein modernes, marktkonformes Insolvenzrecht ersetzt werden[752]. Vorrangiges Ziel ist hiernach die bestmögliche Verwertung des Schuldnervermögens im Sinne der Gläubiger[753], zu deren Erreichung die Liquidation, die übertragende Sanierung und die Sanierung des Schuldners als gleichrangige Wege zur Verfügung stehen[754]. Wichtige Schlagworte im Zusammenhang mit der Reform waren unter anderem die Flexibilisierung der Insolvenzabwicklung[755],

750 Statt vieler *Smid*, Grundzüge des Insolvenzrechts, 4. Aufl., 2002; *Häsemeyer*, Insolvenzrecht, 3. Aufl. 2003; *Gottwald*, Insolvenzrechts-Handbuch, 2. Aufl. 2001.
751 Amtl. Begr. RegE InsO, Allg. 1. a), BT-Drucks. 12/2443, S. 72.
752 Amtl. Begr. RegE InsO, Allg. 3. a), BT-Drucks. 12/2443, S. 77.
753 Amtl. Begr. RegE InsO, Allg. 3. a) aa), BT-Drucks. 12/2443, S. 77.
754 Amtl. Begr. RegE InsO, Allg. 3. a) bb), BT-Drucks. 12/2443, S. 77 f.
755 Amtl. Begr. RegE InsO, Allg. 3. a) cc), BT-Drucks. 12/2443, S. 78.

die Beteiligtenautonomie bei Entscheidungen über den Ablauf des Verfahrens[756] und das Ziel einer besseren Verteilungsgerechtigkeit[757].

b) *Struktur und Verfahren im Allgemeinen*

Der Gesetzgeber der neuen Insolvenzordnung hat auf das in der Praxis entstandene Bedürfnis nach einer Flexibilisierung des Insolvenzverfahrens insbesondere auch im Hinblick auf die Frage, was mit einem Unternehmen in einem Insolvenzverfahren zu geschehen habe, reagiert, indem er durch die Schaffung eines einheitlichen Verfahrens[758] die Sanierung als mögliche Maßnahme zur Bewältigung einer Insolvenz ausdrücklich als gleichwertige Alternative neben die Liquidation, die zuvor alleiniges Ziel des Konkursverfahrens war, gestellt hat[759]. Zuvor herrschte in Deutschland das Bild vom zerschlagenden Charakter des Konkurses, der nur im Vorfeld der Insolvenz des Schuldners durch Sanierung im Rahmen eines Vergleichsverfahrens abgewendet werden kann, mit anderen Worten das Prinzip Sanierung *oder* Konkurs[760]. Weiterhin vorrangiger Zweck des Insolvenzverfahrens bleibt die optimale Haftungsverwirklichung im Sinne der Gläubiger[761]. Dies bedeutet, dass eine Sanierung in der Insolvenz nach deutschem Recht nur in Betracht kommt, wenn diese einen höheren oder wenigstens gleich hohen Erlös verspricht als die Liquidation des schuldnerischen Vermögens (Garantie des Liquidationswertes)[762]. Sanierungen sollen dort, aber nur dort, wo sie sinnvoll sind, gefördert werden[763].

c) *Der Sanierungsgedanke im deutschen Insolvenzrecht*

Es wurde bereits deutlich, dass mit der InsO der Sanierungsgedanke erstmals Eingang in das deutsche Insolvenzrecht erhalten hat – es bestand zwar die Möglichkeit des Abschlusses eines Zwangsvergleichs innerhalb des Konkursverfahrens, doch kam ein solcher, da das Konkursverfahren zumeist erst dann eröffnet wurde, wenn die Liquidation unausweichlich geworden war, nur äußerst selten zustande[764].

Um eine Entscheidung für eine Fortführung und Sanierung, die einer umfassenden, zeitaufwendigen Prognose bedarf, zu ermöglichen, wurden einige Schutzmechanismen in die InsO aufgenommen. So ist gemäß § 22 Abs. 1 Nr. 2 InsO grundsätzlich das Unternehmen bis zur Entscheidung über die Eröffnung des Insolvenzverfahrens fortzuführen und das Vollstreckungsverbot des § 89 InsO sichert die Masse vor dem Zugriff einzelner Gläubiger. Gemäß § 88 InsO werden darüber hinaus sämt-

---

756 Amtl. Begr. RegE InsO, Allg. 3. a) kk), BT-Drucks. 12/2443, S. 79.
757 Amtl. Begr. RegE InsO, Allg. 3. c), BT-Drucks. 12/2443, S. 81.
758 *Häsemeyer*, Insolvenzrecht, 3. Aufl. 2003, RdNr. 4.04.
759 Amtl. Begr. RegE InsO, Allg. 3. a), BT-Drucks. 12/2443, S. 77 f.
760 *Smid/Rattunde*, Der Insolvenzplan, 2. Aufl. 2005, RdNr. 0.2.
761 Amtl. Begr. zum RegE InsO, Allg. 4 a, BT-Drucks. 12/1443, S. 82 f.
762 *Reinhart*, Sanierungsverfahren im internationalen Insolvenzrecht, 33.
763 Amtl. Begr. zum RegE InsO, Allg. 2., BT-Drucks. 12/1443, S. 75 ff.
764 *Kilger*, KTS 1975, 142 ff.

liche Sicherheiten, die seit dem letzten Monat vor Stellung des Insolvenzantrages erworben wurden, mit Verfahrenseröffnung unwirksam[765].

Weiter wurden zur Förderung der Sanierung in der Insolvenz Mechanismen zur Vorverlagerung der Insolvenzeröffnung auf einen Zeitpunkt, zu dem noch hinreichende Sanierungsaussichten bestehen, implementiert, etwa die Erweiterung der Insolvenzeröffnungsgründe um die drohende Zahlungsunfähigkeit gemäß § 18 InsO und die Möglichkeit der Eigenverwaltung gemäß § 270 InsO[766].

aa) Mögliche Sanierungsmethoden nach der InsO

Im Rahmen eines Insolvenzverfahrens nach der InsO bieten sich im Wesentlichen drei verschiedene Maßnahmen zur Bewältigung eines Sanierungsvorhabens an.

(1) Der Insolvenzplan

Die vom Gesetzgeber favorisierte[767] Sanierungsmethode unter der InsO stellt die Ausarbeitung eines Insolvenzplans gemäß §§ 217 ff. InsO dar[768]. Es handelt sich hier um ein dem Chapter 11-Verfahren im US-amerikanischen Insolvenzrecht nachempfundenes[769] Reorganisationsverfahren, das auf die wirtschaftliche Vernunft der Beteiligten setzt, denen die Möglichkeit gegeben wird in der Unternehmenskrise „abweichend von den Vorschriften dieses Gesetzes" (§ 217) flexible und wirtschaftlich sinnvolle Lösungen durch Erstellung eines Insolvenzplans zu entwickeln[770]. Vorteile des Insolvenzplanverfahrens sind seine große Flexibilität hinsichtlich der Auswahl konkreter Sanierungs- und Reorganisationsmaßnahmen und die große Gestaltungsautonomie, in die die Gläubiger maßgeblich einbezogen werden.

In der Praxis wurde dieses Konzept dennoch zunächst nur schleppend[771] angenommen, möglicherweise, weil es in vielen Fällen noch an dem für die Ausarbeitung eines Insolvenzplans erforderlichen positiven Insolvenzklima, in erster Linie dem gegenseitigen Vertrauen der Beteiligten fehlt[772], aber auch, weil nach wie vor in den meisten Fällen zu spät Insolvenzantrag gestellt wird, so dass eine Sanierung mittels Insolvenzplan keine Aussicht mehr auf Erfolg hat[773].

---

765 Diese Einschränkung der Rechte der gesicherten Gläubiger zählt zu den Kernpunkten der Insolvenzrechtsreform in Deutschland: Amtl. Begr. zum RegE InsO, Allg. 3 c und 4 d, BT-Drucks. 12/1443; *Reinhart*, Sanierungsverfahren im internationalen Insolvenzrecht, 30; *Flessner*, ZIP 1981, 113; gleichzeitig wurde allerdings versucht, einen Ausgleich für die gesicherten Gläubiger – z.B. durch Zinsfortzahlung für die gesicherte Forderung – zu schaffen, um die Sicherungsrechte nicht zu entwerten.

766 Amtl. Begr. zum RegE InsO, Allg. 4. b), BT-Drucks. 12/1443, S. 84 ff.

767 Amtl. Begr. RegE InsO, Allg. 4 e, BT-Drucks. 12/2443, 90 ff.

768 Ausführlich zum Insolvenzplanverfahren *Smid/Rattunde*, Insolvenzplan, 2. Aufl. 2005.

769 Hierzu *Smid/Rattunde*, Insolvenzplan, 2. Aufl. 2005, RdNr. 2.35 ff.

770 *Smid/Rattunde*, Insolvenzplan, 2. Aufl. 2005, RdNr. 2.5.

771 *Smid/Rattunde*, Insolvenzplan, 2. Aufl. 2005, RdNr. 2.4; *Steffan*, WPg-Sonderheft 2003, 148, 161.

772 Zu dem Erfordernis eines positiven Insolvenzklimas und dessen Merkmalen bereits oben B. II. 4. und *Rattunde*, ZIP 2003, 2103 ff.

773 *Steffan*, WPg-Sonderheft 2003, 148, 161; ähnlich *Smid*, in: Flöther/Smid/Wehdeking, Die Eigenverwaltung in der Insolvenz, Einf. RdNr. 3.

(2) Die Eigenverwaltung

Als Anreiz für eine frühe und damit rechtzeitige Insolvenzantragstellung durch den Schuldner erscheint die Eigenverwaltung gemäß §§ 270 ff. InsO als nützliches Instrument, bei der der Schuldner im Gegensatz zum regulären Verfahren seine Verwaltungs- und Verfügungsmacht – allerdings unter Aufsicht eines Sachwalters – behält und nicht an den Insolvenzverwalter verliert[774]. Hiermit ließe sich die Eigenverwaltung für die Ausarbeitung eines Insolvenzplans nutzbar machen[775]. Der entscheidende Vorteil der Eigenverwaltung liegt allerdings darin, dass die Erfahrung und die Vertrautheit des Schuldners mit dem Unternehmen und der Branche im Insolvenzverfahren effektiv nutzbar gemacht werden kann[776]. Dennoch findet die Eigenverwaltung als Sanierungsmaßnahme in der Insolvenz in der Praxis ebenfalls sehr wenig Anklang[777]. Ein Grund hierfür mag sein, dass das Versagen des Managements zu den häufigsten Insolvenzursachen gehört[778] und deshalb diesem Management nicht zugetraut wird, das Unternehmen erfolgreich und vor allem im Interesse der Gläubiger wieder aus der Insolvenz zu führen („Bock-zum-Gärtner-Argument“).

(3) Die übertragende Sanierung

Das in der Praxis geläufigste Instrument zur Sanierung in der Insolvenz ist die übertragende Sanierung[779], die der Gesetzgeber nun ausdrücklich als bewährte Maßnahme gleichwertig neben die Sanierung des Schuldners stellt[780], obwohl hierbei nicht der Schuldner als Rechtsträger, sondern das Unternehmen saniert wird[781]. Spezielle Regelungen hält die InsO für dieses zuvor bereits in der Praxis erprobte Modell nicht bereit.

bb) Ergebnis zur Sanierung im deutschen Insolvenzrecht

Mit der grundsätzlichen Gleichstellung der Liquidation, der übertragenden Sanierung und der Sanierung in der neuen InsO hat der Gesetzgeber ein positives Signal für ein sanierungsfreundlicheres Insolvenzklima gesetzt. Dennoch wird der Vergleich mit den im Folgenden zu betrachtenden Rechtsordnungen zeigen, dass dies ein vergleichsweise zaghafter Schritt ist. Der deutsche Gesetzgeber hat der InsO bewusst nicht das ausdrückliche Siegel eines Sanierungsinsolvenzrechts aufgedrückt,

---

774 *Smid/Wehdeking*, in: Flöther/Smid/Wehdeking, Die Eigenverwaltung in der Insolvenz, Kap. 1 RdNr. 5 f.; *Rattunde*, ZIP 2003, 2103, 2106.

775 *Smid*, in: Flöther/Smid/Wehdeking, Die Eigenverwaltung in der Insolvenz, Einf. RdNr. 5 ff.

776 *Smid/Wehdeking*, in: Flöther/Smid/Wehdeking, Die Eigenverwaltung in der Insolvenz, Kap. 1 RdNr. 8 ff.

777 Allerdings gab es ein paar „spektakuläre“ Fälle, etwa die Insolvenz der *Babcock Borsig AG*: AG Duisburg, B. v. 1.9.2002, DZWIR 2002, 522; dazu und allgemein *Smid*, DZWIR 2002, 493 ff.

778 *Steffan*, WPg-Sonderheft 2003, 148, 150.

779 *Steffan*, WPg-Sonderheft 2003, 148, 155; *Wellensiek*, NZI 2002, 233.

780 Amtl. Begr. RegE InsO, Allg. 4 f aa, BT-Drucks. 12/2443, 94.

781 Weshalb es sich hierbei nicht um eine Reorganisation im engeren Sinne, sondern nur um eine Sanierung im weiteren Sinne handelt. Zu diesen Begriffen siehe oben B. II. 1.

um sinnlose Sanierungsversuche bei nicht sanierungsfähigen Schuldnern zu vermeiden[782]. Durch diese Vorsicht wird jedoch eine starke Skepsis gegenüber Sanierungsversuchen in der Insolvenz vermittelt. So werden – jedenfalls im Vergleich zu anderen Rechtsordnungen[783] –Sanierungsbemühungen des deutschen Insolvenzverwalters nach der Gesetzeslage zwar gebilligt, nicht jedoch gefördert oder gar favorisiert. Den Anreizen, in einem Insolvenzverfahren zu sanieren – hierzu gehört beispielsweise eine höhere Vergütung für den Fall einer gelungenen Sanierung –, stehen schließlich große haftungsrechtliche Risiken für den Fall des Misslingens gegenüber[784], die die Sanierungsbereitschaft des Insolvenzverwalters wiederum reduzieren können. Diese Lage erfordert von einem deutschen Insolvenzverwalter für die Erstellung und Durchführung eines Sanierungskonzepts viel Mut, Überzeugungskraft und Durchhaltevermögen[785]. Demnach ist es fraglich, wie schnell die Idee der Sanierung in der Insolvenz nach einer langen Tradition des zerschlagenden Konkurses überhaupt in der Praxis Fuß fassen kann. Die Praxis zeigt hier allerdings zunehmend eine positive Tendenz[786].

d) *Behandlung von Konzerninsolvenzen nach deutschem Recht*

Bereits in der allgemeinen Darstellung der europäischen Entwicklung in Bezug auf die Lösung grenzüberschreitender Konzerninsolvenzfälle[787] hat sich abgezeichnet, dass diese in Deutschland ebenso wie in der EuInsVO keine explizite Regelung finden und in der Literatur äußerst umstritten sind, während die Rechtsprechung zunehmend dem englischen Beispiel folgend, einen Konzerninsolvenzgerichtsstand am Sitz deutscher Konzernmütter zu etablieren versucht – wobei hier die Motivation nicht primär in der Erschließung wirtschaftlich sinnvoller Synergieeffekte bei Konzerinsolvenzen zu liegen scheint, sondern in einem bisweilen trotzigen Insolvenzrechtsnationalismus. Grundlage der Entscheidung des deutschen Gesetzgebers gegen eine Regelung von Konzerninsolvenzen ist der auch und gerade in Deutschland geltende Grundsatz: „Eine Person, ein Vermögen, eine Insolvenz[788]“ sowie der Grundsatz der Haftungstrennung im Konzernrecht[789].

aa) Geregeltes und anerkanntes Konzernrecht und dessen Bedeutung für das Insolvenzrecht

Mit seinen Regelungen zum Aktienkonzernrecht in §§ 291 ff. AktG stellt die deutsche Rechtsordnung einen Exoten unter den Mitgliedstaaten dar, die ganz überwie-

---

782 Amtl. Begr. zum RegE InsO, Allg. 2. u. 3., BT-Drucks. 12/1443, S. 75 ff.
783 Insbesondere der spanischen, dazu unten D. V. 2.
784 *Smid*, Kölner Schrift zur Insolvenzordnung, 2. Aufl. 2000, 453, RdNr. 4 ff.
785 *Rattunde*, ZIP 2003, 2103 ff.
786 So etwa zum Verfahren *Herlitz*, einer erfolgreichen Sanierung in der Insolvenz, *Smid/Rattunde*, Der Insolvenzplan, 2. Aufl. 2005, RdNr. 2.126 ff.
787 C. III. 3.
788 *Uhlenbruck*, KTS 1986, 419, 425; MünchKomm-*Ehricke*, EGInsO, Art. 102, RdNr. 403; *ders.*, ZInsO 2002, 393; *Virgós/Garcimartín*, The European Insolvency Legislation, Nr. 61.
789 Vgl. Erster Bericht der Kommission für Insolvenzrecht 1985, Leitsatz 2.4.9.13, S. 292.

gend von einer systematischen gesetzlichen Regelung von Konzernsachverhalten Abstand halten.

Insolvenzrechtlich steht die Frage im Mittelpunkt, welches Schicksal das nach den §§ 291 ff. AktG begründete vertragliche oder faktische Konzernverhältnis in der Insolvenz eines der hierdurch verbundenen Unternehmen erleidet[790]. Aus den allgemeinen konzernrechtlichen Regelungen lassen sich im Ergebnis aber keine zwingenden Rückschlüsse für die Behandlung der verbundenen Unternehmen in der Insolvenz ziehen.

bb) (Aus-)Diskutierte Formen verfahrensrechtlicher Zusammenfassungsmöglichkeiten in der Konzerninsolvenz

Auch in Deutschland hat es im Vorfeld der Insolvenzrechtsreform in den neunziger Jahren des 20. Jahrhunderts und im Rahmen vorangegangener gescheiterter Reformprojekte Überlegungen[791] und Vorschläge[792] im Hinblick auf die Schaffung eines Konzerninsolvenzrechts gegeben[793], jedoch kam der Gesetzgeber zu dem Ergebnis, dass letztendlich das Interesse aller Beteiligten, vor allem aber das Interesse der Gläubiger der einzelnen Konzernunternehmen es notwendig mache, dem Grundsatz der Haftungstrennung im Konzernrecht entsprechend auch in der Insolvenz die Vermögen der Unternehmen getrennt zu verwalten[794].

Dennoch setzt ein Teil der Literatur[795], insbesondere *Ehricke*[796] und *Paulus*[797], die Diskussion um ein Konzerninsolvenzrecht fort, indem auf das trotz der derzeitigen rechtlichen Unmöglichkeit der Bildung einer Gesamtvermögensmasse bestehende Bedürfnis einer irgendwie gearteten Zusammenfassung mehrerer Insolvenzen in einem Konzernverbund hingewiesen wird, welches aufgrund der erheblichen Wechselwirkungen, die die Insolvenz eines Konzernunternehmens, insbesondere der Mutter, innerhalb des Konzerns auslöse, bestehe. *Ehricke* spricht hier vom so genannten „Domino-Effekt[798]“, der in der Tat insbesondere bei der Insolvenz der Konzernmutter mittlerweile fast regelmäßig eintritt[799]. Gestützt wird diese Ansicht durch die ausführlich dargelegten Entwicklungen insbesondere in der europäischen Insolvenzrechtspraxis[800].

---

790 Dazu ausführlich oben C. III. 4. a); vgl. auch *Smid/Rattunde*, Insolvenzplan, 2. Aufl., 2005, RdNr. 2.62 ff.

791 *Scheel*, Konzerninsolvenzen, 37 ff.

792 *Albach*, ZfB 1984, 773 ff., der die Einführung eines Konzernsanierungsverfahrens vorschlägt; *Uhlenbruck*, BB 1983, 1485, 1487.

793 Zu der entsprechenden Reformdiskussion *Scheel*, Konzerninsolvenzrecht, 44 ff.

794 Vgl. Erster Bericht der Kommission für Insolvenzrecht 1985, Leitsatz 2.4.9.13, S. 292.

795 Z.B. *Uhlenbruck*, NZI 1999, 41 ff.; auch *Paulus*, EWiR 2004, 493, 494.

796 MünchKomm-*Ehricke*, InsO, 2002, Art. 102 EGInsO, RdNr. 381 ff.; *ders.*, DZWIR 1999, 353 ff.; *ders.*, ZInsO 2002, 393 ff.

797 *Paulus*, FS-Kreft, 469 ff.; *ders.*, EWiR 2004, 493, 494; *ders.*, ZIP 2005, 1948 ff.

798 *Ehricke*, ZInsO 2002, 353, 394; *Wellensiek*, ZIP 1984, 541, 542 f.

799 Beispiele aus der Praxis, wie etwa die Insolvenz der *AEG*-Tochter *Neff-Werke-GmbH* bei *Wellensiek*, ZIP 1984, 541, 543 f.

800 Siehe dazu oben die Ausführungen zur Entwicklung eines Konzerngerichtsstandes auf europäischer Ebene durch die Rechtsprechung.

Es wurden in Deutschland im Wesentlichen drei Varianten für eine verfahrensrechtliche Konzernbehandlung in der Insolvenz vorgeschlagen und ausgiebig diskutiert.

(1) Ein Konzerninsolvenzverfahren für alle Konzernunternehmen

Zu Recht nicht sehr vertieft wurde der Gedanke eines einheitlichen Insolvenzverfahrens, in dem sämtliche Konzernunternehmen zusammengefasst werden sollen[801], da dies eine Rechtsträgerschaft und damit eine rechtliche Einheit des Konzerns statuieren würde[802], die jeglicher Grundlage entbehrt. Möglich ist die Annahme einer derartigen Rechtsträgerschaft[803] des Konzerns nur bei faktischer Auflösung der anerkannten rechtlichen Vielheit in der Insolvenz, etwa durch die Verschmelzung der Konzernunternehmen[804]. Dies würde jedoch die haftungstrennende Konzeption des Konzerns, die gerade erst im Hinblick auf Krisensituationen ihre Bedeutung gewinnt[805], sinnfällig machen und damit weiterer Operation mit dem Instrument der Konzernbildung die Grundlage entziehen[806]. Weiter könnten lediglich die jeweiligen Haftungsmassen zusammengelegt werden, was im Hinblick auf das Konzept der Haftungstrennung jedoch denselben Effekt hätte und zudem einen mit empfindlicher wirtschaftlicher und rechtlicher Unsicherheit verbundenen erheblichen Eingriff in die Privatautonomie der Gläubiger mit sich bringen würde, die sich hierdurch faktisch einem Schuldner gegenüber sähen, den sie nicht selber gewählt haben[807].

(2) Konzentration der Verfahren in der Hand eines Richters

Eingehender diskutiert wurde und wird insbesondere im Lichte der diesbezüglichen europäischen Entwicklungen[808] hingegen die Frage, inwieweit es sinnvoll und zulässig ist, mehrere über Unternehmen eines Konzerns eröffnete bzw. zu eröffnende Verfahren in die Hand eines Richters zu legen[809], was nichts anderes bedeutet, als einen eigenen Konzerngerichtsstand zu schaffen. Dies hätte den großen Vorteil einfacherer Koordination, da weniger Beteiligte involviert wären, die sich

---

801 So angedacht von *Albach*, ZfB 1984, 773 ff. jedenfalls für Sanierungsinsolvenzen; *Uhlenbruck*, NZI 1999, 41 ff.; *K. Schmidt*, JZ 1985, 301, 305; Überlegungen zu einer materiellen Zusammenfassung allerdings wieder bei *Paulus*, ZIP 2005, 1948, 1953 ff.
802 *Ehricke*, Das abhängige Konzernunternehmen in der Insolvenz, 1998, 470; zu den grundsätzlichen Bedenken gegen eine materielle Zusammenfassung *Vormstein*, Zuständigkeit bei Konzerninsolvenzen, 31 ff.
803 *K. Schmidt*, Wege zum Insolvenzecht der Unternehmen, 1990, 221.
804 *K. Schmidt*, JZ 1985, 301, 305; ablehnend *Ehricke*, Das abhängige Konzernunternehmen in der Insolvenz, 1998, 470.
805 *Lutter*, ZfB 1984, 781.
806 *Ehricke*, Das abhängige Konzernunternehmen in der Insolvenz, 1998, 470 f.
807 *Ehricke*, Das abhängige Konzernunternehmen in der Insolvenz, 1998, 472; *ders.*, ZInsO 2002, 393; *Smid/Rattunde*, Der Insolvenzplan, 2. Aufl. 2005, RdNr. 2.82; *Vormstein*, Zuständigkeit bei Konzerninsolvenzen, 39 f.
808 Hierzu ausführlich oben C. III. 2. und 3.
809 *Ehricke*, Das abhängige Konzernunternehmen in der Insolvenz, 1998, 461 ff.; *ders.*, DZWIR 1999, 353, 354 ff.

einarbeiten und einigen müssten[810]. Der BGH[811] sprach sich noch unter der Geltung der Konkursordnung jedenfalls ausdrücklich gegen eine *generelle* Annahme der konkursgerichtlichen Zuständigkeit für Tochtergesellschaften am Sitz der Muttergesellschaft aus. Dem stimmte und stimmt die Lehre[812] zu. Anderes lässt sich auch kaum dem Wortlaut des § 3 Abs. 1 S. 2 InsO entnehmen, demnach sich die örtliche Zuständigkeit nach dem „Mittelpunkt einer selbständigen wirtschaftlichen Tätigkeit des Schuldners" richtet[813].

Für grenzüberschreitende Fälle, bei denen Vermögen in einem anderen Mitgliedsstaat belegen ist, enthält Art. 102 § 1 Abs. 1 EGInsO eine den § 3 InsO verdrängende Regelung, aufgrund derer sich die Bestimmung der örtlichen Zuständigkeit nach dem Kriterium des Art. 3 EuInsVO richtet[814]. Hierzu wurde vor der Entscheidung durch den EuGH im Verfahren *Parmalat/Eurofood*[815] vertreten, dass es möglich sei, den internationalen wie örtlichen Gerichtsstand eines Tochterunternehmens mit ausländischem Sitz bei der deutschen Konzernmutter anzunehmen, wenn diese die Leitungsmacht für das Tochterunternehmen ausübt[816]. Dieser pauschale Verweis auf die Leitungsmacht bei der Mutter erschien angesichts der Diskussion, unter welchen Umständen über Art. 3 EuInsVO der Gerichtsstand einer Konzerntochter bei der Konzernmutter anzusiedeln ist[817], bereits etwas undifferenziert und ist nunmehr durch den EuGH, der die Kontrolle der Muttergesellschaft als maßgebliches Kriterium ausdrücklich ablehnt[818], überholt. Die Ausdehnung einer solchen Möglichkeit im Rahmen des Art. 102 § 1 Abs. 1 EGInsO hängt unmittelbar von der Interpretation des Mittelpunktes der hauptsächlichen Interessen i.S.v. Art. 3 Abs. 1 EuInsVO ab, die sich nicht mehr am groben Begriff der Leitungsmacht, sondern am Ort des operativen Geschäfts und der Erkennbarkeit für Dritte orientiert.

(3) Konzentration der Verfahren in der Hand eines Verwalters

Ebenso diskutiert wurde und wird die Möglichkeit, verschiedene über Unternehmen eines Konzerns eröffnete Verfahren in die Hand eines Verwalters zu legen[819]. Ähnlich wie bei der Konzentration an einem Gerichtsstand sprechen für eine Konzentration in der Hand eines Insolvenzverwalters vor allem verfahrensökonomische Gesichtspunkte durch Reduzierung der involvierten Entscheidungsträger[820]. Ent-

---

810 *Ehricke*, DZWIR 1999, 353, 354 f.; *Smid/Rattunde*, Der Insolvenzplan, 2. Aufl. 2005, RdNr. 2.82
811 BGH, Urt. v. 22.1.1998, ZIP 1998, 477, 478 ff.
812 *Ehricke*, ZInsO 2002, 393, 396; *Eidenmüller*, ZHR 169 (2005), 528, 538.
813 *Vormstein*, Zuständigkeit bei Konzerninsolvenzen, 184 ff.
814 *Smid*, Deutsches und Europäisches Internationales Insolvenzrecht, 2004, EGInsO Art. 102 § 1 RdNr. 2; *ders.*, InVo 2005, 437; *Vormstein*, Zuständigkeit bei Konzerninsolvenzen, 213 ff.
815 EuGH, Urt. v. 2.5.2006, Rs. C-341/04, ZInsO 2006, 484 ff., dazu obenC. III. 2. b).
816 *Smid*, Deutsches und Europäisches Internationales Insolvenzrecht, 2004, EGInsO Art. 102 § 1 RdNr. 3 und § 3 InsO RdNr. 22; *ders.*, InVo 2005, 437; *Wehdeking*, DZWIR 2003, 133, 135 f.
817 Dazu oben C. III. 3.
818 EuGH, Urt. v. 2.5.2006, Rs. C-341/04, ZInsO 2006, 484 ff., dazu oben C. III. 2. b) bb).
819 *Ehricke*, Das abhängige Konzernunternehmen in der Insolvenz, 1998, 465 ff.; *ders.*, DZWIR 1999, 353, 356 f.; *ders.*, ZInsO 2002, 393, 397; *Eidenmüller*, ZZP 114 (2001), 3 8 f.; *ders.*, ZHR 169 (2005), 528, 540 ff.; *Vormstein*, Zuständigkeit bei Konzerninsolvenzen, 236 ff.
820 *Ehricke*, Das abhängige Konzernunternehmen in der Insolvenz, 1998, 457 ff.; *Eidenmüller*, ZZP 114 (2001), 3 8 f.; *ders.*, ZHR 169 (2005), 528, 541; *Vormstein*, Zuständigkeit bei Konzerninsolvenzen, 237 f.

scheidendes Argument gegen dieses Modell ist die zwangsläufig dabei auftretende Pflichten- und Interessenkollision des Insolvenzverwalters, der in erster Linie zur Durchsetzung der Rechte und Forderungen der Gläubiger der jeweils zu verwaltenden Insolvenzmasse verpflichtet ist, wobei es bei der Verwaltung verschiedener Konzernunternehmen, die wirtschaftlich miteinander verflochten sind, regelmäßig die Situation vorliegt, dass der Schuldner des einen Verfahrens Gläubiger im anderen Verfahren ist[821]. Zufriedenstellende Lösungen für diesen Konflikt wurden bisher nicht gefunden[822], so dass eine Konzentration in der Hand eines Insolvenzverwalters derzeit abzulehnen ist.

(4) Kombination von Insolvenzplan und Eigenverwaltung

Teilweise wird vorgeschlagen, dass mittels der Anordnung der Eigenverwaltung gem. §§ 270 ff. InsO im Verfahren über das Mutterunternehmen und der gleichzeitigen Erstellung eines Insolvenzplans, der auf die Sanierung des Schuldners und bestimmter oder aller abhängigen Konzernunternehmen gerichtet ist, ein einheitliches Sanierungskonzept erstellt werden könne[823]. Bei Insolvenz mehrerer Konzerngesellschaften könne für jedes Verfahren, einschließlich des der Konzernmutter, die Eigenverwaltung angeordnet und entsprechende Insolvenzpläne erstellt werden[824]. Ein Weg, der aufgrund der Grenzen der Leitungs- und Entscheidungsmacht der Konzernmutter im Insolvenzverfahren über ihre Konzerntöchter jedoch skeptisch zu betrachten ist[825].

3. Das deutsche internationale Insolvenzrecht

Das deutsche autonome internationale Insolvenzrecht hat in den letzten Jahren eine starke Entwicklung erfahren.

a) Entwicklung bis zum Inkrafttreten der EuInsVO

Mangels ausdrücklicher Regelung durch den Gesetzgeber waren deutsche Insolvenzpraktiker zur Schaffung einer Linie im internationalen Insolvenzrecht auf einen praxisorientierten Diskurs zwischen Literatur und Judikatur angewiesen. Eine gemeinsame Erarbeitung eines funktionierenden Insolvenzrechts ist diesen Instanzen nicht gelungen, so dass das deutsche Insolvenzrecht durch kontroverse Auffassungen geprägt war, die in der Praxis eine große Rechtsunsicherheit verursachten[826].

---

821 *Scheel*, Konzerninsolvenzrecht, 41 f.; *Vormstein*, Zuständigkeit bei Konzerninsolvenzen, 239 ff.
822 Zur Idee der Einsetzung eines Sonderinsolvenzverwalters *Eidenmüller*, ZZP 114 (2001), 3, 9; kritisch hierzu *Vormstein*, Zuständigkeit bei Konzerninsolvenzen, 241 ff.
823 *Ehricke*, ZInsO 2002, 393, 395 f.
824 *Ehricke*, ZInsO 2002, 393, 395 f.
825 Vgl. auch *Eidenmüller*, ZHR 169 (2005), 528, 548 f.; *Smid/Rattunde*, Der Insolvenzplan, 2. Aufl., 2005, RdNr. 2.88.
826 *Liersch*, NZI 2003, 302; *Uhlenbruck-Lüer*, InsO, 12. Aufl. (2003), Art. 102 EGInsO, RdNr. 20.

Wie dies auch an den Beispielen des österreichischen und des spanischen Internationalen Insolvenzrechts zu sehen sein wird, war das deutsche Internationale Insolvenzrecht lange in einem gewissen Widerspruch zwischen Territorialitäts- und Universalitätsprinzip gefangen[827]. Die Widersprüchlichkeit resultierte daraus, dass die nunmehr durch die EuInsVO geregelten wesentlichen drei Fragen des Internationalen Insolvenzrechts nach der internationalen Zuständigkeit, der räumlichen Wirkungserstreckung und der Anerkennung eines eröffneten Verfahrens nach unterschiedlichen Maßstäben beantwortet wurden. Während hinsichtlich der Frage der Auslandswirkung eines in Deutschland eröffneten Konkurses Einigkeit bestand, dass sich aus § 1 KO die Geltung des Universalitätsprinzips ergebe[828], mit der Folge, dass auch ausländisches Vermögen von dem deutschen Konkursverfahren erfasst sei, brannte im Hinblick auf die Inlandswirkung bzw. Anerkennung von im Ausland eröffneten Konkursverfahren jahrelang ein an den Begriffen Territorialität und Universalität[829] orientierter Theorienstreit.

Das Reichsgericht und ihm folgend der Bundesgerichtshof vertraten das Territorialitätsprinzip und sprachen dementsprechend ausländischen Konkursverfahren in Deutschland keinerlei Wirkung zu[830]. Die Ablehnung gegenüber der Inlandswirkung ausländischer Konkursverfahren erstreckte sich auch auf ausländische Vergleichs- und sonstige liquidationsabwendende Insolvenzverfahren[831].

Erst 1985 bewirkte die massive Kritik in der Literatur[832], die zunehmend geschlossen dem Universalitätsprinzip folgte[833], eine Änderung der Rechtsprechung des BGH[834]. So gab der BGH in seiner Entscheidung vom 11.7.1985[835] die bisherige Haltung zum internationalen Insolvenzrecht auf und entschied, dass ausländische Konkursverfahren anzuerkennen seien, sofern die eröffnende Stelle international zuständig sei und die Anerkennung der Konkurseröffnung nicht dem inländischen *ordre public* widerspreche.

Der anerkennungsfeindlichen Haltung der Judikatur bis zu der oben genannten „Wendeentscheidung" entsprechend schenkte auch der deutsche Gesetzgeber dem

---

827 *Spahlinger*, Sekundäre Insolvenzverfahren, 91f.; *Wiesbauer*, ZIP 1982, 1287.

828 *Spahlinger*, Sekundäre Insolvenzverfahren, 84 ff.; teilweise wurde die Universalität auch mit § 237 KO oder Argumentum e contrario aus § 238 KO begründet, dazu *Spahlinger*, Sekundäre Insolvenzverfahren, 85 m.w.N.

829 MünchKomm-*Reinhart*, vor Art. 102 EGInsO Rdnr. 7; *ders.*, Sanierungsverfahren, 1995, 66 ff.; *Trunk*, Internationales Insolvenzrecht, 34 ff.

830 RG v. 11.7.1902, RGZ 52, 155, 156; RG v. 21.10.1920, BGH v. 4.2.1960, NJW 1960, 774; BGH v. 30.5.1962, NJW 1962, 1511; BGH v. 2.4.1970, NJW 1970, 1002 ff.

831 BGHZ 32, 333, 36; keine Anerkennung des ausländischen Vergleichs: OLG Köln BöhmsZ 4, 369; OLG Colmar LZ 1908, 475; ausführlich *Reinhart*, Sanierungsverfahren im internationalen Insolvenzrecht, 68 ff.

832 *Hanisch*, ZIP 1983, 1289, 1296 ff.; *Lüer*, KTS 1978, 200, 212 ff.; *ders.*, KTS 1979, 12, 18 ff.; angestoßen durch *Müller-Freienfels*, FS-Dölle, Bd. 2, 359 ff.; *Thieme* RabelsZ 1973, 682 ff., weitere Nachweise bei *Spahlinger*, Sekundäre Insolvenzverfahren, 91, Fn. 107.

833 So zeichnete sich in der Kommentarliteratur der siebziger Jahre ein deutlicher Wechsel ab: siehe MünchKomm-*Reinhart*, vor 102 InsO, RdNr. 11 ff.; insb. Fn. 22.

834 Zu dieser Entwicklung *Hanisch* ZIP 1983, 1289; *ders.* ZIP 1985, 1233.

835 BGH, Urt. v. 11.7.1985, BGHZ 95, 256, ZIP 1985, 944.

internationalen Insolvenzrecht lange keinen Raum[836]. Erst im Rahmen der Insolvenzrechtsreform kam es zu Entwürfen für eine ausführliche Regelung des internationalen Insolvenzrechts[837].

b) Das neue deutsche internationale Insolvenzrecht

Die EuInsVO hat auf die Entwicklung des bzw. überhaupt eines deutschen internationalen Insolvenzrechts zweifellos großen Einfluss genommen. Bis kurz vor Inkrafttreten der EuInsVO hielt die deutsche Insolvenzgesetzgebung bis auf rudimentäre Ansätze in §§ 237, 238 KO, deren Interpretation in der Praxis weitgehend streitig war[838], keine spezifischen Regelungen für grenzüberschreitende Insolvenzverfahren bereit. Nach einer übergangsweisen lückenhaften Regelung in Art. 102 EGInsO seit 1999, die in Ansehung der europäischen Entwicklung auf Veranlassung des Rechtsausschusses des Deutschen Bundestages bewusst schlank gehalten worden war, um die endgültige Regelung auf europäischer Ebene abwarten zu können[839], trat am 20.3.2003 dann erstmals ein umfangreiches deutsches Insolvenzrecht in Kraft, das sowohl, verkörpert in §§ 335 bis 358 InsO, umfassende Regelungen für grenzüberschreitende Insolvenzverfahren mit Drittstaaten beinhaltet, als auch in Art. 102, §§ 1–11 EGInsO n. F. ausführliche Ausführungsbestimmungen zur EuInsVO bereit hält.

> Bemerkenswert im Hinblick auf die im Rahmen dieser Arbeit zu erforschenden Konvergenzbewegungen auf dem Gebiet des europäischen Insolvenzrechts ist, dass mit den Regelungen im neuen Kapitel 11 InsO (§§ 335 bis 358) die Wertungen und Mechanismen, die sich für das Verhältnis zu den Mitgliedstaaten aus der EuInsVO ergeben, weitgehend auf Insolvenzverfahren im Verhältnis zu Drittstaaten erstreckt werden. In der Literatur wird diese Rundumerneuerung des deutschen Internationalen Insolvenzrechts angepasst an die Vorgaben der EuInsVO deshalb auch als „Große Lösung“ bezeichnet[840].

Von den Ausführungsvorschriften des Art. 102 EGInsO bereits erwähnt[841] wurde die klarstellende Regelung des Art. 102 § 1 EGInsO hinsichtlich der Bestimmung der örtlichen Zuständigkeit für europäische Insolvenzverfahren, da sich in diesem Bereich die Regelung des deutschen autonomen Insolvenzrechts von der des Art. 3 Abs. 1 EuInsVO unterscheidet und dies zur Folge haben kann, dass Deutschland die

---

836 Vgl. hierzu die Konkursordnung von 1877, die lediglich in §§ 237 und 238 zwei Einzelfragen mit internationalem Bezug regelt.
837 So erstmals im Jahre 1989 durch das Bundesjustizministerium, das mit einem „Vorentwurf von Vorschriften zur Neuordnung des internationalen Insolvenzrechts“ aufwartete, der eine erstaunlich detaillierte Regelung des internationalen Insolvenzrechts beinhaltete, abgedruckt in Stoll (Hrsg.), Stellungnahmen und Gutachten, S. 14 ff.
838 Vgl. die Unterschiede bei *Mentzel/Kuhn*, KO, 8. Aufl. (1976), § 237, RdNr. 1 ff., die noch das Territorialitätsprinzip propagierten und *Jaeger/Weber-Jahr*, KO, 8. Aufl. (1973), §§ 237, 238 RdNr. 135 ff., die dem Universalitätsprinzip den Weg bereiteten.
839 BT-Drucks. 12/7302, S. 117 ff. und 143; *Liersch*, NZI 2003, 302; *Wimmer*, in Stoll, Vorschläge und Gutachten, 179.
840 *Trunk*, in Stoll, Vorschläge und Gutachten, 232, 233.
841 Im Zusammenhang mit Konzerninsolvenzen oben D. II. 2. d) bb) (1) (b).

internationale Zuständigkeit nach Art. 3 Abs. 1 EuInsVO zukommt, allerdings kein deutsches Gericht nach Maßgabe des § 3 InsO örtlich zuständig ist[842]. Hier bestimmt nun Art. 102 § 1 EGInsO, dass abweichend von § 3 I InsO das Gericht örtlich zuständig ist, in dessen Bezirk der Schuldner den Mittelpunkt seiner hauptsächlichen Interessen hat.

Erwähnenswert ist zudem die Ausführungsvorschrift des Art. 102 § 2 EGInsO, wonach im Eröffnungsbeschluss die tatsächlichen und rechtlichen Erwägungen kurz darzustellen sind, aus denen sich die Annahme der Zuständigkeit eines deutschen Gerichtes nach Art. 3 EuInsVO ergibt. Diese Vorschrift stellt eine nützliche Klarstellung zur Auslegung der Verordnung dar, da diese das entscheidende Gericht dazu anhält, sich selber die Tragweite seiner Entscheidung bewusst zu machen und diese sorgfältig zu überdenken, was im Endeffekt wiederum der Rechtssicherheit dient.

4. Konvergenzbewegung aus deutscher Sicht

Die weite Öffnung der deutschen Gesetzgebung für europäische Vorgaben und Entwicklungen und das damit zum Ausdruck gebrachte Bestreben, das deutsche internationale Insolvenzrecht zur Erleichterung der Bewältigung grenzüberschreitender Sachverhalte europäischen Maßstäben anzunähern oder gar zu unterwerfen, stellt in der deutschen Gesetzgebung eine äußerst positive Entwicklung dar, die noch vor wenigen Jahrzehnten angesichts des langen Festhaltens des BGH am Territorialitätsprinzip und der Ignoranz des Gesetzgebers gegenüber dem Regelungsbedürfnis für grenzüberschreitende Insolvenzsachverhalte kaum denkbar war. Weitergehend ist der deutsche Gesetzgeber auch bei der Fortentwicklung des deutschen nationalen Insolvenzrechts bestrebt, dieses so zu gestalten, dass es mit Insolvenzrechten anderer Mitgliedstaaten kompatibel ist, soweit die Einbettung in unterschiedliche Rechtssysteme dies zulässt[843].

Im Hinblick auf die Kompatibilität, insbesondere mit dem System der EuInsVO, ist die Einheitlichkeit und damit die Flexibilität des deutschen Insolvenzverfahrens bezüglich der Gestaltung von Sekundärinsolvenzverfahren i.S.v. Art. 27 i.V.m. Art. 3 Abs. 3 S. 2 EuInsVO von hohem Wert, da hiermit die Möglichkeit einer Sanierung oder etwa einer Ausarbeitung eines mit dem Hauptverfahren abgestimmten Insolvenzplans trotz der grundsätzlichen Beschränkung von Sekundärverfahren gemäß Art. 3 Abs. 3 S. 2 EuInsVO möglich ist. Ein Vorteil des einheitlichen Systems, der vermutlich dem Gesetzgeber bei der Ausarbeitung der InsO, trotz der parallel laufenden Arbeit am EuInsÜ, das ebenfalls schon die Beschränkung der Sekundärverfahren auf Liquidationsverfahren vorsah[844], gar nicht bewusst war.

Im Hinblick auf Konzerninsolvenzsachverhalte entspricht die Haltung des deutschen Gesetzgebers der des Verordnungsgebers. Mehr als in den im Folgenden zu

---

842 *Liersch*, NZI 2003, 302, 310.
843 *Paulus*, FS-Kreft, 469 ff.
844 *Virgós/Schmit*, Erläuternder Bericht, Nr. 83.

betrachtenden Mitgliedstaaten ist die deutsche Literatur sehr stark in der Diskussion um die Schaffung eines Konzerninsolvenzgerichtsstandes engagiert und könnte hier nicht nur auf nationaler, sondern auch auf europäischer Ebene einigen Einfluss nehmen.

Insgesamt ist in der deutschen Gesetzgebung und der Literatur eine relativ große Aufgeschlossenheit hinsichtlich einer Annäherung und gemeinsamen Entwicklung gemeinsamer europäischer Maßstäbe für das Insolvenzrecht zu erblicken, während die Judikatur auf die „Europäisierung" der Sachverhalte teilweise noch verunsichert reagiert.

III. Österreich

1. Einleitung

Für die rechtsvergleichende Betrachtung Österreichs im Verhältnis zu Deutschland ist es abgesehen von der Gemeinsamkeit der deutschen Sprache von Vorteil, dass beide Rechtsordnungen dem so genannten deutschen Rechtskreis zugeordnet sind, weshalb sie in der Grundstruktur, aber auch im Stil der Rechtsanwendung und Auslegung weitgehende Übereinstimmungen aufweisen[845].

> Allerdings ist zu berücksichtigen, dass Österreich an Fläche und Einwohnerzahl wesentlich kleiner ist als Deutschland, weshalb selbstverständlich auch die Anzahl der sich mit spezifischen Fragen des Insolvenzrechts beschäftigenden Juristen entsprechend dem geringeren Auftreten diesbezüglicher Fälle in der Praxis wesentlich geringer ist, somit die Basis für eine allzu facettenreiche Diskussion unter Beteiligung mannigfacher verschiedener Ansichten nicht gegeben ist. Demnach wird die österreichische Rechtsentwicklung anders als die deutsche nur durch wenige Autoren geprägt und vorangetrieben[846].

Andererseits ist Österreich als kleines Land mehr als andere vom Außenhandel abhängig, weshalb es eine stärkere Internationalisierung der Wirtschaft aufweist[847]. Dies zeigt sich nicht zuletzt in der steigenden Anzahl österreichischer Insolvenzverfahren mit europäischem Bezug[848].

---

845 *Koch/Magnus/Winkler von Mohrenfels*, IPR und Rechtsvergleichung, 3. Aufl. 2004, 325.
846 Zu diesem auffälligen Unterschied in der literarischen Auseinandersetzung mit der Problematik des internationalen Konkursrechts auch *Keppelmüller*, Österreichisches Internationales Konkursrecht, 1997, Vorwort und RdNr. 7.
847 *Keppelmüller*, Österreichisches Internationales Konkursrecht, 1997, RdNr. 1.
848 Die aufgrund des allgemeinen europäischen und insbesondere deutschen Interesses oben auch schon ausführlich besprochen wurden: so als erstes das Verfahren *Hettlage*, aber auch die Verfahren *Zenith, HUKLA-Werke* und *Collins & Aikman*, siehe dazu oben C. III. 2. a) dd) und ee).

2. Das österreichische nationale Insolvenzrecht

Trotz der Zugehörigkeit zum selben Rechtskreis unterscheidet sich das österreichische Insolvenzrecht insbesondere strukturell teilweise erheblich vom deutschen.

a) *Reformen*

Auch das österreichische Insolvenzrecht unterlag in den letzten Jahrzehnten einigen Reformen und Reformversuchen[849]. Die „große" Insolvenzrechtsreform fand in Österreich Anfang der 80er Jahre des vergangenen Jahrhunderts statt, womit Österreich durchaus zu den Vorreitern der europäischen Insolvenzrechtsreformwelle zählte[850]. Mit dem Insolvenzrechtsänderungsgesetz[851] 1982 (IRÄG 1982) stellte der österreichische Gesetzgeber im Jahre 1982 ein umfassendes Reformwerk mit über 300 zum Teil einschneidenden Änderungen der seit 1914[852] geltenden österreichischen Insolvenzgesetze vor.

aa) Die große Reform von 1982

Die Reform von 1982 und auch die Korrekturen in den vergangenen Jahren standen ganz im Zeichen der Sanierung, die im österreichischen Insolvenzrecht seither ausdrücklich vorrangiges Ziel bei der Bewältigung einer Insolvenz ist[853]. Das IRÄG 1982 bot drei verschiedene Verfahren für die Abwicklung bzw. Sanierung insolventer Unternehmen an, die in verschiedenen Gesetzen geregelt sind bzw. waren. Neben die schon zuvor in der Konkurs- und der Ausgleichsordnung (KO und AO) geregelten gleichnamigen Verfahren trat als gravierende Neuerung dieser Reform das so genannte Vorverfahren[854], das in den §§ 79–91 AO seine Regelung fand. Diese Maßnahme war, wie die meisten Änderungen des IRÄG 1982, dem Sanierungsgedanken gewidmet. So betonte der Gesetzgeber, dass jede Reformanregung auf ihre Vereinbarkeit mit dem Gedanken der Fortführung von Unternehmen und der Sicherung von Arbeitsplätzen geprüft worden sei[855]. Mit dem IRÄG 1982 schien der österreichische Gesetzgeber einen seit 1914 kontinuierlich beschrittenen Weg[856] zur Integration und Aufwertung der Sanierung in der Insolvenz vorerst abgeschlossen zu haben.

---

849 Zur Historie der österreichischen Insolvenzrechtsentwicklung im Hinblick auf Sanierungen *Konecny*, DZWIR 1994, 227, 228 f.
850 Vgl. *Mönning*, Betriebsfortführung in der Insolvenz, RdNr. 556.
851 BG v. 1.7.1982 BGBl. 1982/370.
852 Kaiserliche Verordnung vom 10.12.1914, RGBl. 1914/337, wieder verlautbart in BGBl. 1934 II/221.
853 *Mönning*, Betriebsfortführung in der Insolvenz, RdNr. 556; *Rechberger/Thurner*, Insolvenzrecht, 2. Aufl. 2004, RdNr. 4.
854 Ausführlich zum österreichischen Vorverfahren *Jelinek*, ZIP 1984, 495 ff.
855 JAB, 1147 BlgNR, 15. GP, 27.
856 Ein zusammenfassender Überblick über die historische Entwicklung des Sanierungsgedankens im österreichischen Insolvenzrecht bei: *Konecny*, DZWIR 1994, 227, 228 f.

bb) Reformkorrekturen 1997

Der gute Wille führte indes nicht zum Ziel. Das Vorverfahren, in das so viele Hoffnungen gesetzt worden waren, scheiterte in der Praxis kläglich[857] und wurde im Zuge einer umfangreichen Insolvenzrechtskorrektur durch das IRÄG 1997 ersatzlos gestrichen[858]. Stattdessen wurde mit dem Unternehmensreorganisationsgesetz[859] ein Verfahren eingeführt, das noch solventen Unternehmen die Möglichkeit geben soll, durch rechtzeitige sanierende Reorganisation im Rahmen eines gerichtlichen Verfahrens absehbare Probleme zu beseitigen. Als insolvenzabwendendes Verfahren fällt dieses nicht unter Art. 2 a) EuInsVO und wird daher auch nicht in der Liste der Insolvenzverfahren gemäß Anhang A aufgeführt. Damit kann dieses Verfahren, das sich im Übrigen in der Praxis bewährt hat[860], auch im Rahmen der vorliegenden Arbeit, die sich mit Sanierungsvorhaben in der Insolvenz auseinandersetzt, keine Berücksichtigung finden.

Diese „Auslagerung" der gezielten Regelung eines Unternehmensreorganisationsverfahrens aus dem Konkurs könnte allerdings den Schluss zulassen, dass der Gesetzgeber in Österreich immer noch oder wieder der Ansicht ist, dass Sanierungen doch eher eine Alternative zur Insolvenz statt in der Insolvenz darstellen. Diese Schlussfolgerung scheint jedoch durch die sanierungsfördernden Bemühungen im Rahmen der letzten Insolvenzrechtsreformen in Österreich widerlegt zu werden, insbesondere hat der Gesetzgeber mit dem IRÄG 1997 versucht, das Ausgleichsverfahren und vor allem auch das Zwangsausgleichsverfahren gegenüber dem liquidierenden Konkurs aufzuwerten[861].

cc) Insolvenzrechts-Novelle 2002

Ähnlich wie sich dies auch am Beispiel des englischen Insolvenzrechts zeigen wird[862], hat auch der österreichische Gesetzgeber im Zuge der europäischen Entwicklungen, insbesondere der EuInsVO, und nach einer Phase kleinerer Korrekturen, dort, wo sich nach der Reform der achtziger Jahre schnell die Defizite des österreichischen Insolvenzrechts zeigten, im Jahre 2002 noch einmal eine umfassendere Korrektur des bestehenden nationalen Insolvenzrechts vorgenommen. In Österreich ist dies durch die am 1.7.2002 in Kraft getretene Insolvenzrechts-Novelle 2002 geschehen. Im Mittelpunkt dieser größeren letzten Novellierungen standen verfahrensorganisatorische Fragen, wie etwa zur Bestellung des Masseverwalters, aber auch eine Stärkung der Position der Gläubiger bei Unternehmensvereinbarungen[863]. Auch am Gedanken der Sanierungsförderung sollte im Rahmen dieser Novelle weiter festgehalten werden[864].

---

857 *Konecny* spricht gar von einer gesetzgeberischen Totgeburt, vgl. DZWIR 1994, 227, 229.
858 Art. I Z. 22 IRÄG 1997, ÖBGBl. I 1997/114. Zu den Gründen des Scheiterns *Konecny*, DZWIR 1994, 227, 235 f.; schon früh auch *Rechberger*, ZZP 98 (1985), 257 ff.
859 ÖBGBl. I 1997/114.
860 *Reckenzaun/Hadl*, ZIK 2001, 90 ff.
861 *Riel*, Das Zwangsausgleichsverfahren, 33 f.
862 Dazu unten D. IV. 2. a) bb).
863 *Kuczewski/Zuleger*, in: Insolvenzen in Europa, 351, 359.
864 *Rechberger/Thurner*, Insolvenzrecht, RdNr. 8.

b) Struktur und Verfahren im Allgemeinen

Der österreichische Gesetzgeber ging bei seinen Reformen allerdings nicht so weit, eine Gesamtreform zu präsentieren[865], mit der das in Österreich bestehende zweispurige System durch ein einheitliches Verfahren – wie es schon damals von der deutschen Insolvenzrechtskommission diskutiert wurde[866] – hätte ersetzt werden können[867]. So unterscheidet das österreichische Insolvenzrecht das klassisch auf Liquidation gerichtete Konkursverfahren, dessen Ablauf sich nach der Konkursordnung (KO) richtet, und das auf einen sanierenden Vergleich gerichtete Ausgleichsverfahren nach der Ausgleichsordnung (AO), das eine Beendigung durch Liquidation nicht vorsieht, und daher auch nicht in Anhang B zur EuInsVO aufgenommen wurde, was – wie bereits oben im Rahmen der Frage der Gestaltung eines Sekundärverfahrens als Sanierungsverfahren festgestellt wurde[868] – für die Gestaltung grenzüberschreitender Insolvenzverfahren nicht unproblematisch ist[869].

c) Der Sanierungsgedanke im österreichischen Insolvenzrecht

Es ist im Rahmen der Darstellung der österreichischen Reformbemühungen[870] im Hinblick auf Sanierungsvorhaben in der Insolvenz deutlich geworden, dass hier seit langem durchaus große Ambitionen zur Förderung solcher Vorhaben bestehen, sich die hierfür von der Gesetzgebung zur Verfügung gestellten Instrumente allerdings oftmals als nicht sehr praxistauglich erwiesen haben. So ist auch angesichts der folgenden Darstellung der aktuellen Vorstellungen des österreichischen Gesetzgebers und deren Auswirkungen und Akzeptanz in der Praxis im Blick zu behalten, dass die Bemühungen um Optimierung der Verfahren andauern und schon neue Reformvorschläge im Gespräch sind[871], die hier selbstverständlich ebenfalls berücksichtigt werden sollen.

aa) Sanierung im Konkursverfahren – der Zwangsausgleich

Wie bereits erläutert ist das Konkursverfahren aufgrund der Vielheit der österreichischen Insolvenzverfahren, die im Vorfeld eine Entscheidung entweder für die Liquidation, für die dann das Konkursverfahren zu eröffnen ist, oder aber eine Sanierung, die im Ausgleichsverfahren erreicht werden kann, von seiner Grundstruktur her ein Liquidationsverfahren. Dennoch hat der österreichische Gesetzgeber dem Sanierungsgedanken auch in dieses Verfahren Eingang verschafft[872]. Teilweise wird

---

865 *Rechberger*, ZZP 98 (1985), 257.
866 Zum deutsche Insolvenzrechtssystem oben D. II. 2. b).
867 JAB (Bericht des Justizausschusses), 1147 BlgNR, 15. GP, 2 f.; *Rechberger*, ZZP 98 (1985), 257; diesen Gedanken weiterhin aufgreifend *Mohr*, Insolvenzrecht 2002, 139 f.; *Riel*, Das Zwangsausgleichsverfahren, 30 Fn. 76, spricht von einer eindeutigen Absage des Gesetzgebers an ein einheitliches Insolvenzverfahren.
868 Oben C. II. 3.
869 Vgl. zu den Bedenken auch *Schumacher*, ZIK 2002, 182, 187.
870 Oben D. II. 2. a).
871 *Hochegger*, ZIK 2005, 49 ff.
872 *Isola*, in: Insolvenz-Sanierung-Liquidation, 25 ff. *Mohr*, Insolvenzrecht 2002, 139; *Hochegger*, ZIK 2005, 49 ff.

sogar gesagt, dass der Erhaltung des Unternehmens nun auch im Konkurs der Vorzug gegeben werde[873]. Der Konkurs als zentrales Verfahren des österreichischen Insolvenzrechts ist in der Konkursordnung (KO) von 1914 geregelt.[874]

Das Konkursverfahren wird auf Antrag des Schuldners (§ 69 KO) oder eines Gläubigers (§ 70 KO) durch den zuständigen Gerichtshof erster Instanz eröffnet, sofern der Schuldner zahlungsunfähig ist und kostendeckendes Vermögen vorhanden ist. Durch ein Edikt wird die Eröffnung in der Insolvenzdatei[875] öffentlich bekannt gemacht und das Verfahren entfaltet am Folgetag der Veröffentlichung Rechtswirkung. Das Gericht bestellt für das Konkursverfahren einen so genannten Masseverwalter, der Verfügungsmacht über das gesamte dem Konkursverfahren unterworfene Vermögen hat. Dieser hat unverzüglich die wirtschaftliche Lage, die bisherige Geschäftsführung, die Ursachen des Vermögensverfalls, das Ausmaß der Gefährdung von Arbeitsplätzen, das Vorliegen von Haftungserklärungen Dritter und alle für die Entschließung der Gläubiger wichtigen Umstände zu prüfen, den Stand der Masse zu ermitteln und für die Sicherstellung der Aktiva zu sorgen.

Ein im Hinblick auf den Sanierungsgedanken besonders wichtiger Prüfungspunkt für den Masseverwalter ist die Frage, ob das Unternehmen weitergeführt oder sogar ein bereits stillgelegtes Unternehmen wiedereröffnet werden kann (§ 81 a III KO)[876]. Die Entscheidung hierüber hat der Verwalter gemäß § 91 a KO in der Berichtstagsatzung[877] zu treffen und darzulegen. Das Konkursgericht wird daraufhin entweder die Sperre des Betriebes, die befristete Fortführung bis zu einem bestimmten Termin oder die Fortführung auf einstweilen unbestimmte Zeit aussprechen. Gemäß § 115 Abs. 1 KO darf das Gericht die Schließung nur anordnen, wenn anders nicht ausgeschlossen werden kann, dass die Gläubiger einen Nachteil erleiden.

Die Unternehmensfortführung ist logische Voraussetzung für eine Sanierung[878]. Im Konkurs ist aufgrund der Struktur des Verfahrens und des zumeist bereits fortgeschrittenen Verfalls des schuldnerischen Vermögens, der Massearmut und Zeitdruck zur Folge hat, eine Rettung des Schuldners kaum mehr möglich, jedoch können unter Anwendung der hierfür vom Gesetzgeber zur Verfügung gestellten Maßnahmen mitunter wenigstens lebensfähige Unternehmensteile des Unternehmens gerettet werden (übertragende Sanierung). Deshalb ist gemäß § 114a Abs. 4 KO für den Fall, dass das Unternehmen oder einzelne Teile nicht mehr fortgeführt werden können, stets zu prüfen, ob das Vermögen durch Gesamtveräußerung des Unternehmens oder einzelner lebensfähiger Teile nicht vorteilhafter verwertet werden kann als durch eine Abwicklung.

Über diese sanierungsfördernden Mechanismen hinaus bietet der Zwangsausgleich gemäß §§ 140 ff. KO als liquidationsabwendende Maßnahme eine verfahrensrecht-

---

873 *Riel*, Das Zwangsausgleichsverfahren, 28 f.
874 RGBl. 1914/337 in der Fassung ÖBGBl. I 2002/75.
875 Die Insolvenzdatei ist auch über Internet abrufbar unter *www.edikte.justiz.gv.at*.
876 *Riel*, Das Zwangsausgleichsverfahren, 28 ff.
877 Tagsatzung ist in der österreichischen Rechtsterminologie der Verhandlungstermin vor Gericht, hier also der Berichtstermin.
878 Hierzu kritisch das Werk *Mönning*, Betriebsfortführung in der Insolvenz, 1997.

liche Grundlage für eine Sanierung im bzw. nach dem Konkursverfahren[879]. Voraussetzung für die Zulässigkeit des Zwangsausgleichsverfahrens ist, dass der antragende Schuldner den Konkursgläubigern im Vergleichsvorschlag eine Befriedigung von mindestens 20 % der Forderungen innerhalb der nächsten zwei Jahre anbietet (negativ formulierte Zulässigkeitsvoraussetzung nach § 141 Nr. 3 KO) und die Erfüllung des angebotenen Ausgleichs möglich erscheint (ebenfalls negativ formulierte Voraussetzung nach § 141 Nr. 5 KO). Zustande kommt der Zwangsausgleich, wenn mindestens die Hälfte der bei der einzuberufenden Ausgleichstagsatzung anwesenden stimmberechtigten Konkursgläubiger dem Antrag zustimmen und diese mindestens drei Viertel der Gesamtsumme der Forderungen halten (§ 147 KO). Liegen diese Voraussetzungen vor, so bestätigt das Konkursgericht den Zwangsausgleich und hebt das Konkursverfahren auf (§ 157 KO). Mit Rechtskraft des Aufhebungsbeschlusses erlangt der Schuldner die Verfügungsmacht über sein Vermögen zurück.

Kommt kein Zwangsausgleich zu Stande, so endet das Konkursverfahren nach Verwertung aller Aktiva und der quotenmäßigen Verteilung durch gerichtlichen Aufhebungsbeschluss (§ 139 KO). Danach ist wieder die Einzelvollstreckung durch die Gläubiger möglich.

Beachtlich ist die praktische Relevanz dieser Möglichkeit des Zwangsausgleichs, die in ca. 40 % der eröffneten Konkursverfahren zur Anwendung kommt und damit in der Praxis in Österreich das effektivste Sanierungsinstrument zu sein scheint[880]. Hierbei darf jedoch nicht vergessen werden, dass das geschilderte Zwangsausgleichsverfahren „lediglich“ eine Kürzung der bestehenden ungesicherten Verbindlichkeiten auf die vereinbarte Ausgleichsquote bewirkt, wodurch allein das schuldnerische Unternehmen nicht saniert wird[881]. Dies ist lediglich eine finanzielle Basis, aufgrund derer ein auf langfristige Stabilisierung des Unternehmens ausgerichtetes Sanierungskonzept fruchten kann. Dass dies in vielen Fällen tatsächlich funktioniert, belegt eine Studie des österreichischen Kreditschutzverbandes von 1870 (KSV)[882], der in allen gerichtlichen Insolvenzverfahren, aber auch nach Beendigung des gerichtlichen Verfahrens und Eintritt in die Erfüllungsphase aufgrund der Durchführung des Quoteninkassos involviert ist und damit einen umfassenden Überblick über Verlauf und Ausgang von Zwangsausgleichen hat[883]. Hiernach konnte innerhalb des Beobachtungszeitraums von 1994 bis 2003 bei 21 % der Unternehmen, über die ein Konkursverfahren eröffnet wurde, eine dauerhafte Sanierung herbeigeführt werden[884].

---

879 *Konecny*, DZWIR 1994, 227, 223; ausführlich zum Zwangsausgleichsverfahren *Riel*, Das Zwangsausgleichsverfahren.
880 *Klikovits*, ZIK 2004, 12 ff. (inkl. statistischer Daten); *Riel*, Das Zwangsausgleichsverfahren, 29.
881 Vgl. auch *Klikovits*, ZIK 2004, 12, 15.
882 Siehe hierzu auch www.ksv.at.
883 Berichtet von *Klikovits*, ZIK 2004, 12 ff.
884 *Klikovits*, ZIK 2004, 12, 16.

bb) Das Ausgleichsverfahren

Die eigentliche vom österreichischen Gesetzgeber für die Insolvenzbewältigung durch Sanierung vorgesehene Verfahrensvariante stellt das Ausgleichsverfahren dar.

> Das Ausgleichsverfahren wurde bereits mit der Insolvenzreform im Jahre 1914 als gesetzliche Maßnahme zur Förderung der Sanierung insolventer Unternehmen eingeführt, nachdem festgestellt worden war, dass der sich in der bisherigen Gesetzgebung durch ein restriktives Angebot an Ausgleichsmöglichkeiten widerspiegelnde Standpunkt, der Schuldner habe alle seine Verpflichtungen vollständig zu erfüllen, nicht wirklich im Sinne der Gläubiger ist, da, wenn der Schuldner erstmal in Konkurs gegangen ist, die Befriedigungsergebnisse aufgrund seiner wirtschaftlichen Schwäche alles andere als üppig ausfallen[885]. Schon damals formulierte der österreichische Gesetzgeber dieselben Motive und Vorteile, die für die Einführung eines Ausgleichsverfahrens zur Förderung der Sanierung sprechen, wie etwa höhere Befriedigungserlöse durch Unterstützung der Fortführung des Unternehmens, Erhalt von Kunden am Markt und der Anreiz zu frühzeitiger Anmeldung der Insolvenz zur Vermeidung eines weiteren Vermögensverfalls[886].

Anders als das überkommene deutsche Vergleichsverfahren ist das Ausgleichsverfahren ein Verfahren zur Überwindung der bereits eingetretenen Insolvenz und damit ein Gesamtvollstreckungsverfahren. Das Ausgleichsverfahren ist als eigenständiges Verfahren in der Ausgleichsordnung (AO)[887] geregelt, jedoch verweist diese an vielen Stellen auf die Bestimmungen der KO, so dass die Verfahren Parallelen aufweisen.

Um die Sanierungsaussichten zu erhöhen, reicht für die Eröffnung eines Ausgleichsverfahrens die drohende Zahlungsunfähigkeit aus (§ 1 AO). Weiter wurde zur Förderung der Sanierung in der Insolvenz durch das IRÄG 1982 in § 69 Abs. 2 KO eine so genannte Vorbereitungsfrist[888] von 60 Tagen eingeräumt. Dies bedeutet, dass der Schuldner bei Vorliegen eines Insolvenzgrundes zwar ohne schuldhaftes Verzögern Eröffnungsantrag zu stellen hat, aber eine schuldhafte Verzögerung bis 60 Tage nach Eintritt der Zahlungsunfähigkeit noch nicht vorliegt, wenn die Eröffnung des Ausgleichsverfahrens sorgfältig betrieben worden ist. Im Sinne einer besseren Vorbereitung der Sanierung oder Reorganisation hat der Schuldner zudem, wenn es sich um eine Unternehmensinsolvenz handelt, gemäß § 2 AO bereits im Antrag auf Eröffnung des Ausgleichsverfahrens Angaben über die Anzahl der Beschäftigten und über deren im Unternehmen errichtete Organe, über die zur Ausgleichserfüllung nötigen Reorganisationsmaßnahmen, insbesondere Finanzierungsmaßnahmen und über das Vorhaben, das Unternehmen fortzuführen, zu machen.

---

885 Zu dieser Entwicklung zusammenfassend *Konecny*, DZWIR 1994, 228, m.w.N.

886 Vgl. Denkschrift zur Einführung einer Konkursordnung, einer Ausgleichsordnung und einer Anfechtungsordnung (1914), S. 6ff.

887 Kaiserliche Verordnung vom 10.12.1914, RGBl. 337, wieder verlautbart in ÖBGBl. 1934 II, 221.

888 *Rechberger*, ZZP 98 (1985), 257, 262.

Dem Schuldner wird im Ausgleichsverfahren vom Gericht gemäß § 29 AO ein Ausgleichsverwalter zur Seite gestellt. Dieser oder das Gericht können flexibel darüber entscheiden, wie viel Geschäftsführungsmacht beim Schuldner verbleiben kann und darf, damit das Verfahren erfolgreich durchgeführt werden kann. Der Ausgleichsverwalter hat sich gemäß § 30 AO über die wirtschaftliche Lage und die bisherige Geschäftsführung des Schuldners und vor allem die Angemessenheit des angebotenen Ausgleichs genaue Kenntnis zu verschaffen.

Der im Ausgleichsvorschlag formulierte Ausgleich basiert regelmäßig auf einem Schuldennachlass, den die Ausgleichsgläubiger dem Ausgleichsschuldner gewähren. Dieser Nachlass soll dem Schuldner finanziell Luft geben, damit dieser sich wirtschaftlich erholen und infolgedessen die verbleibenden Schulden begleichen kann. Voraussetzung für die Zulässigkeit des Ausgleichsverfahrens ist gemäß § 3 Abs. 1 Nr. 3 AO, dass der Schuldner in seinem Ausgleichsvorschlag den Ausgleichsgläubigern die Bezahlung einer Mindestquote von 40 % innerhalb von zwei Jahren anbietet.

Der Ausgleichsverwalter hat dafür zu sorgen, dass das Unternehmen nach Möglichkeit fortgeführt wird. Hierfür hat er dem Gericht einen vorläufigen schriftlichen Bericht zu erstatten. Dann wird in der Ausgleichstagsatzung über den Ausgleichsvorschlag abgestimmt (§ 37 AO). Für die Annahme des Ausgleichs ist gemäß § 42 AO die absolute Kopfmehrheit der bei der Ausgleichstagsatzung anwesenden stimmberechtigten Gläubiger und eine drei Viertel Summenmehrheit der Forderungen erforderlich. Wirksamkeit erlangt der Ausgleich gemäß § 49 AO erst mit der gerichtlichen Bestätigung.

Als ausdrückliche Maßnahme zur Förderung der Sanierung und Reorganisation von Unternehmen wurden mit dem IRÄG 1982 die bevorrechtigten Ausgleichsforderungen reduziert. Basis für diese Umgestaltung war die Einführung des so genannten „klassenlosen Konkurses", der nunmehr wie das deutsche Insolvenzrecht nur noch nach Masseforderungen (§ 46 KO) und Insolvenzforderungen (§ 51 KO) unterscheidet und damit die zuvor bestehenden Vorrechtsklassen für Forderungen der Abgabengläubiger, Sozialversicherungsträger und Arbeitnehmer abschafft[889]. Mit dem Vorrecht dieser Gruppen im Konkurs entfiel auch ihre Bevorrechtigung im Ausgleichsverfahren.

Scheitert das Ausgleichsverfahren, so hat das Gericht es gemäß § 67 AO einzustellen und gemäß § 69 AO über die Eröffnung des Anschlusskonkurses zu entscheiden.

Auch wenn das Ausgleichsverfahren nach seiner Konzeption ein durchdachtes und sinnvolles Mittel zur Sanierung in der Insolvenz zu sein scheint, findet es in der Praxis nicht wesentlich häufiger Anwendung als das vollkommen gescheiterte Vorverfahren[890]. Von den insgesamt eröffneten Insolvenzverfahren der letzten Jahre, waren nur etwa 4 % Ausgleichsverfahren[891]. Oftmals scheitert ein Ausgleich bereits

889 *Rechberger*, ZZP 98 (1985), 257, 263.
890 Dazu siehe oben D. III. 2. a) aa).
891 *Hochegger*, ZIK 2005, 49, 50.

an dem Erfordernis der Mindestquote von 40 %; da diese in vielen Fällen voraussichtlich nicht erreicht werden kann und somit das gescheiterte Ausgleichsverfahren später in einen Anschlusskonkurs übergeleitet werden müsste, wird dieser Umweg von vornherein vermieden und trotz des rufschädigenden Stigmas des Konkursverfahrens gleich die Sanierung im Wege des Zwangsausgleichs angestrebt[892]. Weiter sind die Vertragslösungsfristen in §§ 21 ff. KO wesentlich flexibler gelöst als in §§ 20b–c AO, wodurch sich eine Sanierung im Konkursverfahren besser gestalten lässt[893].

cc) Ergebnis zu Sanierungsverfahren im österreichischen Insolvenzrecht

Darüber, wie sanierungsfreundlich das österreichische Insolvenzrecht ist, besteht in Österreich keine Einigkeit. Teilweise wird als „unschätzbarer Vorteil" hervorgehoben, dass das österreichische Insolvenzrecht primär als Sanierungsrecht konzipiert sei und die Zerschlagung nur als ultima ratio gelte[894], andere halten weitere Reformen des österreichischen Insolvenzsanierungsrechts, etwa die Einführung eines dem deutschen Insolvenzplan oder dem US-amerikanischen Chapter 11 angelehnten Verfahrens, für dringend erforderlich[895].

Im Verhältnis zu den in Österreich eröffneten Konkursverfahren sind diejenigen, die durch einen Ausgleich beendet werden, in den letzten Jahren kontinuierlich zurückgegangen. Während 1992 noch knapp 8,5 % der eröffneten Insolvenzen erfolgreich über das Ausgleichsverfahren abgewickelt wurden, waren es im Jahr 2001 nur noch 5,3 % und 2004 sogar unter 3 %[896].

Die gerichtlichen Insolvenzverfahren sehen sich zum einen der Konkurrenz durch außergerichtliche Sanierungsmaßnahmen ausgesetzt[897], welchen gegenüber sie zwar einige Vorteile, aber auch die bereits oben[898] aufgeführten Nachteile aufweisen. Wie dies auch in Deutschland zu beobachten ist, besteht nach wie vor ein großer Nachteil bzw. ein Hindernis für die Sanierung in der Insolvenz in der Publizität selbiger[899]. Gemeint sind hier die Auswirkungen, die die Kenntnis von der Insolvenz eines Schuldners, die trotz ihrer inzwischen traurigen Alltäglichkeit immer noch als um jeden Preis vermeidbarer Makel angesehen wird, der bei jedem (Gläubiger) die Assoziation eines unaufhaltsam sinkenden Schiffes auslöst, von dem gerettet werden muss, was auf die Schnelle noch fortgeschafft werden kann, zeitigt.

Weiter gilt aber das Zwangsausgleichsverfahren im Rahmen des Konkurses als sanierungsfreundlicher und praktikabler als das vom Gesetzgeber vorrangig für die

---

892 *Hochegger*, ZIK 2005, 49, 50.
893 *Hochegger*, ZIK 2005, 49, 50.
894 *Klikovits*, ZIK 2004, 12 , 15 f.; *Riel*, Das Zwangsvollstreckungsverfahren, 28 ff.
895 Vgl. *Mohr*, Insolvenzrecht 2002, 139 ff.; Änderungsvorschläge für das Ausgleichsverfahren bei *Hochegger*, ZIK 2005, 49 ff.
896 So die Statistiken des Kreditschutzverbandes von 1870, vgl. www.ksv.at.
897 *Konecny*, DZWIR 1994, 227, 230 ff.
898 B. II. 3.
899 *Konecny*, DZWIR 1994, 227, 230.

Bewältigung der Insolvenz durch Sanierung vorgesehene Ausgleichsverfahren[900]. Hier könnte allerdings durch geringfügige Änderungen, vor allem die Herabsetzung der zu erreichenden Mindestquote, die Gewichtung und Attraktivität zu Gunsten des Ausgleichsverfahrens verschoben werden.

d) Die Behandlung von Konzernsachverhalten im österreichischen Insolvenzrecht

Obwohl der Ruf nach einem solchen in Österreich seit langem laut wird[901], existiert in Österreich bisher kein explizit kodifiziertes Konzernrecht. In der Praxis wird aber auch hier, ähnlich wie in Deutschland, zwischen Vertragskonzernen und faktischen Konzernen unterschieden[902].

Auch in Österreich wurde bisher die Schaffung eines eigenen Konzerninsolvenzrechts nicht für erforderlich gehalten, sondern derartige Ideen von der herrschenden Meinung eher mit Skepsis betrachtet, da Bestrebungen zur Zusammenfassung von Insolvenzverfahren innerhalb eines Konzerns dem mit der Konzernbildung verfolgten Zweck der Haftungstrennung, gerade um eine haftungsrechtliche Unabhängigkeit im Falle der Krise eines Unternehmens zu gewährleisten, entgegenwirkten[903]. Auch die Behandlung von 100%igen Töchtern als Niederlassung im Sinne des Art. 2 lit. h EuInsVO wird in der österreichischen Literatur konsequent strikt abgelehnt[904]. Allerdings gibt es im österreichischen Recht über § 171 ÖZPO die Möglichkeit, Verfahren in einer Verhandlung zu verbinden, von der auch in Bezug auf die Verbindung von Konkursverfahren über Konzernunternehmen bereits – allerdings liegt dies länger zurück – Gebrauch gemacht wurde[905].

Der Umgang österreichischer Gerichte mit grenzüberschreitenden Verfahren unter Anwendung der EuInsVO wurde einmal als souverän bezeichnet[906]. Hierüber kann man angesichts einiger Reaktionen österreichischer Gerichte auf Entscheidungen englischer Gerichte, wie sie oben ausführlich geschildert wurden[907], geteilter Meinung sein. Sicherlich kann den österreichischen Gerichten das Bestreben, die EuInsVO wortgetreu und dem Willen des Verordnungsgebers entsprechend auszulegen, bescheinigt werden, weshalb Entscheidungen ausländischer Gerichte selbst dann, wenn das österreichische Gericht mit diesen nicht einverstanden ist und diese gar für falsch hält, die automatische Anerkennungswirkung gemäß Art. 16 EuInsVO zuerkannt wird. Dennoch wäre gerade dort, wo es an eindeutiger bzw. zufrieden stellender Regelung in der EuInsVO, wie in Bezug auf die Bewältigung grenzüberschreitender Konzerninsolvenzen, fehlt, teilweise eine offenere und kooperativere Ader wünschenswert.

---

900 *Hochegger*, ZIK 2005, 49 ff.; *Isola*, Insolvenz-Sanierung-Liquidation, 25, 30 ff.
901 *Doralt*, in: Konzernrecht im Ausland, 192 f. m.w.N.
902 Vgl. *Doralt*, in: Konzernrecht im Ausland, 192 ff.
903 *Duursma-Kepplinger/Duursma/Chalupsky-Duursma-Kepplinger*, Art. 1 RdNr. 50.
904 *Duursma-Kepplinger/Duursma/Chalupsky-Duursma-Kepplinger*, Art. 1 RdNr. 50.
905 OGH EvBl. 1973/69, dazu *Duursma-Kepplinger/Duursma/Chalupsky-Duursma-Kepplinger*, Art. 1 RdNr. 49.
906 So ausdrücklich *Paulus*, NZI 2005, 62 (Anm. zu einer Entscheidung des OLG Wien v. 9.11. 2004, NZI 2005, 56).
907 C. III. 2. a) dd) und ee).

3. Das österreichische internationale Insolvenzrecht

Das österreichische internationale Insolvenzrecht hat durch die Änderungen auf europäischer Ebene, also insbesondere das Inkrafttreten der EuInsVO, eine starke Wandlung durchgemacht[908].

a) *Entwicklung bis zum Inkrafttreten der EuInsVO*

Auch in Österreich stellten sich die drei wesentlichen Fragen des internationalen Insolvenzrechts[909]. Nämlich zum einen die Frage der eigenen internationalen Zuständigkeit, in engem Zusammenhang damit die Frage nach der Beschlagswirkung des inländischen Verfahrens bezüglich ausländischen Vermögens und schließlich die hierzu umgekehrte Frage der Anerkennung des Auslandskonkurses im Inland.

aa) Tendenz zum „Raubsystem"

Eine ausdrückliche Regelung der Zuständigkeit bei Internationalen Insolvenzverfahren hielt der österreichische Gesetzgeber nicht bereit, weshalb hier von der Rechtsprechung verschiedene Theorien entwickelt wurden. Seit Beginn der achtziger Jahre herrschte in Literatur[910] und Rechtsprechung[911] die so genannte Indikationentheorie[912]. Im Wesentlichen sollte hiernach auf die Intensität der Beziehung des Sachverhalts unter besonderer Berücksichtigung der Rolle des Schuldners abgestellt werden, mit dem Ergebnis, dass die Regelungen über die örtliche Zuständigkeit die internationale Zuständigkeit „indizierten"[913]. Folglich war eine österreichische Zuständigkeit für die Eröffnung eines Konkurses immer dann gegeben, wenn ein inländischer Gerichtsstand vorlag[914].

Bei der Bewertung der österreichischen Gesetzgebung und Judikatur im Hinblick auf die Wirkung eines im Inland eröffneten Konkursverfahrens im Ausland gehen die Ansichten in der österreichischen Literatur überraschend auseinander. Auch hier drehte sich die Kontroverse um die Frage nach Universalität oder Territorialität[915] des österreichischen Konkursverfahrens. Viele Autoren zogen aus der Formulierung des § 1 KO[916], wonach der Konkurs „das gesamte, der Exekution unterworfene Vermögen" erfasste, den Schluss, dass Österreich dem Universalitätsprinzip im Sinne einer exterritorialen Sollgeltung folge[917], während andere dem österreichischen

---

908 *Schumacher*, in: Grenzüberschreitendes Insolvenzrecht, 21, 22.
909 Zu diesen schon oben C. I. 4.
910 *Schwimann*, JBl. 1984, 9, 11.
911 OGH JBl 1983, 541.
912 *Keppelmüller*, Österreichisches Internationales Konkursrecht, 1997, 24 ff.
913 *Keppelmüller*, Österreichisches Internationales Konkursrecht, 1997, 24.
914 *Keppelmüller*, Österreichisches Internationales Konkursrecht, 1997, 201.
915 Zu den Begriffen Universalität und Territorialität schon oben C. I. 3.
916 Zu Grunde gelegt werden hier das österreichische Konkursrecht und die Rechtsprechung seit dem am 1.1.1983 in Kraft getretenen IRÄG (ÖBGBl. 1982/370); zu weiter zurückreichenden Entwicklungen *Schumacher*, ZZP 103 (1990), 418, 444 ff.
917 *Boll*, Die Anerkennung des Auslandskonkurses in Österreich, 5 f.; *Keppelmüller*, Österreichi-

Konkursrecht eine strikte Territorialität zusprachen[918]. Auch die österreichische Judikatur war in dieser Frage uneinig[919], zeigte jedoch kurz vor dem Inkrafttreten der EuInsVO im Jahre 2002 eine Tendenz in Richtung Territorialität[920], die der OGH im Jahr 2000 in einer Entscheidung[921] durch das Festhalten an dem Grundsatz einer territorialen Soll-Geltung des österreichischen Konkursrechts manifestierte.

Österreich ist traditionell im Bezug auf Insolvenzsachverhalte anerkennungsfeindlich[922]. Das IRÄG 1982[923] unterstrich dies durch die inzwischen durch das IIRG 2003[924] gestrichenen Verweisungen in § 180 KO und § 78 AO auf die §§ 79–82, 84 EO[925], wonach (§ 79 EO) eine Anerkennung nur erfolgte, wenn die Gegenseitigkeit durch Staatsverträge oder Verordnungen verbürgt war[926]. Dementsprechend hatte Österreich eine Vielzahl bilateraler Verträge über die Anerkennung ausländischer Konkursverfahren geschlossen[927], die in ihrer Spezialität allerdings die §§ 79 ff. EO regelmäßig verdrängten[928].

War die Gegenseitigkeit der Anerkennung nicht vertraglich verbrieft, so schied eine Anerkennung des Auslandkonkurses von vornherein aus. Das starre österreichische Recht der Konkursanerkennung stieß in der herrschenden Lehre auf starke Kritik und wurde von dieser als anachronistisch bezeichnet[929]. Zutreffend wurde vorgebracht, dass Maßstab für eine Anerkennung nicht sein könne, ob der betreffende Staat seinerseits bereit sei, österreichische Verfahren anzuerkennen, sondern dass es darauf ankomme, ob eine Anerkennung im Hinblick auf die Redlichkeit und Vertrauenswürdigkeit des betreffenden Staates gerecht und rechtspolitisch geboten erscheint[930]. Vor allen Dingen gilt auch hier die Kritik, dass einem *forum shopping*[931] durch Vermögensverschiebungen Vorschub geleistet wird.

---

sches Internationales Konkursrecht, 1997, 52 ff.; *Leitner*, Der grenzüberschreitende Konkurs, 194; *Schumacher*, ZZP 103, (1990), 418, 445; *Wiesbauer*, ZIP 1982, 1285, 1287.

918 *Matscher*, JBl. 1983, 505 f.

919 *Keppelmüller*, Österreichisches Internationales Konkursrecht, RdNr. 46 ff.

920 *Wehdeking*, DZWIR 2003, 133, 134.

921 OGHE v. 25.11.1999, ZIK 2000, 21; auch OGHE v. 4.11.1999, ZIK 2000, 22.

922 *Keppelmüller*, Österreichisches Internationales Konkursrecht, RdNr. 207 ff.; a.A. hinsichtlich der Haltung Österreichs vor dem IRÄG 1982 *Schumacher*, ZZP 103 (1990), 418, 463.

923 ÖBGBl. 1982/370.

924 Bundesgesetz über das internationale Insolvenzrecht vom 13.6.2003, ÖBGBl. I 36/2003.

925 Exekutionsordnung, RGBl. 1896/79.

926 Nach der Rechtslage vor dem IRÄG 1982 war wenigstens eine formlose Anerkennung ausreichend.

927 So gab es neben dem DÖKV mit Deutschland, ÖBGBl. 1985/233, noch ähnliche Verträge mit Belgien, ÖBGBl. 1975/385, Frankreich, ÖBGBl. 1980/237, und Italien, ÖBGBl. 1990/44.

928 *Boll*, Die Anerkennung des Auslandskonkurses in Österreich, 6; *Keppelmüller*, Österreichisches Internationales Konkursrecht, RdNr. 46 ff.

929 *Boll*, Die Anerkennung des Auslandskonkurses in Österreich, 4 ff.; *Keppelmüller*, Österreichisches Internationales Konkursrecht, RdNr. 258 ff.; *Leitner*, Der grenzüberschreitende Konkurs, 223 ff.; *Schumacher*, ZZP 103 (1990), 418, 463.

930 *Boll*, Die Anerkennung des Auslandskonkurses in Österreich, 27 f. m.w.N.

931 Zu diesem Begriff schon oben C. I. 2.

Zudem führt diese grundsätzliche Annahme der territorialen Beschränkung von Auslandkonkursen ähnlich wie in Deutschland nach alter Rechtslage[932] zu einem Wertungswiderspruch zur Inanspruchnahme einer universalen Wirkung von Inlandskonkursen. Teilweise wird daher auch von einem „Raubsystem“[933] gesprochen. Das Dilemma einer derart widersprüchlichen Haltung liegt auf der Hand: Wer selber nicht anerkennungsfreudig ist, hat es schwer, eine exterritoriale Soll-Geltung durchzusetzen, es sei denn, er schließt entsprechende Staatsverträge.

bb) Der deutsch-österreichische Vertrag auf dem Gebiet des Konkurs- und Vergleichs-(Ausgleichs-)rechts

In diesem Sinne konnten gerade Österreich und Deutschland insolvenzverfahrensrechtlich nur zueinander finden, indem sie einen entsprechenden Staatsvertrag schlossen. Ein solcher Vertrag kam im Jahre 1979 zustande und trat am 1.7.1985 in Kraft. Der deutsch-österreichische Vertrag auf dem Gebiet des Konkurs- und Vergleichs-(Ausgleichs-)rechts[934] vom 25.5.1979 (DÖKV) wird gemäß Art. 44 der EuInsVO durch diese ersetzt, soweit ein Verfahren in deren sachlichen Anwendungsbereich fällt.

Da sowohl Österreich als auch Deutschland Mitgliedstaaten sind, erscheint es auf den ersten Blick, als sei der DÖKV mit Inkrafttreten der EuInsVO vollkommen gegenstandslos geworden. Dass dem nicht so ist, ergibt sich zwar nicht unmittelbar aus dem in Art. 1 EuInsVO beschriebenen sachlichen Anwendungsbereich, jedoch ist in Ziffer 14 der Gründe für die EuInsVO ein entsprechender Hinweis zu finden. So heißt es dort: „Diese Verordnung gilt nur für Verfahren, bei denen der Mittelpunkt der hauptsächlichen Interessen des Schuldners in der Gemeinschaft liegt.“ Demnach sind aber – zumindest theoretisch – Konstellationen denkbar, bei denen zwei Mitgliedstaaten, also beispielsweise Deutschland und Österreich, involviert sind, und dennoch die EuInsVO keine Anwendung findet, nämlich dann, wenn ein Unternehmen zwar jeweils eine Niederlassung in Deutschland und Österreich, aber den Mittelpunkt seiner hauptsächlichen Interessen außerhalb der Gemeinschaft hat. In diesem Fall erstrecken sich die Wirkungen eines in Deutschland eröffneten Insolvenzverfahrens nach Maßgabe des DÖKV auf Österreich[935].

Auch unabhängig von dem Fortbestand der Geltung des DÖKV ist ein Blick auf dieses Vertragswerk im Rahmen der vorliegenden Arbeit lohnenswert, da es Aufschluss über das bisherige Verhältnis zwischen Österreich und Deutschland im Hinblick auf grenzüberschreitende Insolvenzverfahren gibt und somit als Grundlage für eine Analyse der zu erwartenden Änderungen und Probleme in der Verfahrenspraxis zwischen diesen beiden Staaten dienen kann.

---

932 *Müller-Freienfels*, FS-Dölle Bd. 2, 363 m.w.N.; *Spahlinger*, Sekundäre Insolvenzverfahren, 91 f.; *Wiesbauer*, ZIP 1982, 1285, 1287.

933 *Boll*, Die Anerkennung des Auslandskonkurses in Österreich, 5 f.; *Müller-Freienfels*, FS-Dölle Bd. 2, 366, Fn. 31 m.w.N.; *Spahlinger*, Sekundäre Insolvenzverfahren, 91.

934 ÖBGBl. 1985/233.

935 *Smid*, Europäisches internationales Insolvenzrecht 2002, RdNr. 2.7; *Wehdeking*, DZWIR 2003, 133, 135.

Allein die Tatsache, dass die Entwicklung dieses bilateralen Vertrages vom ersten Entwurf 1879/1880[936] bis zu seinem Inkrafttreten im Jahre 1985[937] – nur 17 Jahre vor seiner weitgehenden Verdrängung durch die EuInsVO (sic!) – ziemlich genau hundert Jahre dauerte[938], gibt eine Ahnung davon, welche Unwägbarkeiten das damalige internationale Insolvenzrecht bereithielt[939].

In seiner Regelung weist der DÖKV durchaus Parallelen zur EuInsVO und ihren gescheiterten Vorläufern auf. Paradoxer Weise basierte die gegenseitige Anerkennung über den DÖKV gemäß Art. 1 und 4 auf den Prinzipien der Universalität und Einheit des Insolvenzverfahrens, also auf Grundsätzen, denen zum damaligen Zeitpunkt die autonomen internationalen Insolvenzrechte der beiden Staaten und insbesondere die jeweilige Rechtsprechung gerade nicht folgten[940]. So hatte die Konkurseröffnung in einem der beiden Staaten (so gesehen unter den Vertragsparteien) universelle Wirkung (Art. 1 DÖKV) und die automatische Anerkennung erfolgte ohne Exequaturverfahren. Die Bestimmung der internationalen Zuständigkeit richtet sich gemäß Art. 2 DÖKV in erster Linie[941] nach dem Mittelpunkt der wirtschaftlichen Betätigung. Entscheidender Unterschied zur nunmehr geltenden EuInsVO ist die Geltung des Einheitsprinzips, demnach nicht Haupt- und Sekundärverfahren als aufeinander abzustimmende Parallelverfahren, sondern nur ein einziges Verfahren vorgesehen ist, in dem das in beiden Staaten belegene Vermögen zu einer Konkursmasse zusammengefasst wird, die einheitlich verwaltet wird[942]. Hier zeigt sich, dass die uneingeschränkte Universalität offensichtlich bei den Mitgliedstaaten als „idealtypisches“ Modell[943] zur Bewältigung grenzüberschreitender Insolvenzverfahren betrachtet wird. Allerdings ist das Einheitsprinzip unter Beteiligung zweier Staaten mit sich ähnelnden Konkursgesetzen wesentlich praktikabler, als sich dies auf europäischer Ebene dargestellt hätte[944].

Insbesondere aus der im DÖKV verankerten fortschrittlichen[945] Regelung der automatischen Anerkennung eines im jeweils anderen Vertragsstaat eröffneten Kon-

---

936 Zu dieser Entwicklung *Arnold*, KTS 1985, 385 ff.

937 Der Vertrag wurde zwar immerhin am 25.5.1979 unterzeichnet, konnte aber erst am 1.7.1985 in Kraft treten, nachdem das deutsche Ausführungsgesetz in Kraft getreten war. Ausführungsgesetz zum deutsch-österreichischen Konkursvertrag, DÖKVAG vom 8.3.1985, BGBl. I, 535.

938 *Arnold*, KTS 1985, 385386 ff.; *Wiesbauer*, ZIP 1982, 1285, 1288; *Schumacher*, ZZP 105 (1990), 418, 419.

939 Ausführlich zur Geschichte des DÖKV *Arnold*, KTS 1985, 385 ff.

940 Siehe dazu in Bezug auf Österreich D. III. 3. a) aa) und in Bezug auf Deutschland oben D. II. 3. a).

941 Nachrangig können auch der Sitz oder gewöhnliche Aufenthalt oder eine Zweigniederlassung maßgeblich sein.

942 *Arnold*, KTS 1985, 385, 402; *Leipold*, FS Waseda, 787, 803; *Wiesbauer*, ZIP 1982, 1285, 1288.

943 *Carstens*, Die internationale Zuständigkeit im Insolvenzrecht, 2004, 10; *Ehricke*, FS-MPI, 337, 341; *Spahlinger*, Sekundärinsolvenzverfahren, 272 ff.; *Wimmer*, ZIP 1998, 982, 983.

944 Zu den Vorteilen eines einheitlich durchgeführten Konkursverfahrens auf der deutsch-österreichischen Ebene gemäß dem DÖKV einerseits *Arnold*, KTS 1985, 385, 403; zu den Gründen des Scheiterns eines dem Einheitsprinzip folgenden Modells auf europäischer Ebene andererseits oben A. III. 3.

945 Die deshalb auch zu Recht als große Errungenschaft des Vertrages angesehen wurde, *Arnold*, KTS 1985, 385, 400; *Leipold* FS Waseda, 787, 802.

kursverfahrens erklärt sich möglicherweise die Gelassenheit, mit der mehrere österreichische Gerichte inzwischen unter Geltung der EuInsVO die Eröffnung eines Hauptinsolvenzverfahrens in Deutschland auch in solchen Fällen akzeptiert haben, in denen möglicherweise die Eröffnungszuständigkeit eher in Österreich anzusiedeln gewesen wäre[946]. Insofern stellt die EuInsVO im Verhältnis zwischen Deutschland und Österreich in Bezug auf die Regelung grenzüberschreitender Insolvenzen keine bahnbrechende Neuerung bzw. Umstellung dar.

Interessant ist, dass Österreich schon den DÖKV für „self-executing" und damit Ausführungsbestimmungen nicht für erforderlich hielt[947], während Deutschland ein Ausführungsgesetz zum DÖKV (DÖKVAG)[948] erließ[949]; diese Ansichten setzen sich in beiden Ländern hinsichtlich der Auslegung und Ausführung der EuInsVO offensichtlich fort.

b) *Das neue österreichische internationale Insolvenzrecht durch das IIRG 2003*

Mit dem Bundesgesetz über das internationale Insolvenzrecht vom 13.6.2003[950] (IIRG) werden erstmals umfassende Regelungen des autonomen internationalen Insolvenzrechts als neuer vierter Teil (§§ 217 bis 251) vor dem bisherigen vierten Teil in die österreichische Konkursordnung aufgenommen. Allerdings geht der enge zeitliche Zusammenfall dieser Regelung mit dem Inkrafttreten der EuInsVO nicht allein auf diese zurück, sondern wurde vielmehr durch die Umsetzung der Richtlinie 2001/24/EG über die Sanierung und Liquidation von Kreditinstituten und der Richtlinie 2001/17/EG in Gang gesetzt[951]. Die durch das IIRG 2003 eingeführten Regelungen gelten nämlich gemäß § 217 KO nur außerhalb des Anwendungsbereichs der EuInsVO, also im Verhältnis zu Drittstaaten[952]. Auslegungsregelungen im Hinblick auf die Anwendung der EuInsVO hielt der österreichische Gesetzgeber hingegen offensichtlich nicht für erforderlich, jedenfalls sind solche bisher weder erlassen noch geplant[953]. Lediglich zur öffentlichen Bekanntmachung und zur Zuständigkeit für Sicherungsmaßnahmen finden sich eingeführt durch das IIRG 2003 schlank gehaltene ergänzende Bestimmungen zur EuInsVO in den §§ 218 bis 220 KO.

Auch wenn das österreichische internationale Insolvenzrecht durch den Unterlass von Ausführungsregelungen zur EuInsVO in der Tat einige Unwägbarkeiten offen lässt[954], ist doch mit dem IIRG 2003 eine positive Wende im österreichischen Inter-

---

946 LG Innsbruck, B. v. 11.5.2004, ZIP 2004, 1721; LG Klagenfurth, B. v. 2.7.2004, dazu *Beutler/Debus*, EWiR 2005, 217 und OLG Wien, B. v. 9.11.2004, NZI 2005, 56 (allerdings zu einem in England eröffneten Hauptverfahren), zu allen Fällen schon oben C. III. 2. a).
947 *Wiesbauer*, ZIP 1982, 1285, 1292.
948 dBGBl. 1985 I S. 535.
949 Welches inhaltlich – insbesondere bei den Regelungen zur Vermeidung von Kompetenzkonflikten – wiederum Parallelen zum heutigen Art. 102 EGInsO, der Ausführungsvorschrift zur EuInsVO, aufweist.
950 Bundesgesetz über das internationale Insolvenzrecht vom 13.6.2003, ÖBGBl. I 36/2003.
951 *Schumacher*, in: Grenzüberschreitende Insolvenzen, 21, 22.
952 *Rechberger/Thurner*, Insolvenzrecht, RdNr. 613.
953 *Wehdeking*, DZWIR 2003, 133, 134.
954 *Wehdeking*, DZWIR 2003, 133, 136.

nationalen Insolvenzrecht zu verzeichnen, da dieses nun ausdrücklich von seiner territorialen Haltung abrückt und sich grundsätzlich anerkennungsfreundlich zeigt.

Auf den ersten Blick scheinen die Anknüpfungskriterien für eine *ipso iure* Anerkennung in Nicht-Mitgliedstaaten eröffneter Insolvenzverfahren gemäß §§ 240 ff. KO den Kriterien, die die EuInsVO für Verfahren unter den Mitgliedstaaten bereithält, zu ähneln. So ist gemäß § 240 Abs. 1 KO erste Voraussetzung für die Anerkennung eines ausländischen Konkursverfahrens außerhalb des Anwendungsbereichs der EuInsVO, dass im Eröffnungsstaat der Mittelpunkt der hauptsächlichen Interessen des Schuldners liegt und dass das Insolvenzverfahren in den Grundzügen einem österreichischen vergleichbar ist. Der Begriff des Mittelpunktes der hauptsächlichen Interessen ist Art. 3 EuInsVO entnommen und nach dem Willen des österreichischen Gesetzgebers auch wie dieser auszulegen[955]. Gemäß § 240 Abs. 2 KO unterbleibt die Anerkennung, soweit in Österreich ein Konkurs- oder Ausgleichsverfahren eröffnet wurde oder einstweilige Vorkehrungen angeordnet wurden (Nr. 1) oder die Anerkennung den Grundwertungen der österreichischen Rechtsordnung offensichtlich widerspricht (Nr. 2). Weiter steht gemäß § 240 Abs. 3 KO ein ausländisches Insolvenzverfahren der Eröffnung und Durchführung eines österreichischen Konkurs- oder Ausgleichsverfahrens nicht entgegen. Während § 240 Abs. 2 Nr. 2 KO noch eine Parallele zur *ordre-public*-Klausel des Art. 26 EuInsVO aufweist, unterscheiden sich die Vorschriften des § 240 Abs. 2 Nr. 1 und § 240 Abs. 3 KO mit der Statuierung des unbedingten Vorrangs inländischer Verfahren erheblich vom Konzept der EuInsVO, das auf einer Koordination ausländischer Hauptverfahren mit inländischen Sekundärverfahren oder umgekehrt basiert[956]. Damit folgt der österreichische Gesetzgeber anders als Deutschland nicht einer „großen Lösung“[957] im Sinne einer Vereinheitlichung des gesamten autonomen Internationalen Insolvenzrechts unter Orientierung an der EuInsVO, schließlich setzt § 240 Abs. 4 KO für die Bewilligung der Exekution voraus, dass die entsprechenden Akten und Urkunden in einem Verfahren nach den §§ 82 bis 86 EO für vollstreckbar erklärt wurden.

4. Konvergenzbewegungen aus österreichischer Sicht

Das Vorankommen der Entwicklungen auf europäischer Ebene, insbesondere mit dem Inkrafttreten der EuInsVO, hat jedenfalls auf das österreichische internationale Insolvenzrecht erheblichen Einfluss genommen.

Im Hinlick auf die Förderung der Sanierung in der Insolvenz ist der österreichische Gesetzgeber äußerst ambitioniert und österreichische Rechtswissenschaftler ziehen zur Optimierung und Anpassung der entsprechenden Regelungen an das europäische Recht immer wieder kritische Vergleiche zu anderen europäischen Rechtsordnungen[958]. Ein optimales Sanierungskonzept für die Insolvenz hat der österreich-

955 *Schumacher*, in: Grenzüberschreitendes Insolvenzrecht, 21, 25.
956 *Schumacher*, in: Grenzüberschreitendes Insolvenzrecht, 21, 29 f.; *Wehdeking*, DZWIR 2003, 133, 143.
957 Zum Begriff *Trunk*, in Stoll, Vorschläge und Gutachten, 232, 233. Zu diesem Weg in Deutschland siehe oben D. II. 3. b).
958 *Hochegger*, ZIK 2005, 49, 51 ff.; *Mohr*, Insolvenzrecht 2002, 141.

ische Gesetzgeber noch nicht gefunden, jedoch wird die Lage unter österreichischen Rechtswissenschaftlern so eingeschätzt, dass ein solches mit wenigen Änderungen in der bestehenden Gesetzgebung erreicht werden könnte[959]. Dieser Änderungsbedarf hinsichtlich der Verfahrensstruktur im österreichischen Insolvenzrecht bietet dem österreichischen Gesetzgeber die Gelegenheit, hier gleich auf eine Annäherung an andere moderne Insolvenzrechte hinzuwirken. Unter dem Gesichtspunkt der Kompatibilität ist angesichts der Probleme, die die Mehrspurigkeit der Verfahren im Rahmen der Gestaltung von Sekundärverfahren unter der EuInsVO bereiten kann[960], seitens des österreichischen Gesetzgebers eventuell daran zu denken, die mit dem Zwangsausgleich bestehende Sanierungsmöglichkeit als gleichrangiges Ziel im Konkursverfahren auszubauen und das hiervon getrennte Ausgleichsverfahren zu Gunsten eines solchen Einheitsverfahrens ganz aufzugeben[961].

Bezüglich der Behandlung von grenzüberschreitenden Konzerninsolvenzfällen ist dem österreichischen Recht noch keine klare Haltung zu entnehmen, die Praxis scheint in erster Linie an einer Anwendung und Auslegung der EuInsVO möglichst im Sinne des Verordnungsgebers gelegen zu sein und der Entwicklung in der europäischen Gerichtspraxis hinsichtlich der Etablierung eines Konzerninsolvenzgerichtsstandes am Sitz der Konzernmutter eher skeptisch gegenüber zu stehen.

IV. England

1. Einleitung

Das deutsche und das englische Recht unterscheiden sich – nicht nur beschränkt auf den Bereich des Insolvenzrechts – grundlegend in ihrer Herangehensweise an die juristische Problembewältigung. Während Charakteristikum des britischen *Common Law*[962] das ausgeprägte *Case Law*[963], also die Entwicklung des Rechts durch aufeinander aufbauende richterliche Rechtsprechung im Einzelfall ist, wird in Deutschland einem stark dogmatischen Ansatz gefolgt, dem der Ehrgeiz innewohnt, durch in sich geschlossene und schlüssige theoretische Konzepte eine allgemeingültige Formel für eine Vielzahl praktischer Probleme bereitzuhalten. Der deutsche Dogmatismus hat dabei durchaus seine Berechtigung als Ausfluss der Gewaltenteilung, die nicht zuletzt der richterlichen Willkür vorbeugen soll und damit eine höhere Rechtssicherheit gewährt.

Gegen richterliche Willkür richtet sich auch der Mechanismus der sprachlichen Objektivierung richterlicher Entscheidungen, die in Deutschland „im Namen des

---

959 *Hochegger*, ZIK 2005, 49, 54.
960 C. II. 3. a).
961 So zumindest angedacht auch von *Mohr*, Insolvenzrecht 2002, 139 f.
962 Wörtlich übersetzt „gemeinsames Recht" oder „gemeines Recht". Zu diesem Rechtsbegriff und seiner Entwicklung *v. Bernstorff*, Einführung in das englische Recht, 3. Aufl. 2006, 3 ff.
963 Zu übersetzen als „Richterrecht/Fallrecht".

Volkes" gefällt werden. Anders im englischen Rechtsraum, wo der entscheidende Richter mangels Rückgriffsmöglichkeiten auf gesetztes Recht[964] sein Urteil in Ich-Form als Ergebnis seiner persönlichen Überzeugung formuliert – so zum Beispiel nachzulesen in der hier viel zitierten Entscheidung des Richters *McGonigal* im Verfahren *Daisytek*[965], wo es heißt: „I was satisfied from the evidence ...", „I conclude that it was appropriate to make Administration orders ..." oder „It was proofed to my satisfaction ...".

Dennoch kann auch ein englischer Richter nicht vollkommen willkürlich entscheiden, sondern ist im System des *Common Law* strikt an Präjudizien des eigenen oder höherrangiger Gerichte gebunden[966]. Dieser strengen Bindung wird allerdings insbesondere im englischen Wirtschaftsrecht[967] mit dem Prinzip der Equity[968] ein gewisses Gegengewicht gesetzt. Bevor starre Präjudizien übernommen werden, ist diese Entscheidung auf ihre Billigkeit hin zu untersuchen.

Im System des *Case Law* haben englische Rechtspraktiker einen größeren und unmittelbareren Einfluss auf die Rechtsentwicklung als im durch gesetztes Recht geprägten Kontinentaleuropa. Durch eine ausgefeilte und damit überzeugende Argumentation kann hier die Rechtsentwicklung durchaus in neue Richtungen gelenkt werden, weshalb englische Juristen einen viel offensiveren und kreativeren Umgang mit den Instrumenten des Rechts gewohnt sind, der in den Augen des kontinentaleuropäischen Juristen aggressiv und unverschämt scheinen kann.

Diese Unterschiede sind im Allgemeinen im Rahmen eines Rechtsvergleichs zu berücksichtigen, da die unterschiedlichen Herangehensweisen an die Fallbewältigung unterschiedliche Anforderungen an die Rechtsetzung stellen, so dass Regelungen, die in einer Rechtsordnung funktionieren und problemlos angewendet werden, möglicherweise bei den Juristen einer anderen Rechtsordnung auf Unverständnis stoßen. Umso wichtiger ist es, sich diese Unterschiede in der Herangehensweise im Rahmen der hier zu behandelnden Frage, inwieweit die Mitgliedstaaten zu Konvergenzbewegungen auf dem Gebiet des Insolvenzrechts bereit und in der Lage sind, vor Augen zu führen. Denn gerade bei der Anwendung der in allen Mitgliedstaaten mit gleichem Wortlaut geltenden EuInsVO haben sich deutliche Unterschiede gezeigt und es waren zunächst die englischen Juristen, die den kontinentaleuropäischen durch ihren offensiven Umgang sehr unangenehm aufgefallen sind[969]. Das als „Insolvenzimperialismus"[970] bezeichnete Verhalten englischer Gerichte mag nicht der sprichwörtlichen feinen englischen Art entsprechen, jedoch ist

---

964 *Koch/Magnus/Winkler von Mohrenfels*, IPR und Rechtsvergleichung, 3. Aufl. 2004, 335; *Zweigert/Götz*, Einführung in die Rechtsvergleichung, 1996, 201 ff.
965 High Court of Justice chancery Division Leeds, B. v. 16.5.2003.
966 *v. Bernstorff*, Einführung in das englische Recht, 3. Aufl. 2006, 10 f.; *Koch/Magnus/Winkler von Mohrenfels*, IPR und Rechtsvergleichung, 3. Aufl. 2004, 336.
967 *Koch/Magnus/Winkler von Mohrenfels*, IPR und Rechtsvergleichung, 3. Aufl. 2004, 334.
968 Zu übersetzen als „Billigkeitsrecht". Zu diesem Rechtsbegriff und seiner Entwicklung *v. Bernstorff*, Einführung in das englische Recht, 3. Aufl. 2006, 6 ff.
969 Dazu bereits oben C. III.
970 *Mankowski*, EWiR 2003, 1239.

dieses vor besagtem Hintergrund der Gewohnheit, das Recht auf diesem Wege fortzubilden, eventuell verständlicher.

Die Verdichtung des grenzüberschreitenden Geschäftsverkehrs auf dem europäischen Binnenmarkt und die damit einher gehende Notwendigkeit einer Kompatibilität der Wirtschaftsgesetzgebungen der Mitgliedstaaten sind auch an der britischen Insel nicht spurlos vorbeigegangen. Gerade im Bereich des Wirtschafts- und Insolvenzrechts wird hier ein gradueller Wandel von traditionellen *common-law*-Methoden der Rechtsdurchsetzung hin zu einer gegenseitigen Unterstützung und Kooperation beobachtet[971].

2. Das englische nationale Insolvenzrecht

Auch das englische[972] Insolvenzrecht unterlag in den letzten Jahrzehnten mehreren umfassenden Reformen.

a) *Reformen*

aa) Insolvency Act 1986

Die große Insolvenzrechtsreform fand in England Mitte der achtziger Jahre statt, veranlasst durch die Wirtschaftskrise in England in den 70er und frühen 80er Jahren[973]. Erstmals fasste der englische Gesetzgeber das englische Insolvenzrecht in einem Gesetz, dem Insolvency Act 1986 (IA 1986), zusammen, der in erster Linie durch die etwa 750 Vorschriften umfassenden Insolvency Rules 1986, aber auch noch durch eine Vielzahl weiterer Verordnungen ergänzt wird, die verschiedene materielle und verfahrensrechtliche Ausführungsbestimmungen enthalten. Diese Regelungen lösten mit Inkrafttreten am 29.12.1986 den Bankruptcy Act von 1914 und den Deeds of Arrangement Act von 1959 ab. Mit dem IA 1986 wurde in rasantem Tempo das englische Insolvenzrecht umfassend saniert[974]. Die Reform beruht im Wesentlichen auf dem so genannten „Cork Report"[975] der 1977 vom „Secretary of State for Trade" eingesetzten „Review Comission on Insolvency Law and Practice", die 1982 ihre Empfehlungen in diesem Bericht zusammenfasste. Zentrales Thema der Insolvenzrechtsreform war auch in England die Integration bzw. Schaffung von Sanierungsverfahren[976].

---

971 *Omar*, European Insolvency Law, 119 ff.
972 Die Darstellung beschränkt sich auf England und Wales (United Kingdom), ohne Schottland und Nordirland, die teilweise abweichende Regelungen haben. Zu den kollisionsrechtlichen Problemen innerhalb des Vereinigten Königreiches und der Problematik der Bezeichnung der Staatsangehörigkeiten: *Florian*, Das englische internationale Insolvenzrecht, 17.
973 *Fletcher*, The Law of Insolvency, 3. Aufl. 2002, RdNr. 1-025.
974 *Shearmann* ZIP 1995, 1129, 1135.
975 Benannt nach dem Vorsitzenden Sir Kenneth Cork.
976 *Cork-Report*, Command Paper 8558 (1982), para. 495 ff.; *Shearmann* ZIP 1995, 1129 ff.; *Perker*, Reorganisationsverfahren im englischen Insolvenzrecht, 9 ff.

Es wurde ein spezielles Sanierungsverfahren, die *Administration*, eingeführt. Obwohl mit der Einführung dieses Verfahrens eine Gesetzeslücke geschlossen werden sollte, fand es in der Insolvenzpraxis kaum Anwendung. Traditionell ist das englische Insolvenzrecht mit der überragenden Bedeutung der Interessen der gesicherten Gläubiger sehr marktorientiert[977]. Sanierungen in der Insolvenz wurden daher weiterhin überwiegend über das Verfahren der *Administrative Receivership* abgewickelt[978], einem Zwangsverfahren eines besonders gesicherten Gläubigers, dessen entscheidender Nachteil darin liegt, dass der Insolvenzverwalter *(administrative receiver)* nur dem das Verfahren betreibenden gesicherten Gläubiger verpflichtet ist, was zu einer Ungleichbehandlung der ungesicherten Gläubiger führen kann[979]. Diese Entwicklung bzw. Nichtentwicklung in der englischen Insolvenzpraxis widersprach der Zielsetzung des Gesetzgebers. Aus diesem Grund legte dieser am 7.11.2002 mit der Verabschiedung des Enterprise Act 2002 noch einmal in Sachen Sanierungsrecht nach.

bb) Enterprise Act 2002 – die Reform der Reform

Mit dem vom *Department of Trade and Industry* verfassten Weißbuch „Insolvency – A Second Chance“[980] legte die Regierung im Juli 2001 eine vollständige Überarbeitung des Unternehmenssanierungsrechts vor, die die Grundlage des Enterprise Act 2002 (EA 2002) bildet.

Der EA 2002, der am 15. September 2003 in Kraft getreten ist, enthält Änderungen auf den Gebieten des Wettbewerbs-, Verbraucher- und des Insolvenzrechts. Durch Part 10 dieses Reformwerks wurde der gesamte Part II des IA 1986, in dem das Verfahren der *Administration* geregelt war, ersetzt. Der EA 2002, Part 10 enthält in sec. 8 einen Verweis auf den 116 Paragraphen starken Gesetzesanhang Schedule B 1, um den der IA 1986 ergänzt wurde und der die komplette Neuregelung der *Administration* enthält. Die Reformergebnisse des IA 1986 werden dabei vielfach weiterentwickelt, teilweise aber auch derart entfremdet, dass von der alten Regelung nicht mehr viel übrig bleibt. Die Regelungen über Fortführung, Reorganisation und Sanierung insolventer Unternehmen erfahren radikale Neuerungen und werden in ein vollkommen neues Licht gestellt. *„Rescue culture“* ist der Kernbegriff dieser Reform der Reform[981]. Dies bedeutet, dass der Erhalt der Unternehmen in der Insolvenz gegenüber der Liquidation in den Vordergrund rücken soll. Hierfür soll ein sanierungsfreundlicheres Insolvenzklima geschaffen werden, wodurch die Angst

---

977 *Omar*, European Insolvency Law, 128 f.

978 Vgl. *Davies*, Insolvency and the Enterprise Act 2002, RdNr. 6.10 mit einer Statistik in RdNr. 6.7, wonach *Administrations* und *company voluntary arrangements* in den Jahren 1997 bis 2001 im Schnitt nur 3 % der Unternehmensinsolvenzverfahren ausgemacht haben.

979 *Neilson-Clark/Lewin*, in: The European Restructuring and Insolvency Guide 2005/2006, 130, 131.

980 DTI, Productivity and Enterprise: Insolvency – A Second Chance, Command Paper 5234 (2001).

981 *Neilson-Clark/Lewin*, in: The European Restructuring and Insolvency Guide 2005/2006, 130, 132.

vor unternehmerischem Scheitern gezügelt und die unternehmerische Risikobereitschaft erhöht werden soll[982].

b) *Verfahrensstruktur und Insolvenzziele*

Das englische Insolvenzrecht sieht – anders als beispielsweise das deutsche und das spanische – kein Regelinsolvenzverfahren vor, das dem jeweiligen Fall entsprechend individuell ausgestaltet werden kann, sondern hält alternativ verschiedene eigenständige Verfahrensarten bereit. Hierbei unterscheidet es nach der Rechtsnatur des Schuldners (natürliche oder juristische Person) und nach den Zielen des Verfahrens (Zerschlagung oder Sanierung). Zur Bewältigung der Insolvenz von Unternehmen kommen verschiedene Verfahren in Betracht, die nicht alle die Insolvenz voraussetzen und untereinander kombinierbar sind. Die entsprechenden Regelungen finden sich inzwischen überwiegend im IA 1986, den Insolvency Rules bzw. im Enterprise Act 2002, aber auch im Companies Act 1985 (CA 1985). Im Wesentlichen unterscheiden sich die Verfahren nach ihrer Zielsetzung. Das so genannte *winding-up*-Verfahren ist hierbei ausschließlich auf eine Liquidation gerichtet. Anders als das österreichische Konkursverfahren mit seinen Regelungen über den Zwangsausgleich bietet das englische *winding-up*-Verfahren keinerlei Sanierungsoption, so dass immer dann, wenn dieses Verfahren gewählt wird, die Zerschlagung des schuldnerischen Unternehmens unausweichlich ist. Hiergegen ist die *Administration* ausdrücklich dem Ziel der Sanierung gewidmet. Während in der englischen Insolvenzpraxis üblicherweise das Unternehmen aufgrund des Risikos weiterer Verluste und der Schwierigkeiten einer Finanzierung durch Dritte nicht lange fortgeführt, sondern im Wege der übertragenden Sanierung auf einen anderen Rechtsträger übertragen wird[983], scheint sich der Gesetzgeber im EA 2002 bei der Formulierung der Zielsetzung der *Administration* eher für die Rettung des Unternehmensträgers auszusprechen, was in der Literatur teilweise kritisiert wird[984]. Sowohl liquidatorisch als auch sanierend einsetzbar ist die *Administrative Receivership*. Hinzu kommen die Möglichkeiten eines *Company Voluntary Arrangement* und eines *Scheme of Arrangement*.

c) *Der Sanierungsgedanke im englischen Insolvenzrecht*

Wie gesehen[985], spielt der Sanierungsgedanke bei den Insolvenzrechtsreformen der letzten Jahrzehnte auch in England eine tragende Rolle.

aa) Sanierungsmöglichkeiten im englischen Insolvenzrecht

Das vom Gesetzgeber vorrangig zur Bewältigung einer Unternehmensinsolvenz durch Sanierung vorgesehene Verfahren ist die *Administration*, die gerade durch den

---

982 Department of Trade and Industry (DTI), Productivity and Enterprise: Insolvency – A second Chance, Command Paper 5234 (2001), S. 9.
983 *Dennis/Fox*, The New Law of Insolvency, RdNr. 7.2.7.; *Neilson-Clark/Lewin*, in: The European Restructuring and Insolvency Guide 2005/2006, 130 f.
984 *McBryde/Flessner/Kortmann-Stevens*, Principles of European Insolvency Law, 206.
985 Oben D. IV. 1. a).

Insolvency Act 2002 gegenüber der *Administrative Receivership* erheblich aufgewertet wurde. Außerdem wurde die Möglichkeit der Ausarbeitung eines bindenden Vergleichs zwischen dem schuldnerischen Unternehmen und den Gläubigern in Form des *Company Voluntary Arrangement* in den IA 1986 aufgenommen. Schließlich besteht noch die Möglichkeit der Vereinbarung eines *Scheme of Arrangement* nach dem CA 1985.

(1) Administration

Die *Administration* wurde durch den englischen Gesetzgeber des IA 1986 als spezielles Sanierungsverfahren eingeführt, das auf einen dauerhaften oder auch nur vorübergehenden Erhalt des insolventen Unternehmens zur Optimierung der Verwertung gerichtet ist. Die *Administration* galt als Herzstück der Reform der achtziger Jahre[986], wurde aber von der Praxis nicht gut angenommen[987]. Die Gründe hierfür sind in erster Linie in der Vorrangstellung der durch eine *floating charge* gesicherten Gläubiger zu sehen, die mit ihrem Vetorecht eine *Administration order* zu Gunsten einer *Administrative Receivership* abwenden konnten; viel zu oft machten die Sicherungsgläubiger kurzsichtig und nur auf ihre schnelle eigene Befriedigung bedacht von dem Verfahren der *Administrative Receivership* Gebrauch und blockierten somit eine *Administration* und damit eine nachhaltige Sanierung des Unternehmens[988]. Weiter galten die notwendigen Vorbereitungsmaßnahmen, um den Erlass einer *Adminitration order* durch das Gericht zu erreichen, als zu zeit- und kostenaufwendig[989].

Nach dem Scheitern des gut gemeinten Vorläufers aus dem Jahre 1986 wurde mit dem EA 2002 das Verfahren der *Administration* umfassend neu geregelt. Unter dem Schlagwort *„streamlining“*[990] hat der Gesetzgeber hier versucht, das Verfahren unbürokratischer, einfacher, schneller und kostengünstiger zu gestalten.

(a) Verfahrenseinleitung

Gemäß para. 2 Schedule B 1 gibt es alternativ drei Möglichkeiten, das Verfahren einer *Administration* in Gang zu setzen:

- gemäß para. 10 ff. Schedule B 1 durch Beantragung (*petition*) eines Gerichtsbeschlusses (*Administration order*),
- gemäß para. 14 ff. Schedule B 1 durch den Inhaber einer *qualifying floating charge* und
- gemäß para. 22 ff. Schedule B 1 durch die schuldnerische Gesellschaft bzw. deren Geschäftsleitung.

---

986 Vgl. die zusammenfassenden Erläuterungen zum *Cork Report* bei *Cork/Graham*, ZIP 1982, 1275, 1284 f.

987 Siehe hierzu die Statistik bei *Davies*, Insolvency and the Enterprise Act 2002, RdNr. 6.7.

988 Vgl. *Davies*, Insolvency and the Enterprise Act 2002, RdNr. 6.10; *Fletcher*, EBOR 5 (2004), 119, 124 f.; *Perker*, Reorganisationsverfahren im englischen Insolvenzrecht, 47 f.

989 *Davies*, Insolvency and the Enterprise Act 2002, RdNr. 6.12; *Fletcher*, EBOR 5 (2004), 119, 125.

990 DTI, S. 10, para. 2.7; wörtlich zu übersetzen etwa als „Modernisierung“ oder „Rationalisierung“.

Die letzten beiden neuen Varianten werden dabei treffender Weise als *out-of-court route into Administration* bezeichnet[991], weil hier ein Gerichtsbeschluss gerade nicht erforderlich ist.

(i) Die gerichtliche Administration order

Eine Verfahrenseröffnung durch das Gericht erfolgt gemäß para. 11 Schedule B 1 auf Antrag der Gesellschaft oder eines Gläubigers, wenn zur Überzeugung des Gerichts festgestellt wurde, dass der Schuldner nicht in der Lage ist bzw. künftig nicht in der Lage sein wird, seine Verbindlichkeiten zu begleichen und eines der abgestuften Verfahrensziele nach para. 3 Schedule B 1 erreichbar scheint. Die Antragstellung löst gemäß para. 42 bis 44 Schedule B 1 ein interim moratorium aus, welches mit Erlass des Eröffnungsbeschlusses allumfassend wird. Durch para. 35 Schedule B 1 wird den Gläubigern, die Inhaber einer *floating charge* sind, ein Vorrecht für die Auswahl des *Administrators* eingeräumt. Diese Regelung stellt einen gewissen Ausgleich für die Einschränkung des Inhabers einer *floating charge* im Hinblick auf die Durchführung des für ihn vorteilhaftesten Verfahrens der *Administrative Receivership* dar[992].

(ii) Bestellung eines Administrators durch einen durch eine floating charge gesicherten Gläubiger

Ein Gläubiger, der Inhaber einer *qualifying floating charge* ist, kann nunmehr gemäß para. 14 ff. Schedule B 1 auch selber durch Bestellung eines *Administrators* ein *Administration*-Verfahren einleiten, wenn sich seine *floating charge* auf jedenfalls nahezu das gesamte Vermögen des schuldnerischen Unternehmens erstreckt und das Recht auf Ernennung eines *Administrators* ausdrücklich in der Sicherungsabrede vereinbart wurde bzw. in dieser ausdrücklich auf die entsprechenden Passagen im EA 2002 Bezug genommen wird. Das Verfahren gilt automatisch als eröffnet, sobald dem Gericht eine Erklärung zugeht, aus der hervorgeht, dass die *floating charge*, aufgrund derer das Verfahren durchgeführt werden soll, wirksam zustande gekommen, nicht erloschen und durchsetzbar ist. Des Weiteren muss eine Erklärung des designierten *Administrators* vorliegen, dass dieser bereit ist, das Verfahren zu übernehmen und dass eines der Ziele des *Administration*-Verfahrens erreicht werden kann.

Da es nicht erforderlich ist, Zahlungsunfähigkeit oder drohende Zahlungsunfähigkeit des Schuldners nachzuweisen, könnte theoretisch das Verfahren bei Vorliegen aller übrigen Voraussetzungen auch über ein solventes Unternehmen eröffnet werden[993].

---

991 *Davies*, Insolvency and the Enterprise Act 2002, RdNr. 6.23; *Dennis/Fox*, The New Law of Insolvency, RdNr. 7.4.1.; *Neilson-Clark/Lewin*, in: The European Restructuring and Insolvency Guide 2005/2006, 130, 132.
992 *Neilson-Clark/Lewin*, in: The European Restructuring and Insolvency Guide 2005/2006, 130, 131; *McBryde/Flessner/Kortmann-Stevens*, Principles of European Insolvency Law, 200.
993 *Sealy/Milman*, Annotated Guide to the Insolvency Legislation, 7. Aufl. 2004, 507.

(iii) Bestellung eines Administrators durch die Gesellschaft

Ein Recht zur eigenständigen Bestellung eines *Administrators* haben gemäß para. 22 ff. Schedule B 1 auch die Gesellschaft selber oder ihre *directors*. Zum Schutz der Gläubiger besteht dieses Recht jedoch nur, sofern innerhalb der letzten 12 Monate vor der beabsichtigten Eröffnung weder ein *Administration*-Verfahren durch die Gesellschaft oder die *directors* direkt oder durch Antrag bei Gericht eröffnet wurde und kein *Company Voluntary Arrangement* durchgeführt wurde. Hierdurch soll vermieden werden, dass das Unternehmen dieses Instrumentarium dazu missbraucht, durch die Verursachung immer neuer Moratorien das Vermögen dem Zugriff der Gläubiger dauerhaft zu entziehen. Im Übrigen hat auch hier der Inhaber einer *floating charge* ein Vorrecht zur Eröffnung eines *Administration*-Verfahrens und der Ernennung eines *Administrators*, weshalb diesem die Absicht zur Bestellung eines *Administrators* mitzuteilen und eine Frist von fünf Tagen einzuräumen ist, binnen derer der Inhaber der *floating charge* seinerseits unter den Voraussetzungen des para. 14 ff. Schedule B 1 ein *Administration*-Verfahren einleiten kann.

(b) Verfahrensziele und Verfahrensablauf

Eine der wichtigsten Änderungen der *Administration* durch den EA 2002 stellt die Implementierung eines dreistufigen hierarchischen Systems der im Rahmen einer solchen anzustrebenden Ziele dar.

Gemäß para. 3 Schedule B1 hat der *Administrator* seine Anstrengungen in erster Linie auf den Erhalt des schuldnerischen Unternehmens als *„going concern"* zu richten. Erst wenn der Verwalter feststellt und darlegt, dass eine dauerhafte Fortführung (Reorganisation) im Sinne des para. 3 Abs. 1 lit. a) nicht erreicht werden kann, darf er als zweite Stufe gemäß para. 3 Abs. 1 lit. b) eine Verwertung des Unternehmens durch Veräußerung von Unternehmensteilen oder des gesamten Unternehmens vornehmen (übertragende Sanierung), wenn diese einen höheren Erlös als die Liquidation verspricht. Wenn schließlich auch eine vorteilhaftere Verwertung als im Liquidationsverfahren nicht mehr gewährleistet ist, darf der *Administrator* gemäß para. 3 Abs. 1 lit. c) das schuldnerische Vermögen zur Sicherung der gesicherten und vorrangigen Gläubiger verwerten (Liquidation).

Zuvor standen dem *Administrator* vier Verfahrensziele alternativ zur Wahl. Mit der neuen hierarchischen Anordnung der Verfahrensziele zu Gunsten der Rettung des gesamten Unternehmens bringt der englische Gesetzgeber sein Ziel der Implementierung einer *„rescue culture"* zum Ausdruck. Kritisiert wird jedoch, dass dem Wortlaut des para. 3 Abs. 1 a) zufolge nicht der Erhalt der Unternehmenstätigkeit, sondern der Erhalt des Unternehmensträgers im Vordergrund steht, was sowohl der Erkenntnis des Cork Reports als auch der Praxis widerspreche, wonach vorrangig die Rettung der Unternehmenstätigkeit gegebenenfalls auch durch übertragende Sanierung von Bedeutung sei[994]. Da der *Administrator* gegenüber den Beteiligten und

---

994 *Sealy/Milman*, Annotated Guide to the Insolvency Legislation, 7. Aufl. 2004, 507; *McBryde/Flessner/Kortmann-Stevens*, Principles of European Insolvency Law, 206.

dem Gericht eine Erklärung darüber abzugeben hat, warum er eine der höherrangigen Stufen für *„not reasonably practical"* hält[995], wird er – so vermutlich das Kalkül des englischen Gesetzgebers – in Zukunft im Sinne einer *„rescue culture"* stärker bemüht sein, das Unternehmen im Ganzen einschließlich des Unternehmensträgers und Schuldners zu retten, womit die Chance der ungesicherten Gläubiger auf weitgehende Befriedigung steigen und der Gleichbehandlung der Gläubiger wiederum Rechnung getragen würde. Teilweise wird vermutet, dass die Formulierung des para. 3 Abs. 1 eher den Effekt haben könnte, dass es dem *Administrator* regelmäßig leicht fallen wird, zu begründen, dass die erste Stufe der Rettung des Unternehmensträgers nicht erreichbar ist, und er somit gleich zur zweiten Stufe übergehen kann[996].

Gemäß para. 49 Abs. 1 Schedule B1 hat der *Administrator* Vorschläge zu machen, wie das angestrebte Ziel errreicht werden kann. Para. 49 Abs. 3 Schedule B1 nennt explizit zwei Sanierungsinstrumente, das *Company Voluntary Arrangement* (CVA) gemäß Part I des IA 1986 und das *Scheme of Arrangement* (SoA) gemäß section 425 CA 1985. Beide Verfahren setzen nicht die Insolvenz des Unternehmens voraus, sondern können auch ohne Einsetzung eines professionellen Verwalters zwischen der Unternehmensführung und den Gläubigern ausgehandelt werden. Beide Verfahren zielen auf einen gemeinschaftlich mit den Gläubigern ausgehandelten bindenden Vergleichs- bzw. Zahlungsplan ab. Im Rahmen einer *Administration* handelt das Unternehmen hier durch den *Administrator*. Das CVA wird hier als im InsolvencyAct 1986 geregeltes Insolvenzverfahren noch gesondert dargestellt werden[997].

> Ein SoA wird durch einen Antrag des *Administrators* bei Gericht auf Einberufung einer Beschlussversammlung und die Information der Beteiligten über die beabsichtigte Beschlussfassung eingeleitet. Für die Abstimmung teilt der *Administrator* die Beteiligten in Klassen ein, deren Rechtsstellung und Interessenlage weitgehend identisch sein muss. Für die Beschlussfassung sind je Klasse eine einfache Kopfmehrheit und eine Summenmehrheit von 75 % der Ansprüche der Anwesenden erforderlich. Nach einem positiven Abstimmungsergebnis bedarf es für die Rechtsverbindlichkeit des Plans der gerichtlichen Bestätigung. Diese erfolgt, sofern die Verfahrensvorschriften eingehalten worden sind, die einzelnen Klassen fair zusammengesetzt waren und der Beschluss auf vernünftigen Erwägungen beruht. Inhaltlich ist das SoA äußerst flexibel hinsichtlich der Gestaltung der Reorganisationsmaßnahmen. Mit der gerichtlichen Bestätigung und der Einreichung des Beschlusses beim Gesellschaftsregister entfaltet der Plan Bindungswirkung für alle Beteiligten. Diese weitgehende Bindungswirkung stellt einen großen Vorteil dar, da sie der Durchführung der Reorganisation ein stabiles Fundament verleiht. Nachteile dieser Variante sind die Komplexität des Verfahrens und der Voraussetzungen für ein wirksames Zustandekommen, weshalb es im Rahmen einer *Administration* weniger praktische Bedeutung hat. Interessant ist das SoA aber für die Reorganisation von Unternehmensgruppen, wobei auch solvente Unternehmen in das Konzept einbezogen werden können[998].

---

995 Vgl. para 3 (3) Schedule B 1.
996 *Sealy/Milman*, Annotated Guide to the Insolvency Legislation, 7. Aufl. 2004, 507.
997 Unten D. IV. 2. c) aa) (2).
998 *Sealy/Milman*, Annotated Guide to the Insolvency Legislation, 7. Aufl. 2004, 518.

(c) Die faktische Abschaffung der Administrative Receivership

Vor den Änderungen durch den EA 2002 stand die *Administration* im Schatten der in Part III, section 28–72 IA 1986 geregelten *Administrative Receivership.* Die *Administrative Receivership* ist vom Gesetzgeber nicht als spezifisches Sanierungsverfahren vorgesehen worden, sondern dient als Zwangsverwaltung im Konkurs in erster Linie der Durchsetzung der so genannten *floating charge,* einem dem englischen Recht eigenen Sicherungsrecht[999], womit es sich nicht um ein Gesamtvollstreckungsverfahren handelte.

Durch den IA 1986 wurde das schon zuvor angewendete Verfahren ausdrücklich zu einem Insolvenzverfahren ernannt und mit Mechanismen ausgestattet, die die Sanierung oder Reorganisation des Schuldnerunternehmens erleichtern sollten[1000]. Es blieb jedoch die Situation, dass der vorrangig im Interesse des Sicherungsnehmers handelnde[1001] *Administrative Receiver* beispielsweise beim Aushandeln von Preisen für die Veräußerung von Unternehmensteilen sich bereits dann mit einem Angebot zufrieden gibt, wenn dieses zur Deckung der Forderung des Inhabers der *floating charge* nach Befriedigung der vorrangigen Forderungen ausreicht, selbst wenn bei weitergehenden Bemühungen ein höherer Preis zu erzielen gewesen wäre[1002]. Dies widerspricht dem Grundsatz der *par condicio creditorum.*

Der großen Kritik an der *Administrative Receivership* nachkommend, setzte sich der Gesetzgeber bei seinen Reformbemühungen nun in Annäherung an das kontinental-europäische sowie das US-amerikanische Insolvenzrecht die Gläubigergleichbehandlung zum Maßstab. Dieser Schritt war konsequent nur durch die weitgehende Abschaffung der einseitigen *Administrative Receivership* erreichbar.

Zwar wird die *Administrative Receivership* durch den EA 2002 nicht ausdrücklich abgeschafft, jedoch führen die neuen Regelungen faktisch zu einem Ausschluss dieses Verfahrens für die meisten Fälle[1003]. Durch section 250 EA 2002 wurden mit der richtungweisenden Überschrift *„Prohibition of Appointment of Administrative Receiver“* die sections 72a bis 72h in den IA 1986 eingeführt. Hiernach ist von einigen praktisch irrelevanten[1004] Ausnahmen abgesehen dem Inhaber einer nach dem 15. September 2003 bestellten *qualifying floating charge* die Bestellung eines *Administrative Receivers* untersagt. Als „qualifizierend“ gilt eine *floating charge* gemäß section 14 (2), Schedule B 1, wenn sie den Inhaber berechtigt, einen *Administrator* oder *Administrative Receiver* zu ernennen (sic!).

---

999 Zur *„floating charge“* ausführlich in deutscher Sprache: *Schulz-Trieglaff,* Grundschuld und *floating charge* zur Absicherung von Unternehmenskrediten, 1997; auch *Weiss,* ZIP 1982, 1038, 1040; *Lange,* WM 1990, 701 ff.

1000 *Davies,* Insolvency and the Enterprise Act 2002, RdNr. 4.1 ff.; *Perker,* Reorganisationsverfahren im englischen Insolvenzrecht, 10 f.

1001 *Neilson-Clark/Lewin,* in: The European Restructuring and Insolvency Guide 2005/2006, 130, 131.

1002 DTI, pra. 2.2 f.

1003 *Tribe,* Company Lawyer 2002, 60 f.; vgl. auch *Neilson-Clark/Lewin,* in: The European Restructuring an Insolvency Guide 2005/2006, 130 ff.

1004 *Ehricke/Köster/Müller-Seils,* NZI 2003 409, 411.

Damit sind die Beteiligten in der Tat für den Großteil der Krisen- und Insolvenzfälle auf die *Administration* verwiesen.

(2) Company Voluntary Arrangement

Weiterhin besteht, ebenfalls modifiziert durch den EA 2002, die Möglichkeit, den Beteiligten unabhängig von einer *Administration* ein *Company Voluntary Arrangement* (*CVA*), nach Part I sec. 1–7 IA 1986 i.V.m. dem durch EA 2002 eingeführten Schedule A1 vorzuschlagen, auf dessen Basis zwischen dem Unternehmen und den Gläubigern ein bindender Vergleich oder Zahlungsplan vereinbart werden soll. Ein großer Vorteil und Anreiz des *CVA* liegt in der Möglichkeit, diesen unmittelbar durch die Gesellschaft bzw. ihre organschaftlichen Vertreter abzuschließen, so dass diese ohne Einschaltung eines professionellen Verwalters als *„debtors in possession"*, also in Eigenverwaltung, weiter die Geschäfte des Unternehmens führen können[1005].

Für das Zustandekommen eines *CVA* macht die schuldnerische Gesellschaft bzw. ihre organschaftlichen Vertreter einem für die Beaufsichtigung des Planverfahrens vorgesehenen Verwalter (*nominee*) einen Vorschlag für die Gestaltung des Verfahrens. Wird die *CVA*, was in der Praxis gerade bei großen Unternehmen oft der Fall ist[1006], mit einer *Administration* kombiniert, so ist es gemäß section 1 Abs. 3 IA 1986 der *Administrator*, der einen entsprechenden Vorschlag unterbreitet. Nach der Prüfung des Vorschlags im Hinblick auf die Durchführbarkeit erstellt der *nominee* gemäß section 2 Abs. 2IA 1986 einen Bericht für das Gericht. Befürwortet er den Plan, so wird dieser nochmals in einer hierfür einberufenen Gläubigerversammlung geprüft. Mit der Zustimmung der Anteilseigner und der Gläubiger entfaltet der Plan Bindungswirkung für das Unternehmen und sämtliche – auch unbekannte – Gläubiger, ohne dass es hierfür eines Bestätigungsaktes durch das Gericht bedarf. Eine Einteilung der Gläubiger in Klassen findet nicht statt. Die Beteiligten können den Beschluss innerhalb einer Frist von 28 Tagen mit der Anfechtung angreifen. Allerdings bindet der Plan gesicherte und bevorrechtigte Gläubiger nicht automatisch. Die Rechte von Sicherungsgläubigern werden durch ein Planverfahren grundsätzlich nicht berührt, allerdings kann ab Bestätigung des Plans nicht mehr aufgrund einer *floating charge* ein Zwangsverwalter bestellt werden. Im Übrigen dürfen die Rechte der dinglich gesicherten und der bevorrechtigten Gläubiger gemäß section 4 Abs. 3 IA 1986 nur mit deren ausdrücklicher Zustimmung beeinträchtigt werden. Mit dem Beschluss wird der *nominee* zum *supervisor*, der die Durchführung des Plans überwacht.

Auch das *CVA* fand in der Form, die es durch den IA 1986 erhalten hat, zunächst wenig Anklang. Unwägbarkeiten basierten im Fehlen eines Moratoriums, in Ungereimtheiten hinsichtlich der Stimmgewichtung und Lücken in der Reichweite der Bindungswirkung[1007]. Gemäß para. 3 der durch den EA 2002 eingeführten Schedule A1 können so genannte *„small companies"*[1008] nunmehr ein Moratorium zur Aus-

---

1005 *Fletcher*, EBOR 5 (2004), 119, 127.

1006 *Neilson-Clark/Lewin*, in: The European Restructuring and Insolvency Guide 2005/2006, 130, 133.

1007 *Dennis/Fox*, The New Law of Insolvency, RdNr. 3.2.3. ff.; *Fletcher*, EBOR 5 (2004), 119, 127.

1008 Als kleine Unternehmen gelten gemäß section 247 (3) Companies Act 1985 Unternehmen, deren Umsatz nicht über 2,8 Millionen englischen Pfund liegt, deren Gesamtbilanz nicht über 1,4 Millionen englischen Pfund liegt und die nicht mehr als 50 Angestellte haben.

arbeitung eines *CVA* erwirken. Grund für diese Beschränkung ist vermutlich das Ziel, Sanierungsvorhaben größerer Unternehmen in die *Administration* zu drängen, was allerdings dazu führen kann, dass große Unternehmen in Zukunft mangels der Möglichkeit der Vereinbarung eines *CVA* unter dem Schutze eines Moratoriums und wegen der Hinauszögerung der Einleitung der wesentlich teureren *Administration* die letzten Chancen zu einer Sanierung verstreichen lassen[1009].

bb) Ergebnis zur Sanierung im englischen Insolvenzrecht

Bemerkenswert ist der Stellenwert, den der englische Gesetzgeber dem Sanierungsgedanken zukommen lässt. Bereits in der englischen Insolvenzgesetzgebung aus dem Jahre 1986 ist eine eindeutige Gewichtung der Regelungen zugunsten liquidationsabwendender Verfahren unter starker Einbeziehung der Gläubiger zu erkennen. So ist in Part I zunächst das *CVA* als auf einen mit den Gläubigern abgestimmten Vergleich abzielendes Verfahren geregelt, der inzwischen durch Schedule B1 des EA 2002 ersetzte Part II enthielt die Regelungen des eigens kreierten Sanierungsverfahrens der *Administration*, Part III regelte die *Receivership*-Verfahren und erst ab Part IV folgen die Regelungen des *winding-up*, also der Liquidation. Die ausschließliche Beschäftigung mit einer Optimierung der liquidationsabwendenden Verfahren unter dem Schlagwort der *„rescue culture"* im EA 2002 unterstreicht den sanierungsfreundlichen Eindruck der englischen Insolvenzgesetzgebung.

Anders als nach der deutschen InsO[1010] werden die Verfahrensziele der Reorganisation, übertragenden Sanierung und Liquidation im englischen Recht ausdrücklich zugunsten der Sanierung in Form der Reorganisation des Schuldners in ein Rangverhältnis gesetzt. Zwar ist auch hier Voraussetzung für eine übertragende Sanierung, dass der durch diese zu erzielende Erlös höher ist als der zu erwartende Liquidationserlös – während dies im englischen Recht explizit so formuliert ist, ergibt sich dies in der deutschen Rechtsordnung aus dem absolut vorrangigen Ziel der optimalen Gläubigerbefriedigung, jedoch setzt der Vorrang, den der EA 2002 der Reorganisation des schuldnerischen Unternehmens einräumt, vollkommen andere Vorzeichen.

> Während ein deutscher Insolvenzverwalter sich trotz der gesetzlichen Gleichstellung von Sanierung und Liquidation zur Erreichung des Insolvenzziels der optimalen Gläubigerbefriedigung sehr gut rechtfertigen muss, wenn er statt den sicheren Weg der Liquidation einzuschlagen, das – immer bestehende – Risiko einer Sanierung eingehen will, so ist der englische *Administrator* jedenfalls im Rahmen der *Administration* angehalten, zunächst eingehend zu prüfen, ob und wie eine Reorganisation zu bewerkstelligen ist, und muss sich hingegen sehr gut rechtfertigen, wenn er dies verneint und statt dessen eine übertragende Sanierung oder gar eine Liquidation bevorzugt. Damit wird die Motivation und Vorgehensweise des *Administrators* in eine ganz andere Richtung gelenkt als die des deutschen Insolvenzverwalters. Dem *Administrator* wird insofern im Hinblick auf Sanierungen gesetzlich ganz anders der Rücken gestärkt. Allerdings ist zu berücksichtigen, dass dies nur innerhalb der *Administration*

1009 *Fletcher*, EBOR 5 (2004), 119, 131.
1010 Dazu oben D. II. 2. b).

gilt, die ihrerseits im englischen Insolvenzrecht in Konkurrenz zum ausschließlich auf Liquidation gerichteten *winding-up*-Verfahren steht.

Durch den weitgehenden Ausschluss der *Administrative Receivership* hat der Gesetzgeber der Praxis zudem ihre bisherige Grundlage für die liquidationsabwendende Abwicklung von Unternehmensinsolvenzen entzogen, so dass diese gezwungen ist, sich mit den übrigen Möglichkeiten einer Unternehmenssanierung und also insbesondere mit der neugefassten *Administration* auseinanderzusetzen, wodurch auf die Entwicklung einer grundlegend neuen Sanierungskultur in der englischen Insolvenzpraxis zu hoffen ist. Jedenfalls ist festzustellen, dass in den Fällen grenzüberschreitender Insolvenzen unter englischer Beteiligung, die die Welt oder zumindest Europa bewegen, oft wenn nicht sogar meistens auf der englischen Seite eine *Administration order* in der Form, die dieses Verfahren durch den EA 2002 erfahren hat, erlassen wird[1011].

d) *Die Behandlung von Unternehmensverbindungen im englischen Insolvenzrecht*

Die im IA 1986 verankerten englischen Insolvenzverfahren sind ebenso wie das deutsche und die österreichischen Verfahren auf die Bewältigung der Insolvenz *eines* Rechtsträgers ausgerichtet. Auch das englische Insolvenzrecht bietet keine speziellen Regelungen für Unternehmensverbindungen, weshalb in der englischen Rechtspraxis oftmals der Weg über insoweit flexiblere außergerichtliche Vereinbarungen (*informal work out*) gewählt wird[1012].

Auch das Konzernrecht bzw. gruppenspezifische Rechtsfragen wurden in England traditionsgemäß durch die Judikatur fortentwickelt. Wenn auch nicht alle gruppenspezifischen Ideen englischer Gerichte europaweit Zustimmung finden, so gibt es doch einige beispielhafte in der englischen Judikatur entwickelte und teilweise sogar in der Gesetzgebung verankerte Mechanismen zur Bewältigung von Problemen bei Gruppensachverhalten. Andererseits scheint gerade das Selbstbewusstsein, mit dem englische Gerichte die Zuständigkeit für Insolvenzverfahren ausländischer Tochtergesellschaften englischer Mütter am Sitz letzterer mit der Entscheidungsmacht dieser begründen, auf den ersten Blick fast in einem Widerspruch zum englischen Konzernrecht bzw. Gesellschaftsrecht zu stehen. Gemäß sec. 310 CA 1985 dürfen die *directors* einer Gesellschaft nicht vertraglich von ihren Pflichten gegenüber der Gesellschaft entbunden werden, so dass es gar nicht zulässig ist, die überwiegende Leitungsmacht einem anderen (Mutter-)Unternehmen zu übertragen. Weitergehend hat die englische Rechtsprechung festgelegt, dass die Interessen der Tochtergesellschaft, selbst wenn es sich um eine hundertprozentige Tochter handelt, nicht denen der Mutter oder der Gruppe untergeordnet werden dürfen[1013]. Es mutet etwas paradox an, dass englische Gerichte eine Macht englischer Mutterunternehmen, die diese über Töchter im eigenen Land nach der englischen Rechtsdog-

1011 So zum Beispiel im Verfahren *Automold* durch den High Court of Justice Leeds, B. v. 16.5.2003, ZIP 2003, 1362.

1012 *Dennis/Fox*, The New Law of Insolvency, RdNr. 4.6.3.

1013 *Charterbridge Corporation Ltd. V. Lloyds Bank Ltd.* (1970) Ch. 62, 74.

matik nicht ausüben dürften[1014], gegenüber ausländischen – und im Falle *Daisytek*[1015] sogar englischen – Töchtern – jedenfalls bis zur Entscheidung durch den EuGH im Verfahren *Parmalat/Eurofood*[1016] – regelmäßig und mit einem erstaunlichen Selbstverständnis für gegeben hielten. Um über diese scheinbaren Paradoxien besser urteilen zu können, soll das englische Konzernrecht und die Regelungen zu konzerninsolvenzrechtlichen Fragen kurz dargestellt werden.

aa) Konzernstrukturen in England

In England gibt es verschiedene Gruppenmodelle, von denen einige sogar eine gesetzliche Definition gefunden haben. Sec. 736 des CA 1985 nennt die häufigsten Konstellationen der im Mutter-Tochter-Verhältnis stehenden verbundenen Unternehmen, bei denen eine Gesellschaft (1) die andere durch Stimmenmehrheit, (2) als Gesellschafterin der anderen mit dem Recht die Mehrheit der Mitglieder zu benennen oder abzuberufen oder (3) als Gesellschafterin der anderen mit Stimmenmehrheit oder zumindest -kontrolle dominiert. In Anpassung an die wirtschaftliche Realität[1017] nennen sec. 258, 259 CA 1985 auch Gruppen, die auf faktischer Kontrolle oder Beherrschungsverträgen basieren. Wobei wieder zu beachten ist, dass nach englischem Recht eine englische Gesellschaft zwar eine andere beherrschen darf, sich eine englische Gesellschaft aber nicht beherrschen lassen darf (sec. 310 CA 1985), weshalb Konstellationen mit einem Beherrschungsvertrag nur mit einer englischen Mutter und einer ausländischen, z. B. deutschen Tochter, denkbar sind[1018].

bb) „wrongful trading“ durch den „shadow director”

Eher der Gruppenrealität entspricht ein Mittel zur Sicherung des gruppenübergreifenden Gläubigerschutzes und der Sanierungschancen im Falle einer Krise bzw. der Insolvenz eines Tochterunternehmens, das seit dem IA 1986 in England gesetzlich festgehalten ist. Es handelt sich um den in sec. 214 Abs. 3 IA 1986 manifestierten Gedanken des *„wrongful trading“* als englischem Ausdruck für die allgemeine insolvenzrechtliche Haftung der Unternehmensgeschäftsleitung (vergleichbar mit, aber wesentlich weitergehend als die deutschen Regelungen über die Insolvenzverschleppung), der in gruppenspezifischer Rechtsfortbildung für bestimmte Konzernkonstruktionen um den Begriff des *„shadow director“* ergänzt wurde, der Eingang in sec. 251 IA 1986 gefunden hat. Hiernach kann die Geschäftsführung der Konzernmutter im Falle der Krise einer abhängigen Tochtergesellschaft dieselbe umfassende Pflicht, durch geeignete Maßnahmen den Schaden für die Gläubiger schon lange vor Eintritt des Insolvenzgrundes so gering wie möglich zu halten, tref-

---

1014 Dass allerdings auch innerhalb englischer Konzerne das Mutter-Tochter-Verhältnis faktisch – entgegen der englischen Rechtsdogmatik – regelmäßig ein Unterordnungsverhältnis mit Entscheidungsschwerpunkt bei der Mutter darstellt, ist wohl inzwischen auch englischen Rechtswissenschaftlern und Richtern bekannt, selbst wenn sie diese Tatsache noch zu ignorieren suchen.
1015 Dazu oben C. III. 2. a) aa).
1016 EuGH, Urt. v. 2.5.2006, Rs. C-341/04, ZInsO 2006, 484 ff., dazu oben C. III. 2. b).
1017 *Prentice*, in: Lutter, Konzernrecht im Ausland, 93, 101.
1018 *Prentice*, in: Lutter, Konzernrecht im Ausland, 93, 101 Fn. 27.

fen wie sie nach dem Grundsatz des *„wrongful trading“* der Geschäftsführung des Krisenunternehmens selbst zukommt. Voraussetzung für das Eingreifen der Haftung des *„shadow director“* ist, dass die Geschäftsführung des Tochterunternehmens faktisch nicht eigenständig handelt, sondern von den Anweisungen der Mutter gelenkt wird[1019]. Schließlich tritt die Haftungspflicht erst im Fall der insolvenzbedingten Liquidation der Tochter ein.

Diese Bedeutung der Entscheidungsdominanz der Muttergesellschaft für deren Haftung im Fall der Insolvenz der Tochtergesellschaft könnte im Zusammenhang mit der Heranziehung dieser Entscheidungsdominanz zur Bestimmung des Mittelpunktes der hauptsächlichen Interessen der Tochtergesellschaft, wie sie von englischen Gerichten praktiziert wurde, nunmehr allerdings durch den EuGH ausdrücklich ausgeschlossen ist[1020], auf den ersten Blick für die Geschäftsführung der Muttergesellschaft zu einer gefährlichen Wechselwirkung führen. Wird nämlich die Zuständigkeit für das Insolvenzverfahren über die Tochtergesellschaft damit begründet, dass alle wesentlichen Entscheidungen bei der Muttergesellschaft getroffen wurden, so werden hiermit regelmäßig starke Indizien dafür geliefert, dass es sich bei der Muttergesellschaft um einen *„shadow director“* handeln könnte, der unter Umständen nach sec. 214 Abs. 3 IA 1986 für ein *„wrongful trading“* haftet. Das Zusammenspiel der Regelung des *„wrongful trading“* durch den *„shadow director“* mit dem englischen Ehrgeiz, grenzüberschreitende Konzerninsolvenzen am Sitz der englischen Konzernmutter abzuwickeln, könnte somit verheerende haftungsrechtliche Folgen für die Muttergesellschaft haben, die zu einer Benachteiligung der Gläubiger der Mutter führen könnten. Allerdings ist festzuhalten, dass diese englische Regelung des *„wrongful trading“* bei Insolvenz einer ausländischen Tochtergesellschaft der englischen Mutter gerade nicht zur Anwendung gelangt, da diese Haftungsregelung nicht unmittelbar an die Leitungsmacht der Mutter anknüpft, sondern an den Schaden, den die Gläubiger der Tochtergesellschaft erleiden, für dessen Haftungslage allerdings das Gesellschaftsstatut der Tochtergesellschaft, also nicht das englische Recht, maßgeblich ist[1021].

cc) Die Annahme der Konzernzuständigkeit bei der englischen Konzernmutter in grenzüberschreitenden Fällen

Die Betrachtung des Konzernverständnisses im englischen Recht führt zu dem Schluss, dass es sich bei der Begründung der Konzentration der Zuständigkeit für Konzerninsolvenzen am Sitz der Konzernmutter bei Entscheidungen zu grenzüberschreitenden Insolvenzfällen[1022] nicht etwa um einen Rückgriff auf altgewachsene Grundsätze des *Case Law* handelt, sondern diese Ausdruck des progressiven Umgangs englischer Rechtspraktiker und insbesondere der Rechtsprechung mit den Grundlagen des gesetzten Rechts, die in England als Rechtsquelle „zweiten Ranges“ regelmäßig noch einer Ausfüllung und Ergänzung durch die Judikatur unterlie-

---

1019 Judge *Millet*, RE *Hydrodan (Corby) Ltd.*, 1994, B.C.C. 161, 163.
1020 EuGH, Urt. v. 2.5.2006, Rs. C-341/04, ZInsO 2006, 484 ff., zum Ausschluss der Maßgeblichkeit des inneren Geschäftsgangs für die Verortung des Mittelpunktes der hauptsächlichen Interessen der Tochtergesellschaft oben C. III. 3. a) bb).
1021 Siehe oben C. III. 4. b).
1022 Ausführlich zu dieser Entwicklung oben C. III. 2.

gen[1023], ist. Dementsprechend ziehen die englischen Gerichte für ihre Argumentation zur Begründung der Zuständigkeitskonzentration ausschließlich die scheinbar schwammigen Begriffe – insbesondere den des Mittelpunktes der hauptsächlichen Interessen in Art. 3 Abs. 1 – der EuInsVO heran. Dass eine derartige Rechtsfortbildung im Rahmen des Gemeinschaftsrechts die Kompetenz nationaler Gerichte etwas übersteigt, wird dabei scheinbar leicht übersehen. Der EuGH hat durch seine Entscheidung im Verfahren *Parmalat/Eurofood*[1024] dieser Anmaßung zumindest Grenzen gesetzt. Es kann nicht mehr die Entscheidungsmacht und Kontrolle der Mutter allein zur Rechtfertigung einer Zuständigkeitskonzentration an deren Sitz heran gezogen werden. Es fragt sich, inwieweit sich englische Gerichte durch diese Entscheidung beeindruckt zeigen werden. Es muss jedenfalls damit gerechnet werden, dass diese in ihrer beispiellosen Kreativität andere Wege entwickeln werden, sich die Regelungen der EuInsVO in einer Weise zunutze zu machen, wie sie vom Verordnungsgeber nicht vorgesehen oder gewollt ist.

3. Das englische internationale Insolvenzrecht

Das englische internationale Insolvenzrecht hat selbst durch die Reform Mitte der achtziger Jahre keine Kodifikation erfahren, sondern basiert auf umfangreichem *Case Law*, das sich schon sehr früh als ausgesprochen anerkennungs- und auch kooperationsfreundlich auszeichnete.[1025] Gleiches gilt für internationale Sanierungsverfahren, auf die die englische Judikatur die zu den internationalen Liquidationsfällen entwickelten Grundsätze gleichermaßen anwendet.[1026]

Im Hinblick auf die Entwicklung eines Kollisionsrechts, bei dem die abweichenden Regelungen anderer Staaten zu berücksichtigen sind, erweist sich das englische Fallrecht als durchaus vorteilhaft, da die englischen Richter, die bei ihren Entscheidungen weit weniger an den Wortlaut von Gesetzen oder konzeptionelle Theorien gebunden sind, wesentlich flexibler auf verschiedene und neue Probleme reagieren und einzelfallgerechte Lösungen entwickeln können[1027]. Dementsprechend wurde in England daher schon früh ein tendenziell anerkennungsfreundliches Kollisionsrecht entwickelt[1028], das sich von vornherein am Ziel einer internationalen Gläubigergleichbehandlung orientierte.[1029] Zudem war es nach englischem Recht schon lange vor der Einführung der EuInsVO möglich, ein Verfahren nach dem Prinzip der eingeschränkten bzw. pluralen Universalität durchzuführen, da es im Ermessen des englischen Richters stand, ob er den Antrag (*petition*) auf ein inländisches Insolvenz-

---

1023 *v. Bernstorff*, Einführung in das englische Recht, 9 f.
1024 EuGH, Urt. v. 2.5.2006, Rs. C-341/04, ZInsO 2006, 484 ff., dazu oben C. III. 2. b).
1025 *Fletcher*, in: Gottwald/Rechberger, 279, 318; *Reinhart*, Sanierungsverfahren im internationalen Insolvenzrecht, 95.
1026 *Reinhart*, Sanierungsverfahren im internationalen Insolvenzrecht, 96.
1027 *Florian*, Das englische internationale Insolvenzrecht, 16.
1028 *Fletcher*, in: Gottwald/Rechberger, 279, 318 f.; *Florian*, Das englische internationale Insolvenzrecht, 16; *Reinhart*, Sanierungsverfahren im internationalen Insolvenzrecht, 95.
1029 So zu finden in *Re Alfred Shaw & Co. Ltd., ex parte Mackenzie* (1897) 8 Q.L.J. 93 (96).

verfahren zugunsten eines über dasselbe Vermögen eröffneten ausländischen Verfahrens ablehnte oder aber ein auf das im Inland belegene Vermögen beschränktes Ergänzungsverfahren entsprechend dem Sekundärverfahren nach der EuInsVO eröffnete[1030]. Von dieser Möglichkeit einer Eröffnung eines inländischen Ergänzungsverfahrens unter grundsätzlicher Anerkennung der Wirkungen des in einem anderen Staat eröffneten Insolvenzverfahrens machten englische Gerichte schon früh in verschiedenen Fallgestaltungen Gebrauch[1031].

Vor diesem Hintergrund mag die gerade an englischen Gerichten kritisierte Praxis, Insolvenzverfahren mit grenzüberschreitendem Bezug um jeden Preis an sich zu ziehen[1032], zunächst überraschen. Jedoch wurde weiter oben schon angedeutet, dass die englischen Entscheidungen möglicherweise nicht nur auf egoistischen Motiven basieren, sondern im Hinblick auf Konzernsanierungen wirtschaftliche Weitsicht demonstrieren. So war das Vorgehen des englischen Gerichts im Verfahren *Automold*[1033] mit allen Beteiligten einschließlich dem in Deutschland zuständigen Gericht abgestimmt und selbst die Entscheidung des High Court of Justice Leeds[1034] im Falle *Daisytek* war – so jedenfalls der letzte Stand der veröffentlichten Informationen[1035] – mit der deutschen Geschäftsführung der in Deutschland ansässigen GmbHs abgesprochen.

Der englische Gesetzgeber sieht auch mit den Änderungen, die das Inkrafttreten der EuInsVO für die Gestaltung grenzüberschreitender Insolvenzverfahren mit sich bringt, keine Notwendigkeit für eine umfassende Kodifizierung des englischen internationalen Insolvenzrechts. Vielmehr soll weiterhin auf das lange gewachsene *Case Law* zurückgegriffen werden, wobei allerdings die Vereinbarkeit der hierbei entwickelten Grundsätze sorgfältig untersucht werden soll und gegebenenfalls in der weiteren Entwicklung durch die Gerichte Korrekturen und Anpassungen vorgenommen werden[1036].

4. Konvergenzbewegungen aus englischer Sicht

Unter dem Gesichtspunkt, dass das englische *Common Law* sich in seiner Struktur und Entwicklung seit jeher wesentlich vom kontinentaleuropäischen Recht unterscheidet, bedeuten Konvergenzbewegungen im Hinblick auf eine europäische Harmonisierung aus englischer Sicht eine besondere Herausforderung. Angesichts dieser Tatsache sind die Reformbemühungen und Auseinandersetzungen der letzten Jahre im englischen Insolvenzrecht, die durchaus mit einem kritisch-vergleichen-

---

1030 *Florian*, Das englische internationale Insolvenzrecht, 30 ff. m.w.N.
1031 *Commercial Bank of South Australia* (1886), Re 33 Ch.D. 174; *English, Scottish and Australian Chartered Bank* (1893); Re 3 Ch. 385 (C.A.); *Suidair International Airways Ltd.* (1951), Re 1 Ch. 165, zu diesen Fällen *Florian*, Das englische internationale Insolvenzrecht, 33 f.
1032 Dazu ausführlich oben C. III. 2. und 3.
1033 Hierzu oben C. III. 2. a) bb).
1034 High Court of Justice Leeds, B. v. 16.5.2003, ZIP 2003, 1362.
1035 So jedenfalls die Darstellung bei *Paulus*, ZIP 2003, 1725 f.
1036 *Fletcher*, in: Gottwald/Rechberger, 279, 323.

den Blick auf kontinentaleuropäische Insolvenzrechtsordnungen erfolgen[1037], als durchaus ambitioniert und wertvoll zu bezeichnen. Unübersehbar sind die Neuerungen des EA 2002 nicht nur im Hinblick auf Sanierungsverfahren stark durch die EuInsVO und die allgemeine Entwicklung auf dem Gebiet des europäischen Insolvenzrechts beeinflusst. Insbesondere dem Grundsatz der *par condicio creditorum* schenkte der englische Gesetzgeber in seinem Reformwerk große Aufmerksamkeit.

Einen wesentlichen Schritt hin zur Gewährleistung der Gläubigergleichbehandlung bedeutet die Einschränkung der Anwendung des auf die optimale Befriedigung weniger besonders gesicherter Gläubiger gerichteten *Administrative Receivership* und die gleichzeitige Bemühung um Optimierung und Aufwertung des Gesamtvollstreckungsverfahrens der *Administration*.

Es bleibt abzuwarten, welche Auswirkungen diese Maßnahmen auf das englische Sicherungsrecht haben werden. Jedenfalls dürften diese nicht ganz unbedeutend und vor allem nicht unproblematisch ausfallen; die *floating charge* galt bisher als wichtigstes Sicherungsmittel in der englischen Bankwirtschaft, das den Inhaber weit mehr privilegierte, als es andere Sicherungsmittel europäischer Rechtskreise zu tun pflegen[1038]. Die Entwertung, die die *floating charge* nun im Rahmen der Insolvenz zweifellos erfahren hat, dürfte hier die Verhältnisse wesentlich ins Wanken bringen[1039].

Dass sich der englische Gesetzgeber trotz der damit verbundenen erheblichen Eingriffe in das englische Sicherheitenrecht für diesen Schritt entschieden hat, ist als eine begrüßenswerte Annäherung an nicht zuletzt auf europäischen Entwicklungen basierende Realitäten anzuerkennen, denn wohl war dem Gesetzgeber durchaus bewusst und dies ebenfalls ein Motiv seines Handelns, dass die *Administrative Receivership* als sehr spezielles Sanierungsinstrument in der Insolvenz zur Sicherung einer im übrigen Europa in dieser Stärke vollkommen unbekannten Kreditsicherheit nicht europatauglich war. Demnach war die (faktische) Abschaffung des Verfahrens der *Administrative Receivership* unumgänglich, um das englische Insolvenzrecht an die Prinzipien des internationalen Insolvenzrechts anzupassen[1040], insbesondere die Gestaltung innereuropäischer Insolvenzverfahren im Lichte der EuInsVO zu erleichtern[1041]. Denn die *Administrative Receivership* passte als Einzelvollstreckungsverfahren nicht in das Konzept des Gesamtverfahrens nach Art. 1 I EuInsVO[1042], mit der Konsequenz, dass der *Administrative Receiver* nicht als Verwalter i.S.v. Art. 1 Abs. 1, 2a EuInsVO in Anhang A der Verordnung aufgenommen wurde. Der Gesetzgeber hat

1037 So gerade im Hinblick auf die Entwicklung der Sanierungskultur im europäischen Insolvenzrecht z. B. bei *Dennis/Fox*, The New Law of Insolvency, RdNr. 2.1 ff.
1038 Weshalb dem englischen Recht der Ruf zukommt, das sicherungsgläubigerfreundlichste unter den westlichen Industrieländern zu sein, vgl. *Davies*, Insolvency and the Enterprise Act 2002, RdNr. 2.7.
1039 *Davies*, Insolvency and the Enterprise Act 2002, RdNr. 4.47 ff.; *Dennis/Fox*, The New Law of Insolvency, RdNr. 5.3.29 ff.
1040 Vgl. *McBryde/Flessner/Kortmann-Stevens*, Principles of European Insolvency Law, 200.
1041 DTI, S. 9, para. 2.3.
1042 *Ehricke/Köster/Müller-Seils*, NZI 2003, 409, 411.

damit die Initiative ergriffen, ein mit der EuInsVO und den übrigen europäischen Insolvenzgesetzgebungen kompatibles Sanierungsrecht zu schaffen.

Einen Nachteil des aktuellen englischen Insolvenzrechts im Hinblick auf die Gestaltung grenzüberschreitender Sanierungsverfahren stellt das mehrspurige System dar, das die Verfahren nach den jeweils hierdurch zu erreichenden Zielen trennt. Dies führt – wie oben ausführlich geschildert[1043] – dann unweigerlich zum Ausschluss einer *Administration*, wenn in England ein Sekundärverfahren eröffnet wird – eine Konstellation, die angesichts der englischen Praxis, über jedes auch nur irgendwie mit England in Verbindung stehende Unternehmen ein Hauptinsolvenzverfahren in England zu eröffnen, bisher keine praktische Auswirkung hatte.

Im Hinblick auf Gruppeninsolvenzen war das Vorgehen englischer Gerichte – jedenfalls bis zur Entscheidung durch den EuGH im Verfahren *Parmalat/Eurofood*[1044] – sehr provokant. Dennoch haben die englischen Gerichte mit ihren Entscheidungen zu grenzüberschreitenden Gruppeninsolvenzverfahren eine wichtige Diskussion in Gang gesetzt und damit möglicherweise die Entwicklung auf dem Gebiet des grenzüberschreitenden Insolvenzrechts, aber auch des europäischen Gesellschaftsrechts, ein Stück weit voran gebracht. Die Reaktion der englischen Gerichte auf die Entscheidung des EuGH und damit die weitere Entwicklung bleiben mit Spannung abzuwarten.

In der Gesamtschau sind aus kontinental-europäischer Sicht die Reformen des englischen Insolvenzrechts in ihrer Drastik sehr positiv als ernsthafte Bemühung zu einer Annäherung der englischen Gesetzeslage an die europäische zu betrachten.

V. Spanien

1. Einleitung

Die Betrachtung des spanischen Insolvenzrechts erweist sich derzeit als besonders spannend und lohnend, da in Spanien am 1.9.2004 das Ley 22/2003, de 9 de julio Concursal (Konkursgesetz, ab hier LC) in Kraft getreten ist, mit dem das spanische Konkursrecht derart revolutioniert wird, wie dies sonst in keiner der hier beleuchteten Rechtsordnungen geschehen ist.

2. Das spanische nationale Insolvenzrecht

Dem spanischen Insolvenzrecht wurde bis zum Jahre 2003 kein eigenes Gesetzeswerk gewidmet. Regelungen zu diesem Rechtsbereich fanden sich in über dreißig verschiedenen Gesetzeswerken. Die wesentlichen Regelungen enthielten der Có-

---

1043 Oben C. II. 3. a).
1044 EuGH, Urt. v. 2.5.2006, Rs. C-341/04, ZInsO 2006, 484 ff., dazu oben C. III. 2. b).

digo de Comercio (CdC), das Handelsgesetzbuch, das seit seinem Inkrafttreten im Jahre 1829 das Konkursverfahren (*Juicio de Quiebra*) in den Art. 874 ff. unverändert behandelte, das Ley de Enjuiciamiento Civil (LEC), die spanische Zivilprozessordnung von 1885, die im Jahre 2001 ihrerseits eine umfassende Reform erfuhr[1045], die Leyes Generales Presupuestarias y Tributarias, die Allgemeinen Steuergesetze, das Ley Orgánica del Poder Judicial, das Gerichtsverfassungsgesetz, und schließlich als jüngste und praxisrelevanteste Regelung das Ley de Suspensión de Pagos von 1922, das ein spezielles Zahlungseinstellungsverfahren (*Expediente de Suspensión de Pagos*) regelte. Hierbei handelte es sich allerdings um ein Vergleichsverfahren, das sich im Vorfeld der Insolvenz abspielte, also zur Abwendung des Konkurses diente[1046], damit allerdings erhebliche praktische Bedeutung hatte[1047]. Mit dem internationalen Insolvenzrecht beschäftigte sich der spanische Gesetzgeber überhaupt nicht.

a) Die Reform

Angesichts der Unübersichtlichkeit und Unzulänglichkeit der spanischen Regelungen ließ sich der spanische Gesetzgeber, insbesondere im europäischen Vergleich, verhältnismäßig lange Zeit mit einer Neuordnung. Andererseits hat es seit den fünfziger Jahren bereits Reformversuche gegeben, die jedoch alle am Mehrheitserfordernis im Parlament scheiterten. Die späte Reform ist in Spanien dafür umso gründlicher ausgefallen und bietet zudem mit ihrem späten Vollzug den Vorteil, dass europäische Entwicklungen, so insbesondere die EuInsVO, sowie Reformerfahrungen anderer europäischer Staaten, wie nicht zuletzt Deutschlands[1048], berücksichtigt werden konnten und auch berücksichtigt wurden.

Im Zuge der neuen europäischen Insolvenzverordnung ist es dem spanischen Gesetzgeber nach mehreren gescheiterten Reformversuchen, insbesondere in den Jahren 1959[1049], 1983[1050] und 1995[1051], gelungen, unter dem Eindruck der Reformen in anderen EU-Ländern das überkommene, nicht zu Unrecht als antiquiert[1052], archa-

1045 *Fröhlingsdorf/Lincke*, RIW 2001, 357 ff.
1046 *Aparicio*, ICADE núm 61 (2004), 13, 15.
1047 Was insbesondere an den schweren Folgen lag, die ein Konkursverfahren für den Unternehmer zeitigte *Aparicio*, ICADE núm 61 (2004), 13, 22; *Garrido*, RDC núm 169-174 (1996), 73, 83.
1048 Die „Importe" aus dem deutschen neuen Insolvenzrecht hebt besonders *García Villaverde* hervor, AJA 2001, núm 491, 1 ff.
1049 Unveröffentlichter Gesetzesvorschlag der Justizabteilung des Instituts für politische Studien (Instituto de estudios políticos), der eine Vereinheitlichung der Verfahren für Kaufleute und Verbraucher in einem zweigleisigen System von Konkurs und Vergleich vorsah, dazu kurz *Aparicio*, ICADE núm 61 (2004), 13, 16.
1050 Gesetzesvorschlag veröffentlicht durch das Justizministerium am 27. Juni 1983, der zum einen die Vereinigung von Konkursprozessrecht und materiellem Prozessrecht in einem Verfahren vorsah, weiter die Vereinheitlichung für Kaufleute und Nicht-Kaufleute und – bemerkenswert – bereits ein flexibles Verfahren vorsah, in dessen Rahmen Liquidation, Vergleich und Fortführung gleichermaßen möglich sein sollten, *Aparicio*, ICADE núm 61 (2004), 13, 17 f.
1051 Dieser Gesetzesvorschlag, veröffentlicht am 15. Februar 1996, kehrte wieder zur zweispurigen Idee von Konkurs und Vergleich zurück, *Aparicio*, ICADE núm 61 (2004), 13, 19.
1052 *Esplugues*, ZZPInt 2 (1997), 69, 71 ; *de la Cruz Bértolo*, ICADE, núm 61 (2004), 85.

isch[1053], anachronistisch[1054] und pathologisch[1055] kritisierte[1056] spanische Konkursrecht zu überarbeiten und mit dem LC ein dem globalisierten Markt angepasstes Regelwerk zu verfassen[1057]. Mit dieser umfassenden Reform des Insolvenzrechts knüpft der spanische Gesetzgeber an seine erste große Modernisierungsinitiative[1058] an, mit der im Jahr 2001 das Ley de Enjuiciamento Civil (Zivilprozessgesetz) umfassend reformiert wurde[1059].

Mit dem Inkrafttreten des LC am 1. September 2004 hat Spanien ein vollkommen neu gestaltetes Insolvenzrecht erhalten. Die größte Erleichterung für die spanische Insolvenzpraxis dürfte wohl die Zusammenfassung aller konkursrelevanten Regelungen in diesem einen Gesetz darstellen, aber auch sonst hat dieses aus 231 Artikeln bestehende Regelwerk einige bahnbrechende Neuerungen zu bieten. Hier sind im Wesentlichen zu nennen:

- Die Schaffung eines einheitlichen Verfahrens, das im Einzelfall eine flexible Gestaltung der Insolvenzabwicklung durch Sanierung oder Liquidation zulässt.
- Die Formulierung einer klaren Zielsetzung für das spanische Insolvenzrecht, das ausdrücklich den Erhalt von Unternehmen und Arbeitsplätzen fördert.
- Die Schaffung spezieller Kammern für Handelssachen (*Juzgados de lo Mercantil*), denen die alleinige Zuständigkeit für sämtliche konkursrelevanten Fragen zukommt.
- Die erstmalige Einführung von Regelungen mit internationalem Bezug.

Im Rahmen der vorliegenden Arbeit besonders interessant sind die Regelungen zur Behandlung von Konzerninsolvenzen, mit denen der spanische Gesetzgeber noch vor der aktuellen Entwicklung in der europäischen Rechtsprechung[1060] erstaunlich gut den Nerv der Zeit getroffen hat.

Der Gesetzgeber macht gleich zu Beginn der dem Gesetz vorangestellten Gesetzesbegründung (*exposición de motivos*) deutlich, dass ihm die Mangelhaftigkeit der alten Regelungen in ihrem Ausmaß durchaus bewusst und eine Reform dringend überfällig war. So wird auch hier im ersten Absatz das bis zum Inkrafttreten des LC geltende Recht als „archaisch, der sozialen und wirtschaftlichen Realität nicht entsprechend, unharmonisch und zu Lasten des Prinzips der Gläubigergleichbehandlung auf falsche Schwerpunkte setzend, mit der Konsequenz ungerechter Lösungen und Missbrauchs"[1061] bezeichnet.

1053 *Sanz de Madrid*, Derecho Concursal, 37.
1054 Exposición de Motivos, S. 26906; *Lincke*, NZI 2004, 69, 70.
1055 So etwa Professor Dr. *Salvador del Rey Guantar*, Catedrático der juristischen Fakultät der Universität Pompeu Fabra in Barcelona, auf der 1. deutsch-spanischen Juristentagung in Düsseldorf zum Thema „Das internationale Unternehmen in Krise und Insolvenz" im November 2004.
1056 *Aparicio*, ICADE núm 61 (2004), 13, 15 m.w.N.
1057 So die Gesetzesbegründung zu dem neuen Konkursgesetz vom 9.7.2003, Exposición de Motivos, Abschnitt XI, S. 26912.
1058 Hierzu in deutscher Sprache z.B. *Fröhlingsdorf/Lincke*, RIW 2001, 357.
1059 *López-Medel Bascones*, El País, 4.5.2003.
1060 Siehe die ausführliche Darstellung des Sachstandes in diesem Bereich oben C. III. 2. und 3.
1061 Exposición de Motivos, Abschnitt I, S. 26905.

> Betrachtet man sich die Stellungnahmen der am Gesetzgebungsverfahren Beteiligten, wie etwa *Manuel Olivencia Ruiz*, dem Präsidenten der Sonderabteilung für die Konkursreform (*presidente de la sección especial para la reforma concursal*), *José María Michavila*, dem damaligen spanischen Justizminister, und die Reaktionen in der juristischen Literatur wie auch in der spanischen allgemeinen Tagespresse, so wird deutlich, dass das neue LC einstimmig mit Erleichterung aufgenommen wurde, da es spanische Juristen, aber auch die von einem Insolvenzverfahren betroffenen Schuldner und Gläubiger zumindest von einem hoffnungslos unübersichtlichen antiquierten Gesetzeschaos auf dem Gebiet des Insolvenzrechts erlöst[1062].

Bestanden vor Erlass des aktuellen LC im spanischen Recht auch keine einheitlichen Regelungen, so bedeutet dies nicht, dass man in Spanien keine konkreten Vorstellungen von Konzept und Sinn eines Insolvenzverfahrens hatte. Das spanische Konkursrecht zeichnete sich schon früh durch die diesem Land bis zur aktuellen Reform eigene extreme Auffassung aus, der Konkurs betreffe in erster Linie öffentliche und nicht private Interessen, weshalb dessen Abwicklung vollständig den Gerichten obliege[1063]. Von diesen tiefen Wurzeln konnte sich der spanische Gesetzgeber auch in der Reform von 2003 nicht vollständig lösen, dementsprechend orientiert sich auch das aktuelle spanische Insolvenzrecht noch überwiegend und damit stärker als andere europäische Insolvenzrechte an öffentlichen Interessen, vor allem der Volkswirtschaft. So wird zwar heute auch die Gleichbehandlung der Gläubiger durch Schaffung eines Gesamtvollstreckungsverfahrens („*acción colectiva*") als wichtiger Zweck des Konkursrechts bezeichnet[1064], weiter jedoch die Bedeutung des Erhalts des schuldnerischen Unternehmens als wirtschaftliche Produktionseinheit betont, wobei die typischen volkswirtschaftlichen Aspekte wie der Erhalt der Arbeitsplätze, die Bewahrung des Marktes vor Monopol- oder Oligopolbildung, die Angebotsvielfalt für den Verbraucher und die Interessen vom schuldnerischen Unternehmen abhängiger Unternehmen hervorgehoben werden[1065].

aa) Eine Reform im Zeichen der Vereinheitlichung

Wie bereits erwähnt, wurde mit der Zusammenfassung der konkursrelevanten Regelungen ein Jahrhunderte währender Anachronismus beseitigt. Die Regelungen, die bisher in über dreißig Gesetzen – überwiegend aus dem frühen 19. Jahrhundert – verstreut, um nicht zu sagen versteckt, und kaum aufeinander abgestimmt waren, weichen nun einem harmonisierten System im neuen LC[1066]. Die wichtigste Vereinheitlichung, die in dem neuen Konkursgesetz vorgenommen wurde, ist damit die

---

1062 *Corella*, Cinco Días vom 12.3.2003; *García Villaverde*, AJA, núm 491, 2001, 1, 2; *Olivencia Ruiz* zitiert von *Olcina*, Diario de Sevilla, 23.7. 2003; *Michavila*, zitiert in Expansión Directo, 2.4.2003.
1063 *Kohler*, Lehrbuch des Konkursrechts, 1891, 24 ff.; *Turck*, Das Internationale Insolvenzrecht in Spanien, 20.
1064 *Calvo Caravaca/Carracosa González*, Derecho Concursal Internacional, 2004, RdNr. 3; *Sanz de Madrid*, Derecho Concursal, 31.
1065 *Calvo Caravaca/Carracosa González*, Derecho Concursal Internacional, 2004, RdNr. 3.
1066 *Esplugues Mota*, ZZPInt 6 (2001), 65, 66 f.

Bündelung aller konkursrelevanten Normen in einem 231 Artikel starken Gesetzeswerk[1067].

Einen weiteren erheblichen Mangel der alten spanischen Konkursgesetzgebung sieht der Gesetzgeber des LC in der Vielfalt der Verfahren[1068], die dieses anbot. Demzufolge wurde ein einziges Verfahren, genannt *„concurso"* geschaffen, das sich in zwei Phasen gliedert, nämlich zum einen in die *fase común* (gemeinsame Phase ~ Orientierungsphase), die für sämtliche Konkursverfahren gleich ausgestaltet ist und der Ermittlung der Vermögenslage des Schuldners dient[1069], und als zweites entweder die *fase convenio* (Vergleichsphase) oder die *fase liquidación* (Liquidationsphase), je nach dem, zu welchem Ergebnis die Ermittlungen und Verhandlungen in der ersten Phase gelangt sind.

Der spanische Gesetzgeber ging in der Vereinheitlichung jedoch noch weiter, so wurde auch die Unterscheidung nach Verfahren für Kaufleute und solchen für Nicht-Kaufleute aufgehoben, so dass es anders als im deutschen Insolvenzrecht kein gesondertes Verbraucherinsolvenzverfahren gibt. Diese Vereinheitlichung rechtfertigt sich durch die Aufhebung des repressiven Charakters der Unternehmensinsolvenz[1070], demnach ein schuldhaft herbeigeführter Konkurs regelmäßig einen Straftatbestand erfüllte[1071].

Nicht allein das Auffinden einschlägiger Normen war nach der großen Streuung selbiger im spanischen Gesetzesdschungel schwierig, sondern auch die Gestaltung eines Insolvenzverfahrens durch die Beteiligten. Insbesondere Entscheidungen des zuständigen Richters wurden dadurch erschwert, dass diese nicht den Überblick, aber vor allem auch nicht die Kompetenz besaßen, alle relevanten Punkte zu berücksichtigen und zu regeln.

So haben die Arbeitnehmer eines insolventen Unternehmens ihre Forderungen nach der alten Rechtslage nicht im Rahmen des Konkursverfahrens vor dem Konkursgericht, sondern in unabhängigen Verfahren vor dem Arbeitsgericht geltend gemacht. Dies führte nicht selten zu widersprüchlichen Entscheidungen der Gerichte[1072], etwa wenn der Richter des Konkursverfahrens in Unkenntnis von einer Versteigerung über ein anderes Gericht Entscheidungen über Vermögensgüter des Schuldners fällt[1073].

Nunmehr sollen die Konkursrichter sämtliche konkursrelevanten Fragestellungen in das Verfahren mit einbeziehen, um so Lösungsansätze unter Berücksichtigung sämtlicher betroffenen Interessen anbieten zu können[1074].

1067 Exposición de Motivos, S. 26906; *Corella,* Cinco Días, 12.3.2003; *Sanz de Madrid,* Derecho Concursal, 40.
1068 Exposición de Motivos Abschnitt I, S. 26905.
1069 *De Martín Muñoz,* ICADE, núm 61 (2004), 179.
1070 Exposición de Motivos de Ley 22/2003, BOE núm 164, S. 26905, 26906; *Aparicio,* ICADE núm 61 (2004), 13, 21.
1071 Zum repressiven Charakter des alten spanischen Konkursrechts und zu den Änderungen unten D. V.2. a) bb).
1072 *Lincke,* NZI 2004, 69, 70.
1073 *Olivencia Ruiz,* Diario de Sevilla, v. 23.7.2003.
1074 Siehe unten D. V. 2. b) bb) (1).

bb) Entkriminalisierung des Schuldners

Auch wenn die im Folgenden beschriebenen Neuerungen im LC nicht in unmittelbarem Zusammenhang mit der hier zu untersuchenden Frage der grenzüberschreitenden Behandlung von Sanierungsvorhaben und Konzernsachverhalten in der Insolvenz stehen, sind sie doch jedenfalls unter dem Aspekt der psychologischen Einstellung spanischer Unternehmer und Insolvenzrechtler etwa zu risikobehafteten Sanierungsverhandlungen mittelbar von Bedeutung.

Für *Olivencia Ruiz*[1075] und *Michavila*[1076] ist einer der wichtigsten Reformschritte die Überwindung des repressiven Charakters des nunmehr überkommenen spanischen Konkursrechts und damit die Feststellung, dass das Ziel des Konkurses nicht die Bestrafung des insolventen Schuldners sei, sondern es darum gehe, die Situation zum Wohle aller von ihr Betroffenen zu lösen. Hiermit spricht *Olivencia Ruiz* auf eine in ihrer Rigorosität den übrigen europäischen Insolvenzrechten unbekannte Kriminalisierung des Schuldners im alten spanischen Konkursrecht an. Im Rahmen von Unternehmensinsolvenzen galt die eingetretene Insolvenz immer, bei Nichtkaufleuten in der Regel als vom Schuldner verursacht und zwar nicht nur im Sinne einer zivilrechtlichen Haftbarkeit, sondern der regelmäßigen Erfüllung eines Straftatbestandes gemäß der Art. 257 bis 261 Código Penal de 1995 (spanisches Strafgesetzbuch von 1995). Nach altem Recht wurden gegen den Schuldner teilweise sehr drastische Maßnahmen unternommen oder zumindest vorgesehen, wie etwa die Untersagung jeglicher kaufmännischen Tätigkeit nach Eröffnung des Insolvenzverfahrens und der Hausarrest, der allerdings aufgrund der verfassungsrechtlichen Bedenklichkeit nur noch als *ultima ratio* herangezogen wurde[1077].

Die Kenntnis dieses Hintergrundes gibt Anlass für die Frage, inwieweit und wie schnell sich spanische Unternehmer in Krisensituationen der vom spanischen Gesetzgeber gewünschten und initiierten Tendenz zur Sanierung mittels Vergleichsplan in der Insolvenz öffnen werden. Haben es schon in Deutschland die Vorteile innerkonkurslicher Sanierungen schwer, sich gegen die althergebrachte Stigmatisierung des insolventen Schuldners als „Todgeweihtem" durchzusetzen, obwohl im Zusammenhang mit der überkommenen deutschen Konkursordnung nicht gerade von einem kriminalisierenden Charakter des Konkurses gesprochen werden kann, so dürften sich spanische Unternehmer hier mit der neuen Regelung noch schwerer tun, in dem Sinne, dass sie mehr noch als ihre deutschen Kollegen den Konkurs scheuen „wie der Teufel das Weihwasser". Auch spanische Gläubiger, die den Insolvenzschuldner bisher tendenziell als Kriminellen sehen mussten, werden sich möglicherweise schwer tun, sich auf einen von diesem ausgearbeiteten Vergleichsvorschlag einzulassen.

Das neue Konkursgesetz unterscheidet nach vorsätzlichem (*culpable*) und schuldlosem (*fortuito*) Konkurs. Zudem wird strikt zwischen Vorsatz im zivilrechtlichen

---

1075 So zitiert von *Olivencia Ruiz*, Diario de Sevilla, 23.7.2003.
1076 So zitiert in Expansión Directo, 2.4.2003.
1077 *Garcia Villaverde*, AJA 2001, núm 491, 1, 4.

und Vorsatz im strafrechtlichen Sinne unterschieden, wodurch Sanktionierungen der Schuldner deutlich zurückgehen werden. Dies soll selbstverständlich die Bereitschaft des Schuldners stärken, sich seiner Insolvenz rechtzeitig zu stellen, um so möglichst früh rettende Maßnahmen einleiten zu können. Hieraus lässt sich das Bestreben entnehmen, Sanierungen in das Konkurs- oder Insolvenzverfahren zu verlagern, was letztendlich wieder dem Ziel der Gläubigergleichbehandlung, die nur in einem einheitlichen Verfahren zu gewähren ist, dient.

b) Die Struktur und das Verfahren im Allgemeinen

Ebenso wie das deutsche Insolvenzrecht hält auch das neue spanische Konkursgesetz ein einheitliches Insolvenzverfahren bereit, das die Verfahrensziele der Sanierung und der Liquidation in sich vereint.

aa) Weichenstellung – fase común

Wird das Verfahren auf Antrag des Schuldners oder eines Gläubigers eröffnet, so beginnt dieses in jedem Fall – unabhängig davon, ob es auf einen Vergleich oder eine Liquidation hinausläuft – zunächst einmal mit der so genannten *fase común* (wörtlich: gemeinsame Phase) gemäß Titel IV des LC, Art. 74–97. Diese Phase dient dazu, erste Sicherungsmaßnahmen zu treffen, die Vermögenslage des Schuldners festzustellen sowie eine Gläubigerliste zu erstellen und etwaige Vergleichsvorschläge einzureichen und zu prüfen[1078].

> Um hier einem Missverständnis, wie es dem AG und dem LG Hamburg[1079] im Hinblick auf das tschechische Insolvenzrecht, das im bereits eröffneten Insolvenzverfahren zunächst einen vorläufigen Insolvenzverwalter vorsieht, unterlaufen ist, vorzubeugen, ist hier klarzustellen, dass zunächst das Insolvenzverfahren eröffnet wird und dann die *fase común* zum Zuge kommt, im Rahmen derer entschieden wird, ob das Verfahren als Vergleichs- oder als Liquidationsverfahren gestaltet werden soll; wenn hier insofern von der Eröffnungsphase gesprochen wird, ist damit kein dem eigentlichen Insolvenzverfahren vorgeschaltetes Eröffnungsverfahren gemeint, wie es das deutsche Insolvenzrecht gemäß § 11 InsO kennt, sondern es handelt sich bereits um das eröffnete Insolvenzverfahren, das – sofern ein grenzüberschreitender Bezug im Eröffnungsbeschluss festgestellt wurde – die Wirkungen eines Hauptverfahrens insbesondere im Sinne der Art. 16, 17 EuInsVO entfaltet.

bb) Verfahrensbeteiligte

Hinsichtlich des neuen spanischen Insolvenzrechts lohnt sich ein näherer Blick auf die Zusammensetzung und Rollenverteilung der Verfahrensbeteiligten, da diese nicht nur im spanischen Recht eine bahnbrechende Neuerung darstellt, sondern auch Anregungen für Modifikationen in anderen Rechtsordnungen bieten könnte.

1078 *Aparicio*, ICADE núm 61 (2004), 13, 22; *De Martín Muñoz*, ICADE, núm 61 (2004), 179.
1079 LG Hamburg, B. v. 18.8.2005, ZIP 2005, 1697; dazu *Smid* DZWIR 2006, 1, 5.

(1) Juzgados de lo Mercantil

Es wurde bereits erwähnt, dass im Zusammenhang mit der zuvor erläuterten Vereinheitlichung des Verfahrens und der insolvenzrechtlichen Regelungen der Schaffung der neuen Kammern für Handelssachen (*Juzgados de lo Mercantil*) an den spanischen Gerichten eine besondere Bedeutung zukommt, da hierdurch die Kompetenz für alle im Rahmen eines Insolvenzverfahrens auftretenden Fragen in einer Hand gebündelt wird[1080]. Die Zuständigkeit für das Konkursverfahren und damit für sämtliche in diesem Zusammenhang auftauchenden Fragestellungen liegt ab nun gemäß art. 8 LC ausschließlich beim Handelsrichter für Konkurssachen. Damit ist der Richter im Zusammenhang mit einem bei ihm anhängigen Konkursverfahren zuständig für Fragestellungen aus den Bereichen des Wettbewerbs-, See- und Gesellschaftsrechts und fast regelmäßig Fragen aus dem allgemeinen Zivilrecht und vor allem dem Arbeits- und Sozialrecht. Die Kompetenz des Richters erstreckt sich darüber hinaus noch auf vorprozessuale Fragen sowie bereits anhängige Vollstreckungsverfahren. Die *Juzgados de lo Mercantil* sind damit das zentrale Organ im spanischen Insolvenzverfahren[1081].

Diese Kompetenzbündelung dient jedoch nicht nur der Vereinheitlichung, sondern stellt einen wichtigen Schritt der Modernisierung des spanischen Rechts unter Berücksichtigung der juristischen Realität, die stark durch wirtschaftliche Fragestellungen geprägt ist, dar[1082]. Weiter geht mit der erheblichen Kompetenzerweiterung die Einräumung eines weiteren Ermessensspielraums einher, was die Flexibilität der Verfahrensgestaltung unter Berücksichtigung der Umstände des Einzelfalles erleichtern soll[1083], was natürlich gerade für die Gestaltung eines Sanierungsvergleichs von großer Bedeutung ist. Es wurden zweiundsechzig derartige Kammern in Spanien eingerichtet.

> Wird auch dieser große und mutige Schritt, den der Gesetzgeber mit der Einrichtung dieser Spezialkammern tut, im Allgemeinen begrüßt[1084], so muss sich in der Praxis erst erweisen, wie reibungslos die Ausstattung dieser Kammern mit entsprechend kompetenten Richtern bzw. der Ausstattung der Richter mit entsprechenden Kompetenzen funktionieren wird. Von einem Handelsrichter wird schließlich ein hohes Maß an wirtschaftlicher Kompetenz sowie eine gewisse Nähe zur realen Arbeits- und Unternehmenswelt erwartet, damit dieser praxistaugliche Lösungen präsentieren kann. Immerhin wurde in Valencia eigens eine Ausbildungsstelle hierfür eingerichtet.

Dennoch bleibt zu betonen, dass dieser gesetzgeberische Ansatz in vorbildlicher Weise die Komplexität von Konkursverfahren anerkennt und versucht, dieser gerecht zu werden.

1080 Oben D. V. 2. a) aa).
1081 *García-Alamán de la Calle*, in: Comentarios a la Ley Concursal, 37, 38.
1082 Vgl. *García-Alamán de la Calle*, in: Comentarios a la Ley Concursal, 37.
1083 Exposición de Motivos, S. 26905, 26909.
1084 *García-Alamán de la Calle*, in: Comentarios a la Ley Concursal, 37 ff.; *Michavila* zitiert in: Expansión Directo, 2.4.2003; etwas zurückhaltender *Sanz de Madrid*, Derecho Concursal, 80.

(2) Die Konkursverwaltung – administración concursal

Im Hinblick auf die Komplexität der im Rahmen eines Insolvenzverfahrens auftretenden Fragen und Probleme[1085] setzt der spanische Gesetzgeber auf eine breite Zusammensetzung der gerichtlich auferlegten Verwaltung, anstatt diese einem einzigen Konkursverwalter zu überlassen. Dementsprechend setzt sich das spanische Konkursverwaltungsorgan (*administración concursal*) wie bereits vor der Reform aus drei Verwaltern (*administradors concursales*) zusammen. Eine Neuerung besteht allerdings im Hinblick auf die Besetzung dieser drei Posten. Während nach überkommenem Recht die drei so genannten *Syndicos* in der Regel von zwei Buchführungsexperten (*peritos mercantiles*) und einem Dritten aus der Gläubigerliste gestellt wurden, sieht art. 27 LC vor, dass sich die *administración concursal* aus einem Rechtsanwalt und einem Wirtschaftsprüfer mit je mindestens fünf Jahren Berufserfahrung und einem einfachen oder allgemein bevorrechtigten Gläubiger zusammensetzt. Die durchaus nachvollziehbare Motivation des Gesetzgebers liegt darin, in diesem Organ, das neben dem Insolvenzrichter das einzig notwendige im Konkursverfahren sein soll, die erforderliche juristische und wirtschaftliche Kompetenz mit der Präsenz und Repräsentanz der Gläubigerschaft zu einem kollegialen Team zu vereinen[1086].

Diese Voraussetzungen stoßen wegen der unverhältnismäßig hohen Kosten in Fällen übersichtlicher Insolvenzverfahren kleinerer und mittelständischer Betriebe jedoch auf Kritik[1087]. In der Tat erscheint es hier zweckmäßig, bei „kleineren" und unkomplizierteren Konkursverfahren hinsichtlich der *administración concursal* Modifikationen in Bezug auf deren Umfang und Qualifikation zu treffen – was in Ansätzen auch mit einer Ausnahme in den Fällen eines abgekürzten Verfahrens nach art. 190, 191 LC (*procedimiento apreviado*) geschehen ist, wo nur ein *administrador* bestellt werden muss.

Dieser neue Ansatz im spanischen Recht in Bezug auf die Anforderungen an das Verwaltungsorgan ist jedenfalls nicht allein mit negativer Kritik zu belegen, trägt diese Konzeption doch der Komplexität der Auswirkungen eines Insolvenzverfahrens in verschiedene Bereiche Rechnung. Ebenso wie die Kompetenz und Aufgaben des Konkursrichters an der Kammer für Handelssachen erstreckt sich auch der Handlungs- und Anforderungsbreich der Konkursverwalter nicht nur auf formaljuristische Fragen, sondern setzt auch einen wirtschaftlichen Blick für die Verfahrensgestaltung voraus[1088], der gerade durch die Hinzuziehung eines Wirtschaftsprüfers gewährleistet werden soll[1089].

(3) Die Gläubiger

Die Rolle und der Einfluss der Gläubiger auf den Gang des Verfahrens sind im Vergleich zu anderen Rechtsordnungen im neuen spanischen Insolvenzrecht eher gering[1090]. In der *fase común*, also auch bei der Entscheidung, ob ein Vergleich anzu-

1085 *De la Cruz Bértolo*, ICADE núm 61 (2004), 85 f.
1086 Exposición de Motivos, Abschnitt IV, S. 26905, 26909.
1087 *Sardá*, Togas XVI, 2002, 2.
1088 *Lincke* NZI 2004, 69, 70.
1089 Exposición de Motivos Abschnitt IV., S. 26905, 26909.
1090 *Sanz de Madrid*, Derecho Concursal, 91.

streben ist, wird noch keine Gläubigerversammlung einberufen. Entscheidet das Konkursverwaltungsorgan gegen einen Vergleich, weil ein solcher keine Aussicht auf Erfolg hätte, so wird liquidiert, ohne dass überhaupt eine Gläubigerversammlung einberufen wird. Eine solche wird nur – was allerdings nach der Konzeption des LC der Regelfall sein sollte – erforderlich, wenn die Lösung der Insolvenz im Wege des Vergleichs beschlossen wird.

(4) Der Schuldner

Durch die Beseitigung des zuvor repressiven Charakters der Insolvenz in Spanien hat sich die Stellung des Schuldners deutlich verändert und verbessert[1091]. Ihm wird nicht mehr einschließlich der Würde alles genommen und jegliche Geschäftstätigkeit bis in alle Ewigkeit verboten. Kehrseite der Integration der Vergleichsmöglichkeit in das Insolvenzverfahren ist allerdings für den Schuldner der Fortfall der Möglichkeit, durch Beantragung eines Zahlungsaussetzungsverfahrens (*suspensión de pagos*) ein Konkursverfahren abzuwenden und im Rahmen dieses Verfahrens sein Vermögen mit Genehmigung der Vergleichsverwalter selbst weiter zu verwalten. Zwar behält der Schuldner auch im Falle einer freiwilligen Konkursbeantragung (*concurso voluntario*) gemäß art. 40 Abs. 1 LC die Verwaltungs- und Verfügungsbefugnis über sein Vermögen, jedoch steht er hierbei anders als im Verfahren der *suspensión de pagos* unter der Aufsicht des Konkursrichters und der Konkursverwalter.

c) Der Sanierungsgedanke im spanischen Insolvenzrecht

In der Literatur zum neuen spanischen Konkursgesetz wird immer wieder hervorgehoben, der Gesetzgeber mache deutlich, dass der Erhalt des insolventen Unternehmens mit seinen Arbeitsplätzen im neuen Insolvenzrecht absolute Priorität habe[1092]. Diese Entschiedenheit, mit der dem LC eine ausgeprägte sozialpolitische Ausrichtung unterstellt wird, überrascht den außenstehenden (ausländischen) Betrachter jedoch ein wenig, schaut er sich nur die Gesetzesbegründung (*Exposición de Motivos*) an, denn dieser ist eine derart klare Aussage, jedenfalls auf den ersten Blick, keineswegs zu entnehmen. Es ist zwar richtig, dass sich bereits aus der Struktur des Gesetzes, das den Vergleich in Titel IV vor der Liquidation (Titel V) regelt, eine Tendenz zur Förderung des Erhalts von Unternehmen in der Insolvenz zeigt, jedoch drückt der Gesetzgeber dies in seiner Begründung nur sehr zurückhaltend aus, indem er konstatiert, der Vergleich stelle die normale Lösung der Insolvenz dar[1093]. An anderer Stelle wird hingegen deutlich gesagt, die Gläubigerbefriedigung sei das essenzielle Ziel des Konkurses[1094] und weitergehend noch, „obwohl das Konkursziel

1091 Siehe oben zur Entkriminalisierung des Schuldners D. V. 2. a) bb).

1092 *Corella*, Cinco Días, 12.3.2003; *Lázaro*, El País, 12.5.2003, 72; *Lincke*, NZI 2004, 69, 71; *Schröder*, RIW 2004, 610, 612, beide m.w.N.

1093 Exposición de Motivos, Abschnitt VI, S. 26905, 26910. Mit leiser Skepsis hinsichtlich der Fundiertheit dieser Aussage *García Villaverde*, AJA 2001, núm 491, 1, 2.

1094 Exposición de Motivos, Abschnitt II, S. 26905, 26906 f.; *Aparicio*, ICADE núm 61 (2004), 13, 21; so auch schon zum dem Ley Concursal zugrunde liegenden Gesetzesvorschlag *Garrido*, RDC, 1996, núm 169–174, 73, 78.

nicht die Unternehmenssanierung sei, könne ein Fortführungsvergleich Instrument zur Rettung ganz oder teilweise lebensfähiger Unternehmen sein, nicht nur zum Vorteil der Gläubiger, sondern auch des Schuldners selbst, der Arbeiter und anderer Interessen"[1095]. Dies klingt eher so, als werden diese Effekte, ebenso wie in der amtlichen Begründung zur deutschen Insolvenzordnung[1096], lediglich als wünschenswerte positive Nebenwirkungen der nunmehr neben die Liquidation getretenen Möglichkeit der Lösung der Insolvenz unter Erhalt des schuldnerischen Unternehmens oder Teilen des Unternehmens betrachtet. An keiner Stelle wird in der spanischen *Exposición de Motivos* der Erhalt von Unternehmen oder Arbeitsplätzen ausdrücklich als vorrangige Zielsetzung des LC benannt[1097].

Dennoch sprechen auch *Michavila* und die Literatur davon, dass das Überleben und die Fortführung der Unternehmen und der Erhalt der Arbeitsplätze wichtige, wenn nicht gar die wichtigsten, Ziele des neuen Gesetzes seien.[1098] Teilweise wird davon gesprochen, dass der Gesetzgeber versuche, Unternehmensfortführungen dort zu ermöglichen, wo diese lebensfähig erscheinen[1099], was schon ganz anders klingt als eine Forcierung der Unternehmenssanierung um nahezu jeden Preis. So stellt *De Martín Muñoz* klar, dass trotz der Favorisierung des Vergleichs nicht das Ziel des Gesetzes sei, die Liquidation lebensunfähiger Unternehmen zu verhindern, für den der Vergleich keinen Sinn hat[1100]. Angeregt durch die Einigkeit in der Literatur über die große Bedeutung des Erhalts von Unternehmen und Arbeitsplätzen im LC lohnt sich eine tiefere Analyse der Vorschriften dieses Gesetzes. Und diese führt tatsächlich zu dem Ergebnis, dass der spanische Gesetzgeber anders als der deutsche die Sanierung mittels Vergleichsplan – und damit den Erhalt von Unternehmen und Arbeitsplätzen – nicht nur als weitere Möglichkeit zur Überwindung der Insolvenz *neben* die Liquidation stellt, sondern dieser eindeutig Vorrang einräumt, sie also tatsächlich fördert.

aa) Vergleich vor Liquidation

Zum einen deutet sich eine Vorrangstellung des sanierenden Vergleichs vor der Liquidation wie oben erwähnt schon dadurch an, dass die Alternative der Vergleichsphase (*fase convenio*) im Gesetz in Titel V als Kapitel I vor der in Titel V, Kapitel II geregelten Liquidationsphase (*fase liquidación*) ihre Regelung findet[1101], zum anderen

1095 Exposición de Motivos, Abschnitt VI, S. 26905, 26910.
1096 Amtl. Begr. zum RegE InsO, Allg. 3a, BT-Drucks. 12/1443, S. 77 ff.
1097 Dies sehen auch *Lázaro*, El País, 12.5.2003, 72 und *García Villaverde*, AJA 2001, núm. 491, 1,2, der in dieser Gesetzgebung eher eine dem Kapitalismus entsprechende sieht, die das Schicksal des schuldnerischen Unternehmens in die Hände der Gläubiger legt.
1098 Dahingehend zitiert *Michavila*, in: Expansión Directo, 2.4.2003; *Corella*, Cinco Días, 12.3.2003; *Lázaro*, El País, 12.5.2003, 72, der insoweit auch den Staatssekretär für Justiz (*Secretario de Estado de Justicia*) *Rafael Catalá* dahingehend zitiert, dass im Parlament Einigkeit darüber bestanden habe, dass der wichtigste Punkt der Reform der Erhalt von Unternehmen und Arbeitsplätzen sei.
1099 *López-Medel Bascones*, El País, 4.5.2003.
1100 *De Martín Muñoz*, ICADE, núm 61 (2004), 179, 180.
1101 Auch *De Martín Muñoz*, ICADE, núm 61 (2004), 179, sieht gerade in dieser Anordnung den Hinweis des Gesetzgebers auf die Bedeutung, die dieser dem Vergleich beimisst.

drückt der Gesetzgeber dies wie gesagt dezent aus, indem er den Vergleich als den Normalfall des Konkurses bezeichnet[1102]. Was genau dies bedeutet und welche Mechanismen das Gesetz bereithält, damit diese Prämisse so auch in der Praxis angenommen wird, erschließt sich erst bei der näheren Auseinandersetzung mit den Vorschriften des Titel V des LC.

Entscheidender Punkt ist, dass tatsächlich eine Liquidation – jedenfalls bei Konkurseröffnung von Amts wegen (*apertura de oficio*) oder auf Antrag eines Gläubigers (*apertura por solicitud de acreedor*) – erst dann ins Auge gefasst werden darf, wenn ein Vergleich ausgeschlossen erscheint oder eine getroffene Vergleichsvereinbarung in ihrer Erfüllung scheitert[1103]. Dies ergibt sich aus den Eröffnungsvoraussetzungen für die Liquidationsphase gemäß Titel V, Kapitel II, Sektion 1, art. 142 ff. LC. Zudem führt das Gesetz mit den art. 104–110 im Kapitel V, Titel 1, Sektion 3 des LC den vorgezogenen Vergleichsvorschlag (*propuesta anticipada de convenio*) ein, der unter bestimmten Voraussetzungen schon die Lösung des Konkurses in der Eröffnungsphase (*fase común*) ermöglicht, ohne dass die Einberufung einer Gläubigerversammlung nötig wäre[1104]. Erst hieraus ergibt sich eine klare Favorisierung des Vergleichs vor der Liquidation.

Eine derartige Zielsetzung lag den alten Regelungen nicht zu Grunde, insbesondere sah das Konkursverfahren nach den Art. 874 CdC den Erhalt des Unternehmens überhaupt nicht vor. Allerdings ist hier nicht zu vergessen, dass durch das 1922 eingeführte Verfahren der *Suspensión de Pagos* im Sinne des Erhalts von Unternehmen Konkurse nach Möglichkeit vermieden werden sollten[1105]. Folglich war der volkswirtschaftliche Erhalt von Unternehmen schon vor der Insolvenzrechtsreform in Spanien – entsprechend dem extrem „publizistischen" Ansatz im spanischen Insolvenzrecht[1106] – vorrangiges Ziel, jedoch wurde dieser nicht als Alternative *im* Insolvenzverfahren, sondern als Alternative *zum* Insolvenzverfahren betrachtet, nach deren Scheitern nur noch eine Liquidation im Rahmen des Konkursverfahrens in Betracht kam. Insofern ähnelt die mit dem neuen Gesetz nun überkommene spanische Auffassung der anderer europäischer Staaten, insbesondere der sich im alten deutschen Konkursrecht durch die Trennung von Vergleich und Konkurs widerspiegelnden Annahme, wonach Konkurs bzw. Insolvenz regelmäßig etwas Endgültiges nicht mehr Umkehrbares bezeichneten.

Die Scheu des Schuldners vor dem Insolvenzverfahren soll durch Anreize zu einer frühzeitigen Insolvenzantragstellung kompensiert werden. Wichtigstes Instrument zur Erreichung einer zeitlichen Vorverlagerung der Insolvenzantragstellung ist die Klassifizierung nach *concurso voluntario* (freiwilliger Konkurs) und *concurso necesario* (notwendiger Konkurs). Das Verfahren wird gemäß art. 22 I LC als *concurso voluntario* eingestuft, wenn der erste Konkursantrag vom Schuldner kommt, es sei denn, in den letzten drei Monaten vor Antragstellung war bereits ein Eröffnungsan-

---

1102 Exposición de Motivos, Abschnitt VI, S. 26905, 26910.

1103 Exposición de Motivos, Abschnitt VII, S. 26905, 269011; *De Martín Muñoz*, ICADE, núm 61 (2004), 179.

1104 *De Martín Muñoz*, ICADE, núm 61 (2004), 179 ff.

1105 Zum Verfahren der *Suspensión de Pagos* und dessen hoher praktischer Relevanz oben D. V. 2.

1106 Siehe oben D. V. 2. a) a. E.

trag angenommen worden. Wichtigster Anreiz zur Beantragung eines *concurso voluntario* ist für den Schuldner, dass dieser auch nach der Konkurseröffnung gemäß art. 40 Abs. 1 LC die Verwaltungs- und Verfügungsbefugnis über sein Vermögen – freilich unter der Aufsicht des Konkursrichters bzw. der *administradores* – behält, während diese beim *concurso necesario* auf die *administradores concursales* übergeht. Weiter hat der Antragsteller es in der Hand, den Konkursrichter um Anordnung bestimmter Sicherungsmaßnahmen zu bitten; durch eine Antragstellung seitens des Schuldners kann dieser ihn einengende Sicherungsmaßnahmen vermeiden.

Zudem besteht für den Schuldner, wie dies im deutschen Insolvenzrecht der Fall ist, gemäß art. 6 Abs. 1 i.V.m. art. 2 Abs. 3 LC neuerdings die Möglichkeit, Konkursantrag schon bei drohender Insolvenz (*insolvencia inminente*) zu stellen. Eine drohende Insolvenz liegt gemäß art. 2 Abs. 3 LC vor, wenn der Schuldner voraussehen kann, dass er in Zukunft nicht in der Lage sein wird, regelmäßig und pünktlich seinen Zahlungsverpflichtungen nachzukommen.

bb) Sanierung in der Insolvenz – die Vergleichsphase

Der *convenio concursal* soll dazu dienen, die Insolvenz durch einen im Rahmen des Verfahrens zwischen Schuldner und Gläubigern geschlossenen und durch das Gericht abgesegneten Vertrag zu lösen, der die Befriedigung der unternehmenserhaltenden Kredite gewährleistet[1107]. Hierfür sieht das LC im Prinzip ein einheitliches Verfahren vor, das dennoch eine Menge Raum für flexible Gestaltung insbesondere im Rahmen von Gesellschafts- und Konzerninsolvenzen lässt[1108].

> Ebenso wie in Deutschland zum Insolvenzplan[1109] stellte sich auch in Spanien die Frage nach der rechtsdogmatischen Einordnung des Vergleichs als Vertrag (*contrato*) oder Prozessakt (*acto procesal*)[1110]. Der Gesetzgeber spricht vom *convenio* als einer „juristischen Vereinbarung, in der die Privatautonomie der Parteien eine große Ausdehnung genießt[1111]“. Stellt der Gesetzgeber damit auch die privatautonome Komponente des *convenio* in der Gesetzesbegründung stark heraus, kann dies nicht darüber hinwegtäuschen, dass das Verfahren des Vergleichsabschlusses in den Regelungen des Titel V LC doch einer starken Justizialisierung unterliegt[1112]. Hinzu kommt, dass ein von den Gläubigern vorgelegter Vergleichsvorschlag (*propuesta de convenio*) für seine Genehmigung nicht immer des Einverständnisses des Schuldners bedarf, so heißt es etwa in art. 128 Abs. 3 LC: „... Der Konkursschuldner, der einen von der Gläubigerversammlung akzeptierten Vergleichsvorschlag nicht selber vorgelegt hat, noch diesem zugestimmt hat, kann dem Vergleich widersprechen (...) oder die Eröffnung der

---

1107 *De Martín Muñoz*, ICADE, núm 61 (2004), 179, 180; *Fernández Rodríguez*, in: Comentarios a la Ley Concursal, 565, 566.
1108 *Cuesta de la Rute*, El Convenio Concursal, Art. 99, RdNr. 9; *De Martín Muñoz*, ICADE, núm 61 (2004), 179, 180.
1109 Statt vieler *Smid/Rattunde*, Der Insolvenzplan, 2. Aufl. 2005, RdNr. 6.1 ff.; MünchKomm-*Eidenmüller*, InsO, § 217 RdNr. 4 ff.
1110 Hierzu *Cuesta de la Rute*, El Convenio Concursal, Art. 99, RdNr. 1 ff.; *De Martín Muñoz*, ICADE, núm 61 (2004), 179, 181 ff. m.w.N.
1111 Exposición de Motivos, Abschnitt VI, S. 26905, 26910.
1112 *De Martín Muñoz*, ICADE, núm 61 (2004), 179, 181.

Liquidationsphase beantragen. Andernfalls ist er an den Vergleich gebunden, der dann als genehmigt gilt." Diese „Friss-oder-stirb"-Regelung, die im Prinzip der Regelung des § 247 InsO entspricht, die dem Gedanken Rechnung trägt, dass der Schuldner derjenige ist, der sich gegenüber den Gläubigern in der Pflicht befindet und in der Regel bei einer liquidierenden Verwertung schlechter stünde als beim Zustandekommen eines Vergleichs[1113], nimmt dem Vergleich/Insolvenzplan in diesen Fällen vollständig den vertraglichen Charakter. *De Martín Muñoz* spricht daher von einem gesetzlich forcierten Vertrag (*contrato legal forzoso*) statt von einer privatautonomen Vereinbarung zwischen Schuldner und Gläubigern[1114].

Hinsichtlich Inhalt und Gestaltung des Vergleichs setzt der spanische Gesetzgeber auf das Prinzip der Autonomie und Freiwilligkeit und hat dementsprechend keinen abschließenden Maßnahmenkatalog in das LC aufgenommen, sondern setzt in Art. 100 ff. LC lediglich gewisse Grenzen, die einen Missbrauch und insbesondere die Benachteiligung einzelner Gläubiger verhindern sollen[1115]. Neben dem klassischen spanischen Vergleichsinstrument der *quita y espera* (Erlass und Stundung) können verschiedene Maßnahmen zur Reorganisation des schuldnerischen Unternehmens unternommen werden. Besonders wichtig für Fälle der Unternehmensinsolvenz ist sicherlich die Möglichkeit der übertragenden Sanierung (*convenio de enajenación*), wobei allerdings Art. 100 Nr. 2 Abs. 2 LC einige Restriktionen bereit hält, die einige Interpretationsschwierigkeiten bereiten[1116]. Es handelt sich hierbei um Vorgaben hinsichtlich des Käufers des Unternehmens oder einzelner Produktionseinheiten, bei dem es sich um eine bestimmte Person handeln muss, die sich zu verpflichten hat, das Unternehmen bzw. die übernommene Produktionseinheit nicht zu liquidieren, sondern fortzuführen, und zudem die im Vergleich näher zu bezeichnenden Forderungen der Gläubiger zu zahlen hat, die wohl regelmäßig einer starken Konkretisierung hinsichtlich ihres Umfangs im Einzelfall bedürfen[1117].

Der vom Schuldner oder aber auch von Gläubigern (deren Forderungen ein Fünftel der Passiva ausmachen) vorgelegte Vergleichsvorschlag ist bei einem „gewöhnlichen" Vergleich (*propuesta ordinaria concursal*) gemäß Art. 111 ff. LC in einer hierfür einzuberufenden Gläubigerversammlung zu diskutieren und bedarf – gegebenenfalls nach Modifikationen – für seine Wirksamkeit gemäß Art. 124 Abs. 1 LC der Zustimmung einer Mehrheit der Gläubiger, die mindestens die Hälfte der Forderungen abdeckt, und der anschließenden Bestätigung durch das Gericht nach den Regeln der Art. 127 ff. LC.

Das Insolvenzverfahren endet gemäß Art. 141 erst mit der gerichtlichen Bestätigung der Erfüllung des vereinbarten Vergleichs. Scheitert dieser, wird das Verfahren in die Liquidationsphase übergeleitet.

1113 *Foerste*, Insolvenzrecht, 2. Aufl., München 2004, RdNr. 512.
1114 *De Martín Muñoz*, ICADE, núm 61 (2004), 179, 181.
1115 *De Martín Muñoz*, ICADE, núm 61 (2004), 179, 184 ff.; *Fernández Rodríguez*, in: Comentarios a la Ley Concursal, 565, 566.
1116 *Cuesta de la Rute*, El Convenio Concursal, Art. 100, RdNr. 51 ff.; *De Martín Muñoz*, ICADE, núm 61 (2004), 179, 189 ff.
1117 *De Martín Muñoz*, ICADE, núm 61 (2004), 179, 190.

cc) Ergebnis zur Sanierung im spanischen Insolvenzrecht

Hinsichtlich der Akzeptanz und praktischen Umsetzung der neuen spanischen Insolvenzgesetzgebung und insbesondere hinsichtlich des Erfolgs unter dieser vereinbarter Vergleiche lassen sich aufgrund der kurzen Zeit seit Inkrafttreten dieses Regelwerks noch keine Aussagen treffen. In der Theorie handelt es sich jedoch um ein sehr ambitioniertes Werk, das im Vergleich der im Rahmen dieser Arbeit näher betrachteten Insolvenzgesetzgebungen die Sanierungsförderung am entschiedensten betreibt, da in allen Insolvenzfällen nur ein Verfahren in Betracht kommt, das die Sanierung des Unternehmensträgers oder wenigstens überlebensfähiger Produktionseinheiten favorisiert. Weiter erscheint das vorgesehene Vergleichsprocedere mit der großen Gestaltungsautonomie und Flexibilität durchaus kompatibel mit Verfahren anderer Mitgliedstaaten, insbesondere dem deutschen Insolvenzplanverfahren. Es bleibt mit Spannung abzuwarten, wie sich dieses sehr moderne Insolvenzrechtsmodell in der Praxis bewähren wird.

d) Die Behandlung von Konzerninsolvenzen im spanischen Recht

Das LC hält in einzelnen Vorschriften Regelungen für Konzerninsolvenzen bereit und unterscheidet sich damit sowohl von der EuInsVO als auch von den bisher untersuchten Rechtsordnungen, die diesen Bereich bei der Normierung des Insolvenzrechts bisher ausgeklammert haben[1118].

aa) Entwicklung des spanischen Konzern- und Konzerninsolvenzrechts

Eine gesellschaftsrechtliche Regelung von Unternehmensverbindungen gibt es im spanischen Recht nicht. Grundsätzlich werden die einzelnen Gruppenunternehmen bis auf Ansätze im Arbeits- und Steuerrecht nicht nur juristisch, sondern auch wirtschaftlich getrennt behandelt[1119]. Dementsprechend wird auch die Insolvenz von Unternehmensgruppen wenig diskutiert[1120]. Bis zur kürzlich durchgeführten großen Insolvenzrechtsreform hat es in Spanien keine Regelungen hinsichtlich der Insolvenz verbundener Unternehmen (*grupos de sociedades*) gegeben, was angesichts der bruchstückhaften gestreuten Normierung des gesamten Konkursrechts auch wenig überrascht. Allerdings hat es schon in früheren Reformvorschlägen Ansätze zur Regelung dieser Materie gegeben[1121], die eine materiellrechtliche Ausdehnung der Insolvenz eines Unternehmens auf die gesamte Gruppe (*extensión de la quiebra*) vorsahen und damit weit über die nun erfolgten Regelungen hinausgingen.

> Ambitionen in Richtung einer gemeinsamen Behandlung mehrerer Gruppenunternehmen in der Insolvenz gehen in Spanien auf den Fall *Barcelona Traction* zurück. In diesem Verfahren aus dem Jahre 1948 wurde über die Gesellschaft *„Barcelona Traction*

1118 Siehe die allgemeinen Ausführungen zum Problem der Behandlung von Konzerninsolvenzen im Lichte der EuInsVO oben C. III.
1119 *Embid Irujo*, ZGR 1991, 289 ff.
1120 *Sebastián*, ICADE núm 61 (2004), 293.
1121 So vor allem in dem gescheiterten Konkursgesetz-Projekt (Anteproyecto Ley Concursal) von 1983.

Light Power & Company Limited" das Konkursverfahren eröffnet und gleichzeitig die Beschlagnahme sämtlicher Güter, Aktien, Rechte, Rechnungsbücher und Papiere nicht nur dieser Konzernmutter, sondern auch ihrer abhängigen 100 %igen Tochtergesellschaften angeordnet, deren Güter sich teilweise außerhalb des spanischen Territoriums befanden. Die Beschlagnahme bezüglich der Tochtergesellschaften erfolgte in Form einer mittelbaren Inbesitznahme ipso iure (*posesión civilísima y mediata*). Kurz nach der Eröffnung erließ das Gericht einen Bescheid, in dem es den Fortbestand der rechtlichen Selbständigkeit der abhängigen Gesellschaften feststellte. Zwar zeichnen sich auch im spanischen Recht die Konzerngesellschaften durch ihre rechtliche Autonomie aus, jedoch wird diese im Falle der Insolvenz des beherrschenden Unternehmens quasi dem übergeordneten Konzernzweck untergeordnet[1122]. So kann ungeachtet des im spanischen Recht geltenden Prinzips der Unübertragbarkeit des Konkurses eines Gesellschafters auf die Gesellschaft und umgekehrt[1123] der Konkurs der Konzernmutter auf das Vermögen der Konzerntöchter erstreckt werden, indem das Vermögen der untergeordneten Gesellschaften als der Konzerngesamtheit zugehörig und damit auch der insolventen Konzernmutter gehörend betrachtet wird. Somit bedürfe es keiner Erstreckung des Insolvenzverfahrens, sondern dieses integriere das Vermögen der abhängigen Gesellschaften automatisch im Sinne einer vollständigen Kompression (*compresión exhaustiva*)[1124], wobei über die abhängigen Gesellschaften keineswegs Konkursverfahren eröffnet werden. Allerdings wurde auch erkannt, dass dieser Coup einen viel schlimmeren Eingriff in die Rechte der Tochtergesellschaften darstellt, da es sich bei der Beschlagnahme des gesamten Vermögens um eine schwerwiegende Maßnahme handelt, die an sich nur im Rahmen eines Konkursverfahrens gerechtfertigt werden kann[1125].

(1) Vorschläge zum Konzerninsolvenzrecht im Gesetzesentwurf von 1983

Der Gesetzesentwurf zu einem neuen spanischen Konkursgesetz aus dem Jahre 1983 sah in Anlehnung an das französische Konkursgesetz vom 13. Juli 1967[1126] eine weitgehende Ausdehnung (*extensión*) des Konkurses innerhalb eines Unternehmenszusammenschlusses vor[1127]. Hiernach sollte sich der Konkurs eines mit anderen in irgendeiner Weise verbundenen Unternehmens unabhängig davon, ob sich jene ihrerseits in einer wirtschaftlichen Krise befanden, auf diese erstrecken[1128], wenn das andere Unternehmen die unternehmerische Tätigkeit des in Konkurs ge-

---

1122 *Miguens*, RDM núm 223 (1997), 319 ff.
1123 *Miguens*, RDM, núm 223 (1997), 319, 346.
1124 *Miguens*, RDM, núm 223 (1997), 319, 322 f.
1125 *Miguens*, RDM, núm 223 (1997), 319, 348; der sich dennoch wundert, dass das Verfahren *Barcelona Traction* weder von der Literatur und der Gesetzgebung gebührend gewürdigt noch von der Rechtsprechung zur Lösung ähnlicher Fälle herangezogen wurde: *Miguens*, RDS núm 7 (1996), 132, 135; *ders.*, RDM núm 223 (1997), 319, 325 f. und 369.
1126 Hierzu in deutscher Sprache *Zimmermann*, Die Haftung von Geschäftsführern und Gesellschaftern bei Insolvenz der GmbH in Frankreich, Dissertation, Freiburg i. Breisgau, 1971.
1127 Hierzu ausführlich *Miguens*, RDS núm 7 (1996), 132, 154 ff.; auch *Sebastián*, ICADE núm 61 (2004), 193, 294 ff.; der Entwurf ist abgedruckt AA VV España, Ministerio de Justicia, Secretaría General Técnica, Anteproyecto de la Ley Concursal de 1983, Madrid 1983, 47 f.; die entscheidenden Vorschriften (Art. 150 bis 160) sind auch bei *Miguens*, RDS núm 7 (1996), 132, 155, Fn. 70 wiedergegeben.
1128 *Miguens*, RDS núm 7 (1996), 132, 156; *Sebastián*, ICADE núm 61 (2004), 293, 294 ff.

fallenen Unternehmens im eigenen Interesse beherrscht hat[1129] oder wenn ein Mutterunternehmen faktisch die Tätigkeit des in Konkurs gefallenen abhängigen Unternehmens beherrscht hat. Die Gruppenkonkurse sollten in einem Verfahren zusammengefasst und von einem Verwalter (*síndico*) verwaltet werden. Eine Ausdehnung des Konkurses des Mutterunternehmens auf ein abhängiges Unternehmen wurde nicht ausdrücklich vorgesehen[1130].

(2) Weiterentwicklung durch die spanische Literatur

Der Ansatz im Anteproyecto de Ley Concursal de 1983 wurde in der spanischen Rechtslehre – soweit diese sich mit der Problematik der Konzerninsolvenz überhaupt auseinander setzt – heftig kritisiert[1131]. Die Beherrschung durch ein Mutterunternehmen in einer Unternehmensgruppe erfolge in der Regel nie allein in deren Interesse, sondern immer im Interesse der gesamten Gruppe, weshalb die dem Gesetzesentwurf innewohnende Doktrin – die keine Ausführung dazu bereithält, wann ein beherrschendes Unternehmen seine eigenen Interessen derart über die der Gruppe stellt, dass eine Erstreckung des Konkurses gerechtfertigt wäre – offensichtlich einen grundsätzlichen Missbrauch durch das beherrschende Unternehmen unterstelle und dadurch Unternehmenszusammenschlüsse erheblich benachteilige und die Institution des Konzerns insgesamt in Frage stelle[1132]. Weiter wurde kritisiert, dass der Entwurf dem entscheidenden Gericht keinerlei Ermessen im Hinblick auf die Erstreckung des Konkurses einräumte, sondern diesen als in jedem Fall erforderlich festsetzte und damit eine objektive, nicht in einem konkreten Kausalzusammenhang stehende Verantwortlichkeit des beherrschenden Unternehmens statuierte[1133]. Dementsprechend wurde in der weiteren Entwicklung insbesondere des Gesetzesentwurfs von 1995 von den Vorschlägen aus dem Jahre 1983 Abstand genommen.

Dennoch wurde die *extensión de la insolvencia* (Ausdehnung/Erstreckung des Konkurses) eines abhängigen Unternehmens auf das beherrschende Unternehmen weiter diskutiert, etwa mit der Voraussetzung, dass die Insolvenz ihren Grund im herrschenden Unternehmen findet, so wie es die Konzeption des Anteproyecto de Ley Concursal von 1983 sah[1134].

Basis und Legitimation für die Konzernbildung und die gruppeninterne Kontrolle und eine vereinheitlichte Unternehmenspolitik ist gemäß *Miguens* ein übergeordnetes Konzernziel[1135]. Dementsprechend sei davon auszugehen, dass für das Funktio-

1129 Dies folgt der in Italien entwickelten Theorie des „verdeckten Unternehmers“ (*empresario oculto*), *Miguens*, RDS núm 7 (1996), 132, 156; *Sebastián*, ICADE núm 61 (2004), 293, 296.
1130 Auch wenn dies bei *Sebastián*, ICADE núm 61 (2004), 293 so dargestellt wird.
1131 *Miguens*, RDS núm 7 (1996), 132, 157; *Sebastián*, ICADE núm 61 (2004), 293, 297 ff.
1132 *Miguens*, RDS núm 7 (1996), 132, 157.
1133 *Miguens*, RDS núm 7 (1996), 132, 158; ähnlich *Sebastián*, ICADE núm 61 (2004), 293, 298.
1134 Hierzu ausführlich *Miguens*, RDS núm 7 (1996), 132, 156 ff.; *Sebastián*, ICADE núm 61 (2004), 293, 295 ff.
1135 *Miguens*, RDS núm 7 (1996), 132, 181 f.

nieren des Konzerns dieses Gruppeninteresse über die Interessen der Einzelunternehmen, auch des herrschenden Unternehmens, das gerade nicht mit dem Gruppeninteresse identisch sei, gestellt werden müsse. Erst diese Unterordnung unter ein gemeinsames Interesse mache den Wert und die juristische Legitimation der einheitlichen Unternehmenspolitik des gesamten Konzerns aus, sei es durch faktische Anerkennung oder ausdrücklich durch Gesetz. In diesem Sinne und unter dieser Prämisse sei die Konzernbildung mittlerweile in allen Rechtsordnungen anerkannt, weshalb es heute die gesetzgeberische Aufgabe sei, den Missbrauch dieser Möglichkeit zu verhindern.

bb) Konzerninsolvenzen nach dem neuen Ley Concursal

Von einer in sich geschlossenen Regelung im Sinne eines eigenen materiellen Konzerninsolvenzrechts hat der spanische Gesetzgeber auch im aktuellen LC abgesehen, etwa aus denselben Gründen, die viele andere Rechtsordnungen, wie eben die deutsche, grundsätzlich von einer Normierung hinsichtlich Konzerninsolvenzen haben Abstand nehmen lassen. Dies ist auf der einen Seite das Problem der juristischen Fassbarkeit des an sich ökonomischen Phänomens der Verbindung von Unternehmen und zum anderen die Vielfalt der Konzernkonstruktionen, die einem System der Subordination, Kontrolle oder aber einer weitgehenden Parallelität der Einzelunternehmen folgen können und daher kaum in einer Normierung zusammengefasst werden können, sondern auf die Ausarbeitung einzelfallbezogener Lösungen angewiesen sind[1136]. Denn weder im spanischen Gesellschaftsrecht noch im LC wird ein klar abgrenzbarer Gruppenbegriff definiert[1137].

(1) Die Konzentration der Zuständigkeit gemäß Art. 10 Nr. 4 LC

Dennoch hat der spanische Gesetzgeber einige ganz gravierende Regelungen im Hinblick auf Konzerninsolvenzen getroffen, die insbesondere im Lichte der europäischen Entwicklungen und in Anbetracht des Kontrasts, den diese zur bewussten Nichtregelung in der EuInsVO bilden, äußerst interessant sind.

So nimmt Spanien nämlich in dem die gesamte Diskussion um das europäische Insolvenzrecht dominierenden Streit um die Zuständigkeit für Tochterunternehmen bei Konzerninsolvenzen[1138] eine ganz besondere Rolle ein, da im LC die unter der EuInsVO heftig diskutierte Möglichkeit der Eröffnung von Insolvenzverfahren über Konzerntöchter am Sitz der Konzernmutter durchaus möglich ist. Die relevanten Vorschriften sind hier Art. 3 Nr. 5, 10 Nr. 4 und 25 Nr. 1 LC. Zentrale Vorschrift aber ist die Zuständigkeitsregelung in Art. 10 Nr. 4 LC. In Art. 10 LC ist sowohl die örtliche als auch die internationale Zuständigkeit spanischer Gerichte für Insolvenzverfahren geregelt, wobei sich der spanische Gesetzgeber weitgehend am Wort-

---

1136 *Miguens*, RDS núm 7 (1996), 132, 133.
1137 *Sánchez Álvarez*, in: Comentarios al la Ley Concursal, 737, 738; *Sebastián*, ICADE núm 61 (2004), 293, 310 f.
1138 Dazu bereits ausführlich oben C. III. 2. und 3.

laut der EuInsVO orientiert hat. Gemäß Art. 10 Nr. 1 Abs. 1 S. 1 LC ist demnach dem Art. 3 Abs. 1 EuInsVO entsprechend das Gericht zuständig, in dessen Bezirk der Schuldner den Mittelpunkt seiner hauptsächlichen Interessen (*centro de sus intereses principales*) hat. Auch Erwägungsgrund 13 zur EuInsVO hat unmittelbar Eingang in die spanische Zuständigkeitsregelung gefunden, weshalb es in Art. 10 Nr. 1 Abs. 2 S. 1 LC heißt: „Als Mittelpunkt der hauptsächlichen Interessen versteht sich der Ort, wo der Schuldner gewöhnlich und für Dritte erkennbar die Verwaltung dieser Interessen ausübt". Weiter gilt nach Art. 3 Nr.1 Abs. 2 S. 2 LC die Vermutung, dass im Falle, dass es sich bei dem Schuldner um eine juristische Person handelt, der Mittelpunkt der hauptsächlichen Interessen sich am Satzungssitz des Schuldners befinde. Entscheidend ist aber nun die Vorschrift des Art. 10 Nr. 4, die endgültig vom Vorbild der EuInsVO abweicht. Hier heißt es:

> „Im Falle eines Antrags auf gemeinsame Eröffnung des Insolvenzverfahrens über mehrere Schuldner ist der Richter des Ortes zuständig, an dem der Schuldner mit den größten Passiva den Mittelpunkt seiner hauptsächlichen Interessen hat, und wenn es sich um eine Unternehmensgruppe handelt, am Mittelpunkt der hauptsächlichen Interessen der herrschenden Gesellschaft."

Dieses Modell ist sogar noch weitergehend als das – jedenfalls bis zur Entscheidung durch den EuGH im Verfahren *Parmalat/Eurofood*[1139] – unter der EuInsVO praktizierte, denn hier geht es nicht darum, den Interessenmittelpunkt der Töchter *am Sitz* der Mutter begründen zu können, sondern unabhängig vom tatsächlichen Mittelpunkt der hauptsächlichen Interessen der Tochter ist für das Verfahren über diese das Gericht *am Interessenmittelpunkt der Mutter* zuständig. Auf den ersten Blick scheint dies eine Begründung der Konzernzuständigkeit noch weitergehend zu erleichtern, überraschend ist deshalb die Reaktion in der Praxis, die im nächsten Abschnitt zu erläutern sein wird.

Ein entsprechendes Antragsrecht steht gemäß Art. 3 Nr. 5 LC ausdrücklich dem Insolvenzantrag stellenden Gläubiger zu, wenn mehrere „seiner" Schuldner insolvent sind, ein Recht auf Beantragung der Verfahrenskonzentration durch den Schuldner, also im Falle eines freiwilligen Konkurses, sieht das LC nicht ausdrücklich vor. In der Literatur wird jedoch angenommen, dass auch in diesem Fall Art. 10 Nr. 4 LC zur Anwendung gelangen kann[1140]. Dies wird gestützt durch die in Art. 25 Nr. 1 LC vorgesehene Möglichkeit einer späteren Beantragung der Zusammenlegung mehrerer bereits eröffneter Verfahren über Gruppenunternehmen durch das Insolvenzverwaltungsorgan des herrschenden Unternehmens, wobei sich die Zuständigkeit ebenfalls nach Art. 10 Nr. 4 LC richtet.

Nach dem ausdrücklichen Wortlaut handelt es sich hierbei um eine bloß verfahrensrechtliche Konzentration, die nicht etwa eine substantielle Konsolidierung der Massen (etwa im Sinne einer *extensión del concurso*) zur Folge hat[1141].

1139 EuGH, Urt. v. 2.5.2006, Rs. C-341/04, ZInsO 2006, 484 ff., dazu oben C. III. 2. b).
1140 *Sánchez Álvarez*, in: Comentarios al la Ley Concursal, 737, 755.
1141 *Sánchez Álvarez*, in: Comentarios al la Ley Concursal, 737, 759 ff.

(2) Interpretationsschwierigkeiten bei der Anwendung von Art. 10 Nr. 4 LC – die spanische Konzerninsolvenz der Grupo Carneus

Scheint auch die Regelung des Art. 10 Nr. 4 LC die Möglichkeiten zu eröffnen, die die EuInsVO bei grenzüberschreitenden Insolvenzverfahren verwehrt, und damit eine klare Regelung zugunsten der Zuständigkeitskonzentration bei Konzerninsolvenzverfahren abzugeben, wie sie sich viele wohl auch für die EuInsVO wünschen, so hat sich in der Praxis gleich in einem der ersten unmittelbar nach Inkrafttreten des LC am 1.9.2004 beantragten Verfahren[1142] gezeigt, dass die Interpretationsunsicherheiten insbesondere im Hinblick auf den Mittelpunkt der hauptsächlichen Interessen dieselben sind, wie sie im Rahmen des Art. 3 Abs. 1 EuInsVO auftauchen, und damit auch die Bestimmung der praktischen Anwendbarkeit des Art. 10 Nr. 4 LC Schwierigkeiten bereitet.

> Sachverhalt:
> Im September 2004 beantragte die vertretungsberechtigte Geschäftsführerin der *Grupo Carneus S.L.* mit Sitz in Getxa (Vizcaya) und dreier weiterer Unternehmen mit Sitz in León bzw. Madrid, die direkt als Töchter oder indirekt als Enkelin zu 100 % von der *Grupo Carneus S.L.* gehalten werden, die Eröffnung der Insolvenzverfahren über alle vier Unternehmen vor dem *Juzgado de lo Mercantil* in Bilbao (zuständig für das Gebiet Vizcaya), wobei sie sich darauf stützt, dass sich die Zuständigkeit, da es sich um eine Unternehmensgruppe handele, nach Art. 10 Nr. 4 LC richte, und deshalb der Sitz des Kopfes, also der *Grupo Carneus S.L.* in Vizcaya, maßgeblich sei. Hierauf stellten zwei Gläubiger den gemäß Art. 12 LC möglichen Antrag auf Prüfung der örtlichen Zuständigkeit des Gerichts in Bilbao hinsichtlich der Tochterunternehmen, mit der Begründung, dass es sich bei den Töchtern um selbständige und unabhängige Unternehmen mit eigener Rechtspersönlichkeit und getrenntem Vermögen handele und sich daher die Zuständigkeit nach Art. 10 Nr. 1 LC richten müsse, wonach der Mittelpunkt der hauptsächlichen Interessen der Töchter in León bzw. Madrid und eben nicht in Vizcaya liege. Zudem zogen die Gläubiger in Zweifel, dass sich der Interessenmittelpunkt des Mutterunternehmens, das nur fünf Mitarbeiter habe, überhaupt an deren Satzungssitz befinde, da die wichtigsten Töchter mit den meisten Mitarbeitern und Gläubigern in León angesiedelt seien, so dass hier auch der Mittelpunkt der hauptsächlichen Interessen der als Holding fungierenden Mutter zu verorten sei.

Der *Juzgado de lo Mercantil* in Bilbao befürwortete schließlich die Anwendbarkeit des Art. 10 Nr. 4 LC und damit seine eigene Zuständigkeit für alle vier Verfahren mit der Begründung, dass es sich aufgrund der Anteilsverhältnisse und Struktur bei den vier insolventen Unternehmen um eine Gruppe handele, die von der *Grupo Carneus S.L.* kontrolliert werde, zudem seien die beigebrachten konsolidierten Rechnungen der Gruppe ein Beweis für die wirtschaftliche Einheit. Art. 10.4 LC habe insofern imperativen Charakter, so dass sich immer dann, wenn sich eine Gruppenmutter in Insolvenz befinde oder begebe, deren Interessenmittelpunkt auch die Zuständigkeit für Insolvenzverfahren über Tochterunternehmen bestimme. Dies erstaunt deshalb, da Art. 10 Nr. 4 LC seinem Wortlaut nach eine entsprechende Zuständig-

---

1142 Verfahren über *Grupo Carneus S. L.*, Juzgado de lo Mercantil N° 1, Bilbao (Bizkaia), E. v. 15.11.2002, Auto n° 10/2004, gefunden unter www.gescursal.com/declinatoria.pdf.

keitsbestimmung nur für die Fälle vorsieht, in denen eine Verfahrenskonzentration beantragt wurde.

Nach dieser grundsätzlichen Annahme der Anwendbarkeit des Art. 10 Nr. 4 LC beschäftigt sich das Gericht mit der Frage, ob der Mittelpunkt der hauptsächlichen Interessen der Gruppenmutter *Grupo Carneus S.L.* sich tatsächlich der Vermutung des Art. 10 Nr. 1 Abs. 2 S. 2 LC entsprechend an deren Satzungssitz in Getxo befindet oder ob diese Vermutung durch die Einwände der Gläubiger, dass sich die hauptsächliche Aktivität der Gruppe mit der Mehrheit der Passiva, der Gläubiger und Arbeitnehmer in León abspiele, widerlegt sein könnte. Hinsichtlich der Möglichkeit, die Vermutung zu widerlegen, bezieht sich der Richter mangels einer entsprechenden Aussage im LC bemerkenswerter Weise, obwohl es sich um ein rein nationales Verfahren handelt, auf den Wortlaut des Art. 3 Abs. 1 S. 2 EuInsVO. Im Ergebnis verneint das Gericht die Widerlegung der Vermutung mit der Begründung, *Grupo Carneus S.L.* habe sein öffentlich zugängliches Büro in Getxo, von wo aus die Gruppenunternehmen durch die gemeinsamen Geschäftsführer dirigiert würden.

Diese Diskussion ist gerade in Anbetracht der Entwicklung auf europäischer Ebene bemerkenswert, denn es handelt sich hier um eine komplette Umkehrung der Problematik. Während es bei den grenzüberschreitenden Fällen im Lichte der EuInsVO regelmäßig darum geht, für eine Verfahrenskonzentration den Interessenmittelpunkt der Tochter *am Sitz* der Konzernmutter zu begründen – welcher bisher immer unstreitig als deren Mittelpunkt der hauptsächlichen Interessen angesehen wurde (!), wird hier – wo es auf den Interessenmittelpunkt der Tochter nicht ankommt – gerade die Identität des Interessenmittelpunktes der Mutter mit deren Satzungs- und(!) Verwaltungssitz in Frage gestellt, um eine Konzentration der Verfahren an diesem zu verhindern. Hierfür wird sogar erwogen, dass sich der Mittelpunkt der hauptsächlichen Interessen der Konzernmutter nach dem Aktivitätenschwerpunkt der gesamten Unternehmensgruppe richten könnte.

Zur Verdeutlichung: Auf europäischer Ebene käme es dieser Interpretation gleich, wenn ein deutsches Insolvenzgericht, das ein Insolvenzverfahren über die Tochter einer englischen Holding eröffnet hat, gleichzeitig in Deutschland ein Hauptinsolvenzverfahren über die englische Mutter eröffnen würde, mit der Begründung, dass diese in England ja nur ihren Sitz und die Fäden in der Hand habe, während sich die tatsächlichen Aktivitäten des Konzerns bei der Tochter in Deutschland abspielen, weshalb der Mittelpunkt der hauptsächlichen Interessen der Mutter hier am Sitz der Tochter zu verorten sei!

Der *Juzgado de lo Mercantil* de Bilbao hat in der zitierten Entscheidung klar gemacht, dass sich der Mittelpunkt der hauptsächlichen Interessen nicht nach dem Tätigkeitsschwerpunkt eines Tochterunternehmens richtet, was wohl für die Bestimmung des Mittelpunktes der hauptsächlichen Interessen einer Konzernmutter einzig richtig ist. Andernfalls würde sich die Frage stellen, wo die Zuständigkeit anzusetzen ist, wenn Töchter an verschiedenen Orten etwas gleich groß und bedeutend für den Gesamtkonzern sind, oder wenn das bedeutendste Tochterunternehmen sich selber nicht in Insolvenz befindet. Jedenfalls zeigt dieses Beispiel des Umgangs mit der Möglichkeit einer Verfahrenskonzentration bei Konzernen im spanischen Recht, das eine zur europäischen Diskussion quasi konträre Interpretationsproblematik aufweist, dass die Schwierigkeiten der Gesetzesanwendung oftmals nicht im Ob und Wie einer gesetzlichen Regelung bestimmter Materien begründet sind, sondern in den verschiedenen Interessen der Beteiligten und Betroffenen, die offensichtlich regelmäßig eine große Kreativität hinsichtlich der Interpretation des gesetzten Rechts beflügeln.

(3) Bedeutung des Art. 10 Nr. 4 LC für grenzüberschreitende Insolvenzfälle

Aufgrund der Verquickung von örtlicher und internationaler Zuständigkeit in Art. 10 LC stellt sich die Frage, ob die Zuständigkeitskonzentration gemäß Art. 10 Nr. 4 LC auch auf grenzüberschreitende Konzerninsolvenzverfahren Anwendung finden kann. Teilweise wird unter Verweis auf Art. 4 Abs. 1 EuInsVO angenommen[1143], dass sich die Voraussetzungen für die Eröffnung schließlich nach der *lex fori concursus* richten und Art. 10 Nr. 4 LC dementsprechend die Voraussetzung für die Eröffnung eines Insolvenzverfahrens auch einer ausländischen Konzerntochter begründet. Diese Ansicht verkennt jedoch, dass die *lex fori concursus,* bevor sie überhaupt zur Anwendung gelangen kann, zunächst einmal über Art. 3 EuInsVO bestimmt werden muss, wonach eindeutig über jeden Schuldner, egal in welchem Verhältnis dieser sich zu anderen befindet, an *dessen* eigenem Interessenmittelpunkt die Eröffnungszuständigkeit liegt, nach der sich dann gemäß Art. 4 Abs. 1 EuInsVO das anwendbare Recht bestimmt. Diese Regelung geht der widersprechenden nationalen Regelung des Art. 10 Nr. 4 LC vor, gemäß der die Zuständigkeit für Konzerntöchter sich am Interessenmittelpunkt eines anderen Schuldners, nämlich der Konzernmutter, befindet.

> Anderes könnte bestenfalls diskutiert werden, wenn es in Art. 10 Nr. 4 LC hieße, der Mittelpunkt der hauptsächlichen Interessen einer Tochtergesellschaft befindet sich bei Gruppenunternehmen *am Sitz* des Mutterunternehmens, was aber nicht der Fall ist und aufgrund der Notwendigkeit einer europäisch autonomen Auslegung des Begriffs des Mittelpunktes der hauptsächlichen Interessen bei grenzüberschreitenden Verfahren äußerst zweifelhaft wäre.

Die Regelung des Art. 10 Nr. 4 LC ist daher in ihrem Anwendungsbereich als auf die nationale Ebene beschränkt zu betrachten[1144].

3. Das spanische internationale Insolvenzrecht

Auch das spanische internationale Insolvenzrecht hat durch die europäischen Entwicklungen einen wesentlichen Wandel vollzogen.

1143 So etwa von *Paulus*, FS-Kreft, 469, 473 f.
1144 So auch die Auffassung in der spanischen Literatur *Sánchez Álvarez*, in: Comentarios al la Ley Concursal, 737, 755.

a) Die Entwicklung bis zum Inkrafttreten der EuInsVO

Bis zur großen Reform Anfang dieses Jahrtausends existierte ein autonomes internationales Insolvenzrecht in Spanien nicht[1145]. Diese gesetzgeberische Zurückhaltung erstaunt umso mehr, als in Spanien seit dem Ende des 19. Jahrhunderts in umfänglichem Maße ausländische Investitionen getätigt werden und entsprechende Fragestellungen regelmäßig dem Tribunal Supremo zur Entscheidung vorlagen[1146]. Auch des Instruments des Abschlusses bi- oder multilateraler Abkommen bediente man sich in Spanien für den Bereich des internationalen Insolvenzrechts kaum. Allerdings hielten das Anteproyecto de ley Concursal von 1983 und das Anteproyecto de Ley Concursal von 1995 Regeln des internationalen Privatrechts bereit, durch die die drei klassischen Fragen des internationalen Insolvenzrechts geregelt wurden, jedoch wurden diese Vorentwürfe nie Gesetz[1147] und hielten, entgegen der zwischenzeitlich mit den Vorentwürfen zum Insolvenzübereinkommen schon eingeleiteten Hinwendung zum Prinzip der eingeschränkten Universalität unter Koordination mehrerer Verfahren, an einer Struktur fest, die spanischen Gerichten die weitgehende Zuständigkeit sicherte[1148]. Die nationalen Richter scheuten die Verantwortung wegweisender Entscheidungen[1149], demnach sind nur der Rechtsprechung des Tribunal Supremo (TS) zu diesem Themenbereich wenige Grundsätze zu entnehmen, wobei aber teilweise auf Urteile aus dem 19. Jahrhundert zurückgegriffen werden muss[1150]. Hierbei lässt sich beobachten, dass die spanischen Gerichte in seltener „formelhafter Anlehnung" an Regelungen des allgemeinen spanischen internationalen Privatrechts zumeist *ad hoc*-Entscheidungen bezogen auf den Einzelfall trafen[1151], also nicht gerade von einer aufeinander aufbauenden Rechtsentwicklung wie etwa im englischen *Case Law*[1152] zu sprechen ist. Dementsprechend konstatieren *Calvo Caravaca/Carracosa González*, dass die zu Fragen des Umgangs mit grenzüberschreitenden Insolvenzverfahren ergangene spanische Judikatur derart „rudimentär, fragmentarisch, unvollständig und stark nationalistisch" sei[1153], dass sie für

---

1145 *Alonso Puig/Martínez de Salas Rubio*, in: Comentarios a la Ley Concursal, 831, 833.

1146 *Calvo Caravaca/Carracosa González*, Derecho Concursal Internacional, RdNr. 417; *Esplugues*, ZZPInt 2 (1997), 69, 71.

1147 Zu den gescheiterten Reformversuchen in der zweiten Hälfte des vergangenen Jahrhunderts schon oben D. V. 2. a).

1148 Zu dieser unbefriedigenden Entwicklung damals noch sehr pessimistisch im Hinblick auf eine Besserung *Esplugues*, ZZPInt 2 (1997), 69, 82 ff., insb. 91 f.

1149 *Paulus*, EWiR 2000, 889; *Calvo Caravaca/Carracosa González*, Derecho Concursal Internacional, RdNr. 419; *Esplugues*, ZZPInt 2 (1997), 69, 72.

1150 So zum Beispiel zur Anerkennung ausländischer Konkursverfahren die Urteile des TS vom 19.3.1885, vom 12.5.1885, vom 29.5.1894, vom 20.11.1894 und vom 15.11.1898, Nachweise bei *Turck*, Das Internationale Insolvenzrecht in Spanien, 75 ff.; es mögen mehr Entscheidungen zu den hier interessierenden Fragen ergangen sein, jedoch kann aufgrund der auch bei wesentlichen Fragen nur selten erfolgenden Veröffentlichung von Entscheidungen in Spanien nur auf wenige Entscheidungen zurückgegriffen werden.

1151 *Calvo Caravaca/Carracosa González*, Derecho Concursal Internacional, RdNr. 419.

1152 Zu diesem Begriff oben im Länderbericht über England D. IV. I.

1153 Ähnlich auch *Esplugues*, ZZPInt 2 (1997), 69, 72, der vom Ausfall einer brauchbaren Rechtsprechung zu dieser Materie spricht.

die Entwicklung einer Gesetzgebung auf diesem Gebiet vollkommen unbrauchbar sei und konsequenterweise vom Gesetzgeber bei der Konzeption des aktuellen LC in keiner Weise berücksichtigt wurde[1154].

Bei der Betrachtung der spanischen Judikatur zu internationalen Konkursfällen fällt auf, dass sich diese die Frage nach ihrer internationalen Zuständigkeit äußerst selten stellten[1155]. Besonders in frühen Urteilen des TS aus dem 19. Jahrhundert lässt sich in den Begründungen zur internationalen Zuständigkeit eine unsaubere Verquickung der Frage nach der Zuständigkeit mit der Frage nach dem anwendbaren Statut feststellen[1156]. Jedenfalls kamen spanische Gerichte in Fällen mit ausländischem Bezug meistens zu dem Schluss, dass sie international zuständig seien[1157].

So lieferte der TS in dem Verfahren *Minera del Moncayo* entgegen dem zutreffenden Einwand spanischer Gläubiger, die Gesellschaft *Minera del Moncayo*, die in Spanien Konkurs angemeldet hatte, sei in Belgien begründet und habe dort auch ihren Sitz, gestützt auf die Vorschriften art. 51 und 70 LEC von 1881 und art. 15 CC von 1885 ein ganzes Bündel von Gründen für die Annahme der internationalen Zuständigkeit des spanischen Gerichts. Entgegen der sonst in spanischer Judikatur üblichen Nichtbeachtung des Parteiwillens für die Feststellung der Zuständigkeit[1158] betonte der TS im genannten Fall bei seiner Begründung, dass der Antrag in Spanien schließlich von der belgischen Gesellschaft selber ausgegangen sei, diese sich also dem spanischen Gericht unterworfen habe. Weiter führte das Gericht an, das Vermögen der Gesellschaft habe überwiegend aus spanischen Immobilien bestanden, die Mehrzahl der Gläubiger seien Spanier gewesen, das Zentrum der Geschäftstätigkeit der Gesellschaft habe in Spanien gelegen und weiter habe schließlich auch kein Gläubiger Konkurs in Belgien beantragt, so dass es ohnehin an einer Mehrheit der Konkursverfahren fehle. Schließlich wurde angeführt, dass der beschwerdeführende spanische Gläubiger nicht zur Anfechtung der spanischen Zuständigkeit berechtigt sei, insbesondere, da sich die Schuldnerin durch ihren Antrag den spanischen Gerichten unterworfen habe[1159].

Festgemacht wird diese Tendenz zur Annahme der eigenen Zuständigkeit in der kritischen spanischen Literatur an dem Begriff des „Imperialismo jurisdiccional“[1160], wörtlich also dem „Rechtsprechungsimperialismus“, mit dem sich spani-

1154 So die sehr kritische Betrachtung durch *Calvo Caravaca/Carracosa González*, Derecho Concursal Internacional, RdNr. 419 ff.; aber auch *Esplugues Mota*, ZZPInt 6 (2001), 65, 69

1155 So auch die zutreffende Beobachtung von *Turck*, Das Internationale Insolvenzrecht in Spanien, 75 und *Esplugues*, ZZPInt 2 (1997), 69, 74, der insgesamt sechs Fälle im Zeitraum zwischen 1881 und 1986 zählt.

1156 *Turck*, Das Internationale Insolvenzrecht in Spanien, 76 f.; eine unsaubere Verquickung der Frage nach der internationalen Zuständigkeit und der Frage der Wirkungserstreckung ist allerdings auch bei *Esplugues*, ZZPInt 2 (1997), 69 ff. zu erkennen.

1157 *Esplugues*, ZZPInt 2 (1997), 69, 74, so wohl alle sechs Urteile, die sich mit dieser Frage beschäftigt haben.

1158 Hierzu *Turck*, Das Internationale Insolvenzrecht in Spanien, 81 f. m.w.N.

1159 TS vom 17. Januar 1912, Puente Egido Nr. 255, S. 1003, 1005.

1160 So gefunden bei *Pecourt García*, in: Homenaje Sela Sampil, S. 903 Fn. 83; vgl. auch *Alonso Puig/Martínez de Salas Rubio*, in: Comentarios a la Ley Concursal, 831, 838 und *Esplugues*, ZZPInt 2 (1997), 69, 74 ff., der von „imperialistischer Irrationalität“, dem Willen, den spanischen Gerichten unter allen Umständen eine Zuständigkeit zu sichern, und einem expansionistischen, alles vereinnahmenden System der internationalen Zuständigkeit spricht.

sche Gerichte eine Allzuständigkeit anmaßen[1161]. Hier liegt auch der Begriff des „Insolvenzimperialismus“[1162] nicht mehr fern, der an die heutige Praxis englischer – zunehmend auch deutscher – Gerichte erinnert[1163], denen die Argumente der zitierten Entscheidung durchaus ähneln.

Wird die Zuständigkeit eines nationalen Gerichts erst angenommen, stellt sich normalerweise weiter die Frage, welches Recht auf das Verfahren anwendbar ist[1164]. Spanische Gerichte indes hielten sich mit dieser Frage nicht auf, sondern wendeten ausnahmslos das spanische Recht an[1165].

Schließlich sahen sich auch spanische Gerichte mit der Frage konfrontiert, welche Wirkungen die Eröffnung eines Insolvenzverfahrens im Ausland in Spanien entfaltet[1166]. Der entsprechende Streit wurde in Spanien nicht explizit an den Begriffen von Universalität und Territorialität festgemacht, so dass es für die Beantwortung dieser Frage einer eingehenderen Analyse der spanischen Rechtsprechung bedürfte. Indes fällt eine klare Interpretation der spärlich veröffentlichten Rechtsprechung offensichtlich schwer[1167]. *Turck* etwa entnimmt einigen Entscheidungen des Tribunal Supremo, dass auch in Spanien zunächst von einem universellen, auch im Ausland wirkenden Beschlag des schuldnerischen Vermögens ausgegangen wurde[1168]. Hingegen entnehmen *Calvo Caravaca/Carracosa González* einigen Entscheidungen spanischer Gerichte aus den Jahren 1881 bis 1948 eher eine Tendenz zum Territorialitätsprinzip[1169]. Sie ziehen diesen Schluss allerdings aus der Tatsache, dass die entscheidenden spanischen Gerichte sich regelmäßig ungeachtet eines bereits im Ausland eröffneten Verfahrens für die Eröffnung eines weiteren Verfahrens für zuständig erklärten[1170]. Eröffnete Spanien hingegen als erster Staat ein Insolvenzverfahren über einen Schuldner, der in mehreren Staaten Vermögen hatte, so ging es von seiner globalen Zuständigkeit auch für das im Ausland belegene Vermögen aus. Demnach wurde in Spanien in der im Hinblick auf Österreich als „Raubsystem“[1171]

1161 Zu diesem Ergebnis kommen letztendlich auch *Calvo Caravaca/Carracosa González*, Derecho Concursal Internacional, RdNr. 51; etwas anders *Turck*, Das Internationale Insolvenzrecht in Spanien, 89, die die Annahme der Zuständigkeit durch die spanische Judikatur jeweils für berechtigt und ausführlich begründet und damit nicht für ein Allzuständigkeitsdogma hält, was bei Betrachtung der oben zitierten Entscheidung TS v. 17.1.1912 (*Minera del Moncayo*), Puente Egido Nr. 255, S. 1003 ff. nicht unzutreffend erscheint.

1162 *Mankowski*, EWiR 2003, 1239.

1163 Hierzu ausführlich oben C. III. 2. a).

1164 *Calvo Caravaca/Carracosa González*, Derecho Concursal Internacional, RdNr. 14.

1165 *Calvo Caravaca/Carracosa González*, Derecho Concursal Internacional, RdNr. 419; *Turck*, Das Internationale Insolvenzrecht in Spanien, 69.

1166 Tribunal Supremo, Urt. v. 5.5.1999, besprochen von *Paulus*, EWiR 2000, 889; *ders.*, ZIP 1998, 977; *Calvo Caravaca/Carracosa González*, Derecho Concursal Internacional, RdNr. 14.

1167 So auch *Esplugues*, ZZPInt 2 (1997), 69, 72.

1168 *Turck*, Das Internationale Insolvenzrecht in Spanien, 166 ff.

1169 *Calvo Caravaca/Carracosa González*, Derecho Concursal Internacional, RdNr. 50, bezogen auf Entscheidung des TS vom 20. Juni 1881, Entscheidung des TS vom 12. Mai 1886, Entscheidung der Audiencia Barcelona vom 6. November 1939, Entscheidung des *Auto Juzgado reus* vom 12. Februar 1949.

1170 *Calvo Caravaca/Carracosa González*, Derecho Concursal Internacional, RdNr. 50.

1171 Dazu oben D. III. 3. a) aa).

bezeichneten Manier mit zweierlei Maß gemessen; während spanische Gerichte grundsätzlich von der universellen Beschlagswirkung ihrer eigenen Entscheidungen ausgingen, erkannten sie im Gegenzug ausländischen Eröffnungsentscheidungen eine derartige Wirkung keineswegs zu. Diese Tendenz der Prinzipienwahl zugunsten der spanischen Gerichtsbarkeit beschreiben im Ergebnis auch *Calvo Caravaca/Carracosa González*[1172].

b) Das neue spanische internationale Insolvenzrecht

Jedenfalls die jüngere spanische Literatur hebt die Vorteile der Universalität eines Insolvenzverfahrens hervor[1173] und betrachtet das Territorialitätsprinzip sehr kritisch und insbesondere im Hinblick auf globale Sanierungsvorhaben als ungeeignet[1174].

Nun hat der Gesetzgeber in den letzten drei Artikeln 228 bis 231 des LC erstmals Regelungen mit Auslandsbezug in seine Insolvenzgesetzgebung aufgenommen und sich hierbei eng an dem System der EuInsVO orientiert[1175]. Da diese ausschließlich auf Verfahren mit Drittstaaten Anwendung finden, sollen sie hier nicht weiter diskutiert werden.

Hinsichtlich der Integration und Adaption des Inhalts der Verordnung in das nationale spanische Insolvenzrecht hat sich der spanische Gesetzgeber nicht des Modells eines Ausführungsgesetzes bedient, sondern hat die Regelungen der EuInsVO quasi mit in die nationalen Regelungen integriert.

4. Konvergenzbewegungen aus spanischer Sicht

Zwar lässt die Jungfräulichkeit des neuen spanischen Insolvenzrechts in der rechtsvergleichenden Betrachtung kaum Rückgriff auf Fallbeispiele und Gerichtsentscheidungen zu und ist bisher auch noch nicht maßgeblich in grenzüberschreitenden Fällen unter dem Anwendungsbereich der EuInsVO in Erscheinung getreten, jedoch kann die Prognose gestellt werden, dass ein Umgang mit spanischen Beteiligten an einem grenzüberschreitenden Konkursverfahren nunmehr erleichtert wird. Dies kann insbesondere für die im Mittelpunkt dieser Arbeit stehenden grenzüberschreitenden Sanierungsverfahren prognostiziert werden. Das neue spanische Insolvenzrecht ist mehr als nur sanierungsfreundlich, die Rettung insolventer Unternehmen durch Sanierung hat hohe Priorität in der neuen Gesetzgebung[1176], ohne dass darüber das Prinzip der *par condicio creditorum* vernachlässigt wird[1177].

1172 *Calvo Caravaca/Carracosa González,* Derecho Concursal Internacional, RdNr. 51.
1173 *Calvo Caravaca/Carracosa González,* Derecho Concursal Internacional, RdNr. 17 ff., der hier ein geradezu leidenschaftliches Plädoyer für das Universalitätsprinzip hält.
1174 *Calvo Caravaca/Carracosa González,* Derecho Concursal Internacional, RdNr. 37 ff.; insb. 49.
1175 *Aparicio,* ICADE núm 61 (2004), 13, 22.
1176 So das Zitat des spanischen Justizministers *José María Michavila* in: Expansión Directo, 2.4.2003; *Corella,* Cinco Días, 12.3.2003.
1177 Exposición de Motivos, Abschnitt II, S. 26906 f.; *de la Cuesta Rute,* El Convenio Concursal, 13ff.

Der Gesetzgeber des LC hat sich die EuInsVO für die Gestaltung grenzüberschreitender Konkursverfahren entgegen der Befürchtung in der spanischen Literatur, dass von der spanischen Praxis keine Impulse und der europäischen Gesetzgebung kein positiver Einfluss auf das spanische Recht zu erwarten seien[1178], weitgehend zum Vorbild genommen und sich auch bei der Kodifikation des nationalen Insolvenzrechts sichtlich um Adaption der bzw. Kompatibilität mit den Vorstellungen des Verordnungsgebers bemüht. Offensichtlich brauchte der spanische Gesetzgeber diese europäische Vorgabe und den Blick auf andere europäische Beispiele autonomer internationaler Insolvenzrechte, um endlich auch für das spanische nationale und internationale Insolvenzrecht eine Linie zu finden. Spanien hat damit zweifellos ein kaum betrauernswertes altbackenes desolates Chaos auf dem Gebiet des Insolvenzrechts hinter sich gelassen und möglicherweise mit der Berücksichtigung sowohl der Interessen des Schuldners als auch der Gläubiger unter Einbeziehung eines ökonomischen und transnationalen Blickwinkels ein derart modernes Insolvenzrecht kreiert, dass dies nun seinerseits Beispielcharakter haben könnte.

VI. Auswertung und Ergebnisse der rechtsvergleichenden Betrachtung

1. Zusammenfassung der Gemeinsamkeiten und Unterschiede

Die Auseinandersetzung mit den Insolvenzrechten Deutschlands, Österreichs, Englands und Spaniens hat ergeben, dass diese in allen vier Ländern in den letzten Jahren einschneidenden Reformen unterworfen waren, die in erster Linie im Zeichen der Modernisierung und damit der Anpassung an wirtschaftliche Realitäten standen, bei denen selbstverständlich die Europäisierung und Globalisierung der Unternehmen als potentielle Insolvenzschuldner einen wichtigen Faktor darstellen. Diese allen nationalen Insolvenzgesetzgebern gemeinsame Erkenntnis bildet eine wichtige Grundlage für eine Konvergenz unter den Rechtsordnungen. Dennoch weisen die Insolvenzrechte der dargestellten Länder strukturell wie auch in der Zielsetzung teilweise noch erhebliche Unterschiede auf.

a) Verfahrensstruktur und Sanierungsziel

Nicht nur in Anbetracht der Schwerpunktsetzung der vorliegenden Untersuchung, sondern generell ist die Haltung der Rechtsordnungen zur Idee der Sanierung in der Insolvenz maßgeblich für die Struktur der implementierten Insolvenzverfahren.

Hinsichtlich der Funktion und Zielsetzung des Insolvenzrechts trifft Spanien allein durch die gewählte Verfahrensstruktur eine klarere Aussage als die anderen hier verglichenen Insolvenzrechte. Der Vergleich und damit die Sanierung ist als Regelfall

1178 *Esplugues*, ZZPInt 2 (1997), 69, 91.

ausgestaltet. Fällt ein Unternehmen in Insolvenz, so wird in jedem Fall der *concurso* eröffnet und in der *fase común* zunächst die Möglichkeiten einer liquidationsabwendenden Bewältigung untersucht, die dann in der Vergleichsphase ausgearbeitet werden soll. Kann eine solche sinnvoll nicht erreicht werden, so ist das Verfahren durch Liquidation zu beenden. Die Einheitlichkeit des Verfahrens ermöglicht es, unter dem Schutze eines Moratoriums im eröffneten Insolvenzverfahren „in Ruhe" zu ermitteln, welcher Weg zur Bewältigung selbiger sinnvoll beschritten werden kann und damit auf den Einzelfall zugeschnittene sachgerechte Lösungen zu finden.

Dies ist ein erheblicher Vorteil gegenüber den mehrspurigen Insolvenzrechten Englands und Österreichs, bei denen diese Entscheidungen schon im Vorfeld der Beantragung einer der alternativ zur Verfügung stehenden Verfahrensarten getroffen werden müssen. Insbesondere das österreichische Insolvenzrecht, das Konkurs- und Ausgleichsverfahren nicht als Sanierungs- bzw. Liquidationsverfahren gegenübergestellt sehen will, sondern auch dem Konkurs eine Sanierungsaufgabe zuspricht, könnte der Favorisierung liquidationsabwendender Insolvenzverfahren durch ein einheitliches Verfahren sicherlich effektiver Ausdruck verleihen.

Auch den anderen Rechtsordnungen ist eine deutliche Öffnung gegenüber dem Sanierungsgedanken zu bescheinigen, jedoch wird diese bestenfalls gleichrangig mit der Liquidation behandelt, bzw. eignen sich die Verfahrensstrukturen nicht für eine grundsätzliche Förderung der Sanierungsbereitschaft in der Praxis. So stehen sich im englischen Insolvenzrecht das liquidierende *winding-up*-Verfahren und die der Sanierung dienende *Administration* alternativ gegenüber. Immerhin wurden durch den Enterprise Act 2002 entscheidende Änderungen in der Darstellungs- und Begründungslast des Verwalters für die Durchführung einer *Administration* vorgenommen, die sich wenigstens dann, wenn dieses Verfahren gewählt wurde, sehr sanierungsfördernd auswirken dürften.

Der deutsche Gesetzgeber hat zwar wie Spanien den Weg eines alle Lösungsmöglichkeiten einer Insolvenz erfassenden Verfahrens gewählt, trifft allerdings keine Abstufung zugunsten der Sanierung. Die Flexibilität, die die deutsche InsO in der Gestaltung der Sanierung, insbesondere im Rahmen eines Insolvenzplanverfahrens gewährleistet, scheint theoretisch durchaus geeignet, auf den Einzelfall abgestimmte, sachgerechte Konzepte zu erstellen, allein stellt sich die mit dieser Flexibilität einhergehende Rechtsunsicherheit in der Praxis noch als hinderlich heraus. Es scheint hier mitunter noch an dem Mut und der Reife zu fehlen, mit diesem vom Gesetzgeber zur Verfügung gestellten Freiraum sinnvoll umzugehen.

b) Kompatibilität

Angesichts der bereits mehrfach angesprochenen Globalisierung der Märkte und Unternehmensstrukturen ist Maßstab für die Funktionsfähigkeit und Effizienz eines Insolvenzrechtssystems nicht allein die Abstimmung auf das nationale Rechtssystem. Grundvoraussetzung für ein modernes Insolvenzrecht ist die Berücksichtigung wirtschaftlicher und vor allem transnationaler Gegebenheiten und Entwicklungen.

Als in diesem Sinne sehr modern ist zweifellos das erst 2004 in Kraft getretene spanische Insolvenzrecht zu bezeichnen. Hier wurden nicht nur Wortlaut und Grundgedanken der EuInsVO umfangreich berücksichtigt, sondern es wurden Maßnahmen ergriffen, um auch den wirtschaftlichen Kontext nicht nur als irgendwo über dem Insolvenzrecht schwebendes Phänomen, sondern als in jedem Einzelfall individuell zu berücksichtigenden Faktor angemessen betrachten zu können.

Wie soeben gesehen, hat ein einspuriges Insolvenzrecht mit nur einer Verfahrensart bereits auf nationaler Ebene entscheidende Vorteile im Hinblick auf eine dem Einzelfall angemesse Gestaltung und Zielsetzung des Verfahrens. Größere Bedeutung bekommt die Entscheidung des Gesetzgebers zwischen einer einspurigen oder einer mehrspurigen Struktur des Insolvenzrechts noch im Anwendungsbereich der EuInsVO, wo diese maßgeblich für die Gestaltungsmöglichkeiten eines Sekundärinsolvenzverfahrens ist. Auch unter diesem Aspekt liegt Spanien mit seinem Insolvenzrecht weit vorn.

2. Konvergenzpotential

Hinsichtlich der klassischen Fragen des internationalen Insolvenzrechts hat die EuInsVO den nationalen Gesetzgebern – jedenfalls bezogen auf Insolvenzfälle unter den Mitgliedstaaten – die Anstrengungen, Konvergenz zu zeigen, abgenommen, da hier die Verordnung verbindliche Regelungen schafft. Was allerdings die Gestaltung der Insolvenzverfahren im Einzelnen angeht, die wie gesehen neben einigen Parallelen noch erhebliche Unterschiede aufweisen, sind die nationalen Gesetzgeber durchaus gefragt. Teilweise bleibt hier sicherlich zu berücksichtigen, dass aufgrund der allgemeinen Unterschiede in den Rechtsordnungen selbst ambitionierteste Harmonisierungsbemühungen ihre Grenzen haben, jedoch ist positiv hervorzuheben, dass die unterschiedlichen Ausrichtungen des Insolvenzrechts in den Mitgliedstaaten stark von der aktuellen Regierung zur Zeit der Entstehung der jeweiligen Gesetzgebung geprägt sind[1179] und damit keine irreversible nationalkulturelle Grundentscheidung darstellen.

Ohne Leitlinien ist eine Annäherung der Rechtsordnungen aneinander nicht zu bewerkstelligen. Denn, um sich auf etwas zubewegen zu können, müssen die nationalen Gesetzgeber das Ziel kennen, also erst einmal ein gemeinsames Ziel entwickeln. Einen ersten, aber bei Weitem nicht hinreichenden, Anhaltspunkt bietet hier die EuInsVO. Aber es sind weitere allgemeingültige Rahmenrichtlinien erforderlich. Einen wertvollen Beitrag stellen in diesem Zusammenhang die von europäischen Insolvenzrechtlern entwickelten „Grundsätze des Europäischen Insolvenzrechts“[1180] dar, die der Modernisierung der nationalen Insolvenzrechte mit dem Fernziel einer Harmonisierung dienen sollen[1181].

1179 *Flessner*, ZEuP 2004, 887, 891.
1180 *McBryde/Flessner/Kortmann*, Principles of European Insolvency Law.
1181 *McBryde/Flessner/Kortmann*, Principles of European Insolvency Law, 2.

Diese sehen in erster Linie in § 1 eine einheitliche Definition von Funktion und Zielen des Insolvenzverfahrens vor, wobei insbesondere die Frage, in welches Verhältnis Sanierung und Liquidation zueinander zu setzen sind, behandelt wird. Der Reorganisation wird in § 11 vor der Liquidation in § 12 der Vorrang eingeräumt, zudem heißt es in § 12.1: „Wenn und soweit keine Reorganisation zustande kommt, verwandelt der Verwalter das Vermögen des Schuldners in Geld und verteilt es an die Gläubiger …“. Unter anderem werden Grundsätze bezüglich der Beteiligten (§ 2), der Verwaltung des Vermögens (§ 4), der Behandlung von Verträgen (§ 6), der Anfechtung von Rechtshandlungen (§ 8), der Sicherungsrechte und Aufrechnung (§ 9) und der Verwaltung durch den Schuldner (§ 14) aufgestellt[1182].

Dieses Werk könnte sich als nützliche Grundlage für nationale Konvergenzbemühungen erweisen.

1182 Vgl. die deutsche Übersetzung der Grundsätze von *Flessner* in *McBryde/Flessner/Kortmann*, Principles of European Insolvency Law, 649 ff.

E. Resümee und Ausblick

Der Verordnungsgeber hat mit der Klärung der Kernfragen des internationalen Insolvenzrechts ein im Großen und Ganzen annehmbares und funktionstüchtiges Regelungssystem zur Gestaltung grenzüberschreitender Insolvenzverfahren aufgestellt und damit zweifelsfrei einen Meilenstein in der Entwicklung des europäischen internationalen Insolvenzrechts gesetzt. Die Auswertung des Umgangs mit Sanierungsvorhaben und Konzerninsolvenzen durch die EuInsVO, die nationalen Rechtsordnungen und vor allem die diese Regelungen anwendende Praxis haben jedoch ergeben, dass hier noch keine zufrieden stellenden Systeme entwickelt wurden, teilweise sogar große Rechtsunsicherheit besteht. Demnach ist im Folgenden zu untersuchen, welche konkreten Lösungsvorschläge hier gemacht werden können.

I. Problemkreis grenzüberschreitende Sanierungen

Zunächst ist hier die Sanierungsproblematik in den Blick zu nehmen. Wie gesehen werden grenzüberschreitende Sanierungsvorhaben durch die EuInsVO keineswegs gefördert, sondern insbesondere in der Konstellation von Haupt- und Sekundärverfahren sogar gehemmt, da durch die Beschränkung des Sekundärverfahrens auf Verfahrensarten, die zumindest auch durch Liquidation beendet werden können, aufgrund der mehrspurigen Struktur vieler Insolvenzrechtsordnungen die durch diese gebotenen Sanierungsinstrumente nicht ausgeschöpft werden können[1183]. Ein weiteres Problem im Hinblick auf die notwendige Abstimmung für die Sanierung im Haupt- und im Sekundärverfahren stellt das ambivalente Verhältnis dieser beiden Verfahren zueinander dar. Einerseits wird dem Hauptinsolvenzverfahren ein führender Charakter zugeschrieben, dem das Sekundärverfahren sich dienend unterzuordnen hat, andererseits wird gerade im Hinblick auf die Kooperationspflicht unter den Verwaltern der verschiedenen Verfahren die Eigenständigkeit des Sekundärverfahrens dadurch betont, dass sich der in diesem Verfahren eingesetzte Verwalter gerade nicht den Zielen des Verwalters im Hauptverfahren unterzuordnen hat.

1183 C. II. 3. a).

1. Erfordernis weiterer Regelungen?

Praktische Lösungen auf Basis des bestehenden Rechts sind insbesondere im Hinblick auf die Erschließung der vollen Bandbreite der Sanierungsmöglichkeiten für das Sekundärverfahren nicht ersichtlich. Aber auch das Kooperationsproblem unter den Verwaltern des Hauptinsolvenzverfahrens und der Sekundärinsolvenzverfahren lässt sich nicht zufrieden stellend durch die Entwicklung technischer Mechanismen durch die Praxis bewältigen, wie die Schilderungen zu der Idee des Abschlusses von Insolvenzverwaltungsverträgen zeigen. Im Folgenden ist daher zu erörtern, auf welcher Ebene – der nationalen oder der europäischen – hier anzusetzen ist, des Weiteren sollen entsprechende Vorschläge *de lege ferenda* gemacht werden.

2. Lösungsmodelle *de lege ferenda*

Da es sich bei der Problematik der Beschränkung des Sekundärverfahrens auf Liquidationsverfahren und dem damit verbundenen Ausschluss vieler nationaler Sanierungsinstrumente eher um ein „technisches" Problem handelt, während das Scheitern der Koordination und Kooperation unter den Verwaltern in erster Linie – sowohl was die Umsetzung als auch was die Durchsetzung der Kooperationspflicht gemäß Art. 31 Abs. 2 EuInsVO angeht – ein Kompetenzproblem darstellt, sind hier die Lösungsansätze auf verschiedenen Ebenen zu suchen und voneinander unabhängig zu erörtern.

a) *Das Problem der Beschränkung des Sekundärverfahrens*

Die Beschränkung des Sekundärverfahrens auf Liquidationen kann gerade in Bezug auf den Schutzzweck selbiger, nämlich die Ziele des Hauptverfahrens nicht zu gefährden, kontraproduktiv wirken. Denn ebenso, wie sich eine Sanierung im Sekundärverfahren störend auf das Hauptverfahren auswirkt, wenn in diesem eine Liquidation angestrebt wird, kann sich eine Liquidation im Sekundärverfahren dann störend auf das Hauptverfahren auswirken, wenn in diesem eine Sanierung angestrebt wird, die effizient nur unter Fortführung und Sanierung der Niederlassung, über die das Sekundärverfahren eröffnet ist, zu erreichen ist. Damit erweist sich die Reziprozität des Verfahrensziels im Hauptverfahren zur Verfahrensgestaltung im Sekundärverfahren als nicht vollständig lösbarer Konflikt, den der Verordnungsgeber zugunsten von Liquidationsvorhaben und zulasten von Sanierungsvorhaben entschieden hat. Hierin spiegelt sich eine Haltung des Verordnungsgebers wieder, die in den meisten nationalen Rechtsordnungen allmählich überwunden wird, nämlich die Ansicht, dass die Insolvenz in erster Linie ein Abwicklungsverfahren zur liquidierenden Verwertung des Insolvenzschuldners ist.

aa) Aufhebung der Beschränkung in Art. 3 Abs. 3 Satz 2 EuInsVO

Hinsichtlich der Probleme, die sich aus der Beschränkung des Sekundärinsolvenzverfahrens auf Liquidationsverfahren im Sinne von Art. 2 lit. c) und Anhang B der EuInsVO ergeben, ist primär an die Beseitigung der Ursache dieser Probleme und damit die Aufhebung der Beschränkung in Art. 3 Abs. 3 EuInsVO im Wege einer Korrektur durch den Verordnungsgeber zu denken.

Es entfiele zwar mit einer solchen Maßnahme nicht zwangsläufig die Gefahr, dass durch eine Liquidation im Sekundärverfahren eine Sanierung im Hauptinsolvenzverfahren verhindert wird, da es für eine abgestimmte Sanierung schließlich noch auf die im nächsten Abschnitt zu betrachtende Kooperation zwischen den Verwaltern ankommt. Jedoch wäre für den Fall, dass sich die Verwalter beider Verfahren darüber einig sind, dass das schuldnerische Unternehmen mit samt der Niederlassung abgestimmt zu sanieren ist, der Weg für eine volle Ausschöpfung der zur Erreichung dieses Ziels von den verschiedenen Rechtsordnungen bereit gehaltenen Sanierungsinstrumente eröffnet.

Gleichwohl muss hier daran erinnert werden, welche guten Gründe den Verordnungsgeber veranlasst haben, die Beschränkung des Sekundärverfahrens vorzunehmen. Es galt sicherzustellen, dass dann, wenn im Hauptverfahren liquidiert werden soll, was faktisch eine Sanierung im Sekundärverfahren ausschließt, nicht im Sekundärverfahren ein ausschließlich auf die Sanierung des Unternehmens gerichtetes Verfahren – etwa in Österreich ein Ausgleichsverfahren – eröffnet werden kann, das mit dem Liquidationsvorhaben im Hauptinsolvenzverfahren nicht kompatibel ist. Dieses Argument behält weiterhin Geltung. Der europäische Verordnungsgeber befindet sich hier also in dem Konflikt, entweder durch uneingeschränkte Zulassung sämtlicher in Anhang A zur Verordnung genannter Verfahrensarten die Situation zu provozieren, dass eine Liquidation im Hauptverfahren durch ein Sanierungsverfahren im Sekundärverfahrensstaat gefährdet wird, oder aber durch eine Beschränkung, wie sie derzeit besteht, zu verursachen, dass durch eine aufgrund dieser Beschränkung unausweichliche Liquidation im Sekundärverfahren die Sanierung im Hauptinsolvenzverfahren erschwert wird. Im Hinblick auf die Flexibilität der Insolvenzverwalter hinsichtlich der Gestaltung und Zielsetzung der Verfahren sind beide Wege nicht optimal. Es handelt sich hier also um eine Wahl zwischen Skylla und Charybdis.

Hinzu kommt, dass bei einer Öffnung der Sekundärverfahren für Sanierungsverfahren hinsichtlich einer Kooperation und Koordination der Verfahrensziele – selbst bei hinreichender Kooperationsbereitschaft der Beteiligten – aufgrund der unterschiedlichen Strukturen der Insolvenzverfahren Kollisionen nicht vermeidbar sind.

Zur Verdeutlichung hier ein fiktiver Fall eines spanischen Krisenunternehmens mit ebenfalls auf wackligen Beinen stehender Niederlassung in Österreich: Wird über das spanische Unternehmen ein Hauptinsolvenzverfahren eröffnet, so beginnt dieses zunächst mit der *fase común*, einer zweimonatigen Orientierungsphase in der die Möglichkeiten der Abwicklung des Insolvenzverfahrens durch Vergleich (*convenio*) sondiert werden. Wird aber gleichzeitig oder kurz nach Eröffnung des Hauptinsolvenzverfahrens in Österreich ein Antrag auf Eröffnung eines Ausgleichsverfahrens oder aber ein Antrag auf Eröffnung eines Konkursverfahrens hinsichtlich der Niederlassung gestellt, so muss das österreichische Gericht hierüber entscheiden, ohne zu wissen, welches Ziel im Hauptverfahren im Endeffekt angestrebt werden wird und somit, ohne die Entscheidung auf die Ziele des Hauptinsolvenzverfahrens abstimmen zu können. Stellt sich am Ende der *fase común* im spanischen Insolvenzverfahren heraus, dass ein sanierender Vergleich hier nicht zu erreichen ist, erweist sich die Eröffnung eines Ausgleichssekundärverfahrens in Österreich als nachteilig. Ebenfalls nicht in Betracht kommt die Aussetzung des österreichischen Insolvenzverfahrens bis zur Einleitung der Vergleichs- oder eben Liquidationsphase in Spanien, weil hiermit die Gefahr einer erheblichen Masseminderung verbunden ist.

Solche Koordinationsschwierigkeiten, die zum einen in den unterschiedlichen Strukturen der Insolvenzverfahren, aber auch in der schweren Kalkulierbarkeit der zeitlichen Abläufe begründet sind, ließen sich in der Praxis dadurch eindämmen, dass bereits im Vorfeld der Insolvenz die Möglichkeiten und Schwierigkeiten einer Sanierung des Unternehmens und seiner Niederlassungen in der Insolvenz durchgespielt und entsprechende Pläne vorbereitet werden, die dann den Insolvenzgerichten und Insolvenzverwaltern vorgelegt werden können. Denn wenn sich die Insolvenzverwalter nach Eröffnung eines Hauptinsolvenzverfahrens und eines oder mehrerer Sekundärinsolvenzverfahren erstmals und isoliert mit der Frage auseinander setzen müssen, wie sie den von ihnen jeweils zu verwaltenden Teil des Schuldnervermögens verwalten, ohne hierbei zu wissen und berücksichtigen zu können, zu welchen Ergebnissen und Plänen die Verwalter in den anderen Verfahren kommen werden, sind Kollisionen in der Gestaltung unvermeidbar. Es ist also Aufgabe der Unternehmensführung insofern die Kooperation der Insolvenzverwalter durch Schaffung eines Überblicks über die Lage und auch Stimmung im gesamten Unternehmen vorzubereiten.

Trotz der damit einhergehenden Gefährdung einer Liquidation im Hauptinsolvenzverfahren ist vom Verordnungsgeber eine Aufhebung der Beschränkung der Sekundärverfahren auf Liquidationen durchaus in Betracht zu ziehen, um der sanierungsfreundlichen Entwicklung der nationalen Insolvenzrechte und der Praxis gerecht zu werden.

bb) Konvergenz der nationalen Rechtsordnungen im Hinblick auf eine Vereinheitlichung der Verfahrensstruktur

Die Untersuchungen im Rahmen dieser Arbeit haben ergeben, dass ein einheitliches Verfahren, das eine große Bandbreite möglicher Sanierungsmaßnahmen anbietet sowie eine Ähnlichkeit zum System des im Hauptverfahren anwendbaren Rechts aufweist, die optimale Abstimmung der Sanierungsmaßnahmen im Haupt- und Sekundärverfahren begünstigt. Insoweit erscheint eine Konvergenz der nationalen Insolvenzverfahrensrechte wünschenswert.

Das Erfordernis des Art. 3 Abs. 3 i.V.m. Art. 2 lit. c) EuInsVO, wonach das im Niederlassungsstaat zu eröffnende Verfahren zumindest eine Liquidation ermöglichen muss, wäre weniger folgenschwer, wenn sämtliche Rechtsordnungen ebenso wie die deutsche und die spanische die Verfahrensziele der Liquidation und der Sanierung in einem einzigen Insolvenzverfahren integrierten, da dann das Erfordernis der genannten Vorschriften erfüllt wäre, aber dennoch sämtliche von der Rechtsordnung zur Sanierung in der Insolvenz bereitgestellten Instrumente ebenfalls zur Verfügung stünden.

Fraglich ist, inwieweit eine dahingehende Konvergenz in absehbarer Zeit realistisch und realisierbar scheint. Grundsätzlich hat die Betrachtung der insolvenzrechtlichen Entwicklung in den nationalen Rechtsordnungen ergeben, dass hier gerade im Zuge des Erlasses der EuInsVO eine insgesamt um Adaption bemühte Bewegung eingetreten ist. Zunächst geschieht dies jedoch nicht mit der Zielsetzung einer zunehmenden Konvergenz des materiellen Insolvenzrechts, sondern beschränkt sich auf die Etablierung und Konkretisierung integrationsfreundlicher Regelungen des jeweiligen autonomen internationalen Insolvenzrechts oder aber die bereits erkennbaren Konvergenzen, wie die zunehmende Sanierungsfreundlichkeit, beruhen auf Notwendigkeiten aus der Entwicklung der gemeinsamen globalisierten Märkte.

Eine Konvergenz der Rechtsordnungen im Hinblick auf eine Integration der Verfahrensziele Liquidation und Sanierung erscheint allerdings durchaus zumutbar, da insbesondere die Priorität, die das jeweilige Insolvenzrecht dem einen oder dem anderen Insolvenzziel zuschreibt, gewahrt bleiben kann. Unterschiede in den Voraussetzungen für die Eröffnung eines Liquidations- bzw. eines Sanierungsverfahrens kommen kaum zum Tragen, da etwa das Vorliegen eines Insolvenzgrundes nach der *lex rei sitae* für die Eröffnung eines Sekundärinsolvenzverfahrens nicht zu prüfen ist und auch das Antragsrecht, welches oftmals in den Rechtsordnungen je nach dem Ziel des zu eröffnenden Verfahrens unterschiedlich verteilt ist, durch Art. 28 EuInsVO, wonach auch der Verwalter des Hauptinsolvenzverfahrens die Eröffnung eines Sekundärverfahrens im Niederlassungsstaat beantragen kann, ohnehin modifiziert ist und hier gegebenenfalls mit Zustimmungserfordernissen etwa des Schuldners für ein Sanierungsvorhaben gearbeitet werden kann. Dahingehende Angleichungen in den Rechtsordnungen insbesondere Österreichs und Englands sind von den zuständigen Gesetzgebern durchaus im eigenen Interesse zu erwägen, um sich selbst die Möglichkeiten der Gestaltung von Insolvenzverfahren mit grenzüberschreitendem Bezug nicht zu beschneiden.

b) Das Problem der Koordination und Kooperation zur abgestimmten Sanierung im Haupt- und Sekundärverfahren

Schwieriger ist die Frage, wie die derzeit offensichtlich bestehenden Probleme hinsichtlich der vom Verordnungsgeber geforderten und aus rein praktischen Gesichtspunkten zur Masseoptimierung erforderlichen Koordination der über einen Schuldner eröffneten Haupt- und Sekundärinsolvenzverfahren bewältigt werden können. Das Hauptproblem liegt hier, wie sich aus den Ausführungen im Rahmen dieser Arbeit ergibt, in der mangelnden Konkretisierung und Konkretisierbarkeit der nach Art. 31 Abs. 2 EuInsVO auferlegten Kooperationspflicht und dem Fehlen geeigneter Durchsetzungsinstrumente.

aa) Vorabverfahren vor dem EuGH

Aufgrund des engen Zusammenhalts unter den Insolvenzverwaltern und Insolvenzgerichten der einzelnen Mitgliedstaaten, der eine zuverlässige Einsetzung nationaler Instrumente zur Durchsetzung der Insolvenzverwalterpflichten im Hinblick auf die Kooperationspflichten aus Art. 31 EuInsVO gefährdet[1184], wäre an die Einsetzung einer höheren, den mitgliedstaatlichen Gerichten übergeordneten Instanz zu denken, die im Zweifels- und vor allem im Einzelfall zu entscheiden hat, welche konkreten Maßnahmen oder Verhaltensweisen zur Erfüllung der Kooperationspflicht verlangt werden können.

(1) Vorabentscheidungsverfahren gemäß Art. 234 EGV

Das derzeit zur Verfügung stehende Vorabentscheidungsverfahren gemäß Art. 234 EGV, modifiziert durch Art. 68 EGV, ist hierfür aufgrund der zeitlichen Extension ungeeignet, zudem sind hier nur letztinstanzliche Gerichte zur Vorlage berechtigt und die Vorlagepflicht ist eingeschränkt. Weiter ist die Kompetenz des EuGH im Rahmen dieses Verfahrens auf die allgemeine Auslegung oder Feststellung der Gültigkeit der EuInsVO beschränkt[1185], während die Anwendung auf den konkreten Fall, wozu die Frage, welche Kooperationsmaßnahmen im Einzelfall vorzunehmen sind, gehört, gerade nicht dem EuGH, sondern den nationalen Gerichten obliegt[1186]. Schließlich kann im Wege des Vorabentscheidungsverfahrens gemäß Art. 234 EGV kein Leistungsanspruch etwa auf Vornahme konkreter Kooperationshandlungen durch den Insolvenzverwalter oder das Insolvenzgericht eines anderen Mitgliedstaates geltend gemacht werden.

(2) Untätigkeitsklage gemäß Art. 232 EGV

Eine Leistungs- oder Verpflichtungsklage vor dem EuGH sieht der EGV nicht vor[1187]. Entsprechende Ansprüche auch von Privatrechtssubjekten können bestenfalls über die Untätigkeitsklage gemäß Art. 232 EGV geltend gemacht werden, die auf Feststellung der Rechtswidrigkeit der Unterlassung gerichtet ist, wobei die Feststellung der Rechtswidrigkeit gemäß Art. 233 EGV eine Vornahmepflicht begründet. Diese Klageart kommt jedoch zur Erwirkung einer Vornahmepflicht zu Kooperationshandlungen durch das Insolvenzgericht oder Insolvenzverwalter eines anderen Mitgliedstaates ebenfalls nicht in Betracht, da Klagegegner gemäß Art. 232 Abs. 1 EGV nur ein Organ der Gemeinschaft sein kann.

(3) Schiedsverfahren vor dem EuGH

Zu denken ist hier an die Implementierung eines speziellen Vorabverfahrens vor dem EuGH, das sowohl von den Insolvenzgerichten als auch von den Insolvenzverwaltern bei Fragen und Kontroversen hinsichtlich der Ausfüllung der Kooperationspflicht aus Art. 31 EuInsVO in Anspruch genommen werden kann und in dem der EuGH ähnlich einer Schiedsstelle auftritt. Eine solche Schiedsfunktion kann der EuGH gemäß Artt. 239, 240 EGV einnehmen, soweit die Gemeinschaft selbst Ver-

---

1184 Dazu oben C. I. 4. b) bb) (3) (d).
1185 *Kilian*, Europäisches Wirtschaftsrecht, 2. Aufl. 2003, RdNr. 1120 ff.
1186 *Duursma-Kepplinger/Duursma/Chalupsky-Duursma*, 1. Abschnitt, Teil 3, RdNr. 17 ff.
1187 *Kilian*, Europäisches Wirtschaftsrecht, 2. Aufl. 2003, RdNr. 1115.

tragspartner eines Vertrages ist oder wenn eine Streitigkeit aus einer Schiedsvereinbarung zwischen Mitgliedstaaten vorliegt[1188]. Diese Vorschriften müssten für den vorliegend intendierten Zweck, schiedsrichterliche Entscheidungen durch den EuGH hinsichtlich der Konkretisierung der sich aus der EuInsVO als unmittelbar geltendem Gemeinschaftsrecht ergebenden Rechte und Pflichten im Einzelfall zu ermöglichen, modifiziert werden.

Eine solche Möglichkeit, bei einer übergeordneten und damit neutralen Instanz eine verbindliche Entscheidung zu erwirken, brächte klar den Vorteil der Rechts- und Handlungssicherheit für die Verwalter, weiter würde dies zwangsläufig das Haftungsrisiko selbiger reduzieren. Schließlich hat die Einführung eines solchen Verfahrens, das selbstverständlich die Kosten der Insolvenzverfahren in die Höhe treibt, möglicherweise den positiven Nebeneffekt, dass die Verwalter, die Anstrengung eines solchen Verfahrens scheuend, intensiver nach einem Konsens untereinander suchen.

Fraglich ist, welche Voraussetzungen sowohl in rechtlicher als auch in tatsächlicher Hinsicht solch ein Schiedsverfahren erfüllen müsste und ob diese realisierbar sind. Zwei wesentliche Faktoren sind hier die Zeit und die Kompetenz. Das Verfahren müsste, um den Anforderungen eines Insolvenzverfahrens, bei dem die effektive Verwertung auf schnelle Entscheidungen und schnelles Handeln angewiesen ist, gerecht zu werden, als Eilverfahren ausgestaltet sein. Danach müssten sich die Richter am EuGH innerhalb kürzester Zeit einen umfassenden Überblick sowohl über Stand und Möglichkeiten der Gestaltung im Haupt- als auch im Sekundärverfahren verschaffen und die Vorschläge und Bedenken der Verwalter hinsichtlich der Ausgestaltung der Kooperation nachvollziehen. Da angesichts der derzeitigen Unsicherheiten in der Praxis mit einer hohen Inanspruchnahme eines solchen Verfahrens zu rechnen wäre, wäre der EuGH hier zweifellos personell schnell überlastet.

Neben diesem eher technischen Problem sprechen im Wesentlichen kompetenzrechtliche Argumente dagegen, dem EuGH solche Entscheidungen aufzuerlegen. Die Anwendung des Rechts, auch des Gemeinschaftsrechts, und damit der konkreten Verfahrensgestaltung muss der Judikative und der Exekutive der Mitgliedstaaten überlassen bleiben. Aufgabe des EuGH ist es, durch europäisch autonome Auslegung des Gemeinschaftsrechts für Rechtsklarheit bei der grenzüberschreitenden Verfahrensgestaltung zu sorgen, nicht aber, diese Gestaltung selbst zu übernehmen. Gegenstand seiner Entscheidungen ist das Gemeinschaftsrecht, nicht Effizienz- und Zweckmäßigkeitserwägungen, die bei der Kooperation von Haupt- und Sekundärinsolvenzverfahren eine große Rolle spielen. Vor allem unter haftungsrechtlichen Gesichtspunkten ist eine derartige Entscheidungsabwälzung auf den EuGH nicht zu rechtfertigen.

Die konkrete Ausfüllung und Umsetzung der durch das Gemeinschaftsrecht vorgegebenen Rechte und Pflichten obliegt den verantwortlichen Organen in den Mit-

1188 *Kilian*, Europäisches Wirtschaftsrecht, 2. Aufl. 2003, RdNr. 1130.

gliedstaaten. Dies gilt insbesondere für die Pflicht zur Zusammenarbeit aus Art. 31 Abs. 2 EuInsVO, die einen kommunikativen Prozess voraussetzt, der nicht durch eine Entscheidung des EuGH ersetzt werden kann.

bb) Kooperationspflicht für Richter

Es ist daher nach milderen Mitteln zu suchen, um den Schwierigkeiten der Konkretisierung und der Durchsetzung einer sinnvollen Kooperation Herr zu werden. In Erwägung gezogen wird hier, nicht nur von der Literatur[1189], sondern auch aus der Perspektive eines deutschen Insolvenzrichters[1190], die Idee der Integration der Insolvenzgerichte in die Kooperation der Verfahren. Dass eine solche sich positiv auf die Abstimmung der Verfahrenshandlungen auswirken kann, wurde bereits dargestellt[1191]. Jedoch fehlt es insbesondere kontinentaleuropäischen Richtern, deren Gestaltungsspielraum im Vergleich zum englischen oder anglo-amerikanischen Recht relativ gering ist, oftmals am notwendigen Mut, der Kreativität und Flexibilität, hier selbst gestaltend Einfluss zu nehmen[1192]. Vielmehr schließen sich diese, wenig kommunikations- und entscheidungsfreudig, im Zweifel der Ansicht des zuständigen Insolvenzverwalters an bzw. lassen diesen gewähren. *Vallender* äußert die Befürchtung, dass allein im nationalen Denken verhaftete Insolvenzrichter insofern sogar einen negativen Einfluss auf die Einstellung der Verwalter haben und diese in ihren Integrationsbemühungen bremsen können[1193]. Aus diesem Grunde sei eine Einbeziehung der Gerichte in die grenzüberschreitende Kooperation durch entsprechende Regelungen in der EuInsVO erforderlich und wünschenswert, um den nationalen Gerichten insofern etwas Rechts- und Handlungssicherheit an die Hand zu geben[1194].

(1) Implementierung einer Kooperationspflicht für Richter in der EuInsVO

Für den anglo-amerikanischen Rechtsraum wurden durch das *American Law Institute* konkrete Richtlinien als Basis für eine Zusammenarbeit unter den Richtern entwickelt[1195], die dem europäischen Gesetzgeber möglicherweise als Anregung dienen können. Allerdings bedarf es für die Implementierung einer Zusammenarbeitspflicht im Rahmen der EuInsVO bei weitem nicht der Ausführlichkeit dieser Richtlinien, die auf eine freiwillige Übernahme durch die Gerichte ausgelegt sind und daher eine Reihe von Vorkehrungen zur Sicherung der Zulässigkeit und Rechtmäßigkeit der Anwendung der Richtlinien sowie hinsichtlich der Anerkennung der Verfahrensvorschriften des jeweiligen Staates, mit dessen Gericht kommuniziert

---

1189 *Ehricke*, WM 2005, 397, 401; *Paulus*, NZI 2005, 439, 441, mit neidischem Blick auf die Übernahme des UNCITRAL-Modellgesetzes in Chapter 15 des New Bankruptcy Act; *Staak*, NZI 2004, 480, 483.
1190 *Vallender*, KTS 2005, 283, 320 ff.
1191 Oben C. I. 4. b) bb) (3) (c).
1192 *Vallender*, KTS 2005, 283, 321 ff.
1193 *Vallender*, KTS 2005, 283, 328.
1194 *Ehricke*, WM 2005, 397, 401; *Staak*, NZI 2004, 480, 483; *Vallender*, KTS 2005, 283, 321 ff.
1195 deutsche Übersetzung durch *Braun*, KTS 2005, 121 ff.

werden soll, enthalten. Vorkehrungen, die bei einer Implementierung einer Kooperationspflicht zwischen den mitgliedstaatlichen Gerichten im Rahmen der EuInsVO nicht erforderlich sind.

Eine Kooperationspflicht für Richter ließe sich relativ leicht direkt in Art. 31 Abs. 2 EuInsVO integrieren. Wichtig ist hier in erster Linie festzulegen, zwischen wem ein Informations- und Kommunikationsfluss stattzufinden hat, wobei es angesichts der Bedeutung des Insolvenzverwalters für die konkrete Durchführung der Verwaltung und Verfahrensgestaltung sinnvoll ist, nicht nur eine Pflicht zur Kommunikation unter den Gerichten, sondern ebenfalls zwischen den Gerichten und den Insolvenzverwaltern der verschiedenen Verfahrensstaaten zu statuieren.

Art. 31 Abs. 2 EuInsVO könnte etwa durch folgenden Satz 2 ergänzt werden:

> „Die Zusammenarbeit der Verwalter ist durch den Richter des Hauptinsolvenzverfahrens und den Richter des Sekundärverfahrens auf Basis einer Kommunikation miteinander und mit den Verwaltern des Hauptinsolvenzverfahrens und des Sekundärinsolvenzverfahrens zu unterstützen."

Hiermit wäre gleichzeitig klargestellt, dass der Schwerpunkt der Kommunikations- und Kooperationstätigkeit weiterhin bei den Insolvenzverwaltern liegt.

(2) Der Gewinn und Hindernisse einer Kooperationspflicht für Richter

Es stellt sich die Frage, wie groß der Gewinn, der aus einer derartigen Kooperationspflicht für Richter gezogen werden könnte, tatsächlich ist.

Nationale Insolvenzgerichte könnten jedenfalls nicht länger die grenzüberschreitende Dimension bei Eröffnung von Haupt- und Sekundärverfahren ignorieren und wären gezwungen, sowohl ihr eigenes als auch im Rahmen ihrer Aufsichtspflicht das Verhalten der von ihnen eingesetzten Insolvenzverwalter nicht ausschließlich nach dem nationalen Recht, sondern darüber hinaus an den Anforderungen der EuInsVO zu messen, und sich der Kommunikation mit Kollegen in anderen Mitgliedstaaten zu öffnen.

Allein der psychologische Effekt einer solchen Änderung dürfte geeignet sein, die Haltung zu und die Gestaltung von grenzüberschreitenden Insolvenzverfahren in eine neue Richtung zu lenken. Auch die Position der Insolvenzverwalter, auf deren Schultern derzeit die Verantwortung für das Gelingen einer effektiven Kooperation liegt, würde durch eine aktive Unterstützung durch die Insolvenzgerichte erleichtert werden. Dies würde zudem die nationalen Instrumente zur Durchsetzung der Verwalterpflichten effektivieren.

Anlass zu Bedenken gegen eine Kooperationspflicht für Richter geben schließlich fremdsprachliche und kommunikationstechnische Unsicherheiten[1196], die teilweise bereits im Verhältnis unter den Verwaltern bestehen, sich beim Hinzutreten der Richter als weiterer Kooperationspartner aber noch verschärfen würden. Weiter

1196 Dazu bereits oben B. 5. a).

wird es zwischen den zur Kooperation verpflichteten Richtern zu ähnlichen Unsicherheiten und Uneinigkeiten über den konkreten Inhalt dieser Pflicht kommen, wie er bereits im Verhältnis zwischen den Insolvenzverwaltern besteht. Der Abstimmungsaufwand im einzelnen Verfahren würde durch die Pflicht zur Integration der Richter in die Kooperationsverhandlungen derart erhöht, dass eine generelle Pflicht zur Kommunikation unter den Richtern leicht das Maß des im Einzellfall erforderlichen und verhältnismäßigen überschreiten kann. Ein weiteres Problem stellt der in den Rechtsordnungen sehr unterschiedlich ausgeprägte Handlungsspielraum, aber auch der Status des Insolvenzrichters im Insolvenzverfahren dar.

So nimmt in Deutschland neben dem Amtsrichter der nicht volljuristisch ausgebildete Rechtspfleger gemäß §§ 3 Nr. 2e, 18 Abs. 1 RPflG eine wesentliche Rolle ein, wobei sich die Frage stellt, inwieweit diesem eine fruchtbare Kooperation mit einem höherrangigen Richter in einem ausländischen Insolvenzverfahren gelingen und überhaupt zugestanden und zugemutet werden kann.

Diese sich aus der Implementierung einer Kooperationspflicht für die Richter ergebenden Schwierigkeiten sind sorgfältig gegen den Gewinn einer solchen abzuwägen, wobei nach den Ausführungen in diesem Abschnitt der effektive Nutzen einer entsprechenden Änderung der EuInsVO äußerst fraglich erscheint, denn der Effekt der hier vorgeschlagenen Änderung des Art. 31 Abs. 2 EuInsVO dürfte über die psychologische Wirkung einer moralischen Unterstützung der Insolvenzverwalter kaum hinausgehen, da die Gestaltung der Verfahren im Einzelnen in der Regel in den Händern der Verwalter liegt. Somit wären die bisherigen Kooperationsschwierigkeiten allein mit der Implementierung einer Kooperationspflicht für Richter keineswegs zu beheben.

3. Schlussfolgerung

Die Aufhebung der Beschränkung der Sekundärverfahren auf Liquidationsverfahren gemäß Art. 3 Abs. 3 Satz 2 EuInsVO wäre ein Signal des Verordnungsgebers in Richtung einer Aufwertung der Sanierung in der Insolvenz gegenüber der Zerschlagung, brächte jedoch für die Fälle, in denen im Hauptinsolvenzverfahren allein eine Liquidation sinnvoll erscheint, das Problem der Kompatibilität von Haupt- und Sekundärinsolvenzverfahren mit sich, das gerade durch diese Beschränkung ausgeschlossen werden sollte. Das Problem der gegenseitigen Behinderung der Verfahren durch unterschiedliche Verfahrensziele lässt sich auf Dauer zufriedenstellend nur durch eine weitgehende Konvergenz in den nationalen Rechtsordnungen, das heißt eine europaweite Angleichung der Verfahrensstrukturen erreichen.

Die Koordination von Haupt- und Sekundärinsolvenzverfahren durch Kooperation der Insolvenzverwalter muss ohne Eingriffe einer supranationalen Instanz unter den Beteiligten der involvierten Mitgliedstaaten gelingen.

II. Problemkreis grenzüberschreitende Konzerninsolvenzen

Während die soeben behandelte Frage nach dem Erfordernis und den Möglichkeiten einer Nachregulierung im Hinblick auf die Sanierungsmöglichkeiten im Rahmen grenzüberschreitender Insolvenzverfahren noch kaum diskutiert wird, wird im Hinblick auf grenzüberschreitende Konzerninsolvenzen ein Regelungsbedarf auf immer breiterer Front reklamiert[1197]. Andererseits hat die Analyse der zu grenzüberschreitenden europäischen Konzernsachverhalten ergangenen Entscheidungen ergeben, dass es sich bei den hier auftretenden Problemen nicht um konzernspezifische handelt, sondern dass durch die Anwendung der EuInsVO auf die Konzernsachverhalte – zwar in einer Weise, wie sie nicht der Vorstellung des Verordnungsgebers entspricht – Probleme, etwa der Sanierung bei simultan laufenden Haupt- und Sekundärinsolvenzverfahren, zu Tage getreten sind, die auch bei Anwendung der entsprechenden Vorschriften auf Insolvenzverfahren über einen einzigen Rechtsträger eine Rolle spielen. Hieraus könnte der Umkehrschluss gezogen werden, dass nach einer Beseitigung dieser allgemeinen Probleme, etwa wie im vorangegangenen Abschnitt vorgeschlagen, einer Anwendung der Vorschriften auch auf Konzernsachverhalte nichts mehr entgegenstünde. Dies ist allerdings entschieden zu verneinen, denn es spricht jedenfalls der Wille des Verordnungsgebers weiterhin gegen eine solche Analogie.

1. Erfordernis weiterer Regelungen?

Auch wenn dies aktuell nicht dem Willen des Verordnungsgebers entspricht, ist darüber nachzudenken, ob der Grundsatz der Verhältnismäßigkeit tatsächlich die vollständige Ausklammerung von Konzernsachverhalten bei der Regelung grenzüberschreitender Insolvenzverfahren gebietet. Unabhängig von den gegenwärtigen Entwicklungen im europäischen Kontext spricht für die Regelung einer Konzerninsolvenz, dass die einzelnen Konzernunternehmen zwar wohl rechtlich selbständig sind, sie aber faktisch nicht selbständig agieren, sondern den Strukturen und Wechselwirkungen innerhalb des Konzerngebildes unterworfen sind[1198] und dementsprechend auch in der Krise nicht isoliert betrachtet werden können. Denn trotz der haftungsrechtlichen Unabhängigkeit lässt sich der so genannte „Domino-Effekt" oft nicht vermeiden[1199], mit dem die Insolvenz insbesondere des Mutterunternehmens oftmals die Insolvenz weiterer Konzernunternehmen nach sich zieht[1200]. So kann durch die insolvenzbedingte Liquidation eines mit Werbung und Logistik befassten Konzernunternehmens das Überleben weiterer rechtlich selbständiger, jedoch von den Leistungen des liquidierten Unternehmens faktisch abhängiger

---

1197 *Lüer*, FS-Greiner, 201, 211; *Mankowski*, NZI 2004, 450, 452.
1198 *Paulus*, FS-Kreft, 469, 471.
1199 *Ehricke*, ZInsO 2002, 393, 394; *Paulus*, FS-Kreft, 469, 470; *Kübler*, ZGR 1984, 560 ff., insb. 587 ff.; *Wellensiek*, ZIP 1984, 541, 542 f.
1200 *Smid/Rattunde*, Insolvenzplan, 2. Aufl. 2005, RdNr. 2.82.

Unternehmen erheblich gefährdet sein, weshalb eine Einbeziehung in der Insolvenz zwecks einer gemeinsamen Sanierung durchaus im Sinne des wirtschaftlich an sich intakten und dennoch abhängigen Unternehmens sein kann.

Insofern ist hier die Möglichkeiten entsprechender Regelungen *de lege ferenda* in Erwägung zu ziehen.

2. Lösungsmodelle *de lege ferenda*

Grundsätzlich kann ein Konzerninsolvenzrecht sowohl auf materiellrechtlicher Ebene für die haftungsrechtliche Zuordnung der einzelnen Massen als auch auf verfahrensrechtlicher Ebene zur gemeinschaftlichen Reorganisation oder Liquidation der Konzernunternehmen erforderlich werden[1201]. Da inzwischen weitgehende Einigkeit darüber besteht, dass die Haftungstrennung ein Hauptmerkmal der Konzerne ist, sind Regelungen im Hinblick auf eine materielle Konsolidierung weitgehend mit ablehnendem Ergebnis ausdiskutiert[1202] und hier nicht mehr zu erörtern. Zudem gehört zum europäischen Nenner, auf dem die aktuelle EuInsVO fußt, die Ansicht und Einsicht, dass derzeit aufgrund der gravierenden Unterschiede in den nationalen Rechtsordnungen an einheitliche Regelungen komplexer materiellrechtlicher Fragen auf europäischer Ebene noch nicht zu denken ist[1203]. Dementsprechend enthält die Verordnung auch nur verfahrensrechtliche Regelungen zur Koordination mehrerer nach unterschiedlichem materiellem Recht abzuwickelnder Insolvenzverfahren und ist kein geeignetes Instrument, haftungsrechtliche Fragen grenzüberschreitender Konzerninsolvenzen zu regeln. Möglich wäre aber unter Umständen die Regelung einer verfahrensrechtlichen Koordination von Konzerninsolvenzen.

a) *Erster Vorschlag: generelle Konzentration am Sitz der Mutter*

Eine Möglichkeit ist die ausdrückliche Statuierung einer internationalen Konzerninsolvenzzuständigkeit in der EuInsVO, nämlich am Sitz der Mutter, wie sie – jedenfalls bis zur Entscheidung durch den EuGH im Verfahren *Parmalat/Eurofood*[1204] – durch weite Auslegung des Art. 3 Abs. 1 EunInsVO von vielen Gerichten bereits angenommen wurde. Hierdurch würden die Insolvenzverfahren über verschiedene Konzernmitglieder unter der Leitung eines Richters und eines Insolvenzverwalters oder Insolvenzverwaltungsorgans zusammengefasst.

1201 Zu dieser Differenzierung im Konzerninsolvenzrecht *Scheel*, Konzerninsolvenzrecht, 1995, 1 f.

1202 *Ehricke*, NZI 2002, 393; statt vieler *Eidenmüller*, ZHR 169 (2005), 528, 531 f.; *Scheel*, Konzerninsolvenzrecht, 1995, 412 ff.; *Schmidt*, Wege zum Insolvenzrecht der Unternehmen, 1990, 221 ff.; *Smid/Rattunde*, Der Insolvenzplan, 2. Aufl. 2005, RdNr. 2.82; a.A. nur *Paulus*, ZIP 2005, 1948, 1953.

1203 Erwägungsgrund 11 zur EuInsVO.

1204 EuGH, Urt. v. 2.5.2006, Rs. C-341/04, ZInsO 2006, 484 ff., dazu oben C. III. 2. b).

aa) Vorteile

Diese Zusammenfassung brächte zweifellos die Vorteile der Verfahrenskonzentration, -koordination und -vereinfachung[1205] mit sich. So dürfte die Gestaltung etwa wesentlich kostengünstiger ausfallen und die für die einzelnen insolventen Unternehmen zu fällenden Entscheidungen können im Sinne der Konzerngesamtheit harmonisiert werden, wodurch die Haftungsmasse insgesamt wiederum maximiert wird[1206].

bb) Nachteile

Wie die – wenn auch gegen den Wortlaut der Verordnung – in diese Richtung gehende Entwicklung in der Praxis[1207] zeigt, stößt ein derartiges Modell für die Koordination von Konzerninsolvenzen an seine Grenzen, wenn – wie dies oft der Fall sein wird – ein Konzernunternehmen wesentliches, für eine Konzernsanierung unentbehrliches Vermögen in einem anderen als dem Verfahrensstaat hat und über dieses Unternehmen ein Sekundärinsolvenzverfahren eröffnet wird. Diese Konstellation kann auch bei Konzerninsolvenzverfahren nicht ausnahmsweise ausgeschlossen werden, ohne das Konzept der Verordnung vollständig aus den Angeln zu heben. Insofern würde die Eröffnung eines Sekundärinsolvenzverfahrens das Ergebnis der Verfahrenskonzentration auf Ebene der Hauptinsolvenzverfahren konterkarieren, da dennoch verschiedene Richter und Insolvenzverwalter nach unterschiedlichem Recht zu entscheiden hätten.

Weiteres Manko einer derartigen generellen Konzentration der Zuständigkeit ist, dass sich jeder Gläubiger, um zu wissen, welches Insolvenzrecht gegebenenfalls Anwendung findet, mit der Gruppenstruktur vertraut machen müsste[1208], bevor er abwägt, ob er mit einem Konzernunternehmen ins Geschäft kommt. Dies ist aber gerade für Kleingläubiger, die eine Insolvenz im Ausland besonders hart trifft, schwierig und unverhältnismäßig aufwendig.

Schließlich verliert eine generelle Konzentration der Zuständigkeit am Mittelpunkt der hauptsächlichen Interessen der Mutter vollkommen an Sinn, wenn lediglich ein Tochterunternehmen insolvent ist, dessen Vermögen und Gläubiger überwiegend im Staat ihres Sitzes belegen sind. Denn hier fände ein ausländisches Insolvenzrecht Anwendung, das von einem ausländischen Insolvenzverwalter durchzusetzen ist, obwohl es sich um einen rundum inländischen Sachverhalt handelt. Wenig befriedigend wäre ebenfalls der Versuch, diesen Mangel dadurch zu beheben, dass nur dann, wenn mehr als ein Konzernunternehmen insolvent ist, die Zuständigkeit beim Mit-

---

1205 MünchKomm-*Ehricke*, EGInsO Art. 102, RdNr. 381; *ders.*; Das abhängige Konzernunternehmen in der Insolvenz, Tübingen 1998, 461; *Smid/Rattunde*, Insolvenzplan, 2. Aufl. 2005, RdNr. 2.84.

1206 *Eidenmüller*, ZHR 169 (2005), 528, 533 f.; zu den positiven Erfahrungen mit zusammengefassten Konzernsanierungen in den USA *Göpfert* ZZPInt 1 (1996), 269 ff.

1207 Oben C. III. 2.

1208 So begründen *Virgós/Garcimartín*, The European Insolvency Legislation, Nr. 61 unter anderem auch die Nichtregelung von Konzerninsolvenzen in der EuInsVO.

telpunkt der hauptsächlichen Interessen der Mutter liegen soll, ansonsten aber die Gerichte am Sitz des insolventen Unternehmens zuständig seien. In diesem Fall wäre überhaupt und für niemanden mehr kalkulierbar, welches Insolvenzrecht zur Anwendung kommt.

b) Zweiter Vorschlag: Einsetzung eines Verwalters unter Beibehaltung der Zuständigkeit am Sitz des jeweiligen Unternehmens

Deshalb wird teilweise vorgeschlagen, zwar gemäß Art. 3 Abs. 1 Satz 2 EuInsVO separate Insolvenzverfahren jeweils nach dem Recht des Satzungssitzes der insolventen Gesellschaft zu eröffnen, aber zur Koordination der Verfahren ein und denselben Verwalter in sämtlichen über Mitglieder eines Konzerns eröffneten Insolvenzverfahren einzusetzen[1209].

aa) Vorteile

Dies hätte den Vorteil, dass Rechtssicherheit bezüglich des anwendbaren Insolvenzrechts bestünde und dieses sich insbesondere im Sinne der Kleingläubiger nach dem Recht des Satzungssitzes der Gesellschaft richtet und dennoch eine Koordination vorliegt und widersprüchliche Entscheidungen in den einzelnen betroffenen Staaten vermieden werden.

bb) Nachteile

Doch auch diese Lösung stößt auf erhebliche Bedenken hinsichtlich ihrer Praktikabilität. Denn ginge diese Zusammenfassung europäischer Insolvenzverfahren unter eine Verwaltung nicht mit einer Zuständigkeitskonzentration einher, die zur Anwendung nur einer *lex fori concursus* für alle Hauptverfahren führte, so hätte ein Verwalter unter Beachtung verschiedenster Rechtsordnungen über ganz Europa verstreute Insolvenzverfahren zu koordinieren. Hier kann prognostiziert werden, dass dies kein Insolvenzverwalter mit einer Ausbildung in nur einer Rechtsordnung bewältigen kann. Und schließlich müsste auch hier, um das für die Konzentration in der Hand eines Richters geschilderte Problem zu vermeiden, derselbe Insolvenzverwalter auch in etwaigen Sekundärverfahren zum Einsatz kommen, was aber zu erheblichen Interessenkonflikten führen würde[1210].

c) Dritter Vorschlag: Koppelung von Gesellschafts- und Insolvenzstatut (Eidenmüller)

Einen völlig anderen Ansatz stellte *Eidenmüller* beim Jahrestreffen der Freunde des Max-Planck-Instituts im Juni 2005 vor[1211]. Als einer der wenigen deutschen Rechtstheoretiker, die durch eine intensive ökonomische Analyse des Rechts stets Lösungswege auf der Verbindungsschwelle zwischen Recht und Wirtschaft suchen, hat

---

1209 Etwa von *Paulus* beim Jahrestreffen der Freunde des Max-Planck-Instituts am 18. Juni 2005 zum Thema „Europäisches und Internationales Insolvenzrecht".
1210 *Vormstein*, Zuständigkeit bei Konzerninsolvenzen, 239 ff.
1211 Auch *Eidenmüller*, EBOR 6 (2005), 423 ff.

Eidenmüller auch seinen Vorschlag zur Überwindung des Problems der internationalen Zuständigkeit für Insolvenzverfahren stark ökonomisch geprägt.

Ziel des Ansatzes von *Eidenmüller* ist nicht allein die Bewältigung der Problematik der Konzerninsolvenzen, sondern eine allgemeine weitere Reduzierung der Möglichkeit des *forum shopping* hinsichtlich des Insolvenzstatuts, die Förderung der Erkennbarkeit des anwendbaren Rechts insbesondere für schlecht anpassungsfähige Gläubiger und die Senkung der Insolvenzkosten durch Identität von Gesellschafts- und Insolvenzrechtsstatut[1212].

Eidenmüller schlägt eine grundsätzliche Koppelung von Gesellschaftsstatut und Insolvenzstatut in dem Sinne vor, dass sich das anzuwendende Insolvenzrecht stets nach dem bei der Gründung gewählten Gesellschaftsrecht richten solle[1213]. Art. 3 Abs. 1 EuInsVO müsste nach diesem Vorschlag wie folgt geändert werden:

> „Für die Eröffnung des Insolvenzverfahrens sind bei Gesellschaften und juristischen Personen die Gerichte des Mitgliedstaates zuständig, in dessen Gebiet der Satzungssitz der Gesellschaft oder juristischen Person liegt. Hat diese keinen Satzungssitz, so liegt die Zuständigkeit bei den Gerichten des Mitgliedstaates, nach dessen Rechtsvorschriften die Gesellschaft gegründet wurde."[1214]

aa) Vorteile

Insbesondere im Hinblick auf die in Nr. 13 der Erwägungsgründe zur EuInsVO geforderte Erkennbarkeit für Dritte ist dieser Ansatz von Vorteil, da das anwendbare Insolvenzrecht für jedermann sofort an der Gesellschaftsform des Unternehmens zu erkennen ist[1215]. Zudem ist ein *forum shopping* hinsichtlich des Insolvenzrechts nach Gründung der Gesellschaft ausgeschlossen[1216]. Im Hinblick auf Konzerninsolvenzen wird die Lage jedenfalls klarer. Die Folge wäre vermutlich eine Tendenz zur Inkorporierung sämtlicher Konzernunternehmen unter eine Rechtsordnung, was zwar den Wettbewerb unter den Rechtsordnungen einschränken würde, sich aber auf die Konzernsanierung zweifellos förderlich auswirken könnte.

bb) Nachteile

Gerade im Bezug auf Konzerninsolvenzen birgt eine solche Koppelung von anwendbarem Gesellschafts- und Insolvenzrecht auch erhebliche Nachteile, nämlich gerade dann, wenn die einzelnen Konzernunternehmen einen unterschiedlichen Sitz haben. Zum einen würde sich in diesen Fällen nach dem vorgeschlagenen Wortlaut des Art. 3 Abs. 1 EuInsVO im Vergleich zur aktuellen Situation nichts ändern, weil wiederum verschiedene fori auf die Verfahren über die Konzernunternehmen

---

1212 *Eidenmüller*, EBOR 6 (2005), 423, 430.
1213 *Eidenmüller*, EBOR 6 (2005), 423, 438.
1214 *Eidenmüller*, EBOR 6 (2005), 423, 447, dort allerdings in englischer Fassung, die hier zitierte deutsche Übersetzung stammt aus den Tagungsunterlagen von *Eidenmüller* zu seinem Vortrag beim Jahrestreffen der Freunde des Max-Planck-Instituts in Hamburg im Juni 2005.
1215 *Eidenmüller*, EBOR 6 (2005), 423, 438.
1216 *Eidenmüller*, EBOR 6 (2005), 423, 439 f.

Anwendung fänden. Eine gemeinsame Zuständigkeit unter Anwendung desselben Insolvenzrechts wäre nur unter der Voraussetzung der Inkorporierung sämtlicher Konzernunternehmen unter ein Gesellschaftsstatut möglich. Diese könnte wiederum Probleme im Hinblick auf die Verkehrsfähigkeit der Gesellschaft in ihrem Sitzstaat bringen. Zudem führt die vorgeschlagene Regelung ebenso wie der bereits unter 1. erörterte Vorschlag der generellen Konzentration der Zuständigkeit für Konzernunternehmen am Sitz der Mutter zu dem wenig sinnvollen Ergebnis, dass auch dann, wenn lediglich ein Unternehmen, das seinen effektiven Verwaltungssitz und sein operatives Geschäft nicht im Bereich der Rechtsordnung des gewählten Gesellschafts- und Insolvenzrechts hat, insolvent wird, das Insolvenzverfahren über selbiges Unternehmen vom Ausland aus durch einen ausländischen Verwalter abzuwickeln wäre, was neben der unnötigen Kostensteigerung den Nachteil hätte, dass der Verwalter mit den weiterhin nach Art. 5 ff. EuInsVO zu berücksichtigenden Sachrechten nicht vertraut wäre.

d) *Vierter Vorschlag: Einfluss- und Koordinationsrecht des Insolvenzverwalters der Muttergesellschaft (van Galen)*

Einen mit konkreten Vorschlägen zur Modifikation der Vorschriften der EuInsVO ausgearbeiteten Lösungsvorschlag bietet *van Galen*[1217] an. Im Wesentlichen hat dieser zum Inhalt, dem Verwalter im Hauptverfahren über die Muttergesellschaft hinsichtlich der Verfahren über Tochtergesellschaften ähnliche Rechte einzuräumen, wie sie dem Verwalter des Hauptverfahrens hinsichtlich dem Sekundärverfahren gemäß Art. 29 ff. EuInsVO zustehen. *Van Galen* räumt ein, dass der Verordnungsgeber für diesen Lösungsansatz noch präzise definieren müsste, unter welchen Voraussetzungen eine Gruppenverbindung vorliegt, auf welche die von *van Galen* vorgeschlagenen Regelungen anzuwenden wären.

aa) Nötige Änderungen in der EuInsVO nach van Galen

Die nach *van Galens* Konzept einzuarbeitenden Änderungen im Hinblick auf Konzernsachverhalte setzen – chronologisch betrachtet – bei Art. 29 EuInsVO ein.

(1) Art. 29 EuInsVO – Antragsrecht

In Art. 29 EuInsVO soll dem Verwalter des Hauptverfahrens über die Konzernmutter ein Antragsrecht bezüglich der Eröffnung eines Hauptinsolvenzverfahrens über die Tochtergesellschaft eingeräumt werden.

(2) Art. 31 EuInsVO – Kooperations- und Informationspflichten

Besonders wichtig für eine Integration spezieller Kooperations- und Koordinationsregeln hinsichtlich von Konzernsachverhalten ist nach *van Galens* Vorschlag die Modifikation des Art. 31 EuInsVO[1218]. Im Wesentlichen sollen die in dieser Vorschrift

---

1217 *Van Galen*, INSOL Europe Annual Congress 2003, 7 ff.
1218 *Van Galen*, INSOL Europe Annual Congress 2003, 10 f.

auf das Verhältnis Haupt- zum Sekundärinsolvenzverfahren statuierten Rechte und Pflichten der Verwalter auf das Verhältnis der Verwalter des Hauptverfahrens über die Muttergesellschaft und der Verfahren über Tochtergesellschaften übertragen werden. Die Informationspflicht nach Art. 31 Abs. 1 EuInsVO soll auf dieses Verhältnis mit der Beschränkung übertragen werden, dass der Verwalter im Hauptverfahren über die Mutter nicht verpflichtet sein soll, den oder die Verwalter in Verfahren über Tochtergesellschaften über den Stand der Anmeldung und Prüfung von Forderungen auf Mutterebene zu informieren. Die Informations- und Kooperationspflichten in Art. 31 Abs. 1 und 2 EuInsVO sollen auch für das Verhältnis der Verwalter der Verfahren über verschiedene Tochtergesellschaften untereinander gelten. Durch die Übertragung des Art. 31 Abs. 3 EuInsVO sollen sowohl der Verwalter des Hauptverfahrens als auch der Verwalter eines Sekundärverfahrens über die Tochter verpflichtet sein, dem Verwalter des Hauptverfahrens über die Mutter Gelegenheit zu geben, Vorschläge für die Verwertung oder Art der Verwendung der Masse des jeweiligen Verfahrens zu machen; die entsprechende Pflicht des Sekundärinsolvenzverwalters gegenüber dem Hauptinsolvenzverwalter hinsichtlich des Vermögens der Tochter wird damit für die Fälle der Konzerninsolvenz ausgeschlossen[1219].

(3) Art. 33 EuInsVO – Aussetzung der Verwertung und Reorganisation

Nicht unwesentlich fallen nach *van Galens* Vorschlag auch die Änderungen des Art. 33 EuInsVO aus[1220]. Hiernach soll im Falle von Konzerninsolvenzen der Verwalter des Hauptinsolvenzverfahrens über die Mutter das Recht haben, zu beantragen, dass die Verwertung oder Sanierung im Rahmen eines Insolvenzverfahrens über die Tochter im Interesse der Gesamtheit der Gruppengläubiger ganz oder teilweise ausgesetzt wird. Weiter soll er das Recht haben, von dem zuständigen Gericht im jeweiligen Verfahren über die Tochter die Veranlassung anderer Maßnahmen zu fordern, die er im Interesse der Gesamtheit der Gruppengläubiger für erforderlich hält, so zum Beispiel hinsichtlich der Veräußerung bestimmter Vermögensgegenstände (hier spielt *van Galen* wieder auf das Beispiel des europaweiten Kabelnetzes oder immaterieller Vermögensgegenstände an, die auf mehrere Konzernunternehmen in verschiedenen Mitgliedstaaten verteilt sind, sich aber als Gesamtheit lukrativer veräußern lassen[1221]). Entsprechende Anträge des Hauptinsolvenzverwalters im Verfahren über die Mutter sollen nur abgelehnt werden können, wenn diese den Interessen der Gesamtheit der Gruppengläubiger offensichtlich zuwider liefen.

(4) Art. 34 EuInsVO – Konzerninsolvenzplan

Eine der einschneidendsten Änderungen, die *van Galen* für nötig hält, ist die Verankerung der Befugnis des Insolvenzverwalters im Verfahren über die Mutter, einen Konzerninsolvenzplan vorzulegen[1222]. Hierfür soll der Verordnungsgeber in Art. 34

1219 *Van Galen*, INSOL Europe Annual Congress 2003, 10 f.
1220 *Van Galen*, INSOL Europe Annual Congress 2003, 11.
1221 Zu diesen Beispielen insbesondere KPNQwest bereits oben B. III. 5. a) aa).
1222 *Van Galen*, INSOL Europe Annual Congress 2003, 11 ff.

EuInsVO detailliert vorgeben, wie so ein Plan auszusehen hat, demnach soll hinsichtlich der Erstellung eines Plans nicht das nationale Recht Anwendung finden. Sämtliche Gläubiger sollen über den Plan abstimmen können, wobei aber sicherzustellen ist, dass nicht die Gläubiger einer Tochter den Plan kippen können, sofern sie aufgrund des Plans mehr erhalten würden, als bei einer vollständigen Liquidation des Tochterunternehmens und sofern sie nicht im Vergleich zu Gläubigern anderer vom Plan erfasster Gruppenmitglieder benachteiligt würden („*cram down*"-Regelung).

Als geeignete Vorlagen für einen solchen Konzerninsolvenzplan benennt *van Galen* das US-amerikanische Chapter 11-Verfahren und das deutsche Insolvenzplanverfahren und macht eigene Vorschläge hinsichtlich der Zuständigkeit, der Einteilung der Gläubigergruppen und anderer für das Planverfahren relevanter Aspekte[1223].

(5) Art. 37 EuInsVO – Umwandlung des Verfahrens über die Tochtergesellschaft

In Analogie zur bisherigen Regelung des Art. 37 EuInsVO soll der Verwalter des Hauptverfahrens über die Mutter weiter das Recht haben, von dem Gericht, das ein Verfahren über die Tochtergesellschaft als Sanierungsverfahren eröffnet hat, zu verlangen, dass es das Verfahren in ein Liquidationsverfahren umwandelt.

(6) Art. 38 EuInsVO – Sicherungsmaßnahmen

Anknüpfend an sein in Art. 29 EuInsVO zu verankerndes Recht, die Eröffnung eines Insolvenzverfahrens über die Tochtergesellschaft zu beantragen, soll dem Hauptinsolvenzverwalter im Verfahren über die Mutter in Art. 38 EuInsVO das Recht eingeräumt werden, das eröffnende Gericht zu veranlassen, die nach dem Recht des Verfahrensstaates möglichen Sicherheitsmaßnahmen für den Zeitraum zwischen Antragstellung und Eröffnung des Verfahrens zu treffen.

bb) Vorteile

Ein großer Vorteil dieser Lösung besteht in der damit einhergehenden Rechtssicherheit hinsichtlich der Behandlung von Konzerninsolvenzen, insbesondere bestünde Rechtsklarheit hinsichtlich des anwendbaren Insolvenzrechts. Dieses läge für jeden Dritten erkennbar regelmäßig am effektiven Verwaltungssitz des jeweiligen Konzernunternehmens. Positiv ist weiter, dass die Koordination der Verfahren unter Aufrechterhaltung der Vielheit der Rechtssubjekte und damit der Insolvenzverfahren erreicht wird, womit das Spannungsverhältnis von rechtlicher Vielheit und wirtschaftlicher Einheit, welches das Wesen des Konzerns ausmacht[1224], jedenfalls auf den ersten Blick hinreichend gewürdigt scheint. Der rechtlichen Vielheit der Unternehmen, die divergierende Interessen zur Folge haben kann, wird auch die durch diese Lösung gewährleistete Einsetzung verschiedener Insolvenzverwalter

---

1223 *Van Galen*, INSOL Europe Annual Congress 2003, 12 f.
1224 Zu diesem Spannungsverhältnis ausführlich oben B. III. 4.

gerecht. Zudem stellt der Vorschlag eine relativ leicht integrierbare Modifikation oder Erweiterung der bisherigen Regelungen der EuInsVO dar. Weiter ähnelt diese Lösung dem Weg, den die Gerichte in der Praxis über die Kombination von Hauptverfahren über Töchter am Sitz der Mutter mit Sekundärverfahren am Sitz der jeweiligen Tochter eingeschlagen haben, welches aber zweifellos ein – unter dem Aspekt der Rechtssicherheit zweifelhafter – Umweg ist. Schließlich hätte das Model *van Galens* gegenüber dem aktuell in der Praxis eingeschlagenen Weg den erheblichen Vorteil, dass nicht mehr die Sanierungshindernisse bestünden, die sich aus der Beschränkung des Sekundärverfahrens auf Liquidationsverfahren gemäß Art. 3 Abs. 3 Satz 2 und Art. 27 Satz 2 i.V.m. Art. 2 lit. c EuInsVO ergeben, da es nunmehr um die Koordination mehrerer Hauptverfahren und nicht um das Verhältnis Hauptverfahren zu Sekundärverfahren ginge.

cc) Nachteile

Der Lösung *van Galens* hängen teilweise dieselben Nachteile an, die sich derzeit bei der Koordination von Haupt- und Sekundärverfahren insbesondere im Hinblick auf die Bewältigung von Konzerninsolvenzen zeigen. Es handelt sich um das Problem der mangelnden Effektivität der Koordinations- und Kooperationsvorschriften der EuInsVO, insbesondere der Art. 31 ff. EuInsVO, die daraus resultiert, dass die EuInsVO ihrerseits keine Rechtsmittel zur Durchsetzung der in Art. 31 ff. EuInsVO statuierten Rechte und Pflichten bereit stellt, sondern die Regelung und Gewährleistung der Durchsetzung den Mitgliedstaaten überlassen hat[1225].

Dieses Problem könnte bei der Lösung *van Galens* allerdings dadurch abgeschwächt sein, dass hier die Rechte des Insolvenzverwalters über die Konzernmutter wesentlich klarer abgefasst sind und nicht nur schwammig von Kooperations- und gegenseitigen Unterrichtungspflichten die Rede ist. So vorteilhaft die hierdurch geschaffene Klarheit über die Positionen der Verwalter der verschiedenen Verfahren auf den ersten Blick ist, so kritisch ist diese auch. Denn der Einfluss, den *van Galen* dem Insolvenzverwalter des Hauptverfahrens einer Konzernmutter über die Eröffnung, Zielrichtung, Koordination der Verwertung, einschließlich dem Recht zur Erstellung eines Insolvenzplans für die Verfahren über Konzerntöchter einräumen will, kommt einem konsolidierten Konzerninsolvenzverfahren unter Verwischung der Massezugehörigkeiten sehr nahe. Legt der Hauptinsolvenzverwalter einen nach Vorgabe der Verordnung auszuarbeitenden Konzerninsolvenzplan vor und trifft wesentliche Anordnungen zur Verwertung der Vermögensgegenstände im Verfahren über Tochtergesellschaften, so bleibt dem Verwalter des (auch Haupt-)Insolvenzverfahrens über die Tochter nicht mehr viel Raum zur Gestaltung „seines" Verfahrens. Der Handlungsspielraum selbst eines Hauptinsolvenzverwalters im Verfahren über eine Tochter wäre damit geringer als der eines Sekundärinsolvenzverwalters nach aktuellem Recht. *Van Galen* stellt damit die Interessen der Gläubi-

---

1225 *Virgós/Schmit*, Erläuternder Bericht Nr. 234; LG Leoben, B. v. 31. 3.2005, ZInsO 2005, 1176; *Duursma-Kepplinger/Duursma/Chalupsky*, EuInsVO Art. 31 RdNr. 25; *Sommer*, ZInsO 2005, 1137, 1140; *Staak*, NZI 2004, 480, 482; dazu bereits oben C. I. 4. b) bb) (3) (d).

gergesamtheit klar über die Interessen der Gläubiger einzelner Konzernunternehmen, die durch den jeweiligen Insolvenzverwalter dieser Unternehmen zu sichern sind. Es handelt sich also nicht um eine bloße Kooperationspflicht unter den Verwaltern, sondern die Verfahren über Tochtergesellschaften sollen der Kontrolle und Entscheidungsmacht des Verwalters im Hauptverfahren über die Mutter unterstellt werden. Hiergegen bestehen erhebliche gesellschaftsrechtliche Bedenken. Hinzu kommt, dass durch die Etablierung eines Insolvenzplanverfahrens in der EuInsVO quasi ein supranationales Konzerninsolvenzrecht geschaffen würde, durch das empfindlich in die nationalen Insolvenzrechte, die möglicherweise kein Planverfahren vorsehen, eingegriffen wird.

3. Schlussfolgerung

Somit ist, nachdem eine substanzielle Konsolidierung von vornherein auszuschließen war, auch eine verfahrensrechtliche Konsolidierung nicht möglich, ohne wesentliche Strukturen der EuInsVO und der nationalen Insolvenz- und Gesellschaftsrechte anzutasten.

Ist also eine Koordination mehrerer Insolvenzverfahren innerhalb eines Konzerns aufgrund der faktischen strukturellen und wirtschaftlichen Abhängigkeiten innerhalb des Konzerngefüges wünschenswert und hierdurch an irgendeiner Stelle ein Kooperationsgewinn und für keinen Teil ein Nachteil gegenüber einer isolierten Verwaltung zu erwarten[1226], so sind die Beteiligten, insbesondere die Insolvenzverwalter, darauf angewiesen, ihre in Verfahren über andere Konzernteile eingesetzten Kollegen hiervon zu überzeugen und gemeinsam auf freiwilliger Basis zu kooperieren und sich dabei der nach den involvierten nationalen Rechten offen stehenden und zulässigen Mechanismen, etwa des Abschlusses von Insolvenzverwaltungsverträgen oder der Abstimmung zu erstellender Insolvenzpläne, zu bedienen.

Im Ergebnis erscheint dies bei genauerer Betrachtung des Ursprungs des Bedürfnisses nach konzernübergreifenden Insolvenzlösungen, das auf der wirtschaftlichen Einheit der verbundenen Unternehmen beruht, auch nicht unbefriedigend. Denn es ist nicht vorrangige Aufgabe des Insolvenzrechts oder des Verordnungsgebers, die wirtschaftliche Einheit, die ein Produkt privatautonomer strategischer Maßnahmen zur Organisation von Haftungsmassen und zur Erzielung bestimmter Finanzierungseffekte unter Beibehaltung der rechtlichen Vielheit der Unternehmen darstellt, zu berücksichtigen oder gar zu schützen. Gefragt sind hier die Konzernverantwortlichen, die es nicht unwesentlich in der Hand haben, durch Vereinbarungen, aber vor allem auch durch gemeinsame Entwicklung konzernweiter Sanierungkonzepte im Vorfeld der Insolvenz, die dann den Insolvenzverwaltern und Insolvenzgerichten vorgelegt werden können („*prepackaged plans*“), die Basis für einen Konsens unter den Insolvenzverwaltern und damit eine effektive Kooperation zu schaffen.

1226 Das Erfordernis der Wahrung dieser Pareto-Superiorität wird insbesondere von *Eidenmüller*, ZHR 169 (2005), 528, 535 f. betont.

E. Resümee und Ausblick

Es bleibt demnach festzuhalten, dass insbesondere im Hinblick auf die Kooperationsprobleme – sei es im Rahmen von Haupt- und Sekundärinsolvenzverfahren über einen Rechtsträger oder aber hinsichtlich mehrerer Insolvenzverfahren innerhalb eines Konzerns – der Verordnungsgeber wie die nationalen Gesetzgeber den Insolvenzverwaltern und Insolvenzrichtern lediglich leichte Hilfestellung geben können, jedoch die Kooperationsbereitschaft und Offenheit für grenzüberschreitende Lösungen sich entscheidend auf Seiten der Beteiligten entwickeln müssen.

Sachregister

(Die Zahlen neben den Stichwörtern verweisen auf die Seitenzahlen)

Bei Fragen zur Produktsicherheit wenden Sie sich bitte an:
If you have any questions regarding product safety,
please contact:

Walter de Gruyter GmbH
Genthiner Straße 13
10785 Berlin
productsafety@degruyterbrill.com